龙 云 著

钱德明
18世纪中法间的文化使者

JOSEPH-MARIE
AMIOT(1718-1793):
UN INTERMÉDIAIRE
CULTUREL ENTRE LA
CHINE ET LA FRANCE

中法文学关系
研究丛书
孟华 主编

图书在版编目(CIP)数据

钱德明:18世纪中法间的文化使者/龙云著.—北京:北京大学出版社,2015.11
(中法文学关系研究丛书)
ISBN 978-7-301-26365-5

Ⅰ.①钱… Ⅱ.①龙… Ⅲ.①钱明德(1718~1793)—人物研究 Ⅳ.①K835.655.4

中国版本图书馆CIP数据核字(2015)第241314号

书　　　名	钱德明:18世纪中法间的文化使者 QIAN DEMING:18 SHIJI ZHONG-FA JIAN DE WENHUA SHIZHE
著作责任者	龙　云　著
责任编辑	初艳红
标准书号	ISBN 978-7-301-26365-5
出版发行	北京大学出版社
地　　　址	北京市海淀区成府路205号　100871
网　　　址	http://www.pup.cn　　新浪微博:@北京大学出版社
电子信箱	alicechu2008@126.com
电　　　话	邮购部 62752015　发行部 62750672　编辑部 62759634
印　刷　者	三河市北燕印装有限公司
经　销　者	新华书店
	650毫米×980毫米　16开本　17.25印张　283千字 2015年11月第1版　2015年11月第1次印刷
定　　　价	52.00元

未经许可,不得以任何方式复制或抄袭本书之部分或全部内容。
版权所有,侵权必究
举报电话: 010-62752024　电子信箱: fd@pup.pku.edu.cn
图书如有印装质量问题,请与出版部联系,电话:010-62756370

目 录

导　言	1
第一章　钱德明及其时代	**14**
第一节　钱德明所处历史文化语境	14
第二节　钱德明生平及在华文化活动	36
第二章　钱德明著述研究	**74**
第一节　钱德明笔下的中国历史形象	74
第二节　钱德明与孔子	94
第三节　钱德明与中国音乐	117
第三章　钱德明翻译研究	**128**
第一节　钱德明与诗体翻译——以《御制盛京赋》为中心	128
第二节　钱德明与《中国兵法》	146
第四章　钱德明与中西文化互动	**171**
第一节　钱德明与贝尔坦	171
第二节　钱德明与《博学杂志》	180
第三节　钱德明与学术大辩论	187
第四节　钱德明与法国作家	201
结　语	209
参考书目	213
附录：钱德明年谱	234

"中法文学关系研究丛书"总序

几年前,我曾写过一篇《皮之不存,毛将焉附——试论国际文学关系研究的地位与作用》的文章。写那篇东西的目的,一是为了回应国际上风行一时的比较文学"消解论",二是为愈来愈被边缘化的"国际文学关系研究"正名。《北京大学学报》刊发此文时附有如下"摘要":

> 比较文学是一门研究"文学方面的文化交流"的学科,只要文化交流一天不停止,比较文学就没有被"消解"的理由。作为这门学科最原初的研究领域,国际文学关系研究在学科中的地位曾大起大落,至今仍在某些地区、某些学者中受到轻视。然而,它一直在反思中前进,它最根本的变化,就是在传统的历史研究中引入了问题意识,引入了文学批评的精神。国际文学关系研究维系着本学科的身份与根本,它过去是,今天与未来也应是本学科最基本、最主要的研究内容。

这个颇有些"檄文"味道的"摘要",是我应编辑部要求而自拟的。我在这里重新引用它,皆因它概括了那篇文章的核心观点,而末尾几句,尤其点明了策划这一套"中法文学关系研究丛书"的基本立意。

多年来,我一直在为国际文学关系研究摇旗呐喊。不过,毕竟是人微言轻,虽聊胜于无,却很难有大的反响。面对外部世界热闹非凡的大环境,面对人们求新求变求大的普遍心态,面对电视台、广告牌里充斥着的"闪亮登场""华丽转身""震撼推出"一类的夸张表述,那些希冀被人仰视、受人推崇、轻而易举地就能占据学术制高点的种种举动就都变得不难理解了。国际文学关系研究——具体到中国而言,更多的是中外文学关系研究——则没有这般显赫、亮丽的外表,更没有这个时代人们竞相追逐的高回报率。它要求研究者屁股坐下来,老老实实从梳理资料开始,从认真阅读文本开始,爬罗剔抉、刮垢磨光,点点滴滴地积累和建构起足以支撑一个课题研究的宽广的知识场。不仅如此,它还要求研究者具有敏锐的眼光和强烈的批评意识,质疑现象,提出问题,探幽索微,揭示本质。这是何等清苦而寂寞的过程！在凡事都讲效率、讲性价比的当今世界，又有多少人愿意承受这般的冷清和辛劳？但我很庆幸，在北大比较文学与比较文化研究所执教的二十年时间里，有一群学生愿意与我一样，做这个一点都不"华丽"、更不"震撼"的基础性工作。这是我的幸事，更是学科的幸事。

如今他们已成人，分散在全国各地的高校和科研机构里。让人感动的是，他们在忙碌的教学、科研、学术活动中依然没有丢弃如此需要时间、需要砥砺的中外文学关系研究。有了一群人在踏踏实实地做，在课堂上讲，在研讨会上谈，在文章中写，再去指导他们的学生……这就变成了一种既成事实。这样一种实实在在的存在，远胜过千言万语的论证和宣传，它让本学科最基础、最本质、最核心的研究方向得以发扬，得以光大，得以传承。

这套"中法文学关系研究丛书"，就是专为他们设计的。我希望借此平台展示他们的研究，向学界推荐他们的作品；同时也在内容与方法两个方面，丰富国际文学关系研究的成果。而之所以使用了限定词"中法"，则是受我本人研究范围所限。我是专治中法文学关系研究的，学生们也就大多沿袭了此一方向。当然，如有可能，我也希望未来能推出其他双边或多边文学关系研究的成果来。

在人类文明史上，中国和法兰西是两个响亮且诱人的名字。这两个文化大国，各自以其璀璨的文化丰富了人类的文化宝库。两国间的文化交流源远流长，彼此都对对方产生过积极、深远的影响，又都从对方那里汲取了有益的成分来革新、滋养本民族的文化传统，使其生生不息。这样一部丰富、瑰丽的历史，为中法文学关系研究提供了多姿多彩的研究对象与视角。

本丛书没有愧对这样的多姿多彩，它的选目及作者同样也异彩纷呈：入选本丛书的所有论著，都是作者们在自己博士论文的基础上加工修订而成。丛书的作者既有中国人，也有法国人；他们的论文既有在北大答辩的，也有在巴黎四大答辩的，其中有一些是在中法双方导师合作指导下完成的。丛书涉及的内容不仅是中法文化、文学间双向的对话、接受、互视、互补，而且横跨了数个世纪，涵盖了整整一部中法文化交流史：从两国间文化交流滥觞的17、18世纪，直至交流已成定势、成共识的21世纪。所处理的文本则远远超出了纯文学的范畴：除了戏剧、小说、诗歌外，也不乏难以归类的记游作品、报纸杂志,甚至一切可冠之以"文"的材料……同样纷繁多样的还有作者们的研究方向:翻译研究、形象研究、媒介研究、文化研究,不一而足。而且往往在同一部著述中,又数个方向并存,彼此切换勾连照应。

尽管有这般的千差万别,本丛书的著述仍然有着许多共通之处。首先是作者们的研究和立论都建立在第一手中西文资料的基础上。说到这一点,或许应特别指出,不管他们最终在哪里答辩,作者们在论文撰写过程中都曾在中国政府或法国政府的资助下,远赴对象国搜集资料、实地考察,呼吸异国的精神文化空气,切身感悟异国的文化氛围。其次是所有的论著都是个案研究。这就保证了这批年轻的学者能在有限的时间内建构起相应的知识场,尽可能地穷尽相关资料,最大限度地保证研究成果的原创性、科学性。但这些从小处入手的研究,却不乏大的抱负。我们可以看到,入选的每一本书都透露出一种强烈的文学史关怀。研究中国文学流播法国的作者,汲汲于讨论中国文化因子、元素,为何和怎样参与了法国文学的变革;处理法国文学在中国的作者,则念念不忘探讨法国文学、文化如何在中国的现代化进程中起作用。一国文学,因为与异文学的相遇、交流、对话而产生了革命性的变化,这是比较文学国际文学关系研究最感兴趣的话题之一。作者们敏锐地捕捉到这些变化,从而也就丰富甚至改写了接受国的文学史。由此牵连出的,是作者们对变化过程的重视。而在这种对过程的描述和讨论中,文学史就必然与思想史、心态史、社会史,甚至经贸史、外交史相交叉、相关照、相联系。如此宽广的研究场域才保证了他们可以进而去探讨接受国的观念是如何在与异文化的对话、对质中渐变、革新的。不仅如此,这些年轻的比较学者们还有更高远的追求。他们知道:一国文学在异国的译介、传播、接受,不仅在时间上延续了原著的艺术生命,而且在空间上也由于跨文化变异而赋予了原著以新的意义。所有这些,都必将进入我们称之为世界文学的版图中。所以说到底,他们瞄准的是书写世界文学史。

以上这些共通点,既有对传统国际文学关系研究的继承,更体现出了作者们对方法论变革的自觉。我在"摘要"中强调的那些最根本的变化,完全可以引这些著述为证。令人欣喜的是,作者们并没有"鹦鹉学舌"般地照搬各种新概念、新理论,而是将一切适用的东西融会贯通于自己的研究中,并且以自己的实践和思考,再去补充和完善现存的理论和方法。所以他们不仅仅是变革实践的参与者、亲历者,更是变革历史的建构者、书写者。这对他们个人而言,无疑是一笔宝贵的精神财富和一段值得回忆的经历。而历史——中国的、法国的、世界的比较文学历史,不是已经在变革的事实中铭记下了这些参与者、书写者们的奉献?

入选本丛书的所有著述,无一例外,都是作者们生平的第一本专著,因而也就不可避免地带有初出道者的特点:略显稚嫩,多少未脱博士论文特有的"学究味",分析和探讨也都还有向纵深拓展的余地。但我们完全可以相信,这是"成长中的烦恼"。随着年龄和阅历的增长,他们必定会"天天向上"。

最后还要补充的是,2014年是中法两国建交50周年,两国举行了多种纪念活动。我们选择此时推出这套丛书,自然是希望沾一点欢庆的喜气,同时也为中法两国关系的发展送上我们比较学者的祝福。为了能让这套丛书按时出版,北大出版社外语编辑部主任张冰、法国驻华使馆文化处专员易杰(Nicolas Idier)及其助手张艳、本丛书责编初艳红等都付出了很大的努力,给予了我们从物质到精神的各种帮助,我谨代表丛书的各位作者向他们致以诚挚的谢意!

作为专治中法文学关系研究的比较学者,能在古稀之年推出这样一套丛书并为之作序,实在是我此生最大的荣耀!最大的幸福!

是为序。

孟华

2014年10月10日写于京西

导　言

18世纪是中西交流史上的重要时期，"中国热"激发起了欧洲知识界对中国文化艺术的浓厚兴趣，蔚然兴起的"汉风"不胫而走，来自遥远东方的异国情调随之也成为文人哲士笔下的重要主题。"中学西传"则离不开早期耶稣会士的辛勤开拓，他们中间有一位杰出的代表人物——钱德明（Joseph-Marie Amiot, 1718—1793）。

18世纪后半期，中国从盛世气象、"万国衣冠"到不得不处理英国使团的礼仪问题；而欧洲方面则经历了耶稣会的解散与法国大革命。从东方到西方，从教内到教外，从社会到政治，凡此种种转折都表明钱德明在华时代是中西文化交流史上的"多事之秋"。

钱德明身处在这样特定的文化语境中，他同时肩负着多样性的文化身份，正如他的一首小诗所言："法兰西人、满人、汉人、宫臣、教士/每一个身份都有着同样的价值/如果说他是有作为的文人/阅读他的作品，每个人都可以品评。"①

1718年，钱德明出生在法国南部地中海海滨的土伦港。1749年，他前往东方投身传教事业。此后，"他一直英勇无畏、孜孜不倦地向异教徒传播着基督信仰。他属于上帝，属于罗马教廷，属于耶稣会。"耶稣会解散之后，他"依旧将全身心献给自己的祖国法兰西，努力地推进着两国之间的外交关系"。在侄孙阿尔方斯·阿米奥（Alphonse Amyot，生卒年不详）看来，"钱德明神父是名副其实的法国人与爱国者"②。

钱德明亲自参与和见证了18世纪后半期中西文化交流互动的历史，他留下的大量法文著译作品从多个层面向法国和欧洲介绍了中国文化。在传递中国文化的过程中，他引起了法国知识界和科学界的关注，并且产

---

① Amiot, *Correspondance de Bertin*（《贝尔坦通讯》），Institut de France（法兰西学士院），ms（手稿），1515. 该诗由笔者自译。如无特别说明，所有译文皆由笔者自译。

② Alphonse Amyot, *Les hommes utiles. Vie et testament du R.P. Amiot, membre de la Compagnie de Jésus, missionnaire apostolique en Chine, 1718-1793*, Paris, Charles de Mourgues Frères, 1881, pp. 7-8. 钱德明侄孙署名为Amyot，钱德明本人手稿均署Amiot。

生了较大的影响。他参与了关于中国问题的大讨论，他是法兰西铭文与美文学院的通讯院士，是贝尔坦(Henri Bertin, 1719—1792)和诸多文人的笔友①，《中国杂纂》(*Mémoires concernant l'Histoire, les Sciences, les Arts, les Mœurs, les Usages etc. des Chinois*, 1776—1814)的主要撰稿人，汉学的重要奠基者之一。

可以说，梳理法国汉学史则始终绕不过钱德明，提到18世纪中法文化关系也不能忽略他的贡献，他已经成为中法文化交流的一个象征符号。对于这样一个重要媒介人物，学术界的研究状况如何？在检讨相关著述之后，我们可以简单地勾勒国内外关于钱德明研究的课题史。

一、研究现状

在法国国家图书馆②、法兰西学士院图书馆，以及法国耶稣会档案馆进行检索之后，笔者较详尽地掌握了关于钱德明研究的一手材料(大量手稿、信札、出版物等)和二手材料(相关研究资料)情况。简而言之，大致有三类围绕钱德明研究而展开的论文和专著：一、关于生平和作品的概述性研究；二、从传教史角度对钱德明及其时代的研究；三、从某个特定角度进行的比较性研究。

（一）钱德明生平及著作研究

西方早期出版的某些辞书、工具书侧重介绍了钱德明的生平与著作，这类辞书因为其本身性质的限制，介绍性的文字常常流于粗疏，大都旨在提供简单的提要或材料索引，其价值主要体现在文献资料方面。

最早的辞书当数巴凯(Backer, 1809—1873)所著《耶稣会作家书库》

---

① 贝尔坦是法国18世纪重要的政治人物。1749年，贝尔坦担任鲁西雍总督，1754年任里昂总督，后担任巴黎警长(1757—1759)，1759年至1763年担任财政总管，其改革措施遭到巴黎法院的抵制。1763年12月14日，贝尔坦受命组建国务秘书处，负责东印度公司、农业、矿业、内河航运、公共交通和档案管理等工作。1780年5月26日，他正式辞职。大革命后，他于1791年离开巴黎。1763年，贝尔坦入选法兰西科学院，1772年入选法兰西铭文与美文学院。参阅 Jacques Silvestre de Sacy, *Henri Bertin dans le sillage de la Chine (1720-1792)*, Paris, Les Belles Lettres, 1970.

② 主要指法国国家图书馆(Bibliothèque nationale de France, rue de Richelieu)东方稿本部(Manuscrits orientaux)、西方稿本部(Manuscrits occidentaux)、音乐部(Musique)、地图和图片部(Cartes et plans)等。

(*Bibliothèque des écrivains de la Compagnie de Jésus*)。巴凯称:"关于钱德明的文章由马提埃·洛拉斯神父提供;他希望为本国耶稣会士撰写一部巨著,这是其中的一部分。其写作提纲与本书不同,故该传记显得比较特别。"当时,巴凯坦诚自己缺乏钱德明的生平资料,唯一的途径"只有通过他留下来的大量著作来了解"。虽然小传中存在一些不准确的信息,但是其奠基性的作用远不容忽视。巴凯从四个主题入手概括了钱德明在传播中国文化方面所取得的成果:一是语言文字研究;二是中国历史与纪元研究;三是中国技艺研究;四是杂类研究,包括译诗、通讯和著作等。巴凯对钱德明的著译进行了比较完整的统计,但由于某些手稿当时尚保存在私人收藏家之手,所以仍然有缺失现象。作者在提到手稿时曾说:"菲蒂斯(François Joseph Fétis, 1784—1871)言及在巴黎书商内珀(Nepveu,生卒年不详)处见过三卷钱德明亲笔书信,这套书信可能来自《中国杂纂》出版者的工作室。"因此,巴凯也仅只收录了《耶稣会士书简集》(*Lettres édifiantes et curieuses*, 1702—1776)和《中国杂纂》中公开刊行的信件,这是最早的钱德明传记和相对详尽的作品提要。①

索麦沃热尔(Carlos Sommervogel, 1834—1902)在《耶稣会作家书库》(*Bibliothèque des écrivains de la Compagnie de Jésus*)中介绍了钱德明的生平和著作情况。他指出,巴凯"错误地将关于中国语言文字的论文归到钱德明名下,而钱德明在1777年9月28日致贝尔坦信中否认自己是该文的作者。真正的作者应该是韩国英(Cibot, 1727—1780)……且并不存在发表于1765年的论文,实际上发表时间应当是1773年。"虽然索麦沃热尔在手稿方面尚存在某些遗漏,不过作为早期的工具书,它已经提供了一份相对完整准确的清单,我们也可以从中看出钱德明档案研究不断完善的历程。②

菲蒂斯在《音乐家全传》(*Biographie universelle des musiciens et*

---

① 作者将钱德明从欧洲出发时间误为1750年,抵华时间误为1751年;并误将《论中国文字》(« Lettre sur les caractères chinois », du 20 octobre 1764, *Mémoires*, t.1, pp. 275-325)一文归到钱德明名下,实际上这是韩国英神父的作品。详见 Augustin et Alois de Backer, *Bibliographie des écrivains de la Compagnie de Jésus,ou Notices bibliographiques*, Troisième série, Liège, Imprimerie de L. Grandmont-Donders, 1856, pp. 26-44.

② 参阅 Sommervogel, Carlos & de Backer, A. S.j., *Bibliothèque des écrivains de la Compagnie de Jésus. Bruxelles-paris*, 1890-1932. t. 1, pp. 294-303.

bibliographie générale de la musique, 1878—1883)中为钱德明立有小传。作者从音乐角度讨论了钱德明的作品:"这位耶稣会士的作品表面上看起来严谨准确,实际上在阅读时则必须谨慎小心,仔细研读就可以发现作者只具备中国音乐实践的模糊概念,他并不能破解该民族各种乐器的特殊发音系统。他只字不提这些有趣的内容,在有关各种乐器的细节中,他恰恰忘记谈及制造原理和尺寸大小。"菲蒂斯提到了从法文本转译到西班牙文的《古乐经传》(Kou-Yo-King-Tchoan, ou Commentaires sur le livre classique touchant la musique des Anciens, 1753?),但是"虽然有这么清楚的出版信息,我还是很怀疑这本书的存在,因为让人在马德里进行了广泛的检索,但最终还是一无所获……最让人恼火的是钱德明的手稿已经散失,可以肯定的是,当鲁西埃(L'abbé Pierre-Joseph Roussier, 1716—1790)[①]在负责出版《中国古今乐记》(Mémoire sur la musique des Chinois tant anciens que modernes, 1776)时,钱德明的手稿还保存在国王图书馆。"[②]该书是音乐类辞书,故并未涉及钱德明的其他作品。[③]

第一本有关钱德明的单行本是其侄孙阿尔方斯·阿米奥所著《有为之人——钱德明神父生平及遗嘱》,书中刊印了神父的数封家书,以及在北京留下的遗嘱。作者未参考除家书外的其他钱德明通讯手稿,另外,经历

---

① 鲁西埃生于马赛,后入神学院学习。1754年,他来到巴黎,获得诺曼底爱古伊(Ecouis)议事司铎职,1790年左右在此去世。25岁之前,他连音符都不认识。后来,他产生了学习音乐的欲望,于是热情地阅读拉莫的著作,当他觉得已经领会其原则之后,于是开始想对这些原则加以解释运用。他的处女作出版于1764年,主要讨论和弦问题。参阅 François-Joseph Fétis, Biographie universelle des musiciens et bibliographie générale de la musique, 2ᵉ éd., t. 7, Paris, Firmin Didot frères, 1866, pp. 338-340.

② 如无特别说明,本书所涉钱德明作品中译名皆参阅费赖之著,冯承钧译:《在华耶稣会士列传及书目》,中华书局,1995年。

③ 菲蒂斯将钱德明去世时间误为1794年。据笔者推测,所谓西班牙语版本并不存在,很可能指藏于马德里王家图书馆之《大舞》(Grandes danses)。《古乐经传》是钱德明来华之后最早尝试的翻译作品之一,约完成于1753年,据鲁西埃称,该手稿于1754年到达铭文与美文学院秘书布甘维尔(Jean Pierre de Bougainville, 1722—1763)手中(参见《中国杂纂》第6卷第6页注b)。该译稿现遗失。据陈艳霞考证,该手稿曾被鲁西埃从法兰西学士院图书馆借出,而后不知所终。《在华耶稣会士列传及书目》第890页冯承钧案:"《古乐经》,有二:一明湛若水撰三卷;一清李光地撰五卷。未识德明所译者何本。"此处不存疑问,钱德明所译为李光地著作。详见 François-Joseph Fétis, Biographie universelle des musiciens et bibliographie générale de la musique, Bruxelles, Méline, Cans et Compagnie, 1837, pp. 65-67.

了法国大革命,钱德明的家书也大都荡然无存,所以该书所掌握的资料尚不够全面。作者坦承:"我们缺少资料,也缺少信息,不能为这位值得尊敬的博学家作传;但他的荣誉却存于四卷《耶稣会士书简集》和十五卷《中国杂纂》^①之中。出自这位值得敬重的博学家传教士的书信和论文,可以说是这两套富有教益的丛书的最美点缀。"该书披露了几封硕果仅存的家书,如钱德明给侄子的信件:"谢谢你告诉我家庭中的大小新闻,替我热情地拥抱你的父亲,说我永远全身心地爱着他,一直都在为他祈祷。我们再也不可能在人世重逢,希望我们以后到天堂再见。请问候你温柔的母亲、你聪明而谨严的妹妹、你亲爱的妻子,以及你身边的所有家人!"[2]这些家书流露出丰富的个人感情,可以窥见钱德明远离亲人故土、人生迟暮的精神境况。在该书最后,作者统计了钱德明已经发表的通信、著译作品,以及寄给贝尔坦的中国艺术品。

此后,高第(Henri Cordier, 1867—1931)[3]研读了法兰西学士院图书馆收藏的钱德明手稿,在《中国书目》(*Bibliotheca Sinica*, 1904—1922)中开列出详细清单,并附上简单提要,这是第一份钱德明现存手稿的详细目录,为后来的研究做了资料性铺垫工作。高第的工作有其创新之处:一、高第通过研读钱德明手稿等原始材料,确认钱德明本人的签名形式为Amiot,而不是Amyot。此前两种写法均被人采用,高第统一了其姓氏的拼写形式。二、在整理手稿的基础上,从1777年9月28日的信中,进一步确认钱德明不是《中国杂纂》第一卷《论中国历史》(*Essai sur l'Antiquité des Chinois*)和《中国语言文字》的作者。三、详细统计了法国铭文和美文学院保存的钱德明书信手稿,三大卷计八十封。该《书目》中的不少内容是对巴凯和索麦沃热尔之书的补充。[4]

费赖之(Louis Pfister, 1833—1891)在《在华耶稣会士列传及书目》(*Notices biographiques et biliographiques sur les jésuites de l'anncienne mission de Chine 1552-1773*, 1934)中用了二十多页篇幅介绍钱德明生平、手稿和出版物,提供了详细的资料检索信息和出版年表,是目前最方便、

---

① 钱德明在世时,《中国杂纂》只出版了前十五卷。第十六卷出版于1814年,其中未收录钱德明的作品。

② Alphonse Amyot, *Les hommes utiles. Vie et testament*, pp. 13, 32.

③ 亦译作考狄。

④ 参阅 Henri Cordier, *Bibliotheca Sinica*, 2ᵉ éd., vol. 2, Paris, 1904-1922, pp.1040-1041.

全面的参考工具。①费氏编著此书时身在中国,缺少法文资料,所以也存在一些不准确的信息,但在该书最终出版之时,有关问题则得到了澄清,如关于中国语言文字的作者之争等。该书罗列钱德明信件102封。在手稿方面,该书参照了高第书目,所收内容亦更为全面。此后,荣振华(Joseph Dehergne, 1903—1990)编成《补编》(Répertoir des Jésuites de Chine de 1552-1800, 1973),补充了有关钱德明画像的具体信息。②

除辞书之外,还有少数介绍钱德明生平事迹的论文,如《欧洲来华作家——耶稣会士钱德明》(An European pen in China: Jean Amiot S. J.)③,《18世纪杰出的土伦籍汉学家钱德明》(Un éminent sinologue toulonnais du XVIIIᵉ siècle, le R. P. Amiot, S. J. 1718-1793)等。后文简单评述了钱德明的生平,列举了他的著作,并且纠正了某些错误。如在生平部分,作者指出:"钱德明1718年出生于土伦。某些传记错误地认为是2月18日。"作者对钱德明作了很高的评价:"他记忆超群,语言能力惊人,……在各学科拥有广泛深入的专业知识,精通汉语和满语……他热情地学习中国历史、风俗、古迹、艺术,没有任何同行能出于其右。"该文末尾记载:"1942年4月2日,在我的建议下,土伦市政府通过法令将一条街……命名为阿米奥街。"④

米歇尔·埃尔芒斯(Michel Hermans)新近完成的《钱德明,启蒙时代与"他者"交流的代表人物》(Joseph-Marie Amiot, une figure de la rencontre de « l'autre » au temps des Lumières)所搜集和掌握的资料最为全面准确。⑤我们知道,早期的资料性研究工作常有粗略的缺憾,存在史

---

① 参阅 Louis Pfister, *Notices biographiques et bibliographiques sur les jésuites de l'ancienne mission de Chine 1552-1773*, Shanghai, 1932-1934.

② 参阅 Joseph Dehergne, *Répertoire des jésuites de Chine de 1552-1800*. Rome-Paris: Institutum historicum Societatis Iesu-Letouzey & Ané, 1973, pp. 12-13. 画像见于《中国杂纂》第15卷卷首,法国国家图书馆图片部,法兰西学士院图书馆,手稿1515、1516和1519卷首。

③ 参阅 J. W. King. «An European pen in China: Jean Amiot S. J.», *Catholic Choirmaster* 47, 1961, pp. 60-62.

④ 参阅 Emmanuel Davin, «Un éminent sinologue toulonnais du XVIIIᵉ siècle, le R. P. Amiot, S. J. (1718-1793)», *Bulletin de l'Association Guillaume Budé*, 1961, pp. 380-395. 阿米奥为钱德明的法语名音译。

⑤ 该文收入 Nicolas Standaert, Yves Lenoir, *Les danses rituelles d'après Joseph-Marie Amiot: Aux sources de l'ethnochorégraphie*, Presse Universitaire de Namur, 2005.

料错误或者材料运用的疏忽。正如埃尔芒斯所言:"从很多角度来说,就连钱德明唯一的大部头传记《钱德明和北京法国传教会的幸存者》(*Joseph Amiot et les derniers survivants de la Mission française à Pékin, 1750-1795*)今天也已经过时。"① 埃尔芒斯的作品具有如下特点:首先,全面占有材料,尤其是原始材料,作者几乎搜罗了法国各大档案馆、图书馆有关钱德明的所有原始文献,对前人的资料工作有所突破。该文中提到了一些此前从未被提及或引起注意的原始手稿,为尽可能地利用原典恢复历史真实提供了线索。第二,对某些悬案追本溯源,廓清了问题的症结所在。② 第三,埃尔芒斯跳出了早期生平、著述研究相对狭窄的视野,偏重于从文化交流角度去读解这个中西交流史上的重要媒介人物,注重勾勒钱德明学习、了解和著述中国文化的全过程,将其放到更广阔的文化空间里,进而探讨某些著述的前因后果。同时,作者注重塑造钱德明的文化人格形象,将其置于与欧洲文化人的关系网络中来加以考察,这是该传记的突破点和新颖之处。埃尔芒斯在继承传统的基础上把钱德明研究推到了新的高度。

(二) 传教史角度的研究

罗什蒙泰(Camille de Rochemonteix,1834—1923)在研究钱德明手稿之后,编著了《钱德明神父和18世纪晚期的北京法国传教会》(*Le père*

---

① Michel Hermans, *Joseph-Marie Amiot, une figure de la rencontre de «l'autre» au temps des Lumières*, p.12.

② 埃尔芒斯分析了《钱德明神父和北京法国传教会的幸存者》一书作者罗什蒙泰认为《中国语言文字》一文属于钱德明的原因。罗什蒙泰说:"(这封信)本来是写给伦敦科学院的,却被寄到了巴黎铭文和美文学院,而且可能是寄给常务秘书德经(De Guines, 1721—1800)的。巴黎耶稣会档案馆保存着寄送该文(指《中国语言文字》)的亲笔信。"(参阅 *Joseph Amiot et les derniers suvivants de la Mission française à Pékin, 1750-1795*, p. 84;另见 *Notices biographiques et bibliographiques sur les jésuites de l'ancienne mission de Chine 1552-1773*, p. 844 注1:"罗什蒙泰将其归为钱德明,证据是钱德明于1765年写给德经的一封未发表的信件。")埃尔芒斯认为,该信是寄给铭文和美文学院的,但钱德明虽然对伦敦科学院的问题很感兴趣,最后却并没有研究成果,他却对周边属族语言文字产生了兴趣,于是将不同的词汇表翻译成拉丁语,主动推荐给法国铭文和美文学院。据此推测,钱德明寄的不像是罗什蒙泰所谓的那篇论文,而是周边民族词汇翻译表。虽然这一结论早为人知,但论证的角度和以前不太一样,以前的批评均从钱德明亲笔信中否定自己是《中国语言文字》一文的作者入手,埃尔芒斯则从原始材料的解读中来证明此前对原始材料的误读,从而为该问题画上了圆满句号。

Amiot et la Mission française à Pékin à la fin du XVIIIe siècle），发表在耶稣会杂志《研究》(*Etudes*)上。①1915年出版单行本，题为《钱德明神父和北京法国传教会的幸存者》。该书主要讲述18世纪晚期法国在华耶稣会士的活动概况，涉及中国传教情况的方方面面，包括耶稣会解散的来龙去脉，资料非常翔实。该书并非钱德明评传，但在他的身上着墨较多，重点描写了他在法国传教会兴衰更替中的爱国之心。钱德明用忧伤的笔调刻画了自己的心情："耶稣会士不存在了；法国传教会的财产、房屋、教堂、在北京的房产、在京城郊外的土地，从1776年以来路易十六给他们颁发的年薪，这一切都被遣使会接手。"他的周围"弥漫着一种空荡荡的感觉"，他在艰难的环境中走完了自己的生命历程，"(……)为法国来华耶稣会士画上了句号，他们以自己的学识、科学、文艺工作在中国声名显著"②。作者将钱德明在华的时间分为两个阶段：从1750年到1766年的第一阶段，主要精力用在学习中国语言之上；第二阶段是1766年之后的学术丰收期，他将主要精力投入到文化研究和文学通讯之中。通过钱德明等耶稣会士的活动，作者再现了18世纪晚期北京法国传教会的历史面貌，是一部比较详尽的传教史研究专著。

高第著有《耶稣会的解散和北京传教会》(*La Suppression de la Compagnie de Jésus et la Mission de Pékin*, 1918)一书，他在研究耶稣会晚期传教士通信手稿基础之上，详细梳理了这一时期的传教史与北京传教会的情况。该书内容跟上面的著作有不少相似之处，并且大量征引了钱德明的书信手稿。高第通过翔实的史料进一步分析了法国耶稣会士在该会解散之后的形势，会内的分裂，会外和南京及澳门教区的斗争，以及与罗马教廷的交涉。由此可以看出钱德明在斗争中所起的作用，以及对法国在华传教事业的感情。该书写到遣使会接替耶稣会之后而告终，史料丰富翔实，历史线条清楚，是了解钱德明所处时代环境尤其是耶稣会内部环境的重要著作。③

---

① 参阅 *Etudes* du 5 janvier 1903, pp. 26-47; du 20 janvier, pp.175-196; du 5 février, pp. 338-355.

② 参阅 Camille de Rochemonteix, *Joseph Amiot et les derniers suvivants de la Mission française à Pékin, 1750-1795,* Alphonse Picard père et fils, 1915, pp. 431-432.

③ 参阅 Henri Cordier, *La suppression de la Compagnie de Jésus et la mission de Pékin*, Leyde, 1918.

（三）围绕钱德明的跨文化研究

在已经出版的研究中，将钱德明放到中西文化交流大背景中去加以考察的相对较少。钱德明研究多是由教内人士完成，他们偏重于档案材料的整理爬梳，目的是凸显其在传教事业上的重大贡献。另外，相关研究者多为西人，缺少对中国文化加以观照的意识，研究工作也因此常常存在某些不足之处。

最近一些年来，也出现了少量跨文化视阈的研究。法籍华人陈艳霞（Tchen Yen Hia）所著《华乐西传法兰西》(La Musique chinoise en France au XVIII° siècle, 1975)是一篇比较研究的论文，该书用了相当篇幅介绍钱德明对中国古代音乐的传播活动，即各种传统乐器和中国古代声律向西方的介绍工作。首先，该书介绍了钱德明翻译的《古乐经传》的基本内容，探讨了当时法国知识界对该译文的接受情况，诸如拉莫（Jean Philippe Rameau, 1683—1764）和鲁西埃等。该书展现了钱氏对中国音乐的接受和再接受过程，考察了他在音乐方面与欧洲学者进行的交流互动。随后，该书详细研究了《中国古今乐记》，涉及中国音乐史、各种乐器、中国音乐十二律以及音阶与和声等内容。该书还辟出专章整理钱德明关于中国音乐的著作和文献。另外，作者探讨了钱德明的媒介身份，考证了接受过程中的某些误读，并在中西音乐交流中对其进行定位。该书是第一部较系统深入研究钱德明对中国文化接受的著作，再现了整个接受过程，凸显了钱氏在中西音乐交流中的媒介作用。①

钟鸣旦（Nicolas Standaert）出版了《钱德明之中国宗教舞：民族舞蹈学之源》(Les danses rituelles d'après Joseph Marie Amiot : Aux sources de l'ethnochorégraphie, 2005)。从某种意义上说，该书是对上述音乐研究的极好补充，因为陈艳霞对舞蹈虽有涉猎，但因舞蹈并非其研究的主要内容，故未能展开讨论。该书收录了钱德明1788年和1789年所撰手稿《大舞》(Mémoire sur les danses religieuses des anciens Chinois. Grandes danses)与《小舞》(Mémoire sur les danses religieuses, politiques et civiles des anciens chinois. Petites danses)。手稿内容主要出自明朝朱载堉（1536—1611）所编舞谱，作者对钱德明的工作加以点校批评。对手稿源头的考证将此研究导向了与音乐、诗歌和舞蹈相关的中国文学研究，这是

---

① 参阅 Tchen Yen Hia, La Musique chinoise en France au XVIII° siècle, Publications orientalistes, 1975.

本书的一大特色。此研究还将译文和原文加以对比,让我们更好地洞悉了钱德明的文化心理,通过他对舞蹈学的理解接受进而展现出接受者的文化心态和对中国的想象作用。这是在钱德明研究中具有比较意识且重视从原典入手的有益工作。①

另外,孟华在博士论文《伏尔泰与中国》(*Voltaire et la Chine*, 1988)中将钱德明纳入到比较文学研究范畴。相关内容篇幅不多,着重分析了其译诗在帮助伏尔泰构建中国形象中所起的作用,以及中国开明君主形象深化与加强的原因。②

通过对上面三方面研究内容的回顾,我们可以看出,二百多年来,对钱德明的研究取得了不同的阶段性成果,但仍然存在某些不足之处。钱德明在学界享有盛名,但其作品却往往被束之高阁,少人问津。考察个中缘由,大致有二:一是因为他的许多作品目前还是手稿形式,分别收藏于法兰西学士院图书馆和法国国家图书馆等处,给研究工作带来一定的难度。二是他的主要作品均为法文写作,而18世纪的法语与现代法语有一些差距,对国内研究者来说,这算是一个不小的障碍。在已有的研究成果中,中国学者的工作明显较少,而国外学者又大都从历史角度入手,忽视了钱德明跨语言、跨文化的这种独特身份特征。

综上所述,我们对钱德明研究的课题史似可以得出如下结论:

首先,有关钱德明生平史实的研究过于笼统,往往属于泛泛之谈,缺少系统深入的分析。

其次,虽然有些作品试图刻画和再现钱德明所处历史文化语境(教会内),但就此止步,未能对语境进行全面和综合的研究。

再次,即使有些作品在某种程度上运用了比较方法,但均限于一个特别的领域(音乐和舞蹈),并非在于从总体上去把握时代语境,也未能对钱德明的诸多文化身份进行系统考察,忽略了他在介绍这些音乐、舞蹈作品中深层的政治、宗教、文化和心理动因。陈艳霞在研究中虽然也指出了钱德明的某些错误和误读,但仅仅限于简单的价值判断,而没有考虑翻译策

---

① 参阅 Nicolas Standaert, Yves Lenoir, *Les danses rituelles d'après Joseph-Marie Amiot: Aux sources de l'ethnochorégraphie*, Presse Universitaire de Namur, 2005.

② 参阅 Meng Hua, *Voltaire et la Chine*, thèse de doctorat soutenue à l'Université de Paris Sorbonne (Paris IV), 1988.

略和文化差异等相关问题,未能系统考察翻译转化活动中文化因素的传递现象,这也是需要进一步解决的问题。

总而言之,到目前为止,本课题尚未出现从比较文学与比较文化视角切入的综合性研究。

二、研究方法及思路

本书是在比较文学和比较文化范畴内对中法文学、文化交流关系史上的一个重要媒介进行的系统研究,在具体写作过程中将运用比较文学的相关理论和方法,从而弥补此前钱德明研究的缺陷和不足,避免单纯从历史到历史、从宗教到宗教的研究路数。基于此,在写作中要遵循的基本思路如下:

首先,本书将注重历史文化语境研究,注重整体性和综合性。我们将考察目的语/接受者与源语/放送者的双边文化语境和文化氛围,任何一端的忽略都将是此类研究的缺陷。钱德明的作品脱离不开具体的时代,既体现着他者的特色,又反映着"我"的心理,要弄清楚这之间相互交织、错综复杂的关系就需要正本清源。另外,从语境入手注重综合和整体的分析,可以在一定程度上弥补此前研究的不足。

其次,本书将进行翻译研究,即从钱德明的翻译作品入手,参照中国原典文献,结合相关周边文本,考察文化因素和文本意义是如何在不同语言中进行翻译、转化、移植和误读的,即探究译本生成过程及形成此过程的种种原因,弄清楚钱德明在翻译中采用的翻译策略,翻译中出现的问题,以及两种语言张力下相异性和身份认同的相互作用。本书将通过具体案例和文本分析去探询目的语对译作的具体形态以及异文化因素的制约,从而揭示翻译层面上的文化误读。

再次,本书将进行形象研究。在18世纪晚期的具体文化语境里,钱德明的作品实际上参与到了法国人对中国的集体想象之中,而钱本人又受到了前集体想象的作用。本书将探求钱德明作品中的形象与当时社会集体想象和社会心理之间的关联,梳理其作品对传统因素的继承,进而挖掘钱德明笔下所塑形象的独特性,以及产生这种文化形象的原因。

在上述研究基础上,本书还将尝试讨论钱德明作品在法国乃至欧洲的接受问题。正如上文所说,在对中国文化的接受过程中,作为译者的钱德明处于接受链中的第一接受者的位置,在该链条上进行细致分析,进而考察中国文化因素在经过多次接受之后产生的效果,亦将是我们希望考察的一个侧面。欧洲学者在借鉴钱德明时选用了什么样的"过滤"方式,产生出什么效果,过滤后的中国文化与其本来面目之间有什么联系和区别,在不同层次上展开的文本与读者的互动关系如何完成,这一系列问题都是笔者感兴趣并希望在本书中予以讨论的。

总之,本书将本着原典实证的原则,从钱德明的作品出发,结合中法双边历史文化语境,考察作者的翻译和创作活动,考察其文化身份对翻译和创作活动的影响,以及其作品在欧洲的接受,特别是在欧洲建构中国形象中的作用。这种考察将注重比较研究的综合性和整体性,力求对钱德明在中西文化交流中的工作进行比较系统全面的梳理,对他在中西文化中的作用和贡献给予恰当的历史定位。需要强调的是,在本课题的具体研究和写作过程中,不论是语境研究,还是翻译研究、形象研究,总的来说都是在影响/接受研究这个大框架之下进行的,而且上述研究方法始终是互相交织、密不可分的。

此外,还有两点需特别加以说明:

一、钱德明的作品包罗万象,在实际研究中不可能面面俱到,而且前人在某些领域已经做了一些比较到位的工作,所以本研究将对钱德明有影响、有创新而前人又较少涉猎的著作和翻译予以特别关注。

二、由于钱德明的作品主要用法语撰写,所以本研究也偏重于钱氏向欧洲介绍中国文化的工作,偏向于他对中国文化的接受和其著、译作在欧洲的接受。

根据上面的基本思路,本书设计为四个部分。

第一章概述钱德明生平及其时代。本章共分两节,第一节将勾勒中法文化交流的基本情况以及耶稣会在17、18世纪中西文化交流中的地位和作用。鉴于钱德明的特殊身份,"礼仪之争"和早期汉学是本节必须考察的内容。第二节对钱德明的生平和文化活动进行总体研究,勾勒其传教、交友和通讯的大致情况,同时对其著译进行梳理和介绍。

第二章研究钱德明的著述。第一节主要探讨其作品中的中国历史观。钱德明的中国历史观与其文化身份紧密联系,主流耶稣会士身份在某种程度上影响其观念的形成。在这个问题上,他既脱离不开本会的传统,又有自己的创新之处,本文希望廓清其中国历史观及形成这种观念的原因。为了彰显其独特性,本文将与其他观点进行横向和纵向对比。第二节主要探讨钱德明与孔子的关系。与中国历史观一样,他塑造孔子形象时也受到自身身份的影响和制约,他在众多传教士反复言说之后仍然选择这样一个题目,有其深刻的内在原因,这一点应该从语境和文化身份中去寻求答案。第三节讨论钱德明与中国音乐的关系,梳理他在中国音乐问题上自身态度的发展变化,描述从早期的排斥态度过渡到后期的认同心理的转变历程并探讨发生此种变化的原因。

第三章主要研究钱德明的翻译作品。第一节将选择翻译文本《御制盛京赋》(*Éloge de la ville de Moukden*, 1770),从文本入手探讨钱德明进行的异文化因素移植。第二节研究钱德明对《中国兵法》(*Art militaire des Chinois*, 1771)的接受,探讨他对中国兵法的认识及其译作在法国的接受情况。

第四章讨论钱德明与欧洲学者的互动关系。第一节将讨论他和贝尔坦之间的通讯关系,以及贝氏如何影响其创作、翻译活动。第二节将分析法国《博学杂志》(*Journal des Savants*)①对钱德明的接受情况。第三节研究他对欧洲文化活动的参与,如18世纪关于中国问题的大讨论等。第四节希望梳理钱德明与法国作家的关系,解读钱德明如何以其著、译作参与到这些作家建构中国形象的工作之中。

本书将围绕钱德明的文化身份这一主线而展开,讨论他作为传教士、学者、翻译家、文学家、文化媒介等多种身份的互动和影响,将通过身份问题的讨论及其文化、学术的总体回顾,在中法文化交流史上对钱德明进行定位。

---

① 1665年1月5日,《博学杂志》在巴黎创刊,创刊号共12页,言其目的是介绍"文学共和国中发生的新事物":介绍欧洲出版的主要作品,颁布名人讣告,介绍艺术和科学新发现,包括物理、化学、机械、数学等发现、发明,天文、气象观测,原子发现,研究世俗、教会和大学、法院的司法决策,终极目的是让该刊物引起文人或博学家的关注。《博学杂志》在传播科学和文学知识方面起到了很大作用。创刊伊始就激发了伦敦王家科学院成员的兴趣,三个月后一份名为《哲学交流》的杂志在英国创刊,重点介绍科学发现和试验。可以说《博学杂志》从创刊以来就是欧洲各大文学和科学杂志的参照,随后在意大利和德国也出现了类似杂志,荷兰和法国外省还出现了不少盗版。参阅 *Le Journal des Savants* du lundi V janvier MDCLXV, Paris, J. Cusson, 1665.

第一章 钱德明及其时代

第一节 钱德明所处历史文化语境

钱德明离法赴华之时,正值路易十五当政第二十六年,乾隆登基御宇第十四年。在法国,《中华帝国全志》(*Description générale de l'Empire de la Chine et de la Tartarie*,1735)出版之后,"中国热"在18世纪中叶已经广为传播。参照比诺(Virgile Pinot)的说法,我们可以遥想当年"中国热"在法兰西大地上流行的盛况:"这正是蓬巴杜夫人(Madame de Pompadour,1721—1764)号令天下之时,她身边弥漫着中国热的氛围,……这时候谁都想在自己家中摆上几件中国玩意儿。"①蓬巴杜夫人"让当时最伟大的艺术家来为她服务"②,因为上行下效的作用,"中国热"也顺时应势地成为风格独具的雅好在上流社会中流布开来。

其实,早在"中国热"出现之前,中国在欧洲知识界也远非默默无闻,中国早已成为一个时髦的话题。如果说耶稣会士把宗教带到了东方,那么在反方向上他们却把中国文化带回了欧洲。在那个时代,欧洲学者对中国的态度也不尽相同,但不管是出于赞赏还是指责,似乎他们均以能够探讨中国问题为荣。那些与中国相关的书籍,很多都或远或近地与"礼仪之争"有着关联,"礼仪之争"的实际效果则是大力推动了中国文化在西方的传播。艾田伯(René Etiemble,1909—2002)所说恰如其分:"中国礼仪之争的另一大益处就是让中国和中国思想引起了欧洲的注意。"③这是一个热闹非凡的时代,"对欧洲来说,有中国茶叶、中国器物、中国园林……神圣的孔子,还有成百上千的影响;在中国,有欧洲天文、地图、科学技术

---

① Pinot Virgile, *La Chine et la formation de l'esprit philosophique en France (1640-1740)*, Slatkine Reprints, 1971, p.10.

② François Lebrun, *L'Europe et le monde, XVe, XVIe, XVIIIe siècle*, Armand Colin, 1997, p. 244.

③ René Etiemble, *Europe chinoise*, vol. 1, Editions Gallimard, Paris, 1988, p. 308.

知识的传播,还有绘画艺术的影响……"①在这个时代,文化开始发生接触,并且产生交互作用,这一段中西文化交流史也正好呈现了"礼仪之争"的重要作用。

在一定程度上,"礼仪之争"动摇了来华耶稣会士的传教策略和传教基础。研究钱德明之所以必须梳理这段"礼仪之争"的历史,这是因为只有了解这场旷日持久的论战,才能够洞悉主流耶稣会传统和主张,否则不可能深入理解耶稣会士身份在18世纪后半期传教士身上发挥的作用,以及钱德明对来华耶稣会士的主流态度以及天和孔子重新解读的深刻意义。

一、"礼仪之争"的影响②

艾田伯认为,礼仪之争"充满了传奇与故事,充满了爱与恨,充满了盲目和清醒,这里有用多国语言写成的汗牛充栋的文字……中国礼仪问题引起的这场争论留下了数以万计的手稿,它最后动摇了教廷,使耶稣会最后解体"③。

1552年,第一位到达远东的耶稣会士沙勿略(François Xavier, 1506—1552)止步于中国大陆门户之外。1582年,利玛窦(Matteo Ricci, 1552—1610)进入中国内地,他选择去适应中国风俗习惯,设法与文人显贵交往,"努力运用孔子的书籍来赢得中国官方的好感,也让新皈依的教徒能够受用"④。利玛窦建立起的一套"适应"与"汉化"的策略,耶稣会内部对此也有不同看法,有人认为不能简单地将中国文化与基督文化因素进行比附,其中龙华民(Longobardi, 1559—1654)的态度便具有代表性。

利玛窦以天、上帝、天主等名字来比附西方的"上帝";而龙华民则认为中国典籍中的上帝是物质的天,不能指称西方的"上帝"。为此,龙华民撰写了《论中国宗教的若干问题》(Traité sur quelques points de la religion

---

① René Etiemble, *Les jésuites en Chine (1552-1773), la querelle des rites*, Collection Archives Julliard, 1966, p. 7.

② 可参阅关于礼仪之争的中文著译:北京故宫博物院编:《康熙与罗马使节关系文书影印本》,1932年;罗光:《教廷与中国使节史》,台北传记文学出版社,1983年;李天纲:《中国礼仪之争:历史、文献和意义》,上海古籍出版社,1998年;沈保义等译:《中国礼仪之争西文文献一百篇》,上海古籍出版社,2001年,等等。

③ René Etiemble, *Les jésuites en Chine (1552-1773), la querelle des rites*, p. 7.

④ Ibid., p. 23.

des Chinois, 1701),认为"中国文人(徐光启和李之藻等)通常将我们书中的意思与他们的书籍比附,想从他们书中找出与圣教相符的解释……"但是"中国的上帝(天王)让我多少难以适从,因为我一来到这个国家就根据本会传统阅读了孔子的四书,注意到很多注释者对上帝的阐释都与我们上帝的性质背道而驰"①。这些文字也清楚地体现了龙华民之于利玛窦传教策略的相关态度。

除了本会的龙华民神父之外,更多反对的声音则来自于其他不同修会。1639年,黎玉范(Jean Baptisete de Moralez,1597—1644)写信给耶稣会士阳玛诺(Manuel Dias,1574—1659),对中国礼仪问题提出质疑。②利安当(Antoine de Sainte Marie,1602—1669)③也撰写了《论中国传教会的若干重要问题》(*Traité sur quelques points importants de la mission de la Chine*,1701),在他看来,"孔子在中国处于最著名的偶像崇拜对象之列,人们烧香崇拜他,同一庙宇中的三尊塑像(儒、道、释)身处同一祭坛,也没有什么区别……"④他还指出,"庙"就是祭祀偶像之所,文庙是名副其实的庙宇,因此否定了卫匡国(Martini,1614—1661)在教廷将此诠释为厅堂或学校之义。⑤

---

① Longobardi, *Traité sur quelques points de la religion des Chinois, par le R. Père Longobardi, ancien supérieur des Missions de la Compagnie de Jésus à la Chine*, dans Anciens traités de divers auteurs sur les cérémonies de la Chine, Paris, Louis Guerin, 1701, pp.1-4. 此书当时没有出版,闵明我(Navarette)神父将其翻译成西班牙文,巴黎外方传教会1701年将该书出版,用作对付耶稣会士的武器。

② 主要质疑问题如下:1.为什么耶稣会士允许教徒祭祀偶像? 2.为什么允许基督徒官员每月两次到城隍庙上香磕头? 3.为什么允许官员和文人学士到孔庙祭祀? 4.为什么允许基督徒分享剩余的祭品,且当着偶像或孔子的面享用,认为这样就可以得到保佑? 5.为什么要在祭坛上摆放死者牌位,对其顶礼膜拜? 参阅 *Les jésuites en Chine (1552-1773), la querelle des rites*, p. 91.

③ 利安当亦译作栗安当、李安堂。

④ Antoine de Sainte Marie, *Traité sur quelques points importants de la mission de la Chine, par le R. P. Antoine de Sainte Marie, préfet apostolique des missionnaires de l'Ordre de S. François dans ce Royaume, adressé au R. P. Louis de Gama, jésuite, visiteur des provinces de la Chine et du Japon, et envoyé à N. S. Père le Pape, et aux Em. Cardinaux de la Sacrée Congrégation établie pour les affaires qui regardent la propagation de la Foi, traduit de l'espagnol*, dans Anciens traités de divers auteurs sur les cérémonies de la Chine, Paris, Louis Guerin, 1701, p. 4.

⑤ Antoine de Sainte Marie, *Traité sur quelques points importants de la mission de la Chine*, p. 6.

第一章 钱德明及其时代

我们知道,礼仪之争涉及三个核心问题:一是基督徒身份与祭孔冲突;二是基督徒身份与祭祖冲突;三是西方"上帝"的翻译问题,用天、上帝、还是天主?祭孔、祭祖的本质决定这到底是属于迷信、偶像崇拜,还是属于伦理道德、非宗教性习俗。"上帝"之名看似是语言问题,实质上隐藏深层内容:早期耶稣会士认为:"中国人所说的天不仅仅是物质的天,更通常包括一个全知全能的、可以惩恶扬善的、统治一切的上帝本身。"①而他们的对手也引经据典以证明中国的"天"是物质的"天","上帝"观念具有文人无神论倾向。正是在这种反复质疑、讨论和撰文的过程中,各方教内教外人士的参与对"礼仪之争"起到了推波助澜的作用。

当中国礼仪问题公之于众之后,事件的发展也超出了耶稣会士的控制,他们也身不由己不得不参与到这场争论中去。来华耶稣会士李明(Louis Lecomte, 1655—1728)返回欧洲之后出版了《中国近事报道》(*Nouveaux mémoires sur l'état présent de la Chine*, 1696),该书可以说是对耶稣会对手的回应。②李明不厌其烦地论证说:"诺亚的子孙散布到了东方大地,很可能建立了这个帝国,他们在大洪水时期见证了万能的造物主,子孙了解了他并且对他十分敬畏。"而且"中国人在举世最悠久的庙宇里祭祀造物主,这是一个不小的荣光"③。他得出的结论是:"对真正的'上帝'的了解,在康王之后甚至在孔子之后很长时间里都持续存在,但未能一直保持这种初期的纯净。"在他看来,"即便中国人具有偶像崇拜思想,但'上帝'这一概念还是始终和其他神灵有所区别"。这样他就巧妙地指出了中西方观念中的"上帝"基本可以等同。④

另外,李明还塑造出了有利于耶稣会传教策略的孔子形象,也就是让祭孔给人的印象是属于伦理层面的行为,而并不是宗教层面的仪式。他在这里同样使用了很巧妙的行文:"他(孔子)去世后,国王们在各省为他修建宫殿,某些时候大学士可以在那里举行政治纪念活动。……最奇妙的是中国人从来就没有让他成为神……因为上天让他降生就是要革新和

---

① De Ritibus, p. 5. 转引自 *Les jésuites en Chine (1552-1773), la querelle des rites*, p. 23.

② 根据比诺的说法(p. 90),该书的准印日期是1696年3月30日,印刷的完成日期是1696年7月7日。

③ Louis Lecomte, *Un jésuite à Pékin, Nouveaux mémoires sur l'état présent de la Chine, 1687-1792*, (rééd.), Paris, Phébus, 1990, pp. 358-359.

④ 参阅 Louis Lecomte, *Un jésuite à Pékin, Nouveaux mémoires sur l'état présent de la Chine, 1687-1792*, pp. 365-367.

教化风俗,所以不愿意在他去世之后,让这样一位谨言慎行的人成为迷信思想和偶像崇拜的诱因。"①作者没有用"庙"而用了"宫殿"一词,这种关键词的选择有意淡化了宗教色彩;他故意使用"政治纪念活动"这样的说法去刻意掩饰迷信和偶像崇拜色彩。在"礼仪之争"如火如荼的时候出版该书,"这一切处理都是要让基督教世界明白,耶稣会士的策略才是唯一明智的、基督化的、可能的,而且中国也希望按照耶稣会的方式来皈依基督教"②。

郭弼恩(Le Gobien, 1653—1708)虽然没有来过中国,但他的作品却更加具有论战性:"本世纪,没有什么比(耶稣会士在中国传教)更荣光,没有什么让我们的民族更加荣耀。"③他这样讨论到祭孔和祭祖仪式:"在祭孔和祭祖仪式中,他们(耶稣会士)所允许的是该国居民的礼仪,仅表示彼此尊重和敬重而已。……这些礼仪没有任何神圣和超自然的属性,……在孔子……身上看不到神圣和超自然因素;因此,祭祀不过是纯伦理行为,没有任何迷信色彩。"④郭弼恩引用罗文藻(Grégoire Lopez, 1610—1691)的书信,说明敌对修会中即便了解中国文化礼仪的人也都支持耶稣会士的立场。⑤

---

① 参阅 Louis Lecomte, *Un jésuite à Pékin, Nouveaux mémoires sur l'état présent de la Chine, 1687-1792*, pp. 250-251.

② René Etiemble, *Europe chinoise*, vol. 1, p. 308.

③ Le Gobien, *Nouveaux Mémoires sur l'Etat présent de la Chine. Tome troisième. Contenant l'Histoire de l'Edit de l'Empereur de la Chine, en faveur de la Religion chrétienne. Avec un Éclaircissement sur les honneurs que les Chinois rendent à Confucius et aux Morts*. Seconde édition. A Paris, chez Jean Anisson Directeur de l'Imprimerie Royale, rue de la Harpe. M.DCC, p. iij.

④ Le Gobien, *Avec un Éclaircissement sur les honneurs que les Chinois rendent à Confucius et aux Morts*, p. 230.

⑤ 罗文藻论及自己的看法时说:"我是中国人,因此比任何欧洲人都更了解中国的特点,更精通中国语言,更熟悉该国经书;我会破解中国文字中无尽的玄机,我更了解象形文字的意韵;我不同意他们(多明我会士)的观点,我在很多(礼仪问题)观点上都同意耶稣会士。"(Le Gobien, *Nouveaux Mémoires sur l'Etat présent de la Chine. Tome troisième. Contenant l'Histoire de l'Edit de l'Empereur de la Chine, en faveur de la Religion chrétienne. Avec un Éclaircissement sur les honneurs que les Chinois rendent à Confucius et aux Morts*, Seconde édition. p. liiij)又论及多明我会传教士翻译中的错误:"我们会的传教士在号称严格的翻译中赋予了别的含义,在很多地方曲解和破坏了中国哲学书籍中的真正意义;他们不但自己弄错了,还要将别人也拖入谬误之中,因此坠入难以摆脱的鸿沟。"(Le Gobien, *Nouveaux Mémoires sur l'Etat présent de la Chine. Tome troisième. Contenant l'Histoire de l'Edit de l'Empereur de la Chine, en faveur de la Religion chrétienne. Avec un Éclaircissement sur les honneurs que les Chinois rendent à Confucius et aux Morts*, p. lv)

1700年左右,中国礼仪问题进入了关键时期。[①]1715年3月19日,教皇克莱蒙十一世(Clément XI, 1649—1721)再次颁布教谕,其中包含以下几项重要内容:1. "天主"是唯一适合用于翻译"上帝"的汉语词;2. 祭孔活动属于偶像崇拜;3. 在家里或墓地祭祀死者属于偶像崇拜;…… 6. 传教士应发誓遵守这些规定。[②]1742年,教皇伯努瓦十四世(Benoît XIV, 1675—1758)颁布教谕,禁止在华传教士和中国基督徒从事与基督教不相符的礼仪活动,争论百余年的礼仪问题也画上了句号。

在中国礼仪问题上,耶稣会内部的不同立场导致了传教方法的分歧,也进而将耶稣会拖入一种被动局面。其他修会则针对耶稣会展开了长期的论战和攻击,使得双方都消耗了大量的精力。最后,教皇颁布了系列教谕,并派遣特使前往中国,将问题上升到外交层面,从而使得在华天主教的处境日益艰难。康熙最初对天主教抱有好感,教皇特使来天朝侈谈礼仪问题之后,其态度也发生了相应的变化。另外,传教士之间喋喋不休地争论礼仪问题,在中国士人眼里也多少降低了自己的形象。

"礼仪之争"使得耶稣会士的作品带着明显的论战性质,而且大多折射出自利玛窦以来的主流立场和传教策略。随着教廷的介入,耶稣会士的言说方式也更加巧妙,通常在作品中隐晦地传达自己的观点,以维护在华耶稣会利益和传教策略。在漫长的辩论过程中,一套与在华耶稣会士主流传教策略相符合的话语模式也应运而生,成为传统和遗产留给了包括钱德明在内的晚期在华耶稣会士。

当然,"礼仪之争"的影响远远超出了宗教领域,参与各方纷纷以出版物的形式来宣扬各自的观点,因此与中国相关的书籍得以大量出版,有关

---

① 1700年左右,礼仪问题进入关键时期,在巴黎外方传教会的积极支持下,曼特侬夫人(Madame de Maintenon, 1635—1719)、博叙埃(Jacques-Bénigne Bossuet, 1627—1704)和巴黎大主教诺阿伊(Louis Antoine de Noailles,1651—1729)一起反对耶稣会,巴黎索邦大学对李明的书籍进行批判。重点审查的内容有以下几点:在耶稣基督诞生两千年前,中国就已经有对真正上帝的认识;中国有幸在举世最古老的庙宇里祭祀真正的上帝;中国祭祀上帝的方式可以作为基督徒的典范;中国的道德和基督教一样纯洁;中国古代有信仰、礼节、崇拜、圣职、祭祀、"上帝"的观念,以及最纯洁的爱德,这是真正的宗教信仰的特点和升华;在世界所有民族中,中国一直得到上帝的恩宠。参阅 René Etiemble, *Europe chinoise*, vol. 1, p. 302. 参阅 Jean-Pierre Duteil, *Le mandat du Ciel, le rôle des jésuites en Chine, de la mort de François-Xavier à la dissolution de la Compagnie de Jésus (1552-1774)*, Editions Arguments, 1994, p. 107.

② 参阅 Jean-Pierre Duteil, *Le mandat du Ciel, le rôle des jésuites en Chine, de la mort de François-Xavier à la dissolution de la Compagnie de Jésus (1552-1774)*, p. 114.

中国的知识得到进一步传播,教外人士对这场争论的关注也不断加强。普通人可能对中国礼仪问题的实质不甚了了,他们眼中的中国更多地代表一种异国情调、一个遥远的文化符号、一个可供讨论的话题,在欧洲对外扩张探险的时代,民众对东方的了解也随着礼仪之争的推进而逐步深入。

二、"中国热"的流布

诚如上文所说,西方对中国的了解肇始于宗教层面的考虑和动因,但是这种对中国的关切很快就从宗教层面扩展到了更为广泛的文化艺术领域。18世纪中叶,法国的"中国热"风尚已经高潮迭起。①顾名思义,"中国热"抑或"汉风"是一种时尚与品位之风,它以追求中国元素为旨趣,以效仿中国艺术为雅好,它反映了当时的欧洲知识界对来自远东的异国情调的热衷与追逐。

其实,从路易十四时期开始,通过荷兰转手的商品就开始在法国流传开来,远东的瓷器、象牙、漆器、雕塑、图画以其特有的精致格调和细腻品味开始征服欧洲大地。②"中国热"之所以能够在法国滋生蔓延,除了来华传教士的生花妙笔之外,还得益于法中直接海上贸易(1697年)的增长和东印度公司(1717年)的建立。③18世纪,通过法国和英国这两个重要的渠道,中国维系着与整个欧洲的商业贸易,可以夸张地说中国已经成为吞噬"欧洲货币的坟墓"。④例如,1700年,从广州返回法国的昂菲利特号商船就运回了价值150万两白银的中国商品。⑤

从审美情趣来说,法国人喜欢精巧和雅致,中国商品能够满足上流社

---

① 关于"中国热"的中文研究著作:许明龙:《欧洲十八世纪的"中国热"》,外语教学与研究出版社,2007年;孟华:《法国文化史》中《18世纪法国的中国热》一节,北京大学出版社,1997年,第436—464页。

② 参阅 Michel Devèze, «L'impact du monde chinois sur la France, l'Angleterre et la Russie au XVIIIᵉ siècle», in *Actes du Colloque international de Sinologie. La Mission française de Pékin aux XVIIᵉ et XVIIIᵉ siècles*, Les Belles Lettres, 1976, p. 8.

③ 参阅 Henri Cordier, *La Chine en France au XVIIIe siècle*, Paris, Henri Laurens, 1910, p. 28.

④ 参阅 Michel Devèze, «L'impact du monde chinois sur la France, l'Angleterre et la Russie au XVIIIᵉ siècle», p. 9.

⑤ 参阅 Marie Françoise Milsky, *L'intérêt pour la Chine en France au XVIIIᵉ siècle*, thèse soutenue à Paris 7, 1977, p. 405.

会的生活品味和艺术风尚。正是在那个时期,法国的沙龙方兴未艾、蒸蒸日上地发展,文艺情调不断地传播蔓延,而中国艺术品正好有助于营造出典雅的氛围和别致的气息。在当时的法兰西,整个时代精神旨在追求异域情调,东方风格也正好能满足贵族和知识分子对异国的好奇和向往,"中国热"也顺理成章地从艺术层面直观、感性、物质的体现进而发展成深入、理性、精神的载体。王公贵族纷纷在家中修建起中国室或中国角,陈列来自远东的奇珍异物,这种风尚在世纪中叶达到高潮,一直持续到世纪末期才逐渐衰落。贝尔坦长期经营的工作室正是其中的典范,该工作室的高标独树也正是得益于钱德明以及其他在华耶稣会士多年的搜集和馈赠,他们之间的交流也正好见证了"中国热"从盛到衰的整个发展历程。

　　这一时期,欧洲已经不再是单纯进口中国艺术品的阶段,坊间开始出现了对中国艺术品的加工改造,因此"中西合璧"的产物也顺时而生,异国情调开始与本土色彩巧妙结合,交相辉映:"中国品味并不是总能满足喜好者的胃口,于是人们想到了增加装饰的办法,即在中国装饰图案之上加上欧洲的附属装饰。"①在法国,仿制中国瓷器的作坊应运而生,最著名的当数贝尔坦亲自关心建立起来的塞弗尔瓷器中心。钱德明曾寄给贝尔坦瓷器制作图二十二幅,力图清楚地介绍与展现整个中国制瓷工艺流程。②以中国的工艺为参照,融入本土的理解与对异域的想象,法国仿制的瓷器也获得了成功,贝尔坦还通过钱德明等传教士将法国瓷器作为礼物进献给乾隆皇帝,这堪称技术交流的一段佳话。③在两国文化交流中,舶来的瓷器逐步完成了本土化的加工与改造,瓷器这种物质媒介除了满足日常使用和艺术品收藏的功用之外,也开始悄无声息地推动两国文化不断影响、交融,直至推陈出新。

　　1697年,传教士白晋(Joachim Bouvet,1656—1730)返回欧洲,随身带回十九幅中国服饰图,高第认为这是"中国热"在法国的发轫。艺术家也

---

① Henri Cordier, *La Chine en France au XVIIIe siècle*, p. 8.

② 参阅巴黎耶稣会档案馆钱德明档案,*Histoire, origine et fabrication de la porcelaine en Chine et les différentes préprations de la pâte, extrait de diverses relations de voyageurs et missionnaires*, Paris, 1826.

③ 在1781年9月16日致钱德明的信中,贝尔坦说:"我很高兴(乾隆)皇帝接纳我们中心根据中国情调绘制的瓷器。如果您觉得此类产品还能获得同样的成功,以后每年给您寄这种物品都非常方便。"(参阅法兰西学士院图书馆,手稿1523)。参阅 Henri Cordier, *La Chine en France au XVIIIe siècle*, p. 16.

开始把视野投向东方,开始从"中国热"中吸取创作的灵感,物色创作素材,华多(Antoine Watteau,1684—1721)、于埃(Christophe Huet,1700—1759)、布歇(François Boucher,1704—1770)都将中国题材纳入自己的艺术创作之中,增进了公众对中国艺术的感性认识。① 在建筑艺术中,也依然可以看到中国文化的蛛丝马迹。1749年,王致诚(Jean-Denis Attiret,1702—1768)撰写的关于中国园林艺术的通信在法国发表,他向西方人描绘了师法自然、妙趣天成的中国园林艺术,这种美学追求也恰好印证了"英国—中国式花园"的旨趣。这种来自遥远东方的建筑园林艺术引起了公众的极大反响,它的横空出世打破了西方传统园林艺术的樊篱,在大革命前的十多年间,这种花园在法国一时蔚然成风。②

由此我们可以发现,在时代精神的指引下,在民间风尚的流布中,法国人对东方尤其中国艺术产生了浓厚的兴趣,这种热情发端于感性物质,继而延展到艺术层面的模仿借鉴,于是催生出中西艺术交融互动的趋势。"中国热"不仅涉及日常的生活,也影响到了欧洲园林、艺术创作、装饰图案,而且在更深的思想、文学层面给思想家与文学家提供了灵感和素材。从对工艺品的感性认识,到对书简报告的阅读,再到对中国文化的评判,借助于异国文化因素来加以自我批评和反思,这种发展趋势也促使"中国热"进入到思想影响阶段。诚如我们所知,18世纪的诸多法国文人都受到了中国文化的影响,不管是伏尔泰和孟德斯鸠这样的哲学家,还是贝尔坦这样的朝中显贵,他们都对中国文化表现出了浓厚的兴趣。钱德明的主要通讯对象贝尔坦就切身体验着这种氛围,在经历了"中国热"的高潮之后,他对东方和中国的兴趣也得到了极大发展,于是才有了他与钱德明等传教士之间的"文学通讯",才有了专门开辟"中国室"这样的文化雅兴。钱德明将中国艺术品寄给贝尔坦等人,他延续着这种艺术层面的交流,传承着这种"中国热"的风尚。同时,他不断著书立说,更进一步客观准确地介绍中国文化,传播中国文化知识,深化"中国热"在思想层面的作用,拓展中国文化在法国知识界的影响。

18世纪,对于那些难以到达现场没有直接氛围体验的法国人来说,

---

① 参阅 Henri Cordier, *La Chine en France au XVIIIe siècle*, pp. 30-35.

② Georges R. Loehr, «L'artiste Jean-Denis Attiret et l'influence exercée par sa description des jardins impériaux», in *Actes du Colloque international de Sinologie. La Mission française de Pékin aux XVIIe et XVIIIe siècles*, Les Belles Lettres, 1976, p. 79.

所有来自中国的画像、雕塑、乐器等形形色色的工艺品都可以为他们提供想象中国的素材和元素,而"肖像"这种具象则成其为发挥想象的依托,由此也可以建构起对异国人与异国文化的想象空间,并最终影响到某个特定文化群体对于异域文化和异国形象的社会集体想象物。[1]当然,这种传递和建构"肖像"的工作离不开远赴重洋的传教士,在"中国热"达到高潮之后的流光余韵之中,钱德明等传教士还是一如既往地继续介绍中国,解读中国,研究中国,讨论中国,出版与之相关的各种书籍。在这种弥漫开来的文化氛围中,"中国热"也顺时应势地走出宗教范畴,成为世俗研究者关注的对象、研究的素材、用功的领域,因此也推动着世俗汉学研究的发展。我们甚至可以毫不夸张地说,如果没有这场"中国热"的催化作用,如果没有法国知识分子对中国文化的热情,那么汉学成其为一门学科还得假以时日。

三、法国汉学的滥觞与发展

从学术土壤来说,法国专业汉学根植于传教士汉学时期来华耶稣会士对中国文化的研究、著译,以及由此在法国"哲学家"中间引起的广泛兴趣。对于法国传教士在汉学研究方面的贡献,法国汉学家沙畹(Edouard Chavannes, 1865—1918)曾经有过精彩的评价:"法国传教士取得的丰硕成果让人叹为观止;这些先驱们在一个如此悠久、灿烂和广博的文明面前,为后人开辟了广阔的道路,让后来者可以对这个广阔的领域有整体的把握,并确定自己的研究方向。"[2]在"礼仪之争"和"中国热"的发轫和传播过程中,法国乃至欧洲对中国的关注程度也达到了空前的高度,这就为世俗汉学的诞生准备了必要的条件。

欧洲最早研究孔子的哲学家当推拉摩特·勒瓦耶(La Mothe Le Vayer, 1588—1672),他在《论异教徒的美德》(*De la Vertu des Payens*, 1642)中辟出专章《论孔子,中国的苏格拉底》(*De Confucius le Socrate de la Chine*)。勒瓦耶写作此书的目的在于捍卫耶稣会的利益:他和耶稣会士一样认为中国人并不将孔子当作神看待,也并不向孔子祈祷[3];他认为

---

[1] 参阅孟华主编:《比较文学形象学》,北京大学出版社,2001年,第11—12页。
[2] Edouard Chavannes, *La sinologie*, Paris, Librairie Larousse, 1915, p. 5.
[3] 参阅 La Mothe Le Voyer, *De la Vertu des Payens*, 2ᵉ éd., Paris, Augustin Courbe, 1747, p. 230.

要真正使中国人皈依天主教,那么就必须尊崇儒教和孔子,也只有这种策略才能达到教化之目的。① 1687年,柏应理(Couplet, 1623—1692)等合著的《中国贤哲孔夫子》(*Confucius Sinarum Philosophus*, 1687)出版。翌年,弗朗索瓦·贝尔埃(François Bernier, 1630—1688)将此书加以翻译,但是并没有付梓。②此外,库赞(Louis Cousin, 1627—1707)公开发行出版了《中国贤哲孔夫子之道德观》(*La morale de Confucius, philosophe de la Chine*,1688)。③

从17世纪中期开始,欧洲学者往往根据自己的实际需要,以中国文化为武器或者幌子,为自己的学术团体或者自己的学术观点服务,或抨击社会现实,或对抗教会,或阐述"改良"之目的。这类著述常常立足于现实需求的考虑与动因,大多揉进了著、译者在社会、经济、政治、文化方面的理想色彩与神奇的想象元素,他们不过是希望通过大加渲染中国这个遥远的文化符号,进而含沙射影地道出文字背后深层的寓意与目的。从材料角度来说,该时期的作品大都依赖于二手的文字资料,著述者们主要参考的是在华传教士的书籍与译文,因而也缺少了几分"田野调查"的真实感。在这些著、译作品当中,我们可以发现大肆发挥的想象、故意的取舍、功利性的增删、前后的矛盾、褒贬的互现,作者的目的无非是或明或暗地引导读者按照他们的意图去建构中国形象,这种"误读"丛生的文字传递出的顶多是"相似"的形象,"似是而非"的信息,抑或是契合他们理念的"神话"。

18世纪法国汉学研究的代表人物有傅尔蒙(Fourmont,1683—1745)、弗雷莱(Nicolas Fréret,1688—1749)、德经(J. de Guignes, 1721—1800)等。④对他们来说,汉学也并不算是学术研究的重点方向,对中国语言和

---

① 参阅 René Etiemble, *Europe chinoise*, vol. 1, p. 269.

② 参阅 José Frèches, «François Bernier, Philosophe de Confucius au XVIIe siècle», *Bulletin de l'Ecole Française d'Extrême Orient*, Paris, 1973, p. 386.

③ 《中国圣贤孔夫子之道德观》的作者存在争议,一说作者是 Jean de la Brune,一说作者是 François La Brune。库赞于1697年当选为法兰西语言文学院院士,1687—1705年担任《博学杂志》主编。拉莫特·勒瓦耶、柏应理、弗朗索瓦·贝尔埃以及库赞的相关研究,参阅孟华:《伏尔泰与孔子》,新华出版社,1993,第60—65页。

④ 傅尔蒙,法国东方学家,1715年当选铭文与美文学院院士和法兰西学院阿拉伯语讲席教授。弗雷莱,法国历史学家、语言学家和东方学家,1716年入选铭文与美文学院,1742年当选该学院常务秘书。德经,法国东方学家,傅尔蒙的学生,1753年入选铭文与美文学院,1757年当选法兰西学院叙利亚语讲席教授。

第一章　钱德明及其时代

文化的关注不过是他们作为东方学家视野中的一小块领地,一份附带性的工作。①1702年,华人黄嘉略(Arcade Hoang,1679—1716)到达法国巴黎,在国王图书馆负责整理中文图书文献,并开始编撰中法字典及汉语语法书。他在汉学领域做出了一些开创性工作,其主要成果有与傅尔蒙和弗雷莱合作的《汉语语法》(Grammaire chinoise,约1716)。另外,他还开始编写《汉语字典》;傅尔蒙和弗雷莱都先后与他进行过合作。②

黄嘉略去世之后,傅尔蒙接管了他的手稿,并在此基础上继续从事汉语学习和研究工作。1722年,傅尔蒙宣读了《关于中国文学》(Sur la littérature chinoise, 1722)的论文,他在文中分析了汉语的基本特点,以及自己在汉语方面的研究工作。1728年,他完成了汉语语法编写工作,他在书稿中分析了汉语的特点、词法、句法,另外还附有大量的例句。1742年,傅尔蒙出版了《中国官话》,他在书中介绍了欧洲的中文藏书情况,论述了汉语语法,书后所附的中文书目则是他多年负责整理国王图书馆中文藏书的成果。③此外,他还编撰了《历史和地理辞典》(Dictionnaire historique et géographique)。傅尔蒙是欧洲18世纪最早编写汉语语法工具书的学者之一,他的著作也是巴黎最早使用汉字的出版物,这标志着汉学研究已经开始走出传教士的范畴,开始成为学者的辅助性研究工作。

在18世纪的法国,弗雷莱是最关心中国问题的学者之一。④他和耶稣会士保持着长期的通信,他们的交流主要围绕中国历史和纪元问题而展开。他先后发表论文《论中国编年史的悠久性和可信度》(De l'antiquité

---

① 参阅 Isabelle Landry-Deron, «L'ombre portée par l'ouvrage de Du Halde sur les premiers sinologues français non missionnaire», in Michel Cartier (éd.), La Chine entre amour et haine. [Actes du VIIIe colloque de Sinologie de Chantilly]. Paris : Desclée de Brouwer, 1998, pp. 33-41.

② 有关黄嘉略、傅尔蒙、弗雷莱及法国早期汉学的专题研究,参阅许明龙:《黄嘉略与早期法国汉学》,中华书局,2004年。

③ *Linguae Sinarum Mandarinicae hieroglyphicae grammatica duplex*, latiné, & cum characteribus sinensium. Item Sinicorum Regiae Bibliothecae librorum catalogus... Paris, Guérin, rollin fils, Joseph Bullot, 1742. 傅尔蒙的《中国官话》出版之后,引起了各方的评论,负面的指责主要关涉他夸大了汉语的学习难度,书中口语和书面语界限模糊,很多例句不伦不类等问题。该书在很大程度上借鉴了西班牙多明我会士万济国(Francisco Varo, 1627—1687)编撰的《华语官话语法》(*Arte de la Lengua Mandarina*, 1703)。

④ 关于弗雷莱与中国文化的专题研究,参阅 Danielle Elisseeff, Nicolas Fréret, réflexions d'un humaniste du XVIIIe siècle sur la Chine, Paris : Collège de France, Institut des Hautes Études Chinoises, 1978.

et de la certitude de la chronologie chinoise, 1733）和《关于中国编年史的悠久性和可信度之说明》（Eclaircissement sur le mémoire lu au mois de novembre 1733...）。①弗雷莱主张到中国历史文献中去寻找证据,主张把中国纪元和《圣经》纪元进行单独梳理,进而找出二者之间的问题与共性。②1714年,弗雷莱宣读了论文《论中国诗》（De la poésie chinoise）,他在其中谈及中国诗歌的格律问题,这是中国诗歌与欧洲人的初次相遇。③另外,他还醉心于探究汉语和汉字的奥秘,认为汉字可以归结到214个偏旁部首,他在《文字尤其是汉字的基本原则》（Sur les principes généraux de l'art d'écrire, ou particulièrement sur ceux de l'écriture chinoise）中总结提出了这一理论。④弗雷莱在中国语言文字和历史纪元方面做出了一定成绩,他的学者身份、他的学院性研究工作,这些都进一步推动了法国世俗汉学的发展。

德经对中国文字和埃及文字的关系问题尤其感兴趣。他曾发表《论中国是埃及人的殖民地》（Mémoire dans lequel on prouve que les Chinois sont une colonie égyptienne, 1759）一文,认为中国人是埃及人的后裔。⑤高第认为他"充分发挥了异想天开的能力"⑥。钱德明则说他执迷于一个

---

① «De l'antiquité et de la certitude de la chronologie chinoise», in Mémoires de l'Académie des Inscriptions et Belles-Lettres (1731-1733), vol. 10, Paris, Imprimerie royale, 1736, pp. 377-402；«Eclaircissement sur le mémoire lu au mois de novembre 1733 touchant l'antiquité et la certitude de la chronologie chinoise», in Mémoires de l'Académie des Inscriptions et Belles-Lettres (1738-1740), vol. 15, Paris, Imprimerie royale, 1743, pp. 495-564.

② 参阅许明龙:《黄嘉略与早期法国汉学》,中华书局,2004年,第237页。

③ 参阅 Histoire de l'Académie royale des Inscriptions et Belles-lettres, T. III, 1720, pp. 289-291.

④ 参阅 «Sur les principes généraux de l'art d'écrire ou particulièrement sur ceux de l'écriture chinoise», in Mémoires de l'Académie des Inscriptions et Belles-Lettres (1718-1725), vol. 6, Paris, Imprimerie royale, 1729, pp. 609-634.

⑤ 傅尔蒙的外甥兼弟子德奥特莱（Leroux Des Hauterayes, 1724-1795）发表《对德经〈论中国是埃及人的殖民地〉一文的质疑》（Doutes sur la dissertation de M. de Guigne qui a pour titre Mémoire dans lequel on prouve que les Chinois sont une colonie égyptienne, 1759）进行驳斥。德经又发表《德经关于德奥特莱质疑的回复》（Réponse de M. de Guignes aux doutes de M. Deshauterayes, 1759）予以回应。

⑥ Henri Cordier, «Les études chinoises sous la Révolution et l'Empire», Toung Pao, XIX (1918-1919), p. 64.

早就已经提出并被广泛讨论,且被一致摒弃的观点。①18世纪五六十年代,如果说法国对中国的关注度达到了高峰,那么其中部分原因则恰恰是缘于这场关于中国人起源的论争。德经还撰写了诸多严肃的学术性著作②,这些研究成果属于"全新的研究课题",他拓宽了汉学研究的传统视野,对汉学学术研究具有一定的开创与导向意义。③从他开始,汉学研究已经开始关注汉族地区之外的边疆地区语言历史文化,注重考察中国与周边民族、国家的关系,以及区域性文化融合。这种研究转型与钱德明的关注也多有契合之处,而与此前的在华传教士相比,钱德明本人也较多地关注民族地区语言文化,进一步拓宽了耶稣会士的学术视域和研究范围。

德经之子小德经(Chrétien Louis Josephe de Guignes, 1759—1845)自幼跟随父亲学习汉语,对中国文化颇感兴趣,后来曾担任法国驻广州领事一职。在广东期间,利用接近语言对象国的得天独厚的条件,他进一步深

---

① 参阅 Amiot, «Lettre du 5 novembre 1778 à Bertin», *Correspondance de Bertin*, Institut de France, ms.1515.

② 《匈奴、蒙古及其他西鞑靼族历史》(*Histoire générale des Huns, des Turcs, des Mongols et des autres Tartares occidentaux etc. avant et depuis Jésus Christ jusqu'à présent; précédé d'une introduction contenant des tables chronologiques et historiques des princes qui ont régné dans l'Asie*, 1756—1758)及《印度宗教以及该宗教汉译基本文献历史研究》(*Recherches historiques sur la religion Indienne, et sur les livres fondamentaux de cette religion, qui ont été traduits de l'Indien en Chinois*, 1780)。此外,德经还主持出版了宋君荣翻译的《书经》(*Le Chou-King, un des livres sacrés des Chinois... ouvrage recueilli par Confucius, traduit et enrichi de notes par feu le P. Gaubil,... revu... par M. de Guignes... On y a joint un discours préliminaire... sur les tems antérieurs à ceux dont parle le Chou-King (par le P. de Prémare) et une notice de l'Y-King... (par C. Visdelou)*, 1770),钱德明翻译的《御制盛京赋》(*Éloge de la ville de Moukden et de ses environs, poème composé par Kien-Long, empereur de la Chine... On y a joint une pièce de vers sur le thé... par le même empereur. Traduit en françois par le P. Amiot,... et publié par M. Deguignes*, 1770)和《中国兵法》(*Art militaire des Chinois, ou Recueil d'anciens traités sur la guerre [Texte imprimé], composés avant l'ere chrétienne, par différents généraux chinois... Traduit en français, par le P. Amiot, missionnaire à Pe-king, revu & publié par M. Deguignes*, 1772),这些作品的出版为法国本土的汉学研究提供了材料。

③ 参阅 José Frèches, *La sinologie*, Presses universitaires de France, Paris, 1975, p. 30.

入学习和研究中国文化,钱德明曾表示希望给他提供帮助。① 返回法国后,小德经出版了《1784—1801年间北京、马尼拉和法兰西岛记游》(*Voyages à Péking, Manille et l'île de France faits dans l'intervalle des années 1784 à 1801*, 1808)。② 小德经对中国人的态度相对较为仇视,这在很大程度上是因为他接触的华人多为商人,而他身处的工作环境中又弥漫着对中国人的种种不满情绪。高第对这部著作做过评价:"德经的这部作品读起来赏心悦目,比起其他许多纷纷攘攘推出的有关中国的作品来,这本书……确实错误要少一些。"③ 从这个意义上来说,这部游记具有自身的历史价值,而这种"确实错误要少一些"的进步得益于小德经对中文和中国文化的深入了解,得益于在中国对中国人的现场观察和实地体验。

在整个18世纪,世俗学者对汉语的掌握程度还相当有限,加上远离中国本土和资料的缺乏,因此他们与传教士的汉学水平可以说还相差甚远。但是,他们秉承了法国自文艺复兴以来的文献学传统,偏重于语言的研究。此外,也曾出现过一些突破传统意义的学术研究工作,如德经对匈奴和蒙古史的研究,这表明法国汉学开始关注新的研究领域,将中国文化放置到更加宽泛的维度中去加以考察。

但是,一直到18世纪60年代,有关中国的知识观念依旧相对肤浅,就连对中国最了解的人可能也不过是对杜哈德(Du Halde, 1674—1743)主编的鸿篇巨制匆匆一读而已。然而,到了18世纪晚期,在贝尔坦的引导

---

① 谈到小德经学习汉语的时候,钱德明在给贝尔坦的信中曾经写道:"人们从广东写信告诉我,他(小德经)在继续研习语言文字,最大愿望就是要在这门学问(汉学)中精益求精,这可以让他在欧洲所有学者中出人头地。到中国来做生意的人当中,不管是英国人、德国人,还是瑞典人和美国人,似乎从来没有谁掌握了足够的中文,能够用中文阅读,或者从事翻译工作。关键的一点是,他开了个好头。法国负责管理他的人应该督促他。如果需要的话,我这边也会像身边人一样给他所有的建议。不过我不能给他别的帮助,这真让人懊恼!如果今后我的某个朋友去广州为官,我到时候一定向他推荐。"(钱德明1786年10月1日致贝尔坦书信,法兰西学士院图书馆,手稿1516)

② De Guignes, *Voyages à Péking, Manille et l'île de France faits dans l'intervalle des années 1784 à 1801*, Paris, Imprimerie Impériale, 1808. 当时的法兰西岛即现在的毛里求斯。

③ 小德经在序言中写道:"在奉献给大家的这部作品中,我要向大家展示的是,这个幅员辽阔的国家不管是统治的优良还是在人口方面都并不胜过其他地区。而有些写家曾经吹得天花乱坠,说这里人口如何众多云云。我笔下的中国人就是我所见的那样;我不想抑扬他们,但我绝不会认为他们是一个贤明的民族,也不是一个成熟和理性的民族,而一个成熟和理性的民族则只需要加强法律就可以让他们都中规中矩。"(转译自Henri Cordier, «Les études chinoises sous la Révolution et l'Empire», pp.86-87.)

下,在钱德明等来华传教士的努力下,法国对中国的认识已然达到了空前的高度,关于中国的信息也更为准确、客观、专业地传递给法国学者。这时候,有关中国的出版物已经引起许多精英阶层读者的关注。1777年,冯秉正(de Mailla,1669—1748)翻译的《中国通史》(*Histoire générale de la Chine*, 1777—1783)出版之后,订购者中就包括王室、王后、大臣、院士等不同的读者群体,这说明该书受到了知识阶层的极大欢迎。① "如果说法国知识界开始对严肃的中国研究感兴趣,那么这得归功于贝尔坦。正是在他的鼓励和支持下——这属于他的荣光——,汉学'这门给法国带来荣光的学问'才得以建立起来。"②

在知识界开始严肃关注中国问题的同时,《博学杂志》也对中国表现出了极大的兴趣。大量出版关于中国问题的书籍,为了解和研究中国打开了方便之门。在钱德明作品出版之前,最广为阅读的汉学名著包括李明的《中国近事报道》,杜哈德的《中华帝国全志》《耶稣会士书简集》等。《中华帝国全志》由杜哈德整理编选耶稣会士的作品而成,有很多二手加工的痕迹;而《中国杂纂》在刊发钱德明等传教士的文章和通讯时则更偏重于原样呈现,没有过多的加工行为,这也反映了中国研究逐步走向科学化,以及注重第一手资料的趋势。

汉学研究的一个重要条件涉及中文书籍,而图书资料的搜集也要归功于在华传教士。前文提及的傅尔蒙开列的中国书目约收录图书四千册左右。此时,法国国王图书馆的中文书籍已经对读者开放。"国王图书馆拥有的这批中文书籍在法国汉学研究领域发挥了重要的作用,正是得益于这些宝贵的收藏,19世纪的法国汉学研究才能把其他欧洲国家远远甩在身后。"③在对中国问题的持续关注中,通过传教士的积极宣传和本土学者的努力研究,得益于对中国书籍的搜集与翻译出版,进而辅之以渐趋科学化、系统化、专业化的研究方法,汉学发展的势头在世纪之交时已经呈现出不可逆转的态势。

在法国世俗汉学发展过程中,钱德明起到了重要作用,其著译和通讯

---

① 有关冯秉正《中国通史》订购者的专题研究,参阅 Marie Francoise Milsky, *L'intérêt pour la Chine en France au XVIIIe siècle*, thèse soutenue à l'EHESS, Paris, 1977.

② Jacques Silvestre de Sacy, *Henri Bertin dans le sillage de la Chine (1720-1792)*, 1970, p.169.

③ Paul Demiéville, «Aperçu historique des études sinologiques en France», *Choix d'études sinologiques*, Leiden, E. J. Brill, 1973, p. 449.

都为学者提供了第一手可贵的素材资料,他寄送到法国的图书则为学者提供了研究工具和手段。18世纪后半期,法国汉学朝着专业和科学的方向不断迈进,其中钱德明尤其功不可没。这个时期的世俗汉学研究学者都是美文与铭文学院院士,该学院积极支持传教士的通讯活动,很多院士也都热情地参与到通讯工作当中。随着通讯者对中国的不断深入了解,他们反过来也影响到了钱德明的研究工作与翻译取向,并且为钱德明的著译积极地创造各种出版条件。

四、乾隆朝在华天主教状况

从明末到康乾时期,中国朝廷宗教政策的变化直接影响到在华天主教的发展状况。"礼仪之争"导致了罗马教廷与中国政府的矛盾;同时,耶稣会在欧洲也受到了巨大的冲击。1759年,葡萄牙禁止耶稣会。1764年,路易十五解散法国耶稣会。1767年,西班牙解散耶稣会。1773年,教皇克莱芒十四世(Clément XIV, 1705—1774)宣布解散耶稣会。1774年8月5日,关于耶稣会解散的教谕传达至北京。

(一)北京传教会

北京法国传教会之目的在于"福音传教,发展科学,促进法国的影响"①。路易十四派遣的五名传教士于1688年2月7日抵达北京。1693年7月4日,康熙赐地,法国传教士始建礼拜堂。1699年,康熙再次赐地,随后建成教堂。1700年,法国传教会与葡萄牙传教会分开。②

耶稣会解散的时候,北京法国传教会共有十名传教士,他们是蒋友仁(Michel Benoist, 1715—1774)、钱德明、方守义(d'Ollières, 1722—1780)、韩国英、汪达洪(de Ventavon, 1733—1787)、晁俊秀(Bourgeois, 1723—1792)、金济时(Collas, 1735—1781)、梁栋材(de Grammont, 1736—1812?)、贺清泰(de Poirot, 1735—1813),还有意大利修士潘廷章

---

① Rochemonteix, *Josephe Amiot et les derniers survivants de la Mission française de Pékin*, p. XXXI.
② 法国传教会会长先后为洪若翰(Fontaney, 1643—1710)、张诚(Jean-François Gerbillon, 1654—1707)、殷洪绪(D'entrecolles, 1664—1741)、赫苍璧(Hervieu, 1671—1746)、胥孟德(Labbé, 1677—1745)、沙如玉(Chalier, 1693—1747)、纳维亚尔(Neuvialle, 1696—1764)、勒费布尔(Le Fébure, 1706—1783)、睦若尼安(La Roche, 1704—1785)。参阅 Henri Cordier, *La suppression de la Compagnie de Jésus et la mission de Pékin*, pp. 5-6.

(Panzi, ?—1812?)。①蒋友仁去世后,钱德明成为传教会元老,集体信件通常由他来统一回复。得到耶稣会解散的消息之后,晁俊秀在征得大家同意之后卖掉了一部分属于传教会的房产。1776年11月30日,路易十六任命晁俊秀负责管理法国传教会,而其中有些在华法国耶稣会士对此信的真实性多有质疑;1779年11月18日,路易十六再次确认晁俊秀的职权。②

葡萄牙传教会与教廷传信部之间,南京主教与北京主教之间,法国传教士之间,关于法国传教会的财产去留问题一直明争暗斗。晁俊秀曾谈到钱德明受排挤时的处境:"钱德明神父每天190文钱,要是没有我的话,在(法国传教士)墓园那边饭都吃不饱。我每天派人给他送饭,……全心地给他提供各种所需,他很高兴。我每周都过去看他,安慰他,也从他那里得到自我的慰藉。"③1780年12月到1781年1月这短短一个月内,方守义和金济时因为种种变故而先后辞世。1782年7月22日,方济各会士汤士选(Alexandre de Gouvea, 1751—1808)被任命为北京主教,他于1785年1月到任,各方遂均无异议。④

在传教会面临冲突时,钱德明多次向贝尔坦汇报情况,通信中体现了他的复杂心情和爱国情怀。在面临传教会的财产被外国人接管之时,他也毫不妥协:"南京主教代理人……让我们继续签字同意,将教堂、房屋及法国传教士的财产转到教皇名下。我们回答说只是负责管理法国传教会的财产,如果没有法国国王和中国皇帝的许可,我们没有权利进行转让……"他非常担心传教会的财产旁落他人之手:"我们传教会是法国在远东国家最漂亮的机构,可能最终会落入外国人之手。最糟糕的是我们的教堂、图书馆、天文台、仪器、房屋……要沦为意大利、葡萄牙和德国传教士的猎物。"在这样的形势下,他希望贝尔坦能够充分介入以保护传教会的利益:"我们寄希望于您的保护,希望从国王那里为我们争取保护,希

---

① 参阅 *La suppression de la Compagnie de Jésus et la mission de Pékin*, p.15.
② 参阅 Henri Cordier, *La suppression de la Compagnie de Jésus et la mission de Pékin*, pp. 14-36.
③ 晁俊秀1781年5月25日给贝尔坦的信。转译自 Henri Cordier, *La suppression de la Compagnie de Jésus et la mission de Pékin*, p.104.
④ 参阅 Henri Cordier, *La suppression de la Compagnie de Jésus et la mission de Pékin*, pp.106-111.

望祖国派遣继任者前来……弥补我们的过失。"①

钱德明就传教会的存续也明确地提出了自己的看法,他主张由巴黎外方传教会来接替耶稣会士,他的考虑更多的是从国家利益出发,完全超出了修会之间的利害关系:"如果他们(后来的传教士)聚集在巴黎外方传教会的旗下:为什么我们不可以接受他们的领导?为什么我们的设施不能够转移到他们的手中?"

当然,他对后继者也提出了相应的要求:"需要他们和谐相处,有礼貌,道德温和,为上帝的荣光和人类的利益服务。"他主张对异国文化保持平等尊重的态度,对其他人种要坚持公正,他特别指出应该尊重和适应中国文化,不要妄图去改变中国文化:"需要这些法国人恭听前人的声音,接受他们的意见,……不要希望在进入中国之时就想着去改变它(中国),不要试图让这里的居民成为法国人。"关于继任者的文化修养,他也根据中国宫廷的实际情况提出了相应要求:"天文、音乐、绘画、钟表、医学以及数学的各个分支,这些都是被招募者应该具备的能力。外方传教会在接替我们时,需要提供四名专门为皇帝服务的传教士:两名艺术家,包括画家和机械师,……一名负责观测的天文学家,以及一名专门研习语言的人,这样就可以翻译传教所需要的文本,并解释经文,也能跟欧洲学者保持有益的通讯。"

关于外方传教会来京后的管理模式,钱德明认为必须要有能起到绝对领导作用的传教士,传教会才能够长久地维持下去,另外还可以授予该传教士会长、司库、神父或其他头衔,法国国王也可任命其为宗座代牧主教或主教。在葡萄牙扩展势力范围的同时,钱德明也希望法国能够扩大自己的影响和势力范围,建议由法国国王在沈阳设立法国主教区。作为中法文化交流活动的重要参与者,他十分珍惜中法之间既有的文化交流和联络关系,担心传教会的解散会导致中法关系的中断,因此他建议在北京保留法国代表机构,并认为这是维系法中联络的唯一方法,只有这样才可以让两国都从中受益。②

钱德明的态度在一定程度上影响到了法国官方的决策,并间接影响

---

① 钱德明 1774 年 10 月 1 日致贝尔坦书信,法兰西学士院图书馆,稿本 1515。另请参阅 Henri Cordier, *La suppression de la Compagnie de Jésus et la mission de Pékin*, p.19-30.

② 参阅同上。

到了中法文化关系的走向。萨尔廷(Antoine de Sartine, 1729—1801)①致函晁俊秀,认可了他们保护法国传教会的行为。"他(法国国王)……已经批准了你们恰当的回复;他将就此向法国驻罗马大使下达命令……""您要将他(国王)的想法告诉所有法国传教士,如果葡萄牙主教、教廷传信部或其他修会一有动向,如果需要反对罗马与里斯本的命令,国王允许你们出示本信函副本作为回应,而且不需要你们事先汇报。"②钱德明等的意见通过贝尔坦和萨尔廷而上达法国国王,国王则正式表态不放弃在华传教会的财产,严禁承认其他各种介入势力。贝尔坦也在信中重申了萨尔廷的立场。③

在刚刚得到耶稣会解散的消息时,钱德明就向贝尔坦建议,希望由外方传教会前来接替他们此前的工作,以便能够保全法国传教会的利益。最初,贝尔坦认同了这种想法,但后来又想到了遣使会。④萨尔廷告诉贝尔坦说:"一开始我和您想法一样,认为巴黎外方传教士去接替耶稣会士是非常合适的,但是重新研究这个问题之后,我认为这样不可能在国家和科学两个层面获得预期效果。外方传教会人员不多,很难找到胜任文学工作的博学家,他们也没有世俗修士,很难找到必要的艺术家。人员更多的遣使会却没有这样的弊病,我并不怀疑该会可以达到各方面的期望。"⑤贝尔坦对选择遣使会则有保留意见,于是极力推举钱德明,希望委之以重任:"如果外方传教会没有接受在华法国传教会相关事宜,最好就是任命钱德明神父为宗座代牧主教,以便重建和平,维系动荡中的传教会。奇怪的是大家却想到了遣使会。"⑥

经过海军部的斡旋,最后得到了遣使会的同意。达加(Dugad, 1707—1786)致函贝尔坦说:"他们(遣使会)已经选择了两名神父……其

---

① 萨尔廷,法国政治人物,1774—1780年期间担任海军国务秘书。
② 萨尔廷1779年1月24日致给晁俊秀书信,转译自 Henri Cordier, *La suppression de la Compagnie de Jésus et la mission de Pékin*, p. 66.
③ 参阅贝尔坦1779年1月28日致晁俊秀书信,载 Henri Cordier, *La suppression de la Compagnie de Jésus et la mission de Pékin*, p. 66.
④ 参阅 Henri Cordier, *La suppression de la Compagnie de Jésus et la mission de Pékin*, p. 111.
⑤ 萨尔廷1782年11月15日致贝尔坦书信,转译自 Henri Cordier, *La suppression de la Compagnie de Jésus et la mission de Pékin*, p. 111.
⑥ 贝尔坦1782年10月27日给海军国务秘书加斯特里(de Castries, 1727—1801)元帅的信,转译自 Henri Cordier, *La suppression de la Compagnie de Jésus et la mission de Pékin*, p. 111.

中一名很有能力,是数学家,性格很好,也很年轻,只有三十二岁,非常虔诚,他将被任命为会长……"①1785年4月29日,罗广祥(Raux,1754—1801)抵达北京,被任命为传教会会长。②第二天,钱德明、晁俊秀和潘廷璋把自己分得的那份钱交给了罗广祥。北京法国传教会的形势重归于平静,晁俊秀描绘了矛盾冲突之后全新的生活状态:"现在和三四十年前的生活别无二致。"③

钱德明的爱国热情、道德操守和人格魅力有目共睹。贝尔坦评价说:"……钱德明先生起到了值得尊重的表率作用,……他懂得如何中规中矩地行事,为自己赢得了普遍的尊重……"④在这段困难时期,钱德明尽力维护法国传教会的财产,考虑传教会的未来,为贝尔坦等政治人物出谋划策。在钱德明等传教士的努力下,法国传教会最后由遣使会士接替,他们延续了法国耶稣会士重视科学的传统。实际上,在这场法国传教会存续的斗争当中,钱德明也为维护和发展中法文化交流关系做出了贡献。

(二) 乾隆朝宗教政策

我们知道,康熙帝对西学抱着开放的态度,对西方传教士也执行相对宽容的政策,在其当政的前四十年里,天主教有着较好的生存环境,在中国也得到了持续的发展。康熙晚年对天主教的态度发生了改变,政策也随之严苛。雍正即位后则颁布禁令,禁止中国人信教,尤其不许满人信教,这对天主教打击甚大,因此信教人数锐减,天主教走向低谷。乾隆时期,情况并没有得到改善。一方面,乾隆继续禁止传播天主教,认为这不利于统治;另一方面,因为宫廷需要西方的科学技艺,所以还必须保留少量具有一技之长的传教士。

---

① 1784年3月20日,这三名传教士与小德经从布雷斯特出发,8月23日抵达澳门,8月29日罗广祥给北京法国传教士写信。1784年11月18日,北京传教士回信表示欢迎,对法国的选择表示赞许,该信由钱德明、晁俊秀、汪达宏、梁栋材、贺清泰、潘廷璋一起署名。参阅Henri Cordier, *La suppression de la Compagnie de Jésus et la mission de Pékin*, pp.116-117.

② 参阅Henri Cordier, *La suppression de la Compagnie de Jésus et la mission de Pékin*, p. 118.

③ 晁俊秀1785年11月20日致贝尔坦书信,转译自Henri Cordier, *La suppression de la Compagnie de Jésus et la mission de Pékin*, p. 123.

④ 贝尔坦1787年11月22日致梁栋材书信,转译自Henri Cordier, *La suppression de la Compagnie de Jésus et la mission de Pékin*, p. 135.

1736年4月28日,乾隆颁布禁止八旗子弟信教的上谕,这一年对基督徒的迫害尤其严重。据宋君荣(Gaubil,1689—1759)的描述,外国传教士不敢出户,只有中国神父来履行传教工作。局部的教案逐渐扩大,波及范围也越来越广。1746年11月2日,蒋友仁写道:"我们刚刚经历了迄今为止中国最猛烈的教案之一……皇帝向各省下达命令,搜寻藏匿的欧洲人,将其遣送到澳门,让其乘船返回欧洲;搜寻传播基督教的人,要找出头领,严厉惩罚,逼迫其放弃基督信仰。"1749年4月10日,索智能(Polycapus de Sousa, 1697—1757)认为乾隆的态度过于强硬,不可能从他那里获得传播宗教的任何方便。乾隆对传教士的严苛命令在各省得以执行,处理了很多教案,惩治了大批外国传教士和中国信众,许多神父都被捕入狱。①

1752年,钱德明描述了北京的传教情况,言及中国依旧禁教的处境,北京传教会并不能自由传教,在教会之外也需特别小心。每个星期天照旧在做弥撒,"其庄严程度和欧洲无二"。他介绍了总体情况:从1750年9月30日到1751年10月19日,北京共有5200人领圣体,92名成人受洗,收容30名基督徒小孩,2423名教外儿童;同期,高类思(1733—1790?)在北京城外传教,有2006人领圣体,91名成人受洗,180名基督徒孩子。②法国传教会寻找着生存的机会,维系着教会的发展。传教士通讯经常会涉及教案相关内容,两年之后,钱德明描绘了法国在华耶稣会总会长达加的遭遇。③

1784年,四名西方传教士在湖北襄阳被抓。乾隆帝在全国查办私自入境的西方传教士和中国信众。这场教案涉及全国十几个省份,共有18名外国传教士和数百名中国教徒被捕。次年,钱德明谈及乾隆上谕以及12名在押传教士获释选择去留的情况。钱德明也谈到了自己对教案的感受:"我们在屏声静气度过了整整一年之后,他(皇帝)做得这么好,我们

---

① 参阅 Rochemonteix, *Josephe Amiot et les derniers survivants de la Mission française de Pékin*, p. 14-22.

② 参阅钱德明1752年10月20日书信,载 L. Aimé-Martin, *Lettres édifiantes et curieuses concernant l'Asie, l'Afrique et l'Amérique avec quelques relations nouvelles des missions, et des notes géographiques et historiques*, tome troisième, Paris, Société du Panthéon littéraire, MDCCCXLIII, pp. 838-839.

③ 参阅钱德明1754年10月17日书信,载 *Lettres édifiantes et curieuses concernant l'Asie, l'Afrique et l'Amérique avec quelques relations nouvelles des missions, et des notes géographiques et historiques*, tome quatrième, p. 41.

很高兴能够亲自感受到皇权,他过去曾经用权利如此残酷地惩罚我们。六名传教士身死狱中,多名传教士遭受杖刑或流放,脸上被刺以罪犯的标志,整个陕西和山西教区被彻底颠覆,其他各省的传教士要么逃走,要么躲到缺衣少食的地方……如果说我们感谢他(皇帝),不过是为了避免事态进一步恶化,为了让事情了结,让我们多少对未来有点指望……"①

马戛尔尼(Macartney,1737—1806)到达中国时,罗广祥向其介绍了在华基督教状况:北京约有5000名基督徒,中国约15万基督徒,平均2000中国人才有一人受洗。梁栋材神父解释说,中国人在宗教方面"……死死抱住自己的偏见,夜郎自大,以致很少有人改信宗教"。罗广祥承认,传教士吸收教徒的唯一来源就是弃婴。②

钱德明对传教事业的处境和前景非常清楚,他无可奈何地说:"别以为今后会容许在帝国境内公开传播基督教。……这个宫廷的政治制度没有任何变化。……我们能做的就是不正面触及这个政府的成见,做事谨慎谦逊,至于别的则只有听天由命。"③就是在这样极端困难的传教环境中,钱德明度过了四十余年时光,从此再也没离开过北京。

第二节 钱德明生平及在华文化活动

在本节中,我们将通过钩沉史料,拣选文献,考证辨析,以从史料中去了解和恢复钱德明在华期间的主要文化活动。我们知道,钱德明手稿虽多,但几乎都是著译作品,较少涉及个人生活,所以我们也很难通过雪泥鸿爪去窥见其生平行状。在本节中,一方面,我们希望尽量去了解其生平的大略事迹,另一方面则是去廓清他的相关研究活动。

一、钱德明生平

(一)入会与来华

1718年2月8日,钱德明出生在法国南部地中海海滨的土伦,当天即

---

① 钱德明1785年11月20日给贝尔坦的书信,《中国杂纂》第15卷,第379页。
② 参阅佩雷菲特(Alain Peyrefitte)著,王国卿等译,《停滞的帝国——两个世界的撞击》(*L'empire immobile, ou le choc des mondes*),三联书店,1995年,第185页。
③ 钱德明1785年11月20日书信,《中国杂纂》第15卷,第380页。

在圣-玛丽教区受洗。①他的父亲是让-路易·阿米奥(Jean-Louis Amiot, 1694—1753),母亲名玛丽-安娜·塞尔(Marie-Anne Serre,生卒年不详)。②

钱德明与弟弟皮埃尔-于勒-洛克(Pierre-Jules-Roch,生卒年不详)关系很好。③1782年,洛克申请贵族封号时还提及哥哥钱德明:"他的品行在北京朝廷出类拔萃,赢得了整个传教会的信任和尊重。"④钱德明也曾向贝尔坦谈起过洛克:"请告诉负责出版《中国杂纂》的图书商,以我的名义给他寄一套书……,把这个小礼物献给家人是想表明我想念他们……"⑤

钱德明曾向贝尔坦推荐过侄子维克多(Victor Amyot, 1762—1834)和亚历山大(Alexandre Amyot, 1764—1826):"只是希望为他们……在皇家海军行政管理部门谋个差事。"⑥布雷基尼(Louis Georges de Bréquigny, 1714—1795)多次向钱德明谈起他的侄子:"您有个侄子准备到王家工程部供职。我有幸不时能见到他……"⑦后来,布雷基尼说:"您的两个侄子

---

① 参阅 Joseph Dehergne, *Répertoire des jésuites de Chine de 1552-1800*, p. 12.

② 参阅 Michel Hermans, *Josephe-Marie Amiot, une figure de la rencontre de l' autre au temps des Lumières*, p. 13. 钱德明父母共生养十名孩子,五男五女。关于钱德明家庭身世的考证,此前出现过一些错误信息。罗什蒙泰认为钱德明的父母生养了五个儿子和七个女儿(Rochemonteix, *Josephe Amiot et les derniers survivants de la Mission française de Pékin*, p. 6, note 2);阿尔方斯·阿米奥认为钱德明有三个弟弟和两个妹妹(Alphonse Amyot, *Vie et testament du R.P Amiot*, p. 9);荣振华认为钱德明出生于渔民世家(Dehergne, *Répertoire des jésuites de Chine de 1552-1800*, p.12),此说有误。本文有关钱德明家世的资料来自殷德里克·德·戈尔克(R. Hynderick Ghelcke)之研究(非正式出版物),见巴黎耶稣会档案馆(Archives jésuites de Paris)钱德明档案(Dossier Amiot)。

③ 参阅钱德明1792年9月20日致贝尔坦书信,法兰西学士院图书馆,手稿1517(抄件)。殷德里克·德·戈尔克参考了该信内容,参阅第16—23页。洛克有两封书信流传至今,1776年10月31日致巴朗(Parent)书信(法兰西学士院图书馆,手稿1525,抄件)及1776年11月28日致贝尔坦书信(法兰西学士院图书馆,手稿1525)。

④ 殷德里克·德·戈尔克,第15页。

⑤ 钱德明1788年10月19日致贝尔坦书信,法国国家图书馆西方稿本部,Fonds Bréquigny(布雷基尼档案)。布雷基尼,法国历史学家和古文字学家,1759年入选铭文与美文学院,1772年入选语言与文学学院。其手稿和通讯存于法国国家图书馆西方稿本部,共165卷。

⑥ 钱德明1777年9月28日致贝尔坦书信,法兰西学士院图书馆,手稿1515。

⑦ 布雷基尼1784年10月27日致钱德明书信,法国国家图书馆西方稿本部,布雷基尼档案。

都得到了晋升,一个是海军管事,另一个在土木工程部任中尉。"①钱德明回复布雷基尼说:"请您继续呵护他……督促他不要学习坏榜样,要配得上贝尔坦的爱护。"②钱德明曾对法国驻广东商务代表罗兹(Roze,生卒年不详)说:"您有机会认识我侄子,您对他很满意。请将他推荐给您的朋友佩罗耐(Peronnet,1708—1794)先生。"③钱德明还推荐过弟弟让·弗朗索瓦(Jean François,生卒年不详)之子皮埃尔-安德烈·阿米奥(Pierre-André Amyot,生卒年不详),这位侄子后来曾担任普罗旺斯总督秘书。④

钱德明之妹玛格丽特·克莱尔(Marguerite-Claire,称 Marie-Victoire(玛丽-维克多),1727—1821)是土伦修道院修女。她给钱德明写过不少书信,其中有五封保留了下来。⑤大革命时期,钱德明还一直鼓励她坚持信仰。应其请求,钱德明还请中国画师为自己画了一幅肖像。⑥

钱德明在家乡接受了中学教育。他可能在土伦初修院学习了三年哲学,然后学习神学。当时,土伦教区的修士都在耶稣会开办的海军中学和王家初修院学习,那里开设有水利、天文、数学课程。⑦1737年9月27日,钱德明进入阿维尼翁初修院。他晚年还提起过当时入会的情景:"我在学习结束后就加入了耶稣会,当时自己完全是一穷二白……只要耶稣会存在,我就要在其中生活下去……"⑧刚进会的那两年,他认识了准备赴华的王致诚。1739年到1742年,钱德明在贝藏松教授语法。他随后两年先后

---

① 布雷基尼1787年10月15日致钱德明书信,法国国家图书馆西方稿本部,布雷基尼档案。
② 钱德明1786年9月20日致布雷基尼书信,法国国家图书馆西方稿本部,布雷基尼档案。
③ 钱德明1784年10月20日致罗兹书信,巴黎耶稣会档案馆馆,Fonds Vivier(维维埃档案)1。佩罗耐是法国18世纪著名的建筑工程专家,法国路桥学校创始人和校长。
④ 钱德明1790年10月18日给他写过书信,该信被收入到阿尔方斯·阿米奥著作第31—32页。这位侄子的简单介绍请参阅该书第12页。
⑤ 参阅法兰西学士院图书馆,手稿1517,第26—30页;Henri Cordier, *Bibliotheca sinica*, t. 2, p.1044;巴黎耶稣会档案馆, Mission de Chine, Fch, no.17, *correspondance littéraire* de 1776.
⑥ 参阅钱德明1792年9月20日及1793年5月26日书信。1793年11月9日,罗广祥致函通知钱德明逝世的消息。
⑦ 参阅 Michel Hermans, *Josephe-Marie Amiot, une figure de la rencontre de l'autre au temps des Lumières*, p.18.
⑧ 钱德明1792年9月20日致弟弟洛克书信,法兰西学士院图书馆,手稿1517(抄件)。转译自殷德里克·德·戈尔克文,第19页。

在阿尔勒和埃克斯耶稣会学校任教。①1743年10月18日,他朗诵《拉丁诗之于法国诗歌之兴亡叹》(*La Plainte des Muses latines qui, auprès des Muses françaises, se trouvent décertes et comme abandonnées*)。②1744年3月2日,他与学生一道吟诵自己创作的诗歌。1744年至1745年,钱德明在尼姆担任修辞教师,任学生互助会和希腊学会管事。1745年至1748年,他在多尔市完成了神学学习。1746年12月17日,贝藏松大主教格莱蒙(Antoine Pierre de Grammont,1685—1754)授任他为副助祭。③1746年12月21日,贝藏松副主教弗朗索瓦·于共(François Hugon,1674—1754)授任他为神父。④

钱德明随即要求到海外从事传教事业:"……我认为上帝在召唤我,要我渡海去为他服务。我请求会长批准我的请求,最后终于如愿以偿:……大家觉得我到中国可以更好地发挥价值,于是就把我派往了中国朝廷。"⑤1749年9月,他住在维埃纳中学,等待赴华之旅。⑥1749年11月17日,他离开巴黎前往洛里昂。⑦1749年12月29日,他乘维乐弗里克斯号船前往中国。1750年7月27日抵达澳门。1751年3月28日,他从澳门动身前往广州。1751年6月2日,他继续上路,最终于8月22日抵达北京。⑧

---

① 参阅 Michel Hermans, *Josephe-Marie Amiot, une figure de la rencontre de l'autre au temps des Lumières*, pp.19-20.

② 参阅 Sommervogel, *Bibliothèque des écrivains de la Compagnie de Jésus*, t. 8, col.1629.

③ 参阅 Michel Hermans, *Josephe-Marie Amiot, une figure de la rencontre de l'autre au temps des Lumières*, p. 20-21.

④ 参阅 Joseph Dehergne, *Répertoire des jésuites de Chine de 1552-1800*, p. 12.

⑤ 钱德明1792年9月20日致弟弟洛克书信,法兰西学士院图书馆,手稿1517 (抄件)。

⑥ 转引自 Michel Hermans, *Josephe-Marie Amiot, une figure de la rencontre de l'autre au temps des Lumières*, p. 22, note 53. 参阅巴黎耶稣会档案馆, Lugd, no. 27 : catalogue triennal de septembre 1749.

⑦ 转引自 Michel Hermans, *Josephe-Marie Amiot, une figure de la rencontre de l'autre au temps des Lumières*, p. 22, note 54. 参阅巴黎耶稣会档案馆, ms no. D 1812 : J. Brucker, Chine 2bis, p.137 : D'après une lettre de M. de l'Isle adressée à Gaubil, jésuite à Pékin, le 15 novembre 1749 : «C'est au départ du P. Amiot qui part après-demain pour Lorient et de là à la Chine [...] que je vous écris [...]»

⑧ 参阅钱德明1752年10月20日书信,载 L. Aimé-Martin, *Lettres édifiantes et curieuses concernant l'Asie, l'Afrique et l'Amérique avec quelques relations nouvelles des missions, et des notes géographiques et historiques*, tome troisième, pp. 832-834.

(二）北京生活

在钱德明出发前往中国前,"礼仪问题"已经由教廷决断。他抵京不久即于1751年10月16日签署来华传教士必须遵循的誓言。①第一年,他共"接受了一百多次忏悔,几个月来一直在……负责儿童信教会事务,同时热情地学习中国语言……"②

1760年到1765年,他担任法国传教会司库,并与外方传教会驻澳门司库保持通信。1765年3月8日,钱德明言及不再担任此职务。③

钱德明在中国朝廷有正式身份,据官方档案记载:"钱德明素习律吕,在内阁蒙古堂翻译哦啰嗦(俄罗斯)腊定诺(拉丁)文。"④由此可见,钱德明专事中俄往来文书翻译。1785年2月14日,钱德明与晁俊秀等受邀参加千叟宴,列五品官员之席位。⑤《钦定千叟宴诗》卷二十五录其汉诗一首:"西洋人钱德明年六十六:法罗海岛铜人像,巴必鸢城公乐场,遂志七奇传国俗,虔依万寿祝天皇,筵沾尊斝寰瀛福,身傍玑衡霄汉光,龙角开杓瞻北阙,紫微天座灿中央。"⑥

至于在华的研究工作,钱德明为自己专门设定了目标,也就是要突破前人的言说,要开创自己的领地:"……我不想重复前人已经说过的或在

---

① 该誓言原件存巴黎耶稣会档案馆,维维埃档案。另请参阅 Rochemonteix, *Josephe Amiot et les derniers survivants de la Mission française de Pékin*, p. 43; Michel Hermans, *Josephe-Marie Amiot, une figure de la rencontre de l'autre au temps des Lumières*, p. 25.

② 参阅钱德明1752年10月20日书信,载 L. Aimé-Martin, *Lettres édifiantes et curieuses concernant l'Asie, l'Afrique et l'Amérique avec quelques relations nouvelles des missions, et des notes géographiques et historiques*, tome troisième, p. 839.

③ 1760—1765年之间,他与巴黎外方传教会驻澳门总司库多有信件往来,目前这些信件原件保存在巴黎外方传教会档案馆,手稿446卷中共收有12封钱德明的书信。赵圣修(Louis des Roberts, 1703—1760)于1760年4月21日去世之后,钱德明开始负责法国驻北京传教会的财务工作。1760年4月22日,他在信中提及开始负责司库工作。1761年1月1日,钱德明言及通过朋友苏大人的关系对外方传教会神父的帮助。(卷446,第363页)"我继续为这两位先生提供所需的帮助。他们在流放地非常安全。苏大人和我正设法为周神父提供方便,好让他履行传教使命。"(卷446,第365页)1761年4月4日,钱德明说:"赵圣修神父去世后,我最关心的事情就是要为他们考虑,虽然这并不是我的职责。"(卷446,第375页)

④ 《清中前期西洋天主教在华活动档案史料》,中国第一历史档案馆编,第四册,第558页。

⑤ 在1785年10月15日致贝尔坦书信中,钱德明详细报道了千叟宴,参阅《中国杂纂》,第12卷,第509—530页。他还提及皇太子从席前经过,特意告诉他和晁俊秀不必客气,云云。

⑥ 《四库全书》,集部441。

其他关于中国的书籍中能够找到的内容。"① 我们知道,要适应和了解中国文化势必需要建立起自己的文人圈子,这样就既可以获得保护,也可以建立起各种信息来源渠道,方便了解各种信息。除了在华的文人圈子与关系网络之外,在欧洲、在法国,同样也需建立相应的通信网络,这样才可以使研究成果及时送达欧洲,使自己的学术成果能够为法国学人了解,进而再传播到大众读者层面。他在亚欧大陆的两端分别建立起了这种文人、学术关系网络,也为自己的研究工作创造了条件。

钱德明交游广泛,汉、满、蒙古族无一例外。在京城结交朋友自然离不开赠送欧洲礼品这个老套路,这也是传教士在华结交文人打前站的不二法门,钱德明本人在通讯中也多次谈起来自法国的礼品:"这个日本样式的漂亮花瓶非常珍贵,我将等到皇帝八十大寿时再敬献。热气球机算得上珍宝,……我打算献给始终关心我的一位亲王,他掌握所有物理学的启蒙知识。"② 钱德明也会利用与贵族的朋友关系为法国传教会寻求便利,正如晁俊秀所说:"亲王弘旿爷与军机大臣和珅交善,他亲眼看到今年寄给我们的箱子在广州被糟蹋后的模样,他答应钱德明神父,争取让和珅向广东海关下令,今后不得以任何理由在海关开启寄给北京法国传教士的箱子。这非常有利。"③

他也曾为蒙古贵族朋友请求礼物:"这……是为一位蒙古王公请求的(礼物),三十多年来,每当他来朝廷或每年两次进京觐见时,他的最大乐趣就是来和我谈论欧洲科学和技艺。"④ 钱德明和文人、贵族交往的目的之一是交流科学技艺和谈论文学艺术。一方面,他向中国文人介绍西方技

---

① 钱德明1752年10月20日书信,载 L. Aimé-Martin, *Lettres édifiantes et curieuses concernant l'Asie, l'Afrique et l'Amérique avec quelques relations nouvelles des missions, et des notes géographiques et historiques*, tome troisième, p. 834.

② 钱德明1788年11月11日致贝尔坦书信,法国国家图书馆西方稿本部,布雷基尼档案2。钱德明在此信中提到该亲王时还说:"我已经把……那个机器模型送给了他,他通过观察明白了其中的道理。他还要在王府中做实验。我还送了他两个灯芯的灯。他要去改良,因为在我看来这个灯有很多毛病。"这里所说的亲王当为皇六子永瑢,参阅布雷基尼档案114。

③ 参阅晁俊秀1788年致贝尔坦书信,法兰西学士院图书馆,手稿1519;法国国家图书馆西方稿本部,布雷基尼档案2。弘旿(1743—1811),清朝宗室,康熙第二十四子允秘次子,能诗擅画。此处鸣谢斯坦福大学历史系博士生 Alexander Statman 提供资料。

④ 钱德明1786年10月1日致贝尔坦书信,法兰西学士院图书馆,手稿1516。他说:"请您寄几片珊瑚色厚玻璃,要能够从中磨出一到一法寸半的五六个球体。玻璃不能比珊瑚更透明。……我答应他给您写信,我曾经告诉他说,送他的那些小玩意来自一位保护我的大部长。"

艺知识；另一方面，他对中国文化的理解也得到了朋友的赞赏。衍圣公曾赠楷木枯干图拓片与钱德明，赞"泰西学士可识其价值"，由此可见一斑。①当然，他的交往并不仅限于王公贵族，而是包括社会各阶层的人士，正如他所说："我们的状态和工作决定了要跟各阶层的人打交道，上至皇帝，下至底层老百姓，这些对我们都有所裨益。"因此也需要各式各样的礼物，"所有来自欧洲的东西在北京都很受欢迎"②。

　　钱德明可以利用这种关系网络为研究创造条件，尤其是在资料搜集方面可以享受到很多方便，包括某些常人难以接触到的重要文书档案。如在研究开封犹太教堂铭文时，他告诉贝尔坦说等朋友到河南做官时再收集完整的铭文。③当《平定金川颂》(Hymne tartare-mandchou, 1792)中文版丢失之后，他让礼部朋友帮忙从而获得满文版本。④在翻译《中国兵法》时，满文老师也给他提供了很大帮助，多位武官朋友也帮助搜集军事典籍。⑤另外，他还利用关系网络为来华法国人创造条件：如在前文提及的他曾向贝尔坦允诺向去广州的儒官朋友推荐小德经。从大的层面上讲，他是在为传教事业寻求保护，也就是说为传教服务，扩大传教士和圣教的影响。从他的书信中，我们可以推测到他所结交的要员，他多次谈及阿桂和于敏中，并请潘廷璋给他们画像，然后将画像寄给贝尔坦，还作诗予以颂扬，盛赞"他们具有高贵的品质"。⑥他还在信中提及和珅当时直接

---

① 参阅《中国杂纂》，第12卷，第395页。子贡将一棵楷树植于孔子墓旁，后长成参天大树。康熙年间，该树遭雷焚死，后人遂将枯干图刻于石上。衍圣公赠送钱德明刻石拓片。钱德明1784年完成《孔子传》，文中所言馈赠之事当在此年之前，孔宪培于乾隆四十八年(1783)袭封衍圣公，故难以判断此图乃七十二代衍圣公孔昭焕或七十三代衍圣公孔宪培所赠。钱德明将此画转赠贝尔坦。

② 钱德明1778年11月5日致贝尔坦书信，法兰西学士院图书馆，手稿1516。钱德明有太监朋友，关键时候还派上了用场，如搜集梅花种子等，可见其交友的广泛。(参阅钱德明1779年9月16日致贝尔坦书信，法兰西学士院图书馆，手稿1516)

③ 参阅钱德明1781年8月17日致贝尔坦书信，法兰西学士院图书馆，手稿1516。

④ 参阅钱德明1779年5月11日致贝尔坦书信，法国国家图书馆东方稿本部，满文书目285。

⑤ 参阅 Art militaire des Chinois, ou Recueil d'anciens traités sur la guerre, composés avant l'ère chrétienne par d'anciens généraux chinois, traduits par le P. Amiot; publié par de Guignes, avec 21 planches, in-4, Paris, Didot, 1772, pp. 7-8, 319.

⑥ 钱德明多次谈及于敏中，于敏中去世后曾撰长文颂扬，参阅1780年9月26日书信，法兰西学士院图书馆，手稿1516。于敏中和阿桂的画像存法国国家图书馆西方稿本部布雷基尼档案114。另请参阅钱德明1780年11月4日致贝尔坦书信，法兰西学士院图书馆，手稿1516。

第一章　钱德明及其时代

负责来华传教士事务,"皇帝将我们置于他(和珅)的保护之下。"①贝尔坦也曾给李侍尧寄送过礼物,钱德明当时就提醒说:"给李侍尧送礼本意很好,但要执行的话免不了会引起大麻烦。"②

反过来,他也经常收到中国朋友的馈赠,这些礼物大多又被他转赠西方学者。布雷基尼说:"钱德明寄给贝尔坦的小玩意可以帮助了解这个国家的风俗和智慧;他没花费任何金钱就得到了这些东西……"③皇六子曾经赠送钱德明中堂对联,钱德明说:"皇六子是所有皇子中最年长的,他大概能继承皇位。"④诚然,所寄物品很多都属于艺术品,经钱德明转手后而进入贝尔坦的"中国室":"朋友送给我一件……小雕塑,我想寄给您,让其在外国珍玩室享有一席之地。"⑤钱德明寄给贝尔坦的这些艺术品"小玩意"有助于法国人从感性上了解中国风俗、技艺,实际上也参与了文化交流与中国形象的构建之中。

从1754年开始,钱德明与中国文人助手杨氏前后合作三十年。钱德明培养起他对古代历史文化的兴趣,教给他欧洲的研究与批评方法。在钱德明的研究工作中,杨氏起到了重要的作用,每当拟定研究题目之后,一般都由他来遴选材料,再进行解释,担任"文学研究的忠实助手"。经过钱德明的培养和训练,杨氏"比一般文人具有更加开阔的眼界,也更加扎实,每次需要了解那些存在争议的问题时,他总是当作义务去加以考察完

---

①　钱德明1784年11月15日致贝尔坦书信,法兰西学士院图书馆,手稿1516。和珅于1780年兼办理藩院尚书事。

②　钱德明1784年11月15日致贝尔坦书信,法兰西学士院图书馆,手稿1516。

③　法国国家图书馆西方稿本部,布雷基尼档案114。据同一档案,钱德明1779所寄普洱茶来自一位从云南审办李侍尧案归来的官员馈赠,这位朋友让他将茶叶寄给欧洲。手稿显示,钱德明1779年所寄两箱礼物中,第一箱编号1至9均为普洱茶,系这位赴云南处理李侍尧案回来的高官所赠。李侍尧案反应为乾隆四十五年,即1780年春,似乎时间不符;赴云南处理此案的官员包括和珅和刑部侍郎喀宁等。裴化行(Henri Bernard)在《中国物品清单》(《Catalogue des objets envoyés de Chine par les missionaires de 1765 à 1786》,载 *Bulletin de l' Aurore*, t. 33-34, 1948, pp.119-206)第176页未录普洱茶和汉瓷两箱礼物。

④　法国国家图书馆西方稿本部,布雷基尼档案114。裴化行认为钱德明于1779年寄出此中堂对联,据笔者考察钱德明1780年11月4日致贝尔坦书信手稿,可确认为1780年所寄,参阅《中国物品清单》第176页。乾隆六子永瑢过继给慎郡王允禧为孙,以诗画名世,兼通天文历算,任《四库全书》正总裁。1780年诸皇子中数永瑢年龄最长,虽然他已经过继,但亦有传言将由他继承大统,钱德明所言皇六子继承皇位的说法当源于此。

⑤　钱德明1779年9月16日致贝尔坦书信,法兰西学士院图书馆,手稿1516。

成。他忠实地提供赞同或反对的理由,与我公正地展开讨论。"①钱德明曾向贝尔坦赞扬这位中国人。②贝尔坦也从法国寄来礼物以表酬谢,钱德明描述了杨氏收到礼物时的情形:"我的书生非常荣幸您还记得他。我给他读了——准确地说解释了您信中关于他的内容。听到您赞扬他勤奋、用功、对我热情帮助的每个词语,他都恭敬地低下头来,低声说'不敢当,不敢当'……他磕了三个头,要我向您表达感激之情。我让他自己来表达谢意,他按照给亲王和显贵写信的格式写了书信。他的信也将一并附寄。"③

杨氏家族在钱德明的生活中非常重要。钱德明在遗嘱中说:"……这个家族不间断地为我服务了三十多年,其热情、忠诚和爱心都是这个环境中少有的典范。"④由此也可以看出他们之间的深厚情感。

钱德明在1786年的一封信中说:"我……得了关节性痛风,……这消耗着我全部的精力。"⑤他的健康也从此每况愈下。1788年,他询问贝尔坦的身体情况时说:"现在,我比任何时候都感觉到身体不舒服,这是多么大的代价啊!"⑥

法国大革命爆发后,钱德明还给贝尔坦写了多封书信,这是他们最后的联络。⑦1791年,贝尔坦已经离开巴黎,1792年,他在比利时去世。1792年10月31日,钱德明还说没有收到贝尔坦的任何消息。⑧他一直等待着万里之外的来信。大革命的消息传来,他身心受到极大的震荡:"一种无可名状的悲伤,源自在这里的欧洲人谈论的法国所处的悲惨境地……"⑨

---

① 《中国杂纂》第11卷,第520—521页。
② 参阅钱德明1777年11月19日致贝尔坦书信,法兰西学士院图书馆,手稿1515。
③ 钱德明1778年11月5日致贝尔坦书信,法兰西学士院图书馆,手稿1515。
④ Alphonse Amyot, Vie et testament, p. 22.
⑤ 钱德明1786年9月20日致布雷基尼书信,国家图书馆西方稿本部,布雷基尼档案。该信写完时间为1786年9月25日。
⑥ 钱德明1788年11月11日致贝尔坦书信,国家图书馆西方稿本部,布雷基尼档案。
⑦ 参阅 Michel Hermans, Josephe-Marie Amiot, une figure de la rencontre de l'autre au temps des Lumières, p. 58.
⑧ 参阅钱德明1792年10月31日致德·拉杜尔书信,法兰西学士院图书馆,手稿1517。
⑨ 参阅 Michel Hermans, Josephe-Marie Amiot, une figure de la rencontre de l'autre au temps des Lumières, p. 58. 参阅巴黎耶稣会档案馆,钱德明档案,1792年9月20日致妹妹书信。

第一章 钱德明及其时代

1792年夏天，钱德明来到海淀法国传教士墓地。①1792年7月29日，晁俊秀的去世对他打击很大。他对前国王秘书德拉杜尔（Louis-François Delatour，1727—1807）说："我告诉您这个悲惨的事实，让我们为失去共同的朋友而彼此安慰。"②在传教会的斗争中，钱德明与晁俊秀始终为法国利益而斗争，朋友的去世让他非常悲伤。

这一年，英国派出马戛尔尼使团。早在1789年，钱德明就向他们建议："鞑靼汉皇朝的政治目的仅仅是要人民安分守己，它极不重视和外国通商。只有那些被认为俯首归顺的外国使团才被中国接受……他们只接见属于礼仪性拜访的客人，外出拜访也只能是礼仪性的。"③钱德明一针见血地指出清王朝不愿意开放门户。马戛尔尼"熟记钱德明关于'鞑靼中国朝廷'的记述，希望能在北京见到他。"④1793年8月27日，马戛尔尼见到在京的法国传教士，"也收到一封钱德明神父写来的'亲切的信'，里面还夹了一幅他的画像……他身体十分衰弱，不能走动。这个介于欧洲和中国两个世界之间的人已是半截入土了。"⑤1793年10月3日晚，马戛尔尼收到钱德明在病榻上写来的信，这封信让他的预感得到了证实："当中国政府不再对一种新的观念感到害怕时，它是会认真加以考虑的。"⑥而此前钱德明就坚决劝他离开。钱德明解释说："对于中国人来说，使节团的任务不过是在盛大庆典时来互赠礼品而已，它在中国逗留的时间不能比庆典的时间更长。""中国人不签署条约。与他们打交道需要许多时间，故而大可不必性急。"他建议每年递交一封君主私人信件，以加强刚刚建立的联系；另一方面也可以由国王委派常驻广州或澳门代表与总督保持接触。钱德明重复1789年的建议，但马戛尔尼却不愿相信"中国在接待派来的使团时，只把它们看作是一种归顺和尊敬的表示。"事实证明，钱德明对中国政府的判断非常正确。"只要在处理任何事情时不操之过急，只要

---

① 参阅巴黎耶稣会档案馆，钱德明档案，1792年9月20日致弟弟书信，1792年9月20日致妹妹书信。
② 钱德明1792年10月31日致德拉杜尔书信，法兰西学士院图书馆，手稿1517。另请参阅 Michel Hermans, *Josephe-Marie Amiot, une figure de la rencontre de l'autre au temps des Lumières*, p. 59.
③ 佩雷菲特著，王国卿等译：《停滞的帝国——两个世界的撞击》，第49页。
④ 同上书，第62页。
⑤ 同上书，第184页。
⑥ 同上书，第337页。

小心机智地行事,中国是可以与遥远的国家和谐相处的。"①这是他去世前对欧洲人提出的忠告。②作为来华多年的传教士,钱德明深谙中国人的行为处事方式,懂得如何与中国人打交道;而马戛尔尼却对中国人缺乏深入的了解。而且,正如极力主张保持法国在华常驻机构以促进两国交往一样,钱德明为马戛尔尼提出了设立常驻代表的建议,可见他非常重视中西之间的交流联络。

1793年秋,钱德明再次来到法国传教士墓地。不久路易十六的死讯传来。1793年10月8日夜,钱德明去世。③法国早期在华耶稣会士最后的代表人物就这样陨落了。

(三)欧洲通讯

18世纪的欧洲诞生了很多科学院,院士们积极参与各种学术讨论,科学院也成为传播科学文化知识的重要机构。不少来华耶稣会士都曾参与科学院通讯,与院士们保持书信来往,甚至还成为这些机构的通讯院士,他们都以自己的方式充当起文化传播的桥梁与纽带。来华耶稣会士与法兰西学士院、英国伦敦王家科学院和俄罗斯圣彼得堡科学院的联系最为密切,他们之间保持着定期的通讯互动,并且以这种方式推动着欧洲关于中国文化的研究工作。钱德明便是这其中重要的一员。

——圣彼得堡科学院

来华初年,钱德明曾经与圣彼得堡科学院有过短暂的通讯关系。④1755年4月30日,钱德明将有关磁偏角和电试验的结果寄给了该科学院的克里斯蒂安·科拉查斯坦(Christian Kratzenstein, 1723—1795)和威廉·里查曼(Wilhelm Richmann, 1711—1753)。1756年12月30日,查哈

---

① 参阅佩雷菲特著,王国卿等译,《停滞的帝国——两个世界的撞击》,第435—438页。
② 同上书,第486页。
③ 参阅罗广祥1793年11月9日致钱德明弟弟书信,载 Alphonse Amyot, *Vie et testament*, p.19.
④ 参阅 Michel Hermans, *Josephe-Marie Amiot, une figure de la rencontre de l'autre au temps des Lumières*, p. 36. 宋君荣提到钱德明与圣彼得堡科学院主席德·拉祖莫维斯基(Cyrille de Razumowski, 1728—1803)的通讯(*Correspondance*, p. 818)。另请参阅巴黎耶稣会档案馆,Bosman档案,钱德明档案; Henri Cordier, «Les correspondants de Bertin, secrétaire d'État au VVIIIe siècle», 载 *T'oung Pao*, 1922, p. 395.

(Zeiher,1720—1784)以科学院的名义给钱德明回信:"学院感谢您……完成的完美试验和观察,以及其他类似的重要工作。我们请求与您保持通讯。"①当时,北京与圣彼得堡之间的交通并不顺畅,查哈的信似乎并未寄达钱德明处,因此他与圣彼得堡的通讯也随之中断。②1784年11月15日,钱德明在提及当年的通讯时还说:"我的信件寄出之后,一直到现在也无人回复。"因此,他放弃了与圣彼得堡的通讯及相关试验。③钱德明还将大气观测相关数据寄给了圣彼得堡,其中的部分资料被科学院约瑟夫·亚当·布朗(Joseph Adam Braun,1712—1768)发表,也包括法国耶稣会士1753—1756年的观测记录。④

三十多年后,钱德明再次进行了类似的实验观测:"关于磁偏角的问题,没有需要再加以补充的了。北京和周边地区的磁偏角和我三十年前开始观察的结果一样。……我索要圣彼得堡院士曾经谈到的指南针,不过觉得这是物理学家普遍使用的仪器,……发明更高级的电机及相关实验则可更多地揭示了磁性和电力的惊人现象……"⑤可见在圣彼得堡科学院的要求下,钱德明完成了相关的物理、天文实验,这有助于他日后的某些科学工作,如从50年代末就开始的持续气象观测等。⑥

---

① 查哈1756年12月30日致钱德明书信,法兰西学士院图书馆,手稿1515。

② 参阅 Michel Hermans, *Josephe-Marie Amiot, une figure de la rencontre de l'autre au temps des Lumières*, p. 36. 查哈1764年成为维滕贝格数学教授。1760年到1775年,北京和圣彼得堡之间的通讯时断时续,此问题请参阅 M.-P. Dumoulin-Genest, «Itinéraire des plantes chinoises envoyées en France: voie maritime—voie terrestre Saint-Pétersbourg de confluence», 载 *Échanges culturels et religieux entre la Chine et l'Occident, actes du VIIe colloque international de sinologie de Chantilly*, 8-10 septembre 1992, Tapei—Paris, Institut Ricci (coll. Variétés sinologiques, NS, no 83), 1995, p.135.

③ 参阅《中国杂纂》第11卷,第569—571页。另请参阅 Michel Hermans, *Josephe-Marie Amiot, une figure de la rencontre de l'autre au temps des Lumières*, p. 36. 钱德明的观测结果后来被收入圣彼得堡科学院出版物,都灵大学物理实验教授吉昂巴迪斯塔·贝卡利亚(Giambatista Beccaria,1716—1781)也采用了相关资料。圣彼得堡科学院物理教授埃皮努斯(François Ulrich Théodore Aepinus,1724—1802)曾提及北京耶稣会士提交给该院电的实验资料。

④ 参阅 Michel Hermans, *Josephe-Marie Amiot, une figure de la rencontre de l'autre au temps des Lumières*, p. 37.

⑤ 钱德明1786年10月1日致贝尔坦书信,法兰西学士院图书馆,手稿1516。

⑥ 1757年1月1日至1762年12月31日北京气象资料,参阅 *Observations météorologiques, faites à Pékin, par le Père Amiot, pendant six années, depuis le 1er janvier 1757, jusqu'au 31 décembre 1762, mis en ordre par M. Messier, de l'Académie Royale des Sciences*, à Paris, de l'Imprimerie Royale, 1774.

——英国王家科学院

钱德明曾将中国音乐曲谱寄给英国王家科学院。①该学院邀请法国传教士考察埃及文字与中国文字之间的关系,这使得钱德明对这个问题产生了浓厚兴趣。《中国杂纂》第一卷《论中国语言文字》的作者为韩国英(Libot,1727—1780),但在过去相当长时间内均被误认为出自钱德明之手。钱德明在文章刊行后正名说:"我不是寄给伦敦科学院的关于中国语言及其书写方式与古埃及文字比较一文的作者……"②

该错误可能源自于钱德明写于1765年3月12日的书信:"两年前,伦敦科学院寄来了一幅古代雕塑作品的铜版画,上面有很多不认识的文字,他们认为该文字和汉字很相似。……我咨询了北京各院最高明的学者,没人认为这是中国古代文字。"可见,钱德明在进行考辨工作时,还寻求过多位翰林学士的帮助,但是并没有解决伦敦科学院提出的问题。"尽管研究并没有取得预期成果,但……我了解了中国古代和当今属国的语言文字。一共有八种文字,彼此之间没有联系,和中文也毫无关联。会同四夷馆出版了词汇汇编。……我将中文翻译成拉丁文,最初目的是将其寄给伦敦科学院。完工之后……我觉得寄给全欧洲最博学的科学院——法国铭文与美文学院——更为合适。"这是钱德明首次给法国铭文与美文学院写信,表达了他的研究热情、对通讯的渴望,以及对学术的态度:"我喜欢研究,有时间,有意愿:假如贵院接纳我担任通讯院士,虽说我缺少能力,但学者们的学识和指导则可对此加以弥补。"③

据埃尔芒斯研究,该信本来是钱德明寄给克洛德·萨利耶(Claude Sallier,1685—1761)④的,但当时他并不知道自己的通讯对象已经去世。1766年,法国国王图书馆馆长比尼翁(Armand Jérôme Bignon,1711—1772)对钱德明说:"您寄给萨利耶的书信刚刚到达我手中,他也是国王图书馆的一员,在我手下共事,他已于1761年初离开人世。……您了解了中国新旧属国的语言文字,无疑值得赞扬,我希望您能尽快完成意愿,将研究成果寄给我们的学者。我非常荣幸您能与我建立通讯。……请将您

---

① 参阅本书第二章第三节《钱德明与中国音乐》。
② 1777年9月28日致贝尔坦书信,法兰西学士院图书馆,手稿1515。
③ 巴黎耶稣会档案馆,维维埃档案。
④ 克洛德·萨利耶,法国语言学家,1715年入选铭文与美文学院,1721年任国王图书馆稿本部主任,1729年入选语言与文学学院。

的著作存放于此,而不是存放到铭文与美文学院,这样可以让更多文人了解(您的研究工作)。我将您的信转交给了德经先生……他希望能够结识您。这里一并附上他给您的信,他会向您介绍我们的中文藏书、缺少的主要典籍,以及需要获取的书籍。如果您能够帮助我们搜集(中文书籍),我们将不胜感激。"①钱德明本希望通过萨利耶与铭文与美文学院建立联系,但是在信件转给比尼翁之后,却为钱德明与法国学术界的通讯工作打开了更为广阔的天地。比尼翁的回信表明,法国国王图书馆开始正式与钱德明建立通讯关系,正式委托他搜集文书典籍,这也标志着汉学家德经与钱德明通讯关系的开始。

——法国国王图书馆

钱德明先后与两任国王图书馆馆长比尼翁和其子小比尼翁(Jérôme-Frédéric Bignon,1747—1784)保持通讯。②一方面,他多方搜集中文书籍,以补充图书馆藏书;另一方面,他也寄出自己的著译作品,以推进西方对中国的了解。

钱德明花费了大量心血搜集图书。比尼翁要求他特别关注中国的字典和历史书籍。③小比尼翁认为钱德明具有独到的眼光,希望他能筛选不同题材的重要著作,以历史书籍为主,同时兼顾其他文艺书籍。④从1767年到1772年,钱德明给国王图书馆寄出了三箱珍贵书籍,并开列详细书目。⑤1778年,钱德明透露已经搜集到《御制增订清文鉴》,并正在搜罗《明史》。⑥钱德明希望挑选"能够激发学者好奇心"的书籍,以皇家刊行的权威版本为主,其次才求助于民间版本。⑦他多次言及他所搜书籍的珍贵版本,并称"现在很难再找到当时寄给比尼翁和国王图书馆的各种书籍了……"⑧

---

① 巴黎耶稣会档案馆,裴化行档案,JBM 69。
② 比尼翁1772年去世之后,其子接替出任国王图书馆馆长。
③ 参阅钱德明1778年9月5日致比尼翁书信,巴黎耶稣会档案馆,裴化行档案,JBM 69。
④ 参阅比尼翁1779年11月8日致钱德明书信,巴黎耶稣会档案馆,裴化行档案,JBM 69。
⑤ 参阅钱德明1772年10月4日致比尼翁书信,法国国家图书馆西方稿本部,布雷基尼档案。
⑥ 参阅钱德明1778年9月5日致比尼翁书信,巴黎耶稣会档案馆,裴化行档案,JBM 69。
⑦ 参阅钱德明1772年9月29日致比尼翁书信,巴黎耶稣会档案馆,裴化行档案,JBM 69。
⑧ 参阅钱德明1781年8月17日致贝尔坦的信,法兰西学士院图书馆,手稿1516。

钱德明也将自己的研究成果寄给国王图书馆。一方面是他本人选定的研究或翻译:如属国语言文字,《中国名人谱》(Portraits des Chinois célèbres),等等。另一方面,他应比尼翁父子之邀而完成了一些定制之作:如关于孔子和孔门弟子的著述,关于土尔扈特鞑靼地区的相关介绍,等等。①他们之间的通讯和交流催生了钱德明的部分研究和翻译作品。

国王图书馆成为钱德明著译的目的地和收藏地,大致说来有两大益处:一是可以让其成果得到更好的收藏保存;二是可以让更多读者查考,便于中国知识的传播。基于这种考虑,小比尼翁希望他将最完整的著译版本寄给国王图书馆,而不是私人工作室,这里主要指的是贝尔坦工作室。②钱德明通常将作品誊录为两份,一份寄贝尔坦,一份寄国王图书馆。贝尔坦则主张同一题材的著作相互佐证,让学者从不同角度研究对比:在编辑关于中国音乐的著作时,贝尔坦就曾经借出国王图书馆的副本,将两个版本加以对照研究。③

钱德明在搜集图书的时候非常注重方法。据笔者在法国国家图书馆东方部查考,寄自钱德明的藏书一般都可以看到他留下的笔迹,要么标注有中法文标题,要么有简短的题记,要么有简洁的目录提要。这种方法当时就曾经得到过小比尼翁的赞扬:"国王图书馆藏有不少满文书籍,其中很多都没有中文标题,让我们无法辨认。希望寄书者都像您一样在每部书封面都加上相应的标题。"另外,比尼翁还将图书馆中文书目寄给钱德明,为图书搜集提供了工作指南;同时,钱德明自己也留存了相关书目,以免搜集工作中出现重复现象。④

钱德明和比尼翁父子之间的交流也涉及学术讨论,如在中国人和埃及人的关系问题上,他们的观点就截然不同。钱德明体现了开放的学术态度,希望对方拿出有说服力的证据。为此,他开列出自己的作品或者寄到法国的中文书籍,希望能够说服对方。"我为国王图书馆寄了一本(关于来华外族的)有益书籍《边裔典》。"他还主张从文字角度加以考察,从文字中寻找中国独立悠久历史的佐证:"请他(比尼翁)仔细考察从黄帝到汉代

---

① 参阅钱德明1772年10月4日致比尼翁书信,法国国家图书馆西方稿本部,布雷基尼档案。比尼翁要求钱德明提供厄鲁特或准噶尔等地的相关信息,钱德明因此翻译了记述平定厄鲁特和土尔扈特回归御制碑文,对边疆历史地理产生了兴趣,后来边疆问题成为他关注的领域。
② 参阅比尼翁1779年11月8日致钱德明的信,巴黎耶稣会档案馆,裴化行档案,JBM 69。
③ 参阅贝尔坦1777年10月3日致比尼翁书信,巴黎耶稣会档案馆,裴化行档案,JBM 69。
④ 参阅比尼翁1779年11月8日致钱德明书信,巴黎耶稣会档案馆,裴化行档案,JBM 69。

的汉字辑录,辨别与埃及文字的相似之处。尤其要考察国子监的石鼓文,我已将相应的拓片寄给比尼翁。"① 当然,比尼翁也提倡学术争鸣,支持学者间公开的学术讨论,虽然德经和钱德明在这个问题上观点相左,但是他主张让德经来整理阅读钱德明的作品,认为学者间思想观点的对立正好"可以导向真理"②。

与比尼翁父子建立通讯关系之后,钱德明开始系统地为国王图书馆搜集中、满文书籍,这也成为钱德明的一项重要文化活动。在比尼翁和德经看来,钱德明"是对国王图书馆贡献最大的传教士"③。

——《中国杂纂》主编布雷基尼

法国国家图书馆布雷基尼档案藏有大量传教士通讯手稿。④ 布雷基尼受贝尔坦的委托全面负责《中国杂纂》出版工作,因此与钱德明也建立起了通讯关系。贝尔坦推荐布雷基尼与钱德明通讯,既是为了推进中欧之间的科学与艺术交流⑤,也是为了方便《中国杂纂》的出版,因为"必须要了解您(钱德明)考虑的出版形式,或您所期望的修改和删减工作"⑥。

布雷基尼利用通讯的方便条件开始向钱德明征稿。钱德明是《中国杂纂》的重要撰稿人,尤其到了18世纪80年代,在华法国传教士幸存者已经不多,钱德明的作用也就更加得以彰显。有时候,作品还没有寄到法国就已经提前被纳入到出版计划之中:"我们焦急地等待您的《孔子传》(*Vie de K'ong-tse*, 1784),希望将其放到12卷中出版……"⑦ 布雷基尼希望他提供更多文稿:"我们比之前更需要您的帮助,否则《中国杂纂》很快就会出现内容短缺。"⑧

布雷基尼和钱德明讨论作品的出版形式、编辑过程及出版计划。钱德明的作品中经常会出现汉、满文拼写,因此编辑出版中遇到的一个重要问题就是印刷错误,这会直接影响到知识传播的准确性。钱德明尤其关

---

① 钱德明1774年10月1日致贝尔坦书信,法兰西学士院图书馆,手稿1515。
② 参阅比尼翁1779年11月8日致钱德明书信,巴黎耶稣会档案馆,裴化行档案,JBM 69。
③ 比尼翁1779年11月8日致钱德明书信,巴黎耶稣会档案馆,裴化行档案,JBM 69。
④ 参阅法国国家图书馆西方稿本部,布雷基尼档案,1-23,58,106-114,121-126。
⑤ 参阅贝尔坦1784年12月31日致钱德明书信,法兰西学士院图书馆,手稿1524。
⑥ 布雷基尼1784年10月27日致钱德明书信,国家图书馆西方稿本部,布雷基尼档案。
⑦ 布雷基尼1784年10月27日致钱德明书信,国家图书馆西方稿本部,布雷基尼档案。
⑧ 布雷基尼1786年11月8日给钱德明书信,国家图书馆西方稿本部,布雷基尼档案。

心这个问题,多次向布雷基尼解释自己拼写中、满文的习惯,澄清印刷错误的根源。有时候,印刷错误甚至颠覆了其写作初衷,如其讨论《大秦景教流传中国碑》的目的是为了纠正基歇尔(Kircher,1602—1680)的错误,但《中国杂纂》出版者却认为应该纠正我的内容,而重复了此前的错误"①。为了避免诸如此类的错误,布雷基尼在接手编辑工作之后,就"尽其所能避免错误,同时专门让德经先生审读清样",并希望在"负责再版工作时认真纠正这些错误"。②

钱德明就《中国杂纂》的出版工作也提出了具体意见:文章应加以归类,体现合理的逻辑顺序,每一卷应该保持作品风格统一,同时兼顾多样化的题材。如出版《中国名人谱》时,他建议应按照先后顺序反映出中国的历史脉络;《由载籍证明中国之远古》(*Antiquité des Chinois prouvée par les monuments*, 1775)则应附上中国帝王世系表,以方便读者的理解;《中国古今乐记》则应附上技术性的细节,以证明中国人之科学艺术实乃本民族的发明,等等。③布雷基尼表示以后要"进行更好的归类","整理出恰当的顺序",并"保持多样性的题材"。④

另外,布雷基尼推荐钱德明担任铭文和美文学院通讯院士。1786年,钱德明在信中说:"您为我申请且获得的铭文与美文学院通讯院士头衔让我倍感荣幸。"⑤1787年,布雷基尼回复说:"美文与铭文学院选您担任通讯院士,您说的那些感激的话语,该学院也让我感谢您,能和您讨论某些古代问题,也让该学院感到非常荣幸。"⑥

---

① 钱德明1786年9月20日致布雷基尼书信,国家图书馆西方稿本部,布雷基尼档案。"中文一般是以字为单位,字与字之间用连字符号;满文是多音节单词,同一个单词的不同音节之间不使用连字符号。"
② 参阅布雷基尼1787年10月15日致钱德明书信,国家图书馆西方稿本部,布雷基尼档案。
③ 参阅钱德明1786年9月20日致布雷基尼书信,国家图书馆西方稿本部,布雷基尼档案。
④ 参阅布雷基尼1787年10月15日致钱德明书信,国家图书馆西方稿本部,布雷基尼档案。
⑤ 钱德明1786年9月20日致布雷基尼书信,国家图书馆西方稿本部,布雷基尼档案。
⑥ 布雷基尼1787年10月15日致钱德明书信,法国国家图书馆西方稿本部,布雷基尼档案。这里提到铭文和美文学院选钱德明为通讯院士,但据埃尔芒斯考证,钱德明未被正式任命为通讯院士。(*Josephe-Marie Amiot, une figure de la rencontre de l'autre au temps des Lumières*, p. 42)

—— 通讯关系网

钱德明的通讯对象非常广泛,分布在不同的国家和城市,如广州、澳门、圣彼得堡、伦敦、巴黎、土伦、埃克斯、马赛等。其信件手稿和抄写件收藏于多家图书馆和档案馆。

他致贝尔坦的书信最多,时间跨度从1766年到1790年,涉及科学、文学、技艺、政治、军事、经济、社会等各个方面。①

他的通讯对象还有海军国务秘书萨尔廷②,殖民总督德·维夫尔(Jean Baptiste Guillemin de Vaivre, 1736—1818)③,王家苗圃总管诺兰(l'abbé Nolin,生卒年不详)④,前国王秘书德拉杜尔⑤等。

他和法国耶稣会士的通信散见于各种出版物中,通讯对象包括阿拉尔神父(P. Allard,生卒年不详)⑥、德拉杜神父(P. de la Tour, 1697—1766)⑦、佩兹纳神父(Esprit Pezenas, 1692—1776)⑧等。

钱德明和很多院士均保持通信联系。如法兰西美文与铭文学院的萨

---

① 在法兰西学士院图书馆保存有三卷钱德明手稿(1515—1517),其中大部分都是写给贝尔坦的。

② 钱德明1780年12月8日回复萨尔廷1779年10月18日书信。

③ 1785年10月28日致德·维夫尔书信。参阅 Michel Hermans, *Josephe-Marie Amiot, une figure de la rencontre de l'autre au temps des Lumières*, p. 63.

④ 1786年,钱德明给他寄过花草植物种子。参阅 Michel Hermans, *Josephe-Marie Amiot, une figure de la rencontre de l'autre au temps des Lumières*, p. 63.

⑤ 德拉杜尔多次收到在华传教士寄送的物品。裴化行《中国物品清单》显示,1778年,他收到圆明园图;1785年,两卷刺绣织品;1786年,日本漆器、朝鲜墨、中国墨、竹盘等。巴黎耶稣会档案馆查理·阿米奥(Charles Amyot)说明文字:"钱德明神父给家里寄信时,附上了寄给其他通讯人的信件。邮件达到法国时正值大革命高潮,德拉杜尔先生因为与国王的关系而丢了性命;因此这封信件不能交到他手上,目前还保留在我手头的文件中。"该信写于1792年10月31日,参阅巴黎耶稣会档案馆,钱德明档案,裴化行档案。另请参阅 Michel Hermans, *Josephe-Marie Amiot, une figure de la rencontre de l'autre au temps des Lumières*, p. 63.

⑥ 参阅钱德明1752年10月20日书信,载 L. Aimé-Martin, *Lettres édifiantes et curieuses concernant l'Asie, l'Afrique et l'Amérique avec quelques relations nouvelles des missions, et des notes géographiques et historiques*, tome troisième, pp. 832-839.

⑦ 他1753年之后任巴黎法国印度和中国传教团司库,钱德明早期信件多通过他转交,1763年之前多次给他寄过信件,此后不再联系(参阅《中国杂纂》第6卷,第5页)。参阅钱德明1754年11月17日书信,载 L. Aimé-Martin, *Lettres édifiantes et curieuses concernant l'Asie, l'Afrique et l'Amérique avec quelques relations nouvelles des missions, et des notes géographiques et historiques*, tome quatrième, pp. 41-57.

⑧ 钱德明1756年给他写过两封信。参阅 Louis Pfister, *Notices biographiques et bibliographiques sur les jésuites de l'ancienne mission de Chine 1552-1773*, p. 853.

利耶、布甘维尔(Jean-Pierre de Bougainville, 1722—1763)、比尼翁、德经、布雷基尼、贝尔坦,法兰西语言文学院的萨利耶、比尼翁、布雷基尼,法兰西科学院的天文学家德里尔(Delisle, 1688—1768)①、德里尔弟子德·拉朗德(de Lalande, 1732—1807)②、天文学家勒摩尼埃(Lemonnier, 1715—1799)③、自然学家米歇尔·阿当松(Michel Adanson, 1727—1806)④等。

钱德明和国王图书馆的四人曾保持过通信关系:比尼翁父子、萨利耶、德经。

钱德明和鲁西埃多次讨论中国音乐问题。与蓝歌籁(Louis Mathieu Langlès, 1763—1824)进行过满语方面的交流。

多位学者曾经参与出版和整理钱德明的著作:最初是巴多(Charles Batteux, 1713—1780)负责《中国杂纂》的出版工作,1781年之后由布雷基尼接替,其中第七卷由德经负责。蓝歌籁应贝尔坦的要求曾经整理钱德明的满文著作。⑤

钱德明还与瑞士地理学家、图书馆学家萨缪尔·昂热尔(Samuel Engel, 1702—1784)⑥讨论中国历史,与英国学者乔治·菲利(George Ferry,生卒年不详)⑦讨论语言问题。天文学家梅斯埃(Charles Messier,

---

① 钱德明1759年9月4日致德里尔书信。参阅 Louis Pfister, *Notices biographiques et bibliographiques sur les jésuites de l'ancienne mission de Chine 1552-1773*, p. 853.

② 钱德明1780年11月4日致贝尔坦书信提到德·拉朗德帮朋友瑞士地理学家萨缪尔·昂热尔了解中国历史方面的问题,钱德明1780年11月3日致昂热尔书信也是通过德·拉朗德转交。贝尔坦1781年9月16日致钱德明书信(法兰西学士院图书馆,手稿1523)提及已收到钱德明1778年11月6日致德·拉朗德书信,及所附回复昂热尔之书信。

③ 他是拉朗德的老师,但后来交恶。他也是路易十五最信任的天文学家。1778年,他通过贝尔坦向钱德明提出关于日食的问题。参阅贝尔坦1778年2月7日致钱德明书信,法兰西学士院图书馆,手稿1522。钱德明1780年7月26日关于磁偏角的信件通过贝尔坦转交给他,参阅贝尔坦1781年9月16日致钱德明书信(法兰西学士院图书馆,手稿1523)。

④ 阿当松于1773年入选法兰西科学院。1787年,他通过贝尔坦请求钱德明搜集植物种子。参阅贝尔坦1787年9月22日致钱德明书信,法兰西学士院图书馆,手稿1524。

⑤ 1789至1790年,出版了三卷本《满法字典》(*Dictionnaire-tartare-mantchou-français, composé d'après un Dictionnaire Mantchou-Chinois par M. Amiot, missionnaire à Pékin*)。1792年,出版了翻译注释本《金川颂》(*Hymne tartare-mantchou, chanté à l'occasion de la conquête du Kin tchouen*)。1804年,出版《满人礼仪》(*Rituels des Tartares-Mantchous*)。

⑥ 参阅钱德明1780年11月3日书信,载《中国杂纂》第15卷,第260—282页。费赖之书未注收信人,据笔者考证,收信人当为萨缪尔·昂热尔,参阅钱德明1780年11月4日致贝尔坦书信。

⑦ 钱德明在与哲布兰讨论中国语言问题时,曾提及乔治·费利来信中的观点,认为从印度和到东京湾及爪哇岛的广大地区所使用的语言都有共同的起源,即梵文。参阅钱德明1781年9月30日致哲布兰书信,法国国家图书馆西方稿本部,布雷基尼档案3。

1730—1817)①也与钱德明有过通讯。

1761年到1765年，钱德明与巴黎外方传教会驻澳门司库勒蓬（Olivier-Simon Le Bon, 1710—1780）保持通讯，信中谈及两位中国神父，钱德明给其中的周神父写过两封信。②另外，还有王致诚的堂兄弟阿迪莱（Jean-Claude Attiret）③、驻广东首席商务代表罗兹（Roze）④、德勿瓦（Desvoyes）⑤、贝尔坦的外甥梅勒（Mellet, 1727—1804）⑥、罗比安骑士

---

① 钱德明1780年7月26日关于磁偏角的信件通过贝尔坦转交给他和勒摩尼埃，参阅贝尔坦1781年9月16日致钱德明书信（法兰西学士院图书馆，手稿1523）。
② 参阅1760年4月22日和1762年7月20日两封书信，巴黎外方传教会档案馆，手稿446。
③ 参阅1769年3月1日书信。原件藏法国国家图书馆西方稿本部，布雷基尼档案5。
④ 参阅1784年10月28日书信。钱德明邀请他到北京进行热气球实验，且形容来华33年的感受："如同葬身于这满汉宫廷之中"。另有1784年11月25日致罗兹书信。参阅巴黎耶稣会档案馆，维维尔档案。
⑤ 埃尔芒斯认为德勿瓦是贝尔坦之弟路易·奥古斯丁·贝尔坦（Louis-Augustin Bertin）修道院长的笔名，钱德明侄子认为他是贝尔坦的秘书（参阅埃尔芒斯文第66页）。笔者认为，德勿瓦可能是贝尔坦的秘书，据法国国家图书馆布雷基尼档案存1786—1789年在华传教士年薪使用情况表推断，他是贝尔坦秘书的可能性更大。而且在提到贝尔坦之弟时，钱德明则称其为贝尔坦修道院长，钱德明在1788年10月1日书信中提到请贝尔坦转交他的小物件，而没有提到写信。另外，钱德明在1790年10月18日致侄子信中说德勿瓦是贝尔坦的秘书（*Vie et testament*, p. 32），没说是贝尔坦修道院长，此为另一证据。法国学士院图书馆存有三封钱德明致德勿瓦的书信，分别为1788年8月14日，1789年11月17日，1792年11月2日。在1789年11月17日信前，钱德明写有"致德勿瓦先生，巴黎法院律师"字样。另外，埃尔芒斯提到钱德明1783年10月1日和1784年10月18日两封书信，均藏巴黎医学院图书馆。参阅 Michel Hermans, *Josephe-Marie Amiot, une figure de la rencontre de l'autre au temps des Lumières*, pp. 66, 72. 另请参阅 P. Huard, J. Sonolet, M. Wong, «Mesmer en Chine, Trois lettres médicales du R. P. Amiot, rédigées à Pékin, de 1783 à 1790», 载 *Revue de synthèse*, t. 81, 1960, pp. 61-98.
⑥ 参阅钱德明1786年9月29日书信，国家图书馆西方稿本部，布雷基尼档案；钱德明1789年11月14日和1790年9月24日书信，法兰西学士院图书馆，手稿1517。据笔者考证，法国国家图书馆西方稿本部布雷基尼档案5有一封未署收信人的信函手稿，时间为1783年11月，此信当是给梅勒的。钱德明在该信中讨论动物磁性问题。"您给我说的关于梅斯梅先生在你们那里所取得的奇迹让我开了眼界，我仿佛透过云彩依稀看到它和中国功夫很相像。和梅斯梅医学一样，它们都有拥护者和反对者：没有什么值得大惊小怪：这是所有新事物的命运。似乎您是拥护者，但不需要更多地让我站到你们一边，我不会忘记从现在到明年季风时节一定要搜集各种知识，来说服那些和我们想法不同的人。虽然乍看起来，梅斯梅医学的积极效果让人难以置信，如果将其与中国功夫——或者其他类似的医学——同样有益的效果进行对比，就会发现其实非常自然简单。我要悄悄地告诉您，我担心等下封信到您那里时，梅斯梅先生和他创造的奇迹就已经完全被人遗忘……"另外，钱德明1784年和1786年给他寄过中国物品（裴化行：《中国物品清单》，第188、193—194页）。梅勒撰写的关于塔罗牌的文章，被哲布兰收入著作第8卷（1781）第395—411页。钱德明在1786年9月29日致梅勒的书信中也称哲布兰是梅勒"值得尊重的朋友"（布雷基尼档案1）。

（Chevalier de Robien,1736—1792）[①]、萨扬（Saillant,1747—1814）[②]，在澳门等待消息的爱尔兰遣使会士罗伯特·哈纳（Robert Hanna,1762—1797）[③]、雷基埃先生和夫人（Legier）[④]、马戛尔尼[⑤]等。

在给家人寄送书信、包裹时，钱德明会让家人转交某些信件。可惜家书大都散失，只有少数几封得以流传：1790年10月18日致侄子皮埃尔书信[⑥]，1792年9月20日致弟弟洛克书信[⑦]，1792年9月20日和1793年5月26日致妹妹书信[⑧]。

我们已无从了解钱德明在北京的手稿和收悉的信件。他在遗嘱中说："值得渡过重洋的作品，我一件也没有留下。我的意图是在我选择零星片断用作通讯之后，全部烧毁我所有的文件；如果我有所忘记，或者没有时间，请会长来完成这件事，亲自烧毁我所有的手稿及各个时期的来信——如果被我遗漏的话。"[⑨]

[①] 根据埃尔芒斯研究，罗比安1766年到1777年在广州担任首席商务代表，他和北京的传教士有联系。钱德明曾经通过家人寄给他书信，参阅钱德明1792年9月20日致弟弟书信（法兰西学士院图书馆，手稿1517；巴黎耶稣会档案馆，钱德明档案）。

[②] 萨扬是巴黎医学院院长，王家医学院院士。他曾通过布雷基尼向钱德明了解中医的情况。1784年10月20日，布雷基尼在致钱德明的第一封信中提出了相关问题，重点是关于脉搏学的问题，并且随信寄上法国医生所撰中医脉搏学的文章。为了继续进行这方面的交流，1786年11月8日，布雷基尼再次寄给钱德明相关论文："我斗胆给您寄去一篇小论文，这是最著名的一名医生所写，关于脉搏和预后方面的内容。希望您能给我们提供这方面的信息。"1786年9月20日，钱德明回复布雷基尼，称自己对医学没有了解，不能给出恰当回答，只能就布雷基尼的问题咨询中国医生。实地采访医生之后，共回答了四个问题。布雷基尼1787年10月15日致钱德明信后附萨扬于当年9月22日提出的脉搏学新问题，并称"能否向回答问题的医生再提问题"。档案中另一便条显示，萨扬曾向王家医学会提交相关解释和说明。

[③] 参阅钱德明1790年6月15日及1790年12月13日书信，法兰西学士院图书馆，手稿1517。费赖之只记录了第一封书信。

[④] 钱德明1792年9月20日致妹妹书信提及致雷基埃先生信函。钱德明1793年5月26日致妹妹书信附言："向你们修道院长夫人，尤其是雷基埃修女和她的姐姐致意。"

[⑤] 1793年8月27日，马戛尔尼见到法国传教士，从他们手里收到钱德明的书信。同年10月3日，钱德明再次给马戛尔尼写信，这是我们所知的钱德明的最后书信。

[⑥] 参阅 Alphonse Amyot, *Vie et testament*, pp. 31-32.

[⑦] 参阅法兰西学士院图书馆，手稿1517；巴黎耶稣会档案馆，钱德明档案。

[⑧] 第一封信参阅巴黎耶稣会档案馆，钱德明档案。第二封信参阅法兰西学士院图书馆，手稿1517。埃尔芒斯误为3月26日（第67页）。

[⑨] 转译自 Alphonse Amyot, *Vie et testament*, pp. 21-22.

二、著述与翻译

钱德明一生著述颇丰,然而在他来华的初期,其著译并不很多。他那时将精力用在学习中国语言文化上,为后来的大规模著译工作做着准备。贝尔坦主导的文学通讯开启了钱德明著译的丰产期,这一工作一直持续到他的去世。可以说,钱德明终其一生都在介绍中国文化,因其作品数量非常之多,我们可以简单地将其归类如下:

(一)语言文字
—— 翻译作品

1766年,钱德明给贝尔坦寄出第一封信,附四册《中国兵法》译本。此后他继续围绕这一主题进行研究工作,并于1778年寄给贝尔坦《中国兵法补编》(Suplément)。这些兵法译本均以满文为主要原本。[①]

1769年,钱德明寄《御制盛京赋》中、满文原本及译本,译文以满文版本为蓝本完成。[②]该书以单行本形式出版,其中包括很多满洲历史地理人文知识,此书激发起法国知识界的广泛兴趣。

1770年,《中国新旧属国志绪言》(Introduction à la connaissance des peuples qui ont été ou qui sont actuellement tributaires de la Chine)据中文著作翻译改编。[③]钱德明说:"我很高兴得到这部手抄原本,即礼部手稿原件之副本,我认为应当让欧洲学者分享并判断它的价值。"[④]该文介绍了中国周边主要民族、属国的历史源流及山川地理等情况。

1770年,寄给国王图书馆《满人礼仪》(Rituel des Tartares-Mandchous)

---

① 本文第三章第二节将对《中国兵法》进行专门研究。
② 参阅法国国家图书馆东方稿本部,《满文书目》110。
③ 参阅《中国杂纂》第14卷,第1—239页。费赖之认为此文成于1787年(第847页),此说有误。据笔者考证,钱德明1767年10月9日致信贝尔坦说:"我已经完成一部分(《中国新旧属国志绪》);随着工作的推进,我遇到了很多意料之外的困难。因研究工作繁多,要完成此书尚需时日,且只有如此才能保证质量。"钱德明1774年10月1日致信贝尔坦说:"此前已经知会过您,本意是献给您。但您未置可否,我也认为您并不喜欢,于是就开始着手别的工作。我告诉了德经先生这个计划,他以比尼翁的名义要我抄写一份寄给国王图书馆,我于是照办。他也没有回复。"可见此作品早已经完成。据裴化行(巴黎耶稣会档案馆,裴化行档案,JBM69),此文于1770年寄出,1771年9月24日收悉。冯承钧谓翻译馆(第885页),实为四夷馆。原件藏法国国家图书馆西方稿本部,布雷基尼档案8。
④ 参阅《中国杂纂》第14卷,第7页。

原文及译文。①前言介绍了乾隆整理、恢复满洲礼仪的情况，"最后整理出关于地点、器皿、仪具及祭祀用具等总清单……"这个译本展现了满语的发展以及语言的融合，钱德明指出因礼仪的需要而"创制了满语新词，以表达此前没有的内容……"②

1772 年，翻译《一七五七年石刻御制平定厄鲁特诗之说明》(*Explication du monument gravé sur pierre en vers chinois, composé par l'empereur Kien-long sur les conquêtes qu'il fit des Eleuths, en 1757*)。③应贝尔坦之请，钱德明注重搜集鞑靼及厄鲁特地区的相关信息，并将原诗文寄给国王图书馆，该文并不是原诗的翻译，而是解释和注释，偏重于介绍与这个地区相关的历史、地理信息。④钱德明希望贝尔坦将该《说明》抄写一份交国王图书馆与中文原件并存。⑤

1772 年，完成《土尔扈特全部归顺记》(*Monument de la transmigration des Tourgouths*, 1772)翻译。⑥钱德明认为这足以让国君产生兴趣："土尔扈特的回归方式和到达时的命令，一切都值得大家了解。"⑦在报道中国时，钱德明的主要通讯对象是贝尔坦，因此他有意识地选择属国、民族、边疆等问题加以汇报。钱德明讲述了事件的始末，并附上解释性翻译文字。⑧

1779 年，寄给贝尔坦《平定金川颂》(*Hymne tartares-mandchou*)译文。⑨1792 年，蓝歌籁出版了该文的单行本。钱德明对满族音乐做了评价："满洲人还没有适合其语言的音乐，他们只能按照汉族曲子加以复

---

① 前言和第一章刊于《博学杂志》，1773 年 1 月号，第 42—47 页。
② 参阅《博学杂志》1773 年 1 月号，第 43 页。
③ 1772 年 10 月 4 日完成，刊行于《中国杂纂》第 1 卷，第 325—401 页。
④ 参阅《中国杂纂》第 1 卷，第 325—326 页。
⑤ 参阅钱德明 1772 年 10 月 12 日致贝尔坦书信，法兰西学士院图书馆，手稿 1515。
⑥ 参阅《中国杂纂》第 1 卷，第 401—418 页。该译文于 1772 年寄给贝尔坦。冯承钧译为《记述土尔扈特部落三十万人自里海沿岸东徙之碑文》(第 887 页)。钱德明翻译时间为 1772 年 11 月 8 日(《中国杂纂》第一卷第 418 页)，费赖之误为 1771 年 11 月 8 日(第 849 页)。该碑四种语言为汉、满、蒙、藏(《中国杂纂》第 1 卷，第 404 页)，而非汉、满、蒙、土尔扈特，费赖之亦误，冯承钧随之误(第 887 页)。
⑦ 钱德明 1772 年 11 月 8 日致贝尔坦书信，法兰西学士院图书馆，手稿 1515。
⑧ 钱德明 1773 年 10 月 15 日致贝尔坦书信称该碑文乃于敏中刻印拓片，并著文说明。钱德明将于文翻译，参阅《中国杂纂》第 1 卷，第 419—427 页。
⑨ 参阅法国国家图书馆东方稿本部，《满文书目》285。

制。汉族曲子是为单音节词而作,每个音节都完整地表达单个或多个意思,即单个或多个意境,此类曲子应用到多音节满文之上则非常乏味。"①

——语言字书

1784年,钱德明完成《满法字典》(*Dictionnaire mandchou-français*)翻译,包括12000词条,后经蓝歌籁整理,贝尔坦组织雕版,该字典在1789—1790年出版。其实,这部字典是钱德明翻译的自用工具书,最初并未有出版的打算,否则他就"会多用些心思"。他建议选择合适的形式,"全部剔出大量无用的中文字,只保留解释满文的法文单词"。同时增加满文字母表和语法。②蓝歌籁添加了字母表,并进行了增删。

1784年,钱德明寄给贝尔坦《满文字母表》(*Alphabet mandchou*)。指出"满洲人将字母或字母元素归结为十二类单音节,将这些音节进行不同组合就构成了该语言的所有发音"③。

1784年,钱德明寄给贝尔坦《梵西番满洲蒙古汉书》④,并作如下介绍:"这套书共两卷,四种语言,即藏文、满文、蒙古文、汉文。我本想选择有用之内容,以为借助中文和满文来翻译就会比较容易;但是一开始工作就碰到了很多困难,于是我改变了当初的主意。"⑤就其内容来看,"是编与其谓字书,毋宁谓为一种佛徒所用之神学、哲学、道德学选录"⑥。

1788年,钱德明撰写的《满语语法》(*Grammaire tartare-mandchou*)刊行。⑦费赖之认为这是张诚或南怀仁满语语法之翻译版。⑧笔者据钱德明书信判断,这是由他独立完成的,并非如费赖之所言。钱德明在提及张诚、白晋和巴多明(Parrenin,1665—1741)等时说:"这些神父宫中事务繁

---

① 钱德明1787年1月25日致贝尔坦书信,法兰西学士院图书馆,手稿1516。
② 参阅钱德明1787年1月25日致贝尔坦书信,法兰西学士院图书馆,手稿1516。
③ 法国国家图书馆东方稿本部,《满文书目》272。
④ 此书乃汉文名,费赖之谓 *Dictionnaire polyglotte*,冯承钧未译出书名。费赖之称此书乃北京印刷,现存法国国家图书馆。笔者未找到钱德明所寄原书。东方稿本部藏雷慕沙抄本,凡两卷,"据钱德明原书抄录"。费赖之称五语辞书。笔者推断,因为梵文乃用藏语所写,故钱德明谓之四语。
⑤ 钱德明1784年10月2日致贝尔坦书信,法兰西学士院图书馆,手稿1516。
⑥ 费赖之著,冯承钧译,《在华耶稣会士列传及书目》,第884页。
⑦ 参阅《中国杂纂》,第13卷,第39-73页。
⑧ 参阅 Louis Pfister, *Notices biographiques et bibliographiques sur les jésuites de l'ancienne mission de Chine 1552-1773*), p. 844.

忙,没有时间编撰语法。"此语法是应贝尔坦的请求编写而成,"如果不是您希望我完成这项工作,我跟他们一样也不会想到要编写一部语法。"贝尔坦和钱德明的初衷是为了帮助法国学者学习满语:"我觉得现在有了适合您的满语语法,您可以从中找到解决大部分问题的方法,如果还有少许我没有考虑到的问题,相信您的智慧也可以自己解决,而不必求助于北京。"①

《表章奏疏集》(*Recueil de suppliques, lettres de créance et autres pièces adressées à l'empereur*)②,附《中国诸属国文字》(*Écritures des peuples tributaires de la Chine*)③八种语言词汇表。钱德明亦曾寄词汇原稿。④当时欧洲尚无人能翻译这些语言,对照阅读其译文可以了解这些语言。⑤

——图书资料搜集

目前,法国国家图书馆藏有钱德明所寄各种满文藏书,"他(钱德明)的习惯是将中、满文标题翻译成法文,可能加上不同的评注和目录,有时候还有题献,可以让我们知道这些书出自他的手笔"⑥。他搜集的满文藏书主要包括:《周易》⑦《书经》⑧《诗经》⑨《四书》、⑩秦州牧博赫编辑刊行之箴

---

① 钱德明1787年1月25日致贝尔坦书信,法兰西学士院图书馆,手稿1516。
② 原件藏法国国家图书馆西文稿本部,布雷基尼档案8。
③ 费赖之引高第之说称该书为法国国家图书馆东方稿本部中文书目986(第852页)。据笔者查考,现为法国国家图书馆东方稿本部中文藏书9188。
④ 参阅钱德明1774年10月1日致贝尔坦书信。
⑤ 参阅《中国杂纂》第14卷,第239页。
⑥ 法国国家图书馆东方稿本部,《满文书目》,第8页。
⑦ 乾隆三十年刊行。参阅法国国家图书馆东方稿本部,《满文书目》1。
⑧ 乾隆二十五年刊行。参阅法国国家图书馆东方稿本部,《满文书目》3。
⑨ 乾隆三十三年刊行。参阅法国国家图书馆东方稿本部,《满文书目》7。
⑩ 乾隆二十年刊行。参阅法国国家图书馆东方稿本部,《满文书目》14。

言集①、《钦定清汉对音字式》②《御制增订清文鉴》③《无图点字书》④《御制避暑山庄诗》⑤等。

1777年,钱德明寄出《禹碑》拓片。⑥他翻译并解释了碑文内容,激起了语言学家哲布兰(Court de Gébelin,1719—1784)⑦的浓厚兴趣。另外,他还到南堂、东堂等处翻录了开封犹太人希伯来文字,以供哲布兰等语言学家研究之用。⑧

宋君荣去世后,钱德明在四夷馆担任翻译工作。他谈到过法国传教会提供语言服务的传统:张诚(Gerbillon,1654—1707)、白晋和巴多明等人满语水平高,可直接与康熙交谈;冯秉正(de Mailla,1669—1748)学习满语是为了翻译《中国通史》(*Histoire générale de la Chine*,1777—1784);宋君荣和孙璋(de la Charme,1695—1767)也曾负责翻译工作;钱德明接

---

① 该书题献给蓝歌籁。参阅法国国家图书馆东方稿本部,《满文书目》48。
② 乾隆三十七年刊行。参阅法国国家图书馆东方稿本部,《满文书目》51。1778年随同《御制增订清文鉴》寄出。在1778年9月15日致贝尔坦信中,钱德明称此书可看作《文鉴》之补编。
③ 乾隆三十六年刊行。法国国家图书馆东方稿本部共存两套,《满文书目》86—87。第一套共八卷,包括所有四十八册;第二套共六卷,存二十二册。费赖之(第845页)据巴凯(第30页)而认为此书(冯承钧译为《满文普通字书》,第883页)乃钱德明手稿,"此书难于参考,故其稿本尚未刊行"。据笔者考证,此书乃钱德明所寄图书,而非其手稿。东方稿本部存有《御制增订清文鉴》抄本一套(《满文书目》79),或许巴凯将该书当作钱德明之稿本。钱德明1778年9月15日致贝尔坦书信:"我也给国王图书馆比尼翁寄出《御制增订清文鉴》,皇帝锲而不舍,新增了五千多词……"由此可判断费赖之说有误。在1784年10月2日致贝尔坦信中,钱德明称给他寄出一套该《文鉴》(参阅《中国杂纂》第11卷,第516页)。《满文书目》86—87应为当时寄出的这两套书。
④ 乾隆六年刊行。参阅法国国家图书馆东方稿本部,《满文书目》109。
⑤ 参阅法国国家图书馆东方稿本部,《满文书目》112。
⑥ 此碑亦称岣嵝碑,禹王碑,大禹功德碑,原刻于湖南衡山岣嵝峰,原迹已无存。参阅钱德明1777年9月28日致贝尔坦书信。钱德明此前已寄过此拓片,现藏于法国国家图书馆东方稿本部,中文书目(Maurice Courant)1166—1169。
⑦ 法国作家和语言学家哲布兰出生在尼姆,逝世于巴黎。他父亲是新教神父,在法国重新复兴新教,为了躲避追捕远走洛桑。哲布兰年轻时为父亲担任秘书,1754年开始传教事业。1763年,他离开洛桑。后来,他离开传教事业,开始学术研究之路。1781年,他担任王家审查人和博物馆文学会主席。他去世前求助动物磁性以恢复身体。1784年,他发表关于动物磁性的信件,引起轰动。
⑧ 参阅钱德明1781年8月17日致贝尔坦书信,法兰西学士院图书馆,手稿1516。

替了他们的工作,后来贺清泰开始学习满语,也达到了极高水平。①其他传教士也曾谈起他的翻译身份:"还有两位为皇帝服务的满语翻译;他们是我会的钱德明和方守义神父,需要时负责从事满文和拉丁文信函互译工作。"②

钱德明在清宫中的正式身份是满语和拉丁语翻译,该身份使得他可以接触到某些宫廷文献,为他的著译工作创造了条件。他使用的主要工作语言是满语,因此满语在他的翻译作品中也占据了主导地位:他编写了满语工具书,为法国满学的诞生和发展创造了条件。由于翻译的职业敏感,他对语言文字特别关注。另外,他特别关注周边民族和属国语言,并由此而关注到这些民族的历史地理等人文知识,这大大地拓宽了传教士研究的视野。

(二)关注国家动态

在国家形势方面,钱德明首先关注的是宫中大事,诸如乾隆出巡、秘密建储③、七十万寿节④、惩办贪官污吏⑤、南巡⑥、皇太后葬礼⑦、皇帝祭天⑧、宫中大火⑨、千叟宴⑩,等等。其次,他经常翻译《京报》中刊行之上谕,上谕

---

① 参阅钱德明1787年1月25日致贝尔坦书信,法兰西学士院图书馆,手稿1516。埃尔芒斯认为,1788年,罗广祥接替了钱德明的翻译工作。而从钱德明的这封书信来看,这时候罗广祥还远不能接替他的工作。钱德明在信中说:"罗广祥神父很想学(满语),但繁杂事务让他分心太多,进步不是很快。如果五六年后他能讲满语,已经很不错了。"
② 参阅金济时1774年12月书信,《博学杂志》1774年,第837页。
③ 参阅钱德明1779年7月25日致贝尔坦书信,《中国杂纂》第15卷,第292—347页。
④ 参阅1780年8月13日致贝尔坦书信,《中国杂纂》第9卷,第6—26页。
⑤ 参阅1782年10月20日致贝尔坦书信,《中国杂纂》第10卷,第132—144页。言及阿桂近三年因事务常在江湖之远,案中查访官员,并汇报乾隆,共三百八十名官员贪赃枉法,其中于敏中之侄被斩首。钱德明此处提供的信息似有误,于敏中死后,其侄于时和侵占其家产,被其孙于德裕告发,后来于家财产充公,于时和发配伊犁,而未处极刑。
⑥ 参阅钱德明1784年11月29日书信,《中国杂纂》第11卷,第580—610页。
⑦ 参阅钱德明1777年9月29日致贝尔坦书信,法兰西学士院图书馆,手稿1515。
⑧ 参阅钱德明1787年11月19日致贝尔坦书信,《中国杂纂》第14卷,第536—562页。
⑨ 参阅钱德明1783年11月22日致贝尔坦书信,《中国杂纂》第11卷,第501—515页。
⑩ 参阅钱德明1785年10月15日书信,《中国杂纂》第12卷,第509—531页。

是了解中国政府动向的风向标。①如1786年,他就多次翻译上谕。②再次,他还经常汇报朝中官员动向,笔下多次提及重臣于敏中③、阿桂④、傅恒、和珅、福康安、李侍尧⑤等人,以及他们负责的国家大事等。此外,他也关注朝廷的文化活动,尤其是大型图书的出版工作,如《四库全书》⑥《武臣传》⑦等。诚然,作为传教士,他的报道也涉及在华天主教的诸多情况。耶稣会解散之后,他在每封信中都花了大量篇幅讨论法国传教会的存续问题。⑧他还报道了各地发生的教案⑨,特别是1785年教案⑩。

在对国家动态的关注中,特别值得一提的是他对边疆地区持续不断的报道,涉及中国的西北、西南,甚至台湾。1772年,钱德明写成《1757年准噶尔(卡尔梅克)部叛乱》(*Quelques remarques sur un écrit intitulé : Révolution des Kalmoucks-Longores*),这属于关注西北厄鲁特及土尔扈特问题的系列文章。据他称,1757年或1758年准噶尔部叛乱之初,他就向欧洲进行了报道,不过其通信手稿可能遗失,故欧洲尚不知此事。⑪

---

① 关于乾隆五十三年(1788年)年鉴资料及京报资料(*Almanach impérial de Pékin*),前人均认为由钱德明翻译。据笔者查考法国国家图书馆西方稿本部布雷基尼档案9—10两卷手稿,推断系晁俊秀笔迹,而非钱德明。另外,钱德明在1788年9月1日致贝尔坦书信中说:"晁俊秀先生在一名中国传教士的帮助下翻译《京报》。"此为另一佐证。阿尔方斯·阿米奥(第26页)、费赖之(第852页)、埃尔芒斯(第58页)、荣振华(«Une grande collection», *Bulletin de l' Ecole Française d' Extrême Orient*, t. 72, 1983, p. 283)、法国国家图书馆布雷基尼档案编目,均误。

② 参阅钱德明1786年5月20日致贝尔坦书信,《中国杂纂》第13卷,第417—459页。他翻译了1月20日、3月19日、5月25日、6月20日、7月13日、7月26日的上谕。此信写于5月20日,但要等到下半年才发出信件,所以后面他又附加了5月20日之后的其他上谕。这些上谕同时刊行于《中国杂纂》同一封信中,会让读者产生时间错位的想法。

③ 参见钱德明1780年9月26日致贝尔坦书信,《中国杂纂》第9卷,第45—60页。

④ 参阅钱德明1779年7月25日致贝尔坦书信,1780年9月10日书信(《中国杂纂》第9卷,第25页),1781年8月17日书信(《中国杂纂》第14卷,第441—454页)。

⑤ 钱德明1780年11月4日书信谈及皇上对李侍尧的宽恕(参阅《中国杂纂》第9卷,第60—65页)。1784年11月29日再次谈及此话题(参阅《中国杂纂》第11卷,第580—610页)。

⑥ 参阅钱德明1778年7月13日书信,《中国杂纂》第15卷,第281—291页;1784年11月15日书信,法兰西学士院图书馆,手稿1516;1786年9月14日书信,《中国杂纂》第13卷,第459—507页,等等。

⑦ 参阅钱德明1780年11月4日书信,《中国杂纂》第9卷,第60—65页。

⑧ 参阅这一时期的通信手稿,法兰西学士院图书馆,手稿1515—1516。

⑨ 参阅钱德明1778年7月13日书信,《中国杂纂》第15卷,第281—291页。

⑩ 参阅钱德明1785年11月20日致贝尔坦书信,《中国杂纂》第15卷,第373—381页。

⑪ 参阅《中国杂纂》第1卷,428—432页。

在西南方面,他介绍过大小金川之役①,向贝尔坦汇报过中缅战情,并寄出了这个地区的地形图,称"这是军机大臣(傅恒)任经略时所用的军事地图"②。他也向贝尔坦报道了班禅和喇嘛的情况③,翻译了乾隆致达赖的信件,以便贝尔坦了解乾隆对待达赖喇嘛的态度。④另外,他还撰文《关于西藏和厄鲁特王国的论文》(*Mémoire sur le Tibet et sur le Royaume des Eleuthes*)介绍西藏情况。⑤

1782年至1787年间,钱德明数次在书信中谈及台湾发生的大洪水⑥,这也是应贝尔坦的要求进行汇报的。⑦此外,他还报道过台湾的林爽文起义。⑧

前文提及的《盛京赋》则主要是介绍满洲历史地理等知识,这增进了西方对该地区的了解。

考察这部分通讯工作,可大致总结出如下特点:

第一,报道内容受通讯对象的影响。法国传教士有注重报道当地情况的传统,贝尔坦的介入明显使钱德明在这方面下了大力气。作为法国政治人物,贝尔坦希望了解中国朝廷动态和周边形势,钱德明的通讯中就有不少这方面的信息。

---

① 参阅钱德明1776年9月12日致贝尔坦书信,《中国杂纂》第3卷,第387—412页。
② 钱德明1771年10月5日致贝尔坦书信,法兰西学士院图书馆,手稿1515。
③ 钱德明1781年8月17日致贝尔坦书信,《中国杂纂》第9卷,第6页。
④ 参阅《中国杂纂》第9卷,第454页。钱德明从礼部负责将该信翻译到蒙古文的官员手中获得原件。
⑤ 参阅«Mémoire sur le Thibet et le Royaume des Eleuthes»,载 L. Aimé-Martin, *Lettres édifiantes et curieuses concernant l'Asie, l'Afrique et l'Amérique avec quelques relations nouvelles des missions, et des notes géographiques et historiques*, t, 3, pp. 519-531。另请参阅法兰西学士院图书馆,手稿 Fonds Henri Cordier, 5409, Chine : deux mémoires du P. Amiot; notes sur la correspondance de Henri Bertin et sur les missions catholiques, etc.
⑥ 参阅钱德明1782年10月20日书信,《中国杂纂》第10卷,第132—144页;钱德明1786年11月29日书信,《中国杂纂》第14卷,第521页;钱德明1787年1月25日致贝尔坦书信,《中国杂纂》第14卷,第523—535页。钱德明在第二封信中说此前情报绝对可靠,从广州传到法国那边的消息不太准确,认为到广东做生意的外国人不但不了解中国全国的情况,就连广州城里的事情也一知半解。
⑦ 晁俊秀1786年11月27日致贝尔坦书信中也谈到这次洪水,参阅《中国杂纂》第13卷,第xii-xiv页。
⑧ 参阅钱德明1788年7月1日致贝尔坦书信,法兰西学士院图书馆,手稿1517。

第二,报道内容多样化。除了涉及军事、朝政、上谕、官员等严肃话题外,他也描写一些平常的话题,包括自然气候、奇异现象。①

第三,信息来源相对权威,信息相对准确。钱德明获得的信息有些直接出自官员的奏折,其朋友亦多方帮助搜集官方文件。他认为朋友圈子将直接影响到消息的可靠度:"商人们接触的中国人除了贸易之外一无所知。"而他搜集情报的原则是"不以传言为根据",而以权威官方文本为基准。②另外,他熟悉中国语言文化,具有严谨的研究态度;他也在四夷馆供职,有接触内部情报的便利条件;主要参考资料是《京报》,这些都保证了其信息的相对准确性。

最后,他的报道矫正了欧洲关于中国认知中的某些错误。他写成《对于波氏(Cornélius de Pauw,1739—1799)③所撰〈关于中国人与埃及人之哲学的寻究〉之批评》(Observations sur le livre de M. Paw : Recherches philosophiques sur les Chinois et les Egyptes,1777)一文,从人口、收入、宗教、多妻制等多个方面驳斥该书中的错误信息,部分资料有助于让西方更准确地了解中国的真实状况。④对中国形势多维度的报道大都刊印于《中国杂纂》之中,这套丛书也为西方提供了及时的原始信息,成为当时大众了解中国最主要的渠道。

（三）倾心于历史研究

钱德明对古代文献、历史纪年、历史人物事件很感兴趣,这方面的著译大都发表在《中国杂纂》中。

—— 纪年问题

1770年,钱德明寄给比尼翁《中国通史编年摘要》(Abrégé chronologique de l'histoire universelle de l'empire chinois, 1770)和《御纂历代三元甲子编年万年书》(Table chronologique de tous les

---

① 如报道北京夜空中出现不明飞行物,参阅1779年9月5日书信,《中国杂纂》第10卷,第347—373页。
② 参阅钱德明1787年1月25日致贝尔坦书信,《中国杂纂》第14卷,第521页。
③ 高乃依·德·波,荷兰哲学家,18世纪著名学者,他大胆的观点在当时曾引起轰动。
④ 参阅《中国杂纂》第6卷,第275—381页。

souverains)。①前书在序言中介绍了中国古代民族的特征、祭器、八卦、度量衡等;正文则介绍了神话时代,从伏羲到黄帝之传疑时代,及从黄帝至禹之信史时代。②

1775年,钱德明撰《由载籍证明中国之远古》,附各种图录。该文将信史时代上溯至公元前2637年之黄帝时期。撰写该文的主要参考文献包括《书经》《诗经》《春秋》《史记》等,其中辑录了各种天文记载,运用天文方法计算对照,以证明中国三代为真实之历史。此书系统阐述了中国历史纪年,是对《中国通史编年摘要》的深化。

在1780年11月3日的书信中,钱德明论及选择纪年推算法的原因及所推纪年体系的可靠性,进而否认所谓诺亚大洪水相当于舜时期大洪水的说法。他认为:"没有其他纪年体系比《圣经七十子译本》的时间更长……我选择了这个体系,并确认了我所证明的事实。"③

—— 历史人物

1771年到1774年之间,钱德明寄出一百一十幅《中国名人谱》。④他主张:"读者应该按照中国心理来看待这里的习惯,像真正的中国人一样看待它。只有这样才能做出公正而没有成见的判断。"⑤所采录的画像成于1685年,他也增加了介绍性的文字:"我在通史中寻找,在编年史中搜罗,求助于故事传说,以便找到材料让您充分了解这些外国人(中国名

---

① 二者均于1770年寄出,1771年9月24日收悉。前文原稿存法国国家图书馆西方稿本部布雷基尼档案,刊行于《中国杂纂》第13卷,第74—308页。后文原件现存东方稿本部,中文藏书9093。冯承钧将《御纂历代三元甲子编年万年书》译为《历代帝王年表》,并认为乃齐召南之《历代帝王年表》(第886页)。笔者在法国国家图书馆东方部检索原书后认为此说有误。该《万年书》共两卷,以上元、中元、下元详细记载了上元黄帝六十一年到乾隆朝的三元甲子年表。下卷为清朝各帝王的详细年表,逐月标示,始自后金天命九年,迄于乾隆一百年。该书并未明确标出天干地支,而以若干方格表示。钱德明采用西元进行换算。

② 费赖之言及"后文遗失"(第848页)。据笔者查考手稿,钱德明本未撰大禹后之历史,原文止于大禹时代。参阅钱德明1778年11月5日致贝尔坦书信,法兰西学士院图书馆,手稿1515。另外,贝尔坦1776年9月7日致信比尼翁(巴黎耶稣会档案馆,裴化行档案),要求借此书供《由载籍证明中国之远古》出版参考之用。

③ 参阅《中国杂纂》第15卷,第260—282页。

④ 分别刊行在《中国杂纂》第3卷第1—386页,第5卷第69—466页,第8卷第1—111页,第10卷第1—131页。

⑤ 参阅《中国杂纂》第3卷,第7页。

人）……"①

1784年，钱德明完成《孔子传》，②这是他"最博声誉的撰述之一"。③他参考了大量文献，包括《论语》《家语》《史记世家》《阙里志》《圣门礼乐统》《四书人物备考》④《古史》等。《孔子传》中附有大量插图及孔子家族世系表，上起黄帝时代，下迄1784年。出版时保留了二十四幅插图。⑤与《孔子传》一同完成的还有《孔门弟子传》（Abrégé de la vie des principaux disciples de K'ong-tse）。⑥该文介绍了颜回、曾参、子思、孟子、仲由等。后来，他还撰文谈论《孔子传》中未谈论孔子妻儿的原因等具体问题。⑦

—— 经书教义

在《中国书籍学说》（De la doctrine et des livres chinois）一文中，钱德明认为汉代以降的经书属于现代之解释，已经脱离原始的意义。⑧他认为经书中包含一些重要概念，如相当于精神层面的天和造物主的"上帝"等概念。此外，他还简略地介绍了《易经》《书经》《诗经》《春秋》。

1787年，钱德明撰文讨论道教问题。他从正统儒家的角度出发，对道教没有太多好感："……文人的对立宗教道教已经沦入没有信誉的境地，受到有身份者的蔑视，近些世纪以来，其信徒大都是国家中最糟糕的人。"⑨传教士的身份和儒家文化的影响导致了他对道教的蔑视。他还在文中对中国人的宗教信仰进行了评价："当今大部分中国人的宗教……不

---

① 钱德明1771年9月30日致贝尔坦书信，法国国家图书馆西文稿本部，布雷基尼档案。原画作者为Po-Kié，钱德明所寄图画乃从原作临摹。费赖之（引雷慕沙）认为名人介绍资料大都采自马端临《文献通考》。
② 参阅《中国杂纂》第12卷，第1—403页。另有单行本 Abrégé historique des principaux traits de la vie de Confucius, orné de 24 estampes gravées par Helman, Paris, chez Helman, 1788.
③ 费赖之著，冯承钧译，《在华耶稣会士列传及书目》，第888页。
④ 冯承钧说后三种名称根据音译（第889页）。据笔者考证，《四书人物备考》误译为《四书人物别考》。《四书人物备考》为明代薛应旗撰。《圣门礼乐统》为清张行言撰，《古史》为宋苏辙撰。
⑤ 此书中插图亦为爱尔曼（Helman）制作之版画作品。
⑥ 参阅《中国杂纂》第13卷，第1—38页。
⑦ 参阅钱德明1786年11月29日书信，《中国杂纂》第14卷，第517—523页。
⑧ 手抄稿藏法兰西学士院图书馆：Fonds Henri Cordier, 5409, Chine: deux mémoires du P. Amiot; notes sur la correspondance de Henri Bertin et sur les missions catholiques, etc. 此文刊行于 Les annales de philosophie de M. Bonnetty, 3e série, t. IX, pp.197-211（费赖之，第852页，Sommervogel, t. I. col. 299）。
⑨ 钱德明1787年10月16日书信，《中国杂纂》第13卷，第208页。

过是一只三头怪兽,身体和四肢都是善、恶、合理、荒诞、有序、混乱的奇怪集合……只有一流文人才差不多保持着经书中的古老教理……"①

另外,钱德明还写有论文《皇》(Hoang)。②

历史是耶稣会士的传统研究主题,钱德明继承传统,偏重于中国纪年问题,围绕三代历史的真实性而展开讨论,其真正目的是为了调和中国历史和圣教的历史。跟此前的耶稣会士一样,他重视经学研究,力图从儒家学说的解读中去寻求与天主教契合的元素。当然,对儒学解读离不开对孔子的介绍,这也是此前传教士用力颇多的领域,他对孔子生平进行了最详尽的综合性介绍。而他对历史问题的关注,以及沿袭利玛窦以来对其他宗教的看法,这些都体现了在华耶稣会士的传统和身份。

(四)辅助性科学工作

前文已经提及钱德明为圣彼得堡科学院所做的科学实验。来华初年,他负责法国传教会的天文气象观测记录,但是他观测水星的效果似乎并不是很好。③1756年1月,里昂耶稣会士天文学家佩兹纳请他观测春分点的子午高度,但他将这项工作委托给了耶稣会士刘松龄(Hallerstein, 1703—1774)和鲍友管(Anton Gogeil, 1701—1771)。④1756年11月7日,钱德明和宋君荣一起观测了水星凌日,其观测记录通过佩兹纳而转交到德里尔手里,德里尔公布了世界七个不同地方的观测结果。⑤1757年11月,钱德明制定了测量大气折射的计划,但是并没有完成。⑥1757年1月1

---

① 《中国杂纂》第13卷,第259页。
② 参阅巴黎耶稣会档案馆,钱德明档案(复件);原件藏法国Mentes-la-Jolie市立图书馆。
③ 参阅 Michel Hermans, *Josephe-Marie Amiot, une figure de la rencontre de l'autre au temps des Lumières*, p. 33(宋君荣:《通讯》,第732、762、840页)。
④ 参阅 Michel Hermans, *Josephe-Marie Amiot, une figure de la rencontre de l'autre au temps des Lumières*, p. 34. 佩兹纳还刊印了钱德明两封关于中国度量衡的书信:1756年10月15日和1756年11月17日书信。这两封书信刊于 *Mémoires de mathématique et de physique rédigés à l'Observatoire de Marseille*, Avignon, 1756, vol. 2, pp. 61-83.
⑤ 参阅 Michel Hermans, *Josephe-Marie Amiot, une figure de la rencontre de l'autre au temps des Lumières*, p. 34.
⑥ 参阅 Michel Hermans, *Josephe-Marie Amiot, une figure de la rencontre de l'autre au temps des Lumières*, p. 34(宋君荣,《通讯》,第849页)。

第一章　钱德明及其时代

日到1762年12月31日,钱德明完整地记录了北京的气象资料①,后由天文学家梅斯耶(Messier,1730—1817)整理出版《气象观测记录》(*Observations météorologiques*,1774)。②出版者评价说:"这些观测也许在今后能够揭示出各个季节气候变化的原因。"③1770年9月17日和20日,他在圆明园附近观察到北极光,并且在书信中谈及该自然现象。④1782年,他谈到磁偏角在偏西两度至两度半左右,和十余年前《气象观测记录》中的结果相同;他还谈到了北京大气压在一年中的变化情况。⑤后来,他再次讨论了气压、电和磁实验等问题,称这是当年与圣彼得堡科学院通讯时所产生的想法。⑥

除天文观测外,他还向西方介绍过中医脉搏学。他向德勿瓦介绍过中医理论,认为中医和梅斯梅(Mesmer,1734—1815)的动物磁性及催眠术有相通之处。⑦1784到1789年之间,法国医学院院士萨扬通过布雷基尼提出了中医脉搏学的系列问题,钱德明向中国医生寻求帮助以便能够回答这些问题。钱德明还和梅勒讨论过中医。他还给贝尔坦寄了《古今医统》等著作。⑧钱德明对医学缺乏专业的了解:"我希望自己的回答能够让他(布雷基尼)满意,希望门外汉的少许医学知识能够让他满足。"⑨

在植物学和地理学方面,他也做过一些工作。他给贝尔坦寄过植物花草种子,并介绍了相关的保存方法;贝尔坦给他寄过法国植物种子,他

---

① 1786年1月至1789年5月气象观察资料,埃尔芒斯(参考荣振华)认为出自钱德明之手(第58页)。据笔者查考法国国家图书馆西方稿本部布雷基尼档案9,当为晁俊秀笔迹。

② 按照钱德明每天早上八点和下午三点测量两次的做法,1757年当年最低气温是1月19日上午8点,气温为-15度;最高气温为当年8月9日下午3点,气温为39.375摄氏度。

③ *Observations météorologiques*, p.13.

④ 参阅钱德明1770年10月6日致德经书信,《博学杂志》,1773年,第41—42页。另请参阅 Michel Hermans, *Josephe-Marie Amiot, une figure de la rencontre de l'autre au temps des Lumières*, p. 35.

⑤ 参阅钱德明1782年10月20日书信,《中国杂纂》第10卷,第132—144页。

⑥ 参阅1784年11月15书信,《中国杂纂》第11卷,第569—577页。

⑦ 参阅 Michel Hermans, *Josephe-Marie Amiot, une figure de la rencontre de l'autre au temps des Lumières*, p. 72. 1783年和1784年两封书信原件存巴黎医学院手稿部。参阅 P. Huard, J. Sonolet, M. Wong, «Mesmer en Chine, Trois lettres médicales du R. P. Amiot, rédigées à Pékin, de 1783 à 1790», 载 *Revue de synthèse*, t. 81, 1960, pp. 61-98. 关于钱德明和萨扬通讯,参阅 M.D. Grmek, «Les reflets de la sphygmologie chinoise», pp. III-XXIV.

⑧ 参阅钱德明1786年10月1日致贝尔坦书信,法兰西学士院图书馆,手稿1516。

⑨ 钱德明1786年10月1日致贝尔坦书信,法兰西学士院图书馆,手稿1516。

还在中国进行过试验。①另外,他还翻译了乾隆关于农业的看法。②

1756年,他与宋君荣一道确定准噶尔的地理位置。③另外,他还给法国寄过地图:厄鲁特地图、缅甸地图④、"两广海防图"⑤等。罗马拉特朗博物馆还藏有一幅康熙三十年长城形势图。⑥

相对而言,钱德明对文学艺术比对科学更有兴趣,宋君荣早就做过这样的评价:"(钱德明)看起来对研究古代音乐比对天文学和观测兴趣更大。"⑦而且从其著作也可看出这一倾向。他的科学实验与观测工作多集中在来华前十年,在与圣彼得堡科学院的联系中断之后,尤其是在宋君荣去世之后,他失去了天文科学研究的导师。这是他研究工作中的一个转折点,从此他开始更多地关注语言文学诸方面的研究内容。

---

① 参阅钱德明和贝尔坦的通讯:1777年9月28日书信,1778年9月15日(欧洲寄来的种子没有发芽),1778年11月5日书信(牡丹花),1779年9月16日(梅花),1781年8月17(献给乾隆的花草和植物种子,乾隆大悦),1783年11月22(欧洲寄来的种子没有发芽),1784年11月15(努力寻找欧洲没有的植物种子,已经找到北京周围的一些植物种子)。参阅 Henri Bernard, «Catalogue des objets envoyés de Chine par les missionaires de 1765 à 1786».

② 参阅 P. Huard, M. Wong, «Les emquêtes françaises sur la science et la technologie chinoises au XVIIIe siècle», 载 Bulletin de l'École française d'Extrême-Orient, t. 53, 1967, p.150. 钱德明作品: Réflexions sur l'agriculture par K'ien-long Emprereur de la Chine et de la Tartarie actuellement régnant, traduite en français par le R. P. Amiot, missionnaire à Pékin, et publié par M. Deguignes, Paris, 1770.

③ 参阅 Michel Hermans, Josephe-Marie Amiot, une figure de la rencontre de l'autre au temps des Lumières, p.71: Positions géographiques déterminées par deux missionnaires jésuites dans le Turkistan oriental et la Dzungarie, en 1756, d'après deux lettres inédites des PP. Amiot et Gaubil, publiées dans le Bulletin de la Société de Géographie de Lyon, 1880.

④ 参阅 Henri Bernard, «Catalogue des objets envoyés de Chine par les missionaires de 1765 à 1786», p.142.

⑤ 法国国家图书馆地图部,Rés. Ge. A. 358. 该图起点为悬钟港,海中有岛屿曰镇澳南、饶平县、澄海县、海丰县,然后至高州、吴川县、雷州府、徐闻县、海南、钦州等。钱德明对地名和少许地方作了解释。钱德明的意图是提供与越南相邻的广东省海岸图,且对重要港口、要塞、炮台和军营驻地进行标注,这是该图的主要意义。埃尔芒斯言及有一幅从长江口到湄公河的地图,且有670个地名云云,以为和《博学杂志》1773年1月号第47页谈及的广东海疆图是两幅不同的地图。据笔者考证,此实为同一幅地图。

⑥ 参阅 P. Huard, M. Wong, «Les emquêtes françaises sur la science et la technologie chinoises au XVIIIᵉ siècle», p.156.

⑦ 宋君荣1753年10月25日致德里尔书信,转译自 Michel Hermans, Josephe-Marie Amiot, une figure de la rencontre de l'autre au temps des Lumières, p. 32(宋君荣,《通讯》,第762页)。

（五）钟情于中国艺术

钱德明最早进行的研究是在音乐领域。1751年11月，他就给伦敦寄出了十首曲谱，第一首是《柳叶锦》。[①]同时，他决定翻译李光地的《古乐经传》。1768年，他寄给比尼翁《中国音乐与欧洲音乐的调和》(*L'accord de la musique chinoise avec la musique européenne*)。[②]1774年，比尼翁寄给钱德明《古代音乐》(*Mémoire sur la Musique des Anciens*, 1770)一书，这促使钱德明重新开始研究中国音乐，并撰写出《中国古今乐记》。[③]1779年，他寄出《中国音乐补编》(*Supplément au mémoire sur la musique des Chinois*)[④]、曲谱及圣乐谱。[⑤]同年，他透露了研究舞蹈的想法："我需要补充关于舞蹈的内容，因为在中国舞蹈始终从属于音乐。但是这项工作困难而漫长，需要很多时间，我现在没有时间。一旦可能的话我就将投入到这项工作之中。"[⑥]1788年，他完成了《中国古代宗教舞》，俗称《大舞》。[⑦]后来，他完成了《中国古代宗教、政治和民间舞》，俗称《小舞》。[⑧]此外，钱

---

① 参阅 Michel Hermans, *Josephe-Marie Amiot, une figure de la rencontre de l'autre au temps des Lumières*, p. 27.

② 巴黎耶稣会档案馆，裴化行档案，JBM69。

③ 手稿藏法国国家图书馆西方稿本部，布雷基尼档案13。

④ 钱德明1779年9月16日致比尼翁书信，法国国家图书馆西方稿本部，布雷基尼档案；钱德明1779年9月16日致贝尔坦书信，法兰西学士院图书馆，手稿1516。原手稿存法国国家图书馆西方稿本部，布雷基尼档案13。

⑤ 法国国家图书馆西方稿本部，布雷基尼档案14，微缩胶片11543。包括细十番音乐谱一卷（A南韵：前风韵、折桂令、中风韵、雁儿落、得胜令；B北韵：卦玉钩、七兄弟、收江南、梅花酒、雁儿落、侥侥令、收江南、园林好、沽美酒、川拨掉、后风韵、北卦玉钩、豆叶黄、清江引）、花阴月静音乐谱一卷（A南韵：雁过声、山坡羊、锦尘道、月上海棠、前喜渔灯、后喜渔灯、黑蔴序、雁儿落、得胜令、三煞；B北韵：北卦玉钩、雪里梅）、群音芳聚音乐谱一卷（A南韵：祝英台、前腔、满庭芳、迎宾客、石榴花；B北韵：快活三、到春来、小良州、柳叶锦、傍妆台、将军令）、圣乐经谱一卷（洒圣水、除行功夫、天主经、圣母经、申尔福、三茅西玛、圣体经、卑污罪人、举扬圣体、举扬圣爵、圣诗、良善、已完功夫）。

⑥ 钱德明1779年3月7日致比尼翁书信，参阅 Michel Brix, Yves Lenoir, Le «Supplément au mémoire sur la musique des Chinois» du P. Amiot, édition commentée, 载 *Revue des archéologues et historiens d'art de Louvain*, Louvain-la-neuve, XXX-1997, p. 110.

⑦ 1788年9月12日完成于北京。参阅 Yves Lenoir, Nicolas Standaert, *Les danses rituelles chinoises, d'après Joseph-Marie Amiot*, p. 153. 原稿藏西班牙王家图书馆 Real Biblioteca du Palacio Real de Madrid, II/2010.

⑧ 1789年6月完成于北京。参阅 Yves Lenoir, Nicolas Standaert, *Les danses rituelles chinoises, d'après Joseph-Marie Amiot*, p. 159. 原稿藏法国国家图书馆西方稿本部，布雷基尼档案2、121、122。

德明多次寄给贝尔坦各种中国传统乐器。①

　　钱德明对美术也饶有兴趣,并且做过一些介绍工作。1769年3月1日,他撰文介绍王致诚生平事迹。②他还撰写过"苏若兰图释"和"骑射图释"等文字。③钱德明还寄过多幅中国画作,现藏法国国家图书馆。④此外,前文已经提及钱德明曾寄给贝尔坦的二十二幅瓷器制作工艺图。

　　以上我们回顾了钱德明所处时代语境及其主要文化活动。"礼仪之争"是影响在华天主教的大事,贯穿于耶稣会士的传教和文化活动之中,早期耶稣会士几乎都牵扯其中,其著述和研究都打上了深刻的印痕。钱德明来华之后,"礼仪之争"已经正式裁决,但此前耶稣会士留下的是一个半世纪的历史积累、路线选择、经文解读、有意阐释,这些都体现着耶稣会士文化适应的策略,以及在中国文化和基督文化之间寻找契合的主题思想。这种积淀反映了中西方文化精神的差异,耶稣会和其他修会路线的异同,以及会内主流和旁系之间不同的主张。此前的在华耶稣会士构建起了丰富的想象物,钱德明注定要从历史积淀中选择适合的元素来构建自己的文化谱系。"礼仪之争"构成了前钱德明时代的集体话语,他要经过自己的文化选择来重新解读中国元素和构造中国形象。

　　"礼仪之争"是影响中西方文化交流的大事。关于中国知识的广泛传播培养了民间对中国的憧憬和向往,催生了学者对中国的研究和兴趣。

---

①　参阅钱德明1766年9月23日、1776年9月15日、1777年9月28日、1778年11月5日、1781年8月17日等致贝尔坦书信。

②　参阅 *Bulletin de l'Université l'Aurore*, 1943-III, t. 4, numéro 1, pp. 30-82, numéro 2, pp. 435-474.

③　"苏若兰图释"原件存巴黎耶稣会档案馆,维维埃档案1。费赖之将Sou-jo-lan误为Sou-ja-lan(第853页,转引自Sommervogel, t. 1, col.303)。冯承钧言"疑是苏若兰";苏若兰为"某王妃嫔,不知何本。王名之对音作'关庄'(Koan-tchoung),疑似有误";又云苏若兰丈夫为窦滔(第892页,钧案)。据笔者考证,可确认此处为苏若兰,钱德明有误,此错误可能源自中国助手。钱德明文提到朱淑贞之《璇玑图记》和管道升之论语。苏若兰生活于前秦苻坚时期,而非元朝,画释文字有硬伤。钱德明所寄画作共四幅,仇实父(仇英)作,钱德明找人修补了脱色之处。"骑射图释"参阅法国国家图书馆西方稿本部,布雷基尼档案3。

④　法国国家图书馆西方稿本部, *Habillement et coiffures dans les différents temps de la manarchie chinoise*, BNF, Nouvelles acquisitions françaises 4432,此卷保存有多幅中国名人画像。布雷基尼档案114中提到多幅画作,且保存于敏中和阿桂肖像画等。另请参阅Henri Bernard, «Catalogue des objets envoyés de Chine par les missionaires de 1765 à 1786», 以及Alphonse Amyot, *Vie et testament*, pp. 27-29.

在"礼仪之争"背景下诞生的"中国热"成为中国问题的温床,进一步激发了学者对中国的好奇,随着这种对他者了解欲望的进一步扩张,钱德明等传教士需要满足世俗学者对东方的好奇,也就需要用一种更加世俗化、学术化、新奇化的方式来言说中国。前耶稣会士的作品汗牛充栋,要想有所突破就必须开辟新的研究领域。从接受者角度来说,"中国热"为耶稣会士的研究工作创造了便利条件,但同时也提出了新的挑战。西方人更加关注中国的现实无疑会推动相关知识的传播,知识的传播则会推动受众品味和鉴别力的提高,这也就需要钱德明等的研究工作具备更多的创新色彩。因此,他开辟了一些全新的研究领域,前人几乎很少关注或没有涉猎的领域,如对中国兵法和诗歌的翻译介绍等。

在这种背景下,世俗学者及科学院专业学者的介入既是"中国热"的副产品,也是中西文化交流的催化剂。钱德明的研究也就势必需要符合更高的知识性和学术性要求,他们的交流互动则可以推动关于中国知识的进步,也可以推动研究朝着更加系统化和专业化的方向发展。东方学者对中国的关注和研究,贝尔坦及其身边学者对"文学通讯"的热衷,正反映了这种发展趋势。他们和钱德明之间的文学通讯,既为他的研究打开了突破口,也为他的研究工作带来了动力,他需要不断地提升研究的学术水平。因此,钱德明留下了丰富的著译作品。

简而言之,其著译作品有如下特点:一、很多著译直接出自满文,满文方面的贡献是一大特色。满文较之于汉文更接近欧洲语言体系,翻译难度相对较小,所以钱德明的很多作品均以满文典籍为基础。另外,这与他的四夷馆翻译身份相关。二、他对边疆民族语言颇有兴趣,做出了开拓性工作,他致力于介绍这些地区的语言文字、历史地理、民风民俗,为后代汉学开启了新的研究领域。三、注重国家形势和朝中动态,这与其通讯人贝尔坦密切相关,可以窥见政治人物贝尔坦全面了解中国情报的目的。当然,这与路易十四派遣传教士的初衷也是一脉相承的,传教应当辅之以科学和情报活动。四、注重搜集中、满文文献,以备贝尔坦和国王图书馆收藏。另外,他还寄了大量艺术品给贝尔坦等热爱中国文化艺术的学者,向西方提供了艺术实物,进一步增强了西方人对中国的感性认识,延续着"中国热"的发展。

第二章　钱德明著述研究

统观钱德明在华的文化旅程,似大致可分为两个阶段:前二十年间的成果相对较少,而又以翻译成果为主;后二十年间,可谓翻译、著述同时并举,在这两个方面均取得了斐然的成果,此外还留下了大量的书信通讯。在本章中,我们无意对钱德明所有的著述成果进行详细梳理,为了廓清他的主要研究领域和学术关切,我们特选取涉及中国历史、哲学和音乐的几部主要专著加以考察,这也是他用力最多且最足以代表其学术水平的三个领域。

第一节　钱德明笔下的中国历史形象

17世纪以来,中国纪年问题在欧洲引起了经久不息的激烈讨论,耶稣会内部也出现了各种不同主张。而每当涉及中国历史问题的时候,耶稣会士就会受到多种作用的牵制,他们在话语选择上也都表现出各自的策略,作品也反映出调和多种矛盾的努力。

1770年,钱德明将《御纂历代三元甲子编年万年书》(简称《万年书》)中文版寄国王图书馆,并撰写法文序言。钱德明称,该《万年表》经过翰林院审核之后,1767年由乾隆颁行,全书分上、下两卷,甲子纪元始自黄帝六十一年即公元前2637年:"《万年书》乃拣选真实之载籍经过准确计算而来,始自真正的帝国建立者黄帝治下六十一年……。从此,该书将为国内历史学家和作者提供参照尺度。"钱德明将该表换算成西历,标示出各王朝的起始年份,并认为该书可以让西方人看到中国历史纪年的"原貌",这将是国王图书馆"最有价值和最辉煌的藏品"。①

在前言中,钱德明强调了这部作品的权威性,认为其学术价值和可靠程度不容置疑,这充分表明钱德明对该纪年体系的认同。在与贝尔坦的通讯中,他也多次谈及《万年书》,这反映了他对此书的重视程度,以及在

---

① 《御纂历代三元甲子编年万年书》,法国国家图书馆东方稿本部。

研究工作中对此书的频繁参阅。①这是他探讨中国历史纪年问题的"参照"和"尺度",也是他研究中国历史纪元的立足点。自寄出《万年书》之后,他又相继完成了《中国通史编年摘要》和《由载籍证明中国之远古》,与《万年书》之纪年谱系形成呼应。

钱德明希望以《万年书》为"标准",辅之以史料论证,从而解决学术界和教会内关于中国纪年的争端。他在继承耶稣会士研究成果的基础上,逐步建构起自己独特的中国上古历史体系,要更好地把握这个历史体系,则需要探寻他对来华耶稣会士学术传统的继承和发展。

一、17世纪以来关于中国上古史的讨论

在17世纪和18世纪的欧洲,中国上古历史始终是热点问题,耶稣会士和学者围绕这个主题的论著可谓汗牛充栋。1650年前,西方对中国上古史的介绍大都比较简略,一般都没有提到确切的年代,因此也不至于引起激烈的争论。正如比诺所说:"直到1650年,中国纪年似乎都没有提出让神学家们担心的问题……。从早期著述中得来的唯一印象就是,中国是一个古老民族,……其起源跟其他民族一样掺杂着神话传说。"②

1658年,卫匡国向西方完整地介绍了中国上古史。③他将中国甲子之始定于黄帝元年即公元前2697年,而将伏羲时代上溯至公元前2952年。这样就提出了相应的问题:中国历史比《圣经》大洪水发生的时代还早了差不多六个世纪。虽然这与拉丁通俗本《圣经》大洪水的时间相抵触,但是他认为七十子译本可以解决这个问题。卫匡国相信中国古代典籍和天文记载,认为中国历史纪年是可靠的,但是并没有想到会给《圣经》带来巨大的挑战。④

---

① 参阅钱德明致贝尔坦书信:1774年10月1日,1777年11月19日,1778年9月15日,1778年11月5日,1781年8月17日等。

② Virgile Pinot, *La Chine et la formation de l' esprit philosophique en France(1640-1740)*, p.195.

③ 在《中国上古史》(*Sinicae hisriae decas prima*)中,他采用了传统甲子纪年法,介绍了上至远古、下至公元前1年的历史。"这是第一部,并且很长时间内都是唯一一部译自中文且可以让大家了解中国纪元前历史的著作。"(Louis Pfister, *Notes biographiques et bibliographiques sur les jésuites de l' ancienne mission de Chine*, p. 261)

④ 参阅 Virgile Pinot, *La Chine et la formation de l' esprit philosophique en France (1640-1740)*, pp. 201-202.

1686至1687年,柏应理在《西文四书直解》中也介绍了中国历史纪年。①他以伏羲为界将中国历史分为神话时代和历史时代。他同样认为中国历史始自黄帝元年公元前2697年,比通俗拉丁文本《圣经》中记载的大洪水早三个世纪。在他看来,调和的办法也只能采用七十子译本,这样就可以既认同中国的上古帝王,又可将中国历史纳入到圣经纪年框架之中。②

1730年之后,学者和耶稣会士进一步讨论中国纪年问题。宋君荣、巴多明、冯秉政等认同中国上古史,白晋、马若瑟、傅圣泽(Foucquet, 1665—1741)等则持否定态度。白晋等从中国经书中寻找人类起源的痕迹,为方便解释中国经书而否认中国早期历史的真实性。从历史角度研究的传教士则试图证明中国上古历史真实可靠,宋君荣通过天文计算将"仲康日食"定于公元前2155年10月12日,可见此时传教士运用天文学和数学手段已经将中国纪年回溯到公元前两千余年,直逼圣经大洪水时间,也接近于卫匡国、柏应理提出的中国历史起始时间。③因为一向被奉为圭臬的《圣经》通俗本与中国历史相悖,耶稣会士只得求助于七十子译本,不惜冒犯传统将中国历史和《圣经》历史加以调和。当然,他们的目的归根结底还是为了顺利传播天主教,将中国历史纳入《圣经》历史框架之内。

卫匡国将中国纪元介绍到欧洲之后引起了广泛讨论,传教士在研究中逐步引入科学方法,尤其宋君荣偏重从史书中钩沉天文资料,运用科学手段加以佐证,以增加中国史书和纪年的说服力。总的来说,历史学派倾向于认同中国上古历史,他们采用相对科学、客观的历史批评方法,认真研读典籍寻求证据,借助天文和数学手段来加以验证。索隐派倾向于认为不能在中国经书中找到中国历史之源,他们在中国典籍上同样用功甚

---

① 参阅 Louis Pfister, *Notes biographiques et bibliographiques sur les jésuites de l'ancienne mission de Chine*, p. 312.

② 参阅 Virgile Pinot, *La Chine et la formation de l'esprit philosophique en France (1640-1740)*, pp. 214-215.

③ Ibid., pp. 249-268.

勤,但其目的是希望从中国上古人物身上寻找《旧约》人物的踪影。① 钱德明来华之后,从前辈尤其是宋君荣等人那里继承了研究方法,先后推出两部力作以建立自己的中国纪年体系。

二、《中国通史编年摘要》

在《中国通史编年摘要》中,钱德明明确表示认同《万年书》的可靠性:"两族(满族和汉族)要员审核了这一研究成果,凡是不能核实或通过计算不能推导其真实性的史料均一概摒弃。……他们认为黄帝治下前六十年值得商榷,因此确定黄帝六十一年为纪年之始。"② 按照《万年书》中所列的年表,钱德明将黄帝前六十年归于存疑时代,认定确切纪元始自黄帝六十一年(前2637年)。③ 由此,他将中国历史分为三个时代:神话时代(盘古到伏羲时代)、存疑时代(伏羲到黄帝六十一年)、信史时代(黄帝六十一年以降)。

诚然,《万年书》中的上古历史纪年是否真实可靠,关键要看中国史书是否可靠,因为此年表完全是由历史书籍反推拟定而成。如果史书本身的可靠性无从证明,那由此构建的上古三代纪年也如同无本之木。钱德明认为,虽然某些书籍在焚书之后经过了重新整理,但儒生们采取了严谨、科学的态度,尽量去伪存真,以恢复古籍和上古历史的真实面貌。这些记载中国上古历史的古籍经过了核实和检校,因而值得大家的信赖,所以不应质疑典籍本身的真实性。但是,中国历史学家也曾遭遇过材料难以辨析和不能确定的尴尬,如司马迁本人就曾经言及难以回溯到其生前八百年之历史。钱德明则认为,司马迁以这种态度撰写的史书反倒更值得信任:"这种'不确定性'并不影响黄帝之后连贯的帝王谱系,……不影

---

① 例如,傅圣泽认为中国历史始自公元前424年,他将中国神话人物和圣经人物进行比附(伏羲与以诺),将中国纪元时间和圣经年代进行调和。1719年,他著《论由尧至秦所谓统治中国的三代》(Mémoire sur le système des trois dynasties que l'on prétend avoir gouverné la Chine depuis Yao jusqu'aux Tchin)一书,认为三代均为虚构,否认其存在。1729年,在《中国历史年表》(Tabula Chronologica Historiae Sinicae)序言中,他提出中国历史始于前424年周威烈王时期。其年表是对牛希尧《纲鉴甲子图》的编译。《纲鉴甲子图》依据朱熹《通鉴纲目》编定,而《通鉴纲目》则继承了司马光《资治通鉴》的年代体系。傅圣泽持前424年之依据是,司马光主张从这一年开始华夏历史才有可靠记载。参阅 «Jean François Fouquet, un controversiste jésuite en Chine et en Europe», Actes du Colloque international de Sinologie 1, Les Belles Lettres, Paris, 1976, p.131.
② 《中国杂纂》第13卷,第75—76页。
③ 卫匡国和柏应理则均将该起止年份确定为黄帝元年(前2697年)。

响他们的在位时间。"①由此可见,总的说来,钱德明相信中国古代经典和史书的可靠度。

在论及西方人对中国历史纪年的质疑时,钱德明认为这是因为他们对中国史书缺乏了解,批评时缺少公正的态度:"我已经足够了解中国人,我不会怀疑他们寻求真理的诚实信念;我相信他们在编撰和整理历史时不会有利益、虚荣或盲目偏见,以及让真相产生疑问的其他动因;我懂得他们的引文、核实、计算、推理、论证是何等地精确,他们不会错误地接受该摒弃的内容,或错误地摒弃该接受的材料;我熟悉他们毫不虚无的自然单纯的方法;我只能在他们夯实的历史大道或崎岖小径上步其后尘,亦步亦趋。"②在尊重中国历史的同时,钱德明主张按照当地居民的感情去解读历史,而不能随意地将某些历史斥为神话:"评价某个民族时应该根据他们的情感,而不是强加其他情感。"③这体现了尊重他者的人文精神和开放情怀,使他能更好地深入理解异国的精神内涵,从而构建出相对准确的异国形象。但是,"根据当地居民的感情"看待异文化近于把自己当作该民族的一员,已经比较深入地融入这种文化之中,这种身份转变可能会导致批评精神的丧失,可能会更多地体现出他者的情感因素,而作为西方接受者的批评精神则可能相对减少,也可能导致对中国史书的盲从现象。

然而,我们并不能忽视钱德明的耶稣会士身份和耶稣会的传统。上文已经提及,耶稣会士大都通过七十子译本来延展《圣经》历史,将中国上古史纳入到圣经体系之中,罗马教廷也同意和支持耶稣会士的这种做法。④宋君荣曾说:"……会长让传教士采用统一的纪年体系,可以根据汤若望(Schall,1591—1666)神父的报告放心地采用中国纪年。该纪年得到了罗马的确认,受到教廷的支持。同时,在华耶稣会士不能让中国人知道,其纪年体系是由教廷来确定或证明的。"⑤教廷同意采用七十子译本纪

---

① 《中国杂纂》第13卷,第86页。
② 《中国杂纂》第13卷,第172页。
③ 钱德明1778年9月15日致贝尔坦书信,法兰西学士院图书馆,手稿1515。
④ 1634年9月1日,汤若望向耶稣会总会提交关于中国历史计算方法的论文。他认为中国历法从尧以来一直没有中断,中国古代天文观测非常准确,可以佐证历史纪年之可靠。他推出舜即位时间为公元前2357年,重要依据则是坚信《尚书》所载仲康日食发生于公元前2155年,进而根据中国纪年和帝王年表反推。罗马审查了这篇论文,1637年12月20日回复在华耶稣会士,同意汤若望的推算方法。
⑤ Antoine Gaubil, *Traité de la chronologie chinoise*, Treuttel et Würtez libraires, 1814, p.285.

年体系的折中做法,可以同时维护《圣经》和中国历史的权威性。在耶稣会这一传统的影响下,钱德明在《中国通史编年摘要》中也主张采用七十子译本调和两种历史体系,并且维护诺亚大洪水是世界性大洪水的说法:"几乎所有历史的开端都充满神话传说;但神话之后就是历史时代,而且某些时代还可以用来证明历史的真实性;这些历史事件可以追溯到公元前三千多年,但世界性大洪水必须再提早几个世纪,才有时间让人类得以繁衍扩散、修筑城池及建立国家。……如果采用《圣经》七十子译本,则可以承认黄帝之前的十位君主,将伏羲建国时间定为公元前3462年,即大洪水发生254年之后。"于是,他将诺亚大洪水定于公元前3716年,中国历史也被顺利地纳入圣经历史框架,同时还可旁证世界性大洪水确有其事。他既尊重和接受了他者的历史,又遵循耶稣会士身份的需求,在中国历史纪年问题上达到了一定的平衡和妥协。

沿用七十子译本纪年方式,强调诺亚大洪水的普世性,这是对《圣经》权威性的维护,并从一定程度上消除了《圣经》面对中国纪年时遭遇的尴尬:"即使中国人坚信黄帝六十一年至伏羲存疑时代之历史真实可靠,那也不可能推导出让基督徒或合格的天主教徒难以接受的结论来。"①至于中国上古神话中关于伏羲之前的传说故事,钱德明则认为:"……天皇、地皇、人皇之记述无非是《圣经》大洪水之前族长生活年代和传统的变形。"②钱德明把不同文明放到《圣经》历史视野中考察,依循耶稣会前辈的实践方法,协调东西方历史纪年,其作品依然带有宗教和论战色彩。

在中国上古纪年问题上,各方观点从来就不尽相同。钱德明将中国上古三代列为信史,其作品中可以让人感受到论战的火药味。他认定公元前2637年为中国确切纪年之始,以此立论征引史料,辅之天文推算考辨真伪,为欧洲学者提供素材,以证明这一历史年代确凿无疑。③为此,他专门探讨了争论较多的问题,希望澄清杂乱之说,维护自己的年代体系。

——中国史书所载早期大洪水

早期大洪水是在中国纪年问题上导致分歧的分水岭。此前有人(如

---

① 《中国杂纂》,第13卷,第77—78页。此前,宋君荣推定的伏羲建国时间为前3468年(参阅《中国杂纂》第16卷,第6页)。
② 参阅《中国杂纂》第13卷,第184—185页。
③ 参阅《中国杂纂》第13卷,第260页。

卫匡国)将尧舜时期大洪水和诺亚大洪水加以比附。对于钱德明来说,如果认同这一比附和中国历史纪年始自黄帝六十一年这种论断,那么则无法将中国历史纳入《圣经》历史框架,最后会得出对宗教不利的结论,《圣经》的权威性将被颠覆。从中国史角度来说,尧舜时代必然晚于黄帝时期,如果这两次大洪水可以比附,那么黄帝到舜帝这段时期则难成其为确切历史,中国早期历史的真实性将会受到质疑,《万年书》的起始纪年也将被颠覆。

如果要维护圣经的权威性和中国历史的真实性,就必须否定这一论断。他引述《书经》①和《孟子》②而得出结论:舜时洪水只发生在中原地区,并未波及南方;洪水主要发生在乡村,城市未受到严重破坏,中华文明依旧在进一步发展,如"教民稼穑""教以人伦";洪水持续九年之久,而非九年中每年都有洪水发生,时间与《圣经》大洪水记载不符。他从洪水波及范围、强度和时间三方面否定了两次洪水的可比性。

钱德明认为比附的动机源于对文本的误读和曲解,加之翻译文本本身不准确,因此最好的办法就是坚持原典求证。《书经》所谓"九载,绩用弗成",《孟子》所谓"禹八年于外,三过其门而不入",究竟是连续九年的洪水还是连续九年中每年都有洪水发生,意义本来也含混不清。"汤汤洪水方割,荡荡怀山襄陵,浩浩滔天",此乃形容水势之大,但究竟是中原地区还是南方地区也不甚明确。钱德明却从中解读出特别含义:一是中原地区的地域性,二是洪水的破坏性,三是洪水持续九年的时间性。他依靠这三重含义来"摧毁诸多成见",而否认两次洪水的比附。③ 他从维护自己观点

---

① 帝曰:"咨!四岳!汤汤洪水方割,荡荡怀山襄陵,浩浩滔天。下民其咨,有能俾乂?"佥曰:"于,鲧哉!"帝曰:"吁!咈哉!方命圮族。"岳曰:"异哉,试可,乃已。"帝曰:"往,钦哉!"九载,绩用弗成。(《书经·尧典》)宋君荣译《书经》载其事,意与钱德明合。"La soixantième année arriva le déluge, qui submergera tout; Kuen eut ordre de faire écouler les eaux, et travailla inutilement jusqu'à la soixante-neuvième d'Yao."(*Le Chou King, un des livres sacrés des Chinois*, p. 4).

② "当尧之时,天下犹未平,洪水横流,泛滥于天下。草木畅茂,禽兽繁殖,五谷不登,禽兽偪人。兽蹄鸟迹之道,交于中国。尧独忧之,举舜而敷治焉。舜使益掌火,益烈山泽而焚之,禽兽逃匿。禹疏九河,瀹济漯,而注诸海;决汝汉,排淮泗,而注之江,然后中国可得而食也。当是时也,禹八年于外,三过其门而不入,虽欲耕,得乎?后稷教民稼穑。树艺五谷,五谷熟而民人育。人之有道也,饱食、暖衣、逸居而无教,则近于禽兽。圣人有忧之,使契为司徒,教以人伦:父子有亲,君臣有义,夫妇有别,长幼有序,朋友有信。放勋曰:'劳之来之,匡之直之,辅之翼之,使自得之,又从而振德之。'圣人之忧民如此,而暇耕乎?"(《孟子·滕文公上》)

③ 参阅《中国杂纂》第13卷,第270—283页。

的角度来解读典籍,可以说是另一种带着主观色彩和倾向性的"误读"。

——"五星连珠"与尧时冬至

三代纪年的另一个分歧点是颛顼时代的"五星连珠"①,各家得出的结论亦不尽相同。天文学家卡西尼(Cassini, 1625—1712)认为只有公元前2012年发生的土星、木星、金星、水星和月亮之五星聚合符合中国史书的记载,这样就将中国纪年缩短了差不多五个世纪。②

另一分歧则涉及尧时的冬至观测。在卡西尼看来,尧时冬至日在虚宿一度③,当时虚宿位于射手宫二十九度;1628年,虚宿在宝瓶宫十八度十六分,冬至点为摩羯宫第一点,因此冬至点相对于最初位置移动了四十九度十六分。根据第谷(Tycho, 1546—1601)确定的五十一秒的岁差常数,在黄道十二宫中位移四十九度十六分的时间间隔为3478年。以1628年为参照点回溯,由此得出结论,尧二十年当为公元前1852年,而非卫匡国所说的公元前2347年,因此也差不多晚了五个世纪。④

钱德明肯定了卡西尼的计算方法,指出差错不在于计算本身,而在于卫匡国翻译时未能很好地甄选材料,采用了并不可信的注释内容。他强调《资治通鉴纲目前编》只言及颛顼变天文历算,以寅月为正月,而五星连珠不过为后世注释家添加,后世天文学家附会的这一天象并不具有权威性。同样,钱德明认为尧时冬至点也为后世附会,虚构出的天文现象不足

---

① 五星连珠是指五大行星在夜空中会聚在很近的距离内,或如连珠,或如拱璧。古时候,这种天象会引起特别关注,因此被记录下来。《尚书·中候》曰:"天地开辟,甲子冬至,日月若悬璧,五星若编珠。"《尚书·考灵曜》曰:"日月五星,冬至起牵牛;日月若悬璧,仰观天形如车盖,众星累累如连贝。"《晋书·律历志》载:"颛顼以今之孟春正月为元,其时正月朔旦立春,五星会于天庙,营室也,冰冻始泮,蛰虫始苏,鸡鸣三号,天曰作时,地曰作昌,人曰作乐,鸟兽万物莫不应和,故颛顼圣人为历宗也。"

② 当时,太阳在宝瓶宫二十度,西历2月9日;2月10日早上六点,太阳与月亮合。室宿相当于飞马座前翼,处于摩羯宫二十六度,赤纬与黄道在该宫二十四度交汇。飞马座后翼在宝瓶宫十二度半,赤纬与黄道在该宫十一度交汇。2月8日黄昏,室宿范围(摩羯宫二十四度至宝瓶宫十一度),土星在摩羯宫二十四度,木星在摩羯宫二十六度,水星在摩羯宫二十七度,金星在宝瓶宫二度,月亮在宝瓶宫八度。二十四小时之后太阳与月亮合。参阅 Cassini, «Réflexions sur la chronologie chinoise», *Mémoires de l'Académie royale des Sciences depuis 1666 jusqu'à 1699*, tome 8, Paris, Compagnie des libraires, 1730, p. 310.

③ 钱德明文中为夏至(Solstice d'Eté),笔者发现此处有误,当为冬至(Solstice d'hiver)。参阅《中国杂纂》第13卷,第88页。

④ 参阅 Cassini, «Réflexions sur la chronologie chinoise», p. 311.

为证。关于这两个天文记载,钱德明参考了宋君荣《中国天文史》中的论证,并认为中国权威的经书和正史均没有提及,故不能据此推导出支持或反对中国纪年的结论。因此,在钱德明看来,卫匡国征引的材料并不可靠,卡西尼由此推算的结果也随之无凭。①

——"仲康日食"

另一个经常讨论的天文现象是"仲康日食"。②弗雷莱推算的公元前2007年9月24日日食之说流传较广,宋君荣的计算结果则为公元前2155年10月12日。

钱德明支持宋君荣的观点。为了证明此次日食的准确性,一是需要确定仲康统治时间,二是需要证明该时期内发生了这次日食。他参考《万年书》帝王年表:"仲康是夏朝第四位君主,前2159—前2146年在位,计十三年。"另外,必须弄清楚该时段发生此次日食的前提条件:"第一,这十三年之间是否发生过日食;第二,这次日食是否发生于所说季节;第三,夏朝都城能否观测到此次日食;第四,日食发生时太阳是否处于或靠近房宿。"钱德明最后得出的结论是:"仲康五年,日食发生于前2155年10月12日7时30分14秒,……跟《书经》所载相符,即季秋月初一日。该日食符合《书经》记载的情形。这不可能是焚书之后重新整理古籍时反推出来的日食,因此这次划时代的日食值得相信……"

宋君荣得出该结论时保留了相应的怀疑,并未持完全肯定的态度;钱德明则走得更远。关于宋君荣所谓当时九月是否是现在九月的疑问,钱德明认为不需要证明,因为《书经》并没有用数词来说明发生日食的月份,"季秋月"指的不是"秋九月,而是秋季最后一月,或秋末月"。第二点疑问关于"房"宿是否古今相同,钱德明认为把日食作为历史事件来看时则不需要了解这个问题,只由天文学家来核实日食和确定天上的宿即可。"核实之后可以得出这样的结论:推出一次于公元前2155年发生在中国的日食,正是仲康时期,因此就是《尚书》记载的日食。推算出时间是10月12

---

① 参阅《中国杂纂》第13卷,第88—92页。
② 《书经·胤征》记述夏第四代君王仲康时一次征讨前的誓师讲话。"惟时羲和,颠覆厥德,沉乱于酒,畔官离次,俶扰天纪,遐弃厥司。乃季秋月朔,辰弗集于房,瞽奏鼓,啬夫驰、庶人走,羲和尸厥官,罔闻知,昏迷于天象,以干先王之诛。""夏商周断代工程"认为应取前1970年11月5日作为这次日食的时间(参阅《夏商周断代工程一九九六—二〇〇〇年阶段成果报告(简本)》,世界图书出版公司,2000年)。

日,假设当时的历法和现在一样,10月12日相当于九月初一日;而且这一年10月12日是季秋月初一日:即九月或秋季之末月,不过名称不同,实际上是同一个月。"可以看出,钱德明这样的做法无非是希望论证和强化中国历史的可信度,在与《万年书》相符合的时间框架内确切地回溯到更早的日期。

宋君荣的这两点质疑常常被他人引用,利用其在汉学和天文学上的权威地位来质疑此次日食断代的科学性。钱德明认为宋君荣虽然持有保留意见,但并不代表其真实态度:"宋君荣神父不依附于某个体系。他觉得某事正确就写下来寄给法国通讯者。他觉得某事错误也写下来寄给通讯者,让他们加以利用。我曾经对他说,寄东西到法国之前一定要多用心读读,让逻辑更连贯,组织更严密。他回答说:'他们在法国会比我在这里处理得更好。我们能做的就是提供材料,他们手段更多,让他们去利用。'"①宋君荣的保留态度体现出了严谨的精神和开放的心态。钱德明试图消除各种质疑以及宋君荣的保留态度,从而进一步证明自己的观点。

钱德明肯定了中国最早记载的日食发生于公元前2155年,也就肯定了《万年书》中的仲康时代,归根到底肯定了夏商周三代纪年体系。而同时代的在华耶稣会士高类思和韩国英谈论中国历史时的观点就截然不同②,他们认为虽然中国经书言及了夏、商两代,但形形色色关于王朝长短、君王代系和在位时间的说法"根本不可靠",充满了"不确定性"和"模糊性"。③他们和钱德明几乎同时完成论文,可见耶稣会士之间也观点各异。钱德明曾在书信中评价该作品说:"这不过是由之前某些外省传教士的论文编撰而成的作品,并且理解得不好……,我以书信形式寄给您的论文……可能在不少地方都与该论文存在冲突。"④随后,他进一步批评道:"如果中国人懂法文可以读他的文章,只要他们多少了解本国的文学,都会觉得高(类思)十分可笑。他们一定不会原谅他,他让圣人变成了名副

---

① 《中国杂纂》第13卷,第109—113页。有人认为《胤征》乃后人伪作。因为"朔"和"房"是后来的概念,前者形成于东、西周之间,后者更晚一些,夏朝当不会使用类似说法。这样看来,既然《书经》此篇内容可靠性存在问题,那利用其中的天文资料来断代的做法也值得商榷。

② «Essai sur l'antiquité des Chinois»,载《中国杂纂》第1卷。此文作者乃高类思、(杨若望)和韩国英。(参阅荣振华 «Une grande collection», p. 270)

③ 《中国杂纂》第1卷,第6—7页。

④ 钱德明1777年9月28日致贝尔坦书信,法兰西学士院图书馆,手稿1515。

其实的犹太教士,让最受尊重的文人变成了平庸的宗派信徒。我所寄送的(《万年书》)是该国唯一认同的载籍,正可消除那些由高先生盲目想象力所产生的副作用。"①钱德明这里指的是高类思在缩短中国早期历史的同时,认为经书中的某些象征意义来源于犹太十二支派。②在为中国历史辩护和批判该著作之时,其实就涉及钱德明在《中国通史编年摘要》中讨论的另一重要话题,即中国人是否是埃及人或犹太人的后裔。

钱德明认为中国和埃及人没有关系,中国人并非埃及人的后裔,主要的原因如下:中国文字和埃及文字的造字方式完全不同;中国人用"上帝""皇天"或"老天"等词表达"上帝"的意思;上古帝王禹、太康、仲康、少康等并非埃及国王;周文王、周武王为中国人,而非公元前1122年东迁而来的埃及人,当时是中国国内反抗商朝的战争。另外,钱德明还从宗教层面来否定这种论断:周武王时期,埃及已是多神教和偶像崇拜泛滥;而同期的中国还保持着对"上帝"和"天"的纯洁信仰。中国文化中的六大形象有助于考察是否存在与埃及文化的联系,即龙、龙马、河图、凤凰、麒麟、鼎,研究这些文化特征之后只能得出否定的结论。③

至此,我们看到,钱德明在《中国通史编年摘要》一书中已经形成关于中国人和中国上古历史的基本观念。他在后来的作品《由载籍证明中国之远古》中又继续探讨了历史纪年问题,而且开宗明义地提出了鲜明的观点:"中国人是一个独特的民族,保存了早期起源的特征;这个民族的原始教理和上帝选民教理中的核心部分相吻合,且早于摩西接受上帝旨意将教理解释保存于圣书(《摩西五书》)之中……;总之,除去后来附加的无知和迷信色彩之外,这个民族的传统知识可以跨越不同时代回溯四千年以上,毫不间断地上溯至诺亚子孙重新繁衍人类之际。"④钱德明将中国作为独立发展的文明看待,既非埃及人之后,亦非犹太人之裔。如果说中国经书里能够找到纯洁信仰的痕迹,那是直接从诺亚子孙那里继承而来,而非源自以色列十二支派。在这里,他既批判了持埃及为中国文明源头之说,也批判了索隐派在中国经书中寻找《旧约》痕迹的做法。

钱德明从《万年书》开始构建中国纪年体系,其主要观点如下:认同中

---

① 钱德明1778年9月15日致贝尔坦书信,法兰西学士院图书馆,手稿1515。
② 参阅《中国杂纂》第1卷,第49页。
③ 参阅《中国杂纂》第13卷,第121—168页。
④ 《中国杂纂》第2卷,第6页。

国悠久的历史,认为中国古代史书真实可靠。中华民族是东方大地上发展起来的独特文明,不是犹太人和埃及人的后裔。中华民族乃诺亚子孙,大洪水之后来到东方大地繁衍生息,早期保持了纯洁的信仰。在本书中,钱德明努力寻找证据协调《圣经》纪年和中国纪年,传教士身份影响和制约着其写作活动,使他一直尽可能地调和两种文化、历史传统,以找到让中国人和基督徒都能够接受的折中之论。他的具体做法是:一方面认同《万年书》年表,与前辈相比,他将中国的信史时代(公元前2637年)和存疑时代(公元前3462年)大幅度回溯;①另一方面,他又采用七十子译本进一步拉长《圣经》历史纪年,同时将中国人看作诺亚后代。②这种解读方式显然受来华耶稣会传统的影响。他吸收了很多前辈研究成果,尤其是宋君荣用天文佐证历史的方法和结论,基本上沿用了"历史学派"的路数。不过他笃信中国《万年书》,在"历史学派"的道路上走得更远。

三、《由载籍证明中国之远古》

讨论中国历史这个敏感话题时一不小心就可能触到雷区,因此钱德明在给贝尔坦寄《由载籍证明中国之远古》时特意提醒说:"在我看来,尽管我的阐述没有任何内容与我们在学校尤其是教内接受的观点相悖,但论述的题目可能会被人利用。没有经过索邦大学博士的严格审查,请不要发表我的作品。"③他的担心不无根据,虽然"礼仪之争"已经结束,而且他也早就礼仪问题做过宣誓④,但作为多年经受中国文化洗礼的耶稣会士,在言说中国问题时无形中会受到本会传统和主流意识的影响。因此,从《由载籍证明中国之远古》中不仅能读出前辈耶稣会士的传统,也能感受到他在"礼仪"内容上的刻意处理。

基督教的"上帝"是否可以跟中国"上帝"相比附,这曾经在教内掀起

---

① 卫匡国认为黄帝时代开始于公元前2697年,伏羲时代为公元前2952年,大洪水在公元前3000年左右;柏应理认为黄帝时代开始于公元前2697年,没有明确提及伏羲的时间;杜哈德明确提及的中国纪年为公元前2357年;宋君荣明确提及公元前2155年的日食以及康熙颁行的甲子起始年份公元前2357年。请参阅 Virgile Pinot 著作 "L'antiquité de l'histoire chinoise et la chronologie" 一章。
② 冯秉正将大洪水时间定为公元前3638年,而钱德明则回溯到公元前3716年。
③ 《中国杂纂》第2卷,第7页。
④ 钱德明在此宣誓上的签字时间为1751年10月16日,原件为拉丁文,藏巴黎耶稣会档案馆。根据宣誓内容,传教士在中国礼仪问题上必须遵循教廷的相关规定。

过轩然大波。钱德明在华时期,礼仪问题似乎已经风平浪静,但仍然可以窥见他的价值取向和立场。钱德明在本书中反复陈述,中国人所谓"上帝"即"天""老天""皇天",以及哲学家所谓之"理"和"太极"等,即所谓"天主"。不管称谓有何变化,实际上指的都是永恒的"理",它给"三才"提供了存在方式和能力,并且赋予其一定的法则。这个永恒的真理就是"上帝",亦即"天",它能够洞悉一切,无所不能,无处不在,惩恶扬善,能够封神封圣。中国人将伏羲、黄帝、孔子等看成"圣人",但这和"上帝"有着本质区别。"上帝"是独一无二的,"圣人"却并非唯一。虽然中国人有祭祀五帝之礼,但"上帝"和五帝也根本不同。

钱德明认为,中国人自古就在郊、坛祭祀"上帝"、永恒之"理"或"天"。祭天之后再祭祀神仙、圣人、祖先,只有皇帝才有祭天的权利。他分析了"祭天"和"祭祖"两种仪式:"祭祖"不过为了祈求"上帝"的保佑,而不是希望得到祖先的保佑,人们通过这样的仪式来"通知"祖先,以这种方式向祖先表示尊崇,通过这一阐释,"祭祖"礼仪中祈福的对象已变为"上帝"。这种叙述方式很容易让人想起"礼仪之争"中耶稣会士对中国礼仪活动的解释和辩护,其内在动机依旧是将"祭祖"活动看作是民间伦理行为,并不包含对祖先祈福的迷信色彩,祈求的终极对象依旧是上帝(天)。只有皇帝才能独自享有直接祭天的权利,普通庶民只有通过这种曲线方式来表达对上帝的祈求。①

钱德明在论及祭天仪式时仍然坚持古今之别,奉行"利玛窦规矩",强调古代儒学和近代理学的差别。他认为从伏羲时代到周朝奉行的是纯洁的祭祀活动。在介绍伏羲时,他说其身边子民不多,百十来家人在一两个世纪前才离开亚拉腊山②来到中国,伏羲继承了全知全能的"上帝"概念,同时为了让后代记住这个概念,他还特意发明了八卦符号。钱德明认为八卦蕴含着最高的真理。他为了使叙述更加生动而选择使用直接引语,让伏羲作为叙述者来"解析"乾卦的内涵:"这象征着你们刚刚祭祀过的天,一定不要与你们肉眼所见的物质的天相混淆。我所说的天只有在心中才能看见,我们微弱的智力不能完整地想象它。我们只能感受它的成就。它通过自己而存在,没有开始,亦无结束,万事万物从它开始、发展、完善。每当看到乾或天这个卦的时候,你们心中就要想到至高无上的

---

① 参阅《中国杂纂》第2卷,第11—15页。
② 传说中大洪水过后诺亚方舟停留之地,在今土耳其境内。

天"。①他强调要区别精神层面的"天"与物质层面的"天",依旧延续着耶稣会士主流派的做法和叙事模式,维护耶稣会士塑造的文化形象。他注重叙述技巧,对待物质层面的"天"的态度实际上是批评后儒在注释经书中体现出来的无神论倾向。在他看来,后世的祭天仪式中掺进了迷信色彩,理学家用物质主义去解释"天"是对中国上古纯朴信仰的扭曲和变异,同时也违背了孔子的原意。"礼仪之争"的结束并没有导致在华耶稣会士对中国文化的传统言说方式的终结,钱德明实际上延续和维护着此前的"套话"与形象。除了选择这种"主流"路线之外,他也借鉴了索隐派的研究方法,对经典和文字进行倾向性的阐释,继续证明"中西同理"。

——对《易经》的解读

钱德明认为,伏羲时代接近诺亚大洪水时期,伏羲了解圣教的核心内容——"三位一体"。这种观点旨在维护基督教,主张《圣经》的普世价值:"如果否认伏羲了解这一真理,那我们唯一的宗教将缺少证据说明诺亚子孙散布到世界各地组建了不同民族。"②因此,钱德明提出符合基督教历史的观点:伏羲了解"三位一体"思想,且以暗示的方式传给了华夏子孙。

钱德明从《易经》中寻找相似因素,运用索隐派的方法进行解读,从汉字构造及八卦演绎的逻辑中来寻求共同之"理",证明上古中国保留着纯洁信仰的痕迹。在他看来,乾卦象征"天"和上帝,三爻平衡,不可分割的三爻构成一个整体。需要从整体去理解和把握"上帝",不能将其随意分离:上帝是永恒的,无限的,不可分的,精神的,超念的,全知全能的,独立自在的。因此,上帝可以生产,可以创造,可谓父亲。圣灵连接着圣父与圣母所生的圣子,于是衍生圣父、圣子、圣灵的概念。他认为这种逻辑非常晦涩,中国人难以理解,但是却隐藏在最早的经书之中,这是留给后世子孙的真理。

钱德明对经书的诠释无疑师承了索隐派的方法。当然,虽然在研究方法和旨趣上存在相似因素,但是得出的结论却并不相同。索隐派③认为《易经》是一本先知预言的书,从中可以找到天主教的所有秘密,而中国人的这些知识来自于犹太民族,中国人是犹太民族的后裔。他们在处理中

---

① 《中国杂纂》第2卷,第21页。
② 《中国杂纂》第2卷,第22页。
③ 钱德明将索隐派称之为"易经派"。

国上古历史时倾向于持否定态度,将其看作是神话。钱德明则认为中国人同为诺亚子孙,大洪水之后就来到了东方,虽然经书中可以解读出上帝和天等象征意义,但这些概念是直接来自于诺亚子孙。有趣的是,钱德明借鉴索隐派的方法却恰恰是要论证中国历史的悠久和真实。①

——对后儒的批判

北宋二程以"理"为最高实体范畴,将理从事物中独立出来成为天地万物存在之根据。他们认为万物皆由气生,气之所以然即是理,理在气先。朱熹认为:"天地之间,有理有气。理也者,形而上之道也,生物之本也;气也者,形而下之器也,生物之具也。"②他强调"天下未有无理之气,亦未有无气之理"③;本体"理"为第一性,物质"气"为第二性;"理"乃"生物之本","气"乃"生物之具"。在主流耶稣会士看来,后儒理学家从无神论和物质角度诠释"天"是对纯洁信仰的错误解释,导致了古今信仰观念的断裂。钱德明沿袭了主流派的观点,明确区分原始儒学与后儒:古人言太极无形无象,不可以常理理喻,永恒之理,至高之智,无限之慧,洞悉一切,无处不在,无所不能,主宰一切;后儒言太极乃物质,有阴有阳,阴阳组合谓之理,无智无慧,存于物质,理为物质,太极亦为物质。

钱德明在批判理学时也使用了索隐派的方法。针对理学中的关键词"气",他使用拆字法去解读其意义和内涵。他认为,正体字"氣"可拆分为"气"和"米","气"下面之所以添加"米",是为了"更具表现力"和"意义更完整"。将"气"再行拆解,前三画则为一撇、两横,分开来看没有任何意义,但添上第四画"乙"(即一)就得到"气"字,这也是"氣"的古代书写方式。通过对前四画的解构,可以得出"一"和"三"的逻辑关系,"三"无"一"则不统,"一"无"三"则无凭。米是人生存的必要条件,所以在下面加上"米"字。从整体上解读"氣"字则可得出如下结论:"一之本质为三,只有它能为我们提供能力维系生存之所需,在它之外这种能力则无处可寻,离开它这种能力也无处可觅。"④钱德明给"气"作了"三位一体"一神论的注解,否定了宋儒们的理本论和气本论这两种朴素的唯物主义倾向。他认为,古人已经将"崇高教义"纳入造字法中,宋儒们却熟视无睹,背离古人

---

① 参阅《中国杂纂》第2卷,第23—27页。
② 《朱文公文集》卷五十八。
③ 《朱子语类》卷一。
④ 《中国杂纂》第2卷,第31页。

原意,与古代传统分道扬镳。

——关于祭祀

钱德明运用索隐派方法解读特殊文字,复原上古象征意义,以证明迷信色彩并非自古使然。他解释说,黄帝确立四岳,周朝确立五岳,祭祀对象一直皆为上帝。正体字"嶽"可拆分为四个部分,即上下的"山""言"及左右的"犬","犬"代表着护卫和忠诚。其背后暗含的意义是:君主代表子民在"山"下对上帝进"言",将以子民名义严格遵守诺言,"忠诚"地经受各种考验。简体字"岳"可拆分为"丘"和"山",作山上之祭坛理解,也具有正体字的表现力,其象征性则更加隐晦。通过对这两个字的解构,钱德明读出的是早期原始儒学对上帝的祭祀,而非后世对岳神及其他神仙之祭祀。

另外,他考证了上古三代的祭祀沿革:夏有世室,商有重屋,周有明堂。周朝之明堂乃祭祀"上帝"的场所,"明"字者,"日""月"也,象征光明之源的"上帝"也。周代之后出现日坛和月坛,本意乃祭祀造就"日""月"的"上帝",并非"日""月"本身,因此也导致了后世的歪曲和迷信现象。①

在撰写本文时,钱德明强调采信资料的权威性:"我只采用了真正的资料,他们(读者)将正确区分我根据最著名的(中国)作者的言说内容以及某些传教士根据少数低级别的、在他们国家没有什么名声且所言不实的作者的言说内容。"同时,他对介绍中国文化的欧洲人也提出了主张:"希望他们在写作中国之前先充分了解这个国家。他们应该避免两种极端的弊病,即无端的诽谤和过度的颂扬。但这是那些刚入文学之门者的惯常行事方法。他们刚刚有所启蒙,就以为理解了最神秘和深层的内容,他们建立或者采纳某些体系,同时寻求支持类似体系的材料。只要能从某位中国作者那里获取证据来宣扬自己的观点,他们就认为这位作者不错。他们斩钉截铁地对关键和核心问题加以决断;从某些具有深刻政治内容的习俗里,他们只发现了一些幼稚的念头;在自己不能解释和理解的材料里,他们却发现了抵牾的矛盾;他们仅仅在想象中或通过想象就发现了精妙绝伦的内容。"②这些观点表明了他尊重异国文化,要求媒介者进行客观研究的态度。作为晚期传教士,他继承了耶稣会的研究传统,如索隐

---

① 参阅《中国杂纂》第2卷,第37—42页。
② 《中国杂纂》第2卷,第59页。

派对中国典籍的象征性阐释方法,历史学派注重历史典籍考辨和科学的实证方法等。

钱德明主张采用可靠材料回溯中国历史,选用经书中的天文资料,参考前人研究成果进行推算。他从两方面考证天文资料的可靠度,看记载是后人附会还是出自焚书之前的经典。他认为,文人在焚书之后整理经书时缺少必要的科学手段,不可能伪造天文资料,即使有附会的作假行为,也不可能逃过近代天文学家的法眼。他通过一系列的日食推算来验证中国历史的悠久和可信。

——《春秋》日食推算

钱德明认为《春秋》记载的大部分日食已被欧洲天文学家核实,可见《春秋》并非凭空杜撰,基本可以定为信史。《春秋》中需核实的日食共三十五次,观察纬度在北纬36—40度之间,经度在北京之东0—7分。他验证了隐公三年(前720年)春二月日食。① 他将此次日食时间定于西历2月22日,而此年再无其他日食发生,因此他认为本次日食可以确定。宋君荣则认为,鲁国当时采用周朝历书,隐公三年春二月己巳日当为周历三月初一日。钱德明认为当时周朝已经式微,国家混乱,诸侯国各自为政,鲁国使用的当为本国历书。为了证明日食发生于二月而非周历三月一日,他以《春秋》中记载的三月庚戌日平王驾崩来比较。② 在甲子排序表中,己巳顺序为第六,庚戌为第四十七,中间相差四十一天,故不可能为同一个月。他通过考证并辅之以天文学推算,从而论证了此次日食记载的可靠性。

以此为出发点,钱德明罗列出《春秋》记载的历次日食,并推算出对应时间。他在附表中共列出三十六次日食,第一次日食发生在隐公三年,最后一次日食发生在定公十五年公元前495年(八月庚辰朔,日有食之)。为了凸现采用材料的真实性,钱德明先抄录相关中文记载,随后再附上法文释文。③

——《诗经》和《书经》日食推算

在确定公元前720年日食之后,他借助《诗经》继续回溯。《诗经·小

---

① 参阅《中国杂纂》第2卷,第89—94页。"三年春,王二月,己巳,日有食之。"(《春秋》)

② "三月,庚戌,天王崩。"《中国杂纂》第2卷第96页"平王"的注音出现错误(King-ouang),当是排版错误,第94页的正确(Ping-ouang)。

③ 参阅《春秋日食表》(附图16-24),载《中国杂纂》第2卷,第246—254页。

雅》曰："十月之交,朔日辛卯,日有食之。"周幽王在位时间为前781至前771年,因此需计算该时段内西安地区能够观测到的日食。根据他的推算,西安地区能够观测到公元前776年9月6日日食,周幽王时期该季节并无其他可见日食,因此《诗经》所载当为本次日食。①

确定该时间之后,钱德明转向《书经》求证天文现象。他认为,《书经》记载羲和因"仲康日食"而被斩首的故事,一定是想反映古代天文观测的严肃性,因此这次事件不可能为后世附会。他以《万年书》为参考,确定仲康登基时间为公元前2159年,经推算发现公元前2155年10月12日日食符合《书经》记载的各种条件和假设。②

钱德明继续回溯年代,通过天文方法来验证《万年书》,他发现史书中记载有颛顼时期的"五星连珠"。钱德明依据《万年书》所列年表,得出颛顼在位时间在公元前2513至前2435年之间,而经推算发现公元前2449年恰巧出现过"五星连珠"。因此,他认为这是可以通过科学手段验证的最接近黄帝时期的年代。如果说钱德明在《中国通史编年摘要》中为了驳斥卡西尼缩短中国历史的论断而将"五星连珠"指为后世附会的话,那么数年后在撰写《由载籍证明中国之远古》时,为了进一步通过天文记载回溯中国历史和证明其悠久性,他已经截然改变了态度,而认为这一天文现象不可能为后世附会。③

运用文献中的天文资料进行历史断代并非始自钱德明。中国古代僧一行、郭守敬等都作过这方面的推算,汤若望也早就采用过类似方法。冯

---

① 参阅《中国杂纂》第2卷,第101页。另请参阅《春秋日食表》,载《中国杂纂》第2卷,第255页。

② 《尚书·胤征》记载:"羲和尸厥官罔闻知,昏迷于天象,以干先王之诛。"参阅《中国杂纂》第2卷,第103—104页。另请参阅《书经日食表》,载《中国杂纂》第2卷,第256页。

③ 参阅《中国杂纂》第2卷,第108—110页,第257页。钱德明只说史料出自二十四史,而未明确注明资料出处。据笔者查考,此文献出自《晋书·律历志》。有研究者认为,公元前5400年至公元220年间共发生了278次五星会聚现象,在立春日发生的五星会聚共计八次,满足"朔日""立春"和"五星会聚"这三个条件的唯一日期是公元前2807年2月26日。其他五星会聚,其立春日和朔日均相差八天以上。用天文学方法唯一地确定出颛顼的历法起始日为公元前2807年2月26日。这一天恰是节气立春,相应候是"冰冻始泮、蛰虫始发";这天也是正月初一,是朔日,朔的时刻为北京时间3时41分,正是天亮之前,即"旦"和"鸡鸣三号"之时;此时,"天日作时、地日作昌、人日作乐",天、地、人得到极大统一,"鸟兽万物莫不应和"。(参阅赵永恒、刘高潮:《科学》,2004年56卷06期,第14—16页)

秉正重视记载日食的古文献考证,通过文献来支持自己的观点;宋君荣注重天文数据整理,通过天文学来印证典籍中的记载。来华初年,宋君荣曾指导钱德明进行科学研究,其关于中国古代天文的学术思想及研究方法对他产生了一定影响。钱德明在著作中也多次谈及宋君荣的研究成果,也完全采纳了宋君荣对仲康日食的断代。由于《中国纪年论》(*Traité de la chronologie chinoise*)在《中国杂纂》第十六卷中才得以出版,钱德明著作的面世多少掩盖了宋君荣在中国纪年问题上的光芒。钱德明既注重吸收前辈传教士注重文献考证和天文计算的传统及研究成果,也直接运用西方天文学家的研究成果[1],来论证自己赞同的中国纪年体系。从这个意义上来说,在上古年代学方面,钱德明具备了一定的科学态度,做出了不容忽视的努力。同时,钱德明在附录中提供了相关天文记载的中文原文和法语译文,这样就可以让西方学者和读者进行明确比对,从而证明自己采用材料的真实性,即从天文记载反推中国上古年代的可靠性。这同样体现了他在论证中注重原典材料的实证态度。

钱德明重视中文文献和史实考证。在考查史料的真实性和可信度时,他多用书证方法,远古史实通常都没有绝对证据,这就需要出色的辨别力和批判精神,运用逻辑和推理来考辨真伪,也需要较强的"理证"功力。当时,北京文人圈中聚集了许多考据高手,这种时代精神和治学风气难免不影响到他的研究。[2]中国文人多有考据之风,浸润其间的中国助手在文本梳理和解读过程中会对他产生一定的影响。在典籍和材料的选择过程中,这位中国助手的作用尤其突出,在《由载籍证明中国之远古》手稿卷首有杨氏亲手抄录的中文参考文献:"新作之书乃照中国皇上钦定之书所作也,并按翰林院、又鸣皋人所作的书、很有凭据之书、很有考证的书所作者也,所有很明白、有考证之书名写于后:《钦定史记》《三元甲子》《大清全书》《授时通考》《纲目三编》《纲鉴大全》《六经图说》《春秋经解》《圣门礼乐统》《性礼精义》《古史藏书》。"[3]

在求证方法上,钱德明重视采用西方的天文研究成果。18世纪的法

---

[1] 参阅《中国杂纂》第2卷,第108页。采用天文学家穆勒(Muller, 1673—1721)、基尔希(Kirch, 1639—1710)和德维诺(Des Vignoles, 1649—1744)等人的成果来证明颛顼时期的五星聚合。

[2] 因笔者目前掌握的材料有限,钱德明与中国文人的关系留待以后进一步研究。

[3] 法国国家图书馆,西方稿本部,布雷基尼档案107。

国,理性和科学之风方兴未艾,他来华之前接受过西方的批评训练,掌握了比较系统的科学知识和批评方法。他到达北京之后跟随宋君荣进行研究,在天文方面的努力也体现出时代的科学精神。尤其是和贝尔坦等学者建立通讯之后,他可以获得法国科学界的最新动态,这在一定程度上也影响到他的研究。但是,他以《万年书》为参照依据,从天文计算反证三代纪年,这一前提似值得商榷。

钱德明推崇中国史书和历史学家,对古代天文观测记载深信不疑,甚至认为"谴责他们(古代历史学家)说了谎话不合时宜,缺乏公正……"[1]对中国人的感情,对耶稣会士中国形象的维护,对中国文化的认同,对中国上古历史的推崇,这些都可能会影响到其研究成果的客观性。他笔下的中国上古历史形象诞生于这种崇拜的情感和耶稣会的传统之下,这是"根据当地居民的感情"而写作的产物,这多少会牺牲文化媒介者的主体性和理性批判精神。

通过对《中国通史编年摘要》和《由载籍证明中国之远古》的解读,我们发现不管是调和纪年体系,还是采用主流的言说方式或者索隐派的研究方法,都反映出其传教士的根本用意和立场。钱德明回应了各种对中国历史悠久性和真实性的质疑,为中国上古三代的历史进行辩护。他试图扫除有碍中国悠久历史成立的任何说辞,在维护中国纪年体系上走得比耶稣会士前辈们更远。在卫匡国之后,"从1686年当巴黎耶稣会士开始出版关于中国的著作以来,中国纪年已经开始逐渐缩短,显然从柏应理那里已经开始了,到杜哈德则更进了一步"[2],宋君荣后来也只是更加审慎地将仲康日食定于公元前2155年。但是,钱德明却开始了相反方向的努力,将伏羲建国时间进一步回溯,并且用天文反证法将"五星连珠"确定在接近黄帝时期的公元前2449年。相对于前辈耶稣会士来说,他将中国纪年和可证明的确切纪年都大幅度地向前延展。

钱德明塑造和传递给西方一种悠久、真实的中国上古形象,其中蕴含着他对中国文化的情感和尊重,这种心理状态体现了他对异国文化的认同。在赞扬中国历史的同时,他认为有三类人会批评中国历史,一是懂得

---

[1] 《中国杂纂》第2卷,第104页。

[2] Virgile Pinot, *La Chine et la formation de l'esprit philosophique en France*, Paris, Librairie orientaliste Paul Geuthner, 1932, p. 278.

语言但缺乏批评方法的传教士,二是精通语言也善于思考的索隐派,三是欧洲汉学家。在他看来,之所以有人质疑中国历史,一是有人不满传教士的颂扬和赞美,二是有人为了建立自己的体系。①其实,他以《万年书》为参照,以《春秋》《书经》和《诗经》记载的天文资料来加以反证,也同样是在构建自己的体系。这种体系注定会在西方引起讨论,因为他依据的经书最初乃孔子编定,而某些西方学者对孔子本人的真实性也加以怀疑,更遑论这些经书的历史记载了。这就引出了关于中国的另一大热门话题——孔子,他身上存在着同样多的争论和质疑。

第二节 钱德明与孔子

谈到中国,如果说纪年问题是欧洲17世纪中期才引发的争论,那更早的话题则非孔子莫属。孔子西传欧洲之后经历着各种命运,从万世先师到东方哲人,孔子浑然具有多样性的面孔。在各种翻译、介绍、讨论之中,孔子不断地被解读和再解读,接受和再接受,变异与再变异,从而产生了不同的接受效果。本节将回顾孔子西传的重要著作,考察早期耶稣会士塑造的孔子形象,进而分析钱德明笔下的《孔子传》,探讨他对孔子先在形象的继承和发展。

一、耶稣会士笔下的孔子形象回顾

钱德明来华之前一个多世纪以来,孔子早已成为西方关注东方的焦点人物。利玛窦来华后开始研习儒家学说,为在华天主教事业寻找回旋余地,正如他本人所说:"我尽量让文人宗教的先师孔子与我们的观点一致:因为我对某些模棱两可的作品都做出了对我们有益的解释。"②此后,孔子也就很自然地在传教士笔下频繁出现,成为他们言说的重要内容。我们特选取三部耶稣会士的作品来梳理此前在欧洲流布传播的孔子形象:金尼阁(Trigault, 1577—1628)根据利玛窦札记翻译增写的《基督教远

---

① 参阅《中国杂纂》第2卷,第146页。指德经等认为中国人是埃及人后裔,或者索隐派认为中国人是犹太人后裔。

② 转引自Étiemble, *Europe chinoise*, t. 1, Gallimard, 1989, p. 256. 参阅 H. Bernard-Maître, S. J., *Le Père Mathieu Ricci et la société chinoise de son temps (1552-1610)*, t.1, Tien-tsin, Hautes Études, 1937, pp. 330-344.

征中国史》(De Chiristiana Expeditione apud Sinas suscepta, 1615),李明的《中国近事报道》,以及杜哈德曾用较大篇幅介绍孔子和儒学的《中华帝国全志》。

《基督教远征中国史》曾经这样描述孔子:"中国最大的哲人谓孔子。……此公如此长寿,而终其一生竭诚劝导众人注重道德修养。……此公的交口赞誉,使中国文人从不怀疑孔子论及之每一事,且皆事之以师,唯其是非而是非。不仅文人,国君亦然,经过诸多世纪依然对其顶礼膜拜,然非敬之如神,乃敬一世人,并称为了一切自孔子所获之教益而感激、敬重之。"[1]在金尼阁看来,整个中华帝国都是由哲学家治理的,在这里的中国文人都具有特殊的地位,受到全社会的尊崇。他和利玛窦一样"对孔子和儒家学派从来就不缺少宽容,因为这个派别不信奉偶像,甚至根本没有偶像,他们敬仰一个神,认为所有的事物都是由其维系和管理"[2]。

金尼阁的作品传递出几条重要信息:一、孔子是中国最伟大的哲人。哲人一词非常关键,它有意无意点明了孔子不过是哲学家流派中最伟大的代表,与宗教或教派并没有直接关系。二、孔子道德完美,从古到今都获得了广泛的赞誉,他终其一生都在致力于道德修养和说教,还编订有五经传世。三、虽然大家顶礼膜拜,但不过是感激他的所作所为,是将其作为世人在敬仰,而非神仙。早期儒家典籍中存在的唯一真神,可以与基督教天主相契合。金尼阁的叙述有两个关键词,即哲学家和现世之人。这样的介绍无疑是出于传教策略的考虑,这是有意识的词语选择,他延续了利玛窦对在华耶稣会的立场相对有利的言说方式,赋予了孔子和儒家独一无二的地位。具体地说,这涉及中国礼仪问题,尤其是祭孔问题,这样的叙事策略是为了证明孔子不是神,祭孔活动不过是感怀他的功绩而已。因此,"在耶稣会士的作品中,孔子从一开始就从中国人的神龛上走了下来,被还原为人,且以一个哲人,以一个备受尊敬的学者和师长的面目,出现在西方人的面前"[3]。孔子形象不仅涉及中国儒家文化传统的核心问题,而且直接影响到基督教在中国的传播,故而耶稣会士刻意塑造了

---

[1] 译文引自孟华:《伏尔泰与孔子》,第66—67页。该书拉丁文版1615年出版,次年出版法文版。参阅 Étiemble, *Europe chinoise*, t. 1, p. 256. 参阅 *L'Histoire de l'expédition chrestienne en la Chine*, Paris, chez Pierre le Mur, rue Traversine, pp. 44-45.

[2] Étiemble, *Europe chinoise*, t. 1, p. 253.

[3] 孟华:《伏尔泰与孔子》,第68页。

有利于天主教传播的孔子形象,而且这一形象在后来耶稣会士的作品中不断再现。

李明在《中国近事报道》中也谈及了儒家学说,介绍了孔子的生平事迹。李明认为"在无数作家中没有谁比孔子更杰出。大家尤其看中他……编订的关于古代法律的书籍。他在书中谈论统治之术,道德与过失,事物的本性,公共的义务。"①总之,孔子"是他们的哲学家、立法者、圣贤。"书中还有如下介绍:"他派五百弟子到帝国不同地方革新民众习俗;他不仅仅满足于在祖国行善,还经常想渡海到天涯海角传播教义。他的热情及纯洁的道德几乎登峰造极。有时候,似乎像一名关于新法则的博士在讲话,而不是一名在堕落的自然法则中长大的人:这让人相信,其言没有任何虚伪成分,其行没有违背过自己的箴言。……这不是一个纯粹由理性培养出来的哲学家,而是一个由上帝启发的人,来改革这个新世界。"②李明言及孔子是由上帝启发的人,其依据是孔子的话语:"西方之人有圣者焉,不治而不乱,不言而自信,不化而自行。荡荡乎民无能名。丘疑其为圣,弗知真为圣欤?真不圣欤?"③但是,汉明帝向印度求佛之时正值圣·托马斯在印度弘扬基督教之时,中国遣使官吸收了当地的佛教,而将偶像崇拜和迷信思想传播到中华帝国。

李明还谈到了孔子去世后的祭祀:"全国都哀悼他,从那时开始,帝国像圣人一样景仰他,后世都对他具有敬仰的感情,而且似乎会一直持续下去。国王在每个省都为他修建宫殿,有时候学者们去进行政治性祭奠。……奇怪的是中国人从未让他成为神……。上天让他来改革风俗,仿佛不想让这个中规中矩的人在死后为迷信和偶像崇拜提供契机。"④李明笔下的孔子品德高尚,担负着革新礼仪的使命,是无与伦比的智者和哲学家,虽然后世一直祭祀他,但并没有把他当作"神仙"。他是值得敬仰的圣人,孔庙是为纪念他而修的"宫殿"。李明遣责道教和佛教,无非是凸现儒学和孔子的重要,归根到底是"……为了准备对'祭孔'的颂扬,祭孔从来就不是'宗教的崇拜',因为题有其名的宫殿(孔庙)并不是庙,而是文人

---

① Louis Lecomte, *Nouveaux mémoires sur l'état présent de la Chine*, Paris, chez Jean Anisson, 1697, t. 1, p. 322.

② Louis Lecomte, *Nouveaux mémoires sur l'état présent de la Chine*, t. 1, pp. 334-335.

③ 《列子·仲尼》。

④ Louis Lecomte, *Nouveaux mémoires sur l'état présent de la Chine*, t. 1, pp. 336-337. 宫殿用的词是 palais,政治性祭奠用的词组是 honneurs politiques。

学者聚会的场所"①。李明淡化可能被解释为宗教场所的"庙"字,而选用"宫殿"和"场所"两词,可见其言说孔子的深层意图是为耶稣会立场而辩护,坚持祭孔是民间伦理行为,与迷信和宗教信仰无关。金尼阁和李明都站在主流耶稣会士立场,沿袭传统叙事策略和方式,塑造了非神的、世俗的哲人孔子形象。

杜哈德的《中华帝国全志》更全面介绍了儒家经典和孔子生平。作者在《孔子传》中将其与希腊哲学家泰勒斯、毕达哥拉斯和苏格拉底相比,认为他"胜过了这三位先哲",且"达到了人类智慧的极点"。②杜哈德的《孔子传》有两点值得注意。一是对"天"的论述:"这位哲学家的说教试图重新赋予人性最初的光芒,这是从天获得的最初美德,但这美德却被无知的阴霾和缺点所掩盖。为此,他建议遵从、祭祀、敬畏天帝,热爱他人,克制激情,不意气用事,要理性地约束个人行为,随时听从天帝,所为、所言、所思都不能有违于天帝。"③作者巧妙地引入全知全能的人格神"天"的观念,希望将"天"和基督教的"上帝"等同起来。该书出版时正是礼仪之争最激烈的年代,杜哈德在这样的语境中使用"天帝"一词,而没有直接使用"上帝"一词,隐晦地传达了耶稣会士的观点,为本会传教事业进行辩护。此外,在涉及祭孔问题时,杜哈德的行文非常谨慎,他已不具备李明那样的言说自由,不敢像李明那样公开谈论且明确地表明态度了。杜哈德介绍说,孔子去世之后举国悲恸,弟子为其守孝,随着历史的发展,"后世对他的敬仰之情越来越强,今天大家把他看成最伟大的先师,帝国的第一博士"④。《孔子传》中除了这句话谈论后世对孔子的感情之外,再没有任何其他涉及祭孔的文字。但是作者的意图还是透过简短的文字传达出来,表达了其立场和观点。在杜哈德看来,人们对孔子表达的是敬仰之情,没有迷信色彩,只将其看作"先师"和"博士",而不是当神来祭祀。而为了避免让孔子蒙上神的色彩,他没有讲述关于孔子的各种神话传说,以免误导读者,引起神学层面的麻烦。⑤总之,杜哈德主要希望突出孔子作为哲学家、

---

① Étiemble, *Europe chinoise*, t. 1, p. 296. 庙用的词是 temple,场所用的词是 maison。

② Du Halde, *Description générale de l' Empire de la Chine et de la Tartarie*, Paris:P.G. Lemercier, 1735, t. 2, p. 319.

③ Ibid., p. 322. 杜哈德使用的天帝一词为 Seigneur du Ciel。

④ Ibid., p. 324.

⑤ 参阅孟华:《伏尔泰与孔子》,第68页。参阅 Pinot Virgile, *La Chine et la formation de l' esprit philosophique en France (1640-1740)*, pp.153, 167.

道德家和学问家的一面,在论及天道观和祭孔礼仪等问题时,他则隐晦而巧妙地表达了耶稣会的观点。

以上三例使得我们清楚地看到,从利玛窦以降,耶稣会士几乎都在同一传统下进行言说,他们笔下的孔子形象也都类似。稍早的金尼阁和李明具有更大的言说自由,可以径直阐明耶稣会士的观点,但随着礼仪之争的发展,杜哈德的话语选择权已经大打折扣,只有透过隐晦的方式来表明立场。对他们传达的孔子形象,大致可总结如下:孔子是现世的人,不是神;孔子是伟大的哲人和教育家;孔子道德完美,给后人提供了道德指南;孔子恢复风俗,倡导原初的宗教,尊崇全知全能的"天"。

孔子也出现在世俗学者的作品之中,并且产生了广泛影响。孔子能走出礼仪之争的宗教范畴引起受众的注意,主要是当时的法国人在寻找一种新的道德,一种"既非由宗教强加给人、又非由超念的原则演绎成的,而是一种更切合实际需要、更能使普通人做到的道德需求。孔子的伦理道德观恰恰最符合这种需求。"①的确,在钱德明之前,孔子早已出现在很多文人笔下,其形象或多或少地具有了套话作用,至少在来华耶稣会士的笔下已经作为传教手段和策略选择而变成一种程式,注入了他们的集体想象之中。

二、钱德明笔下的孔子形象

对儒家文化的看法涉及来华传教士的基本态度和取向,而孔子又是他们需要面对的重要问题,因此几乎每个来华耶稣会士都会在著作中直接或间接地解读孔子,钱德明当然也不例外。②1771年,钱德明寄出第一批名人谱③,其中包括孔子略传,题为《哲学家孔子》(Koung-Tsée, Philosophe),论及孔子传播道德、周游列国、培育弟子和编订五经的大致情况,说:"他(孔子)热情地弘扬道德、健康的说教和良好的风尚。"④1784年,钱德明写成《孔子传》,《孔子传》刊于《中国杂纂》第十二卷,其中主要讲述了孔子的生平事迹,并附有大量插图。钱德明作为早期来华的最后

---

① 孟华:《伏尔泰与孔子》,第59页。
② 《中国杂纂》第10卷总目孔子词条(228—229页)标注有该丛书中提到孔子的内容的页码和提要。
③ 参阅钱德明1771年10月5日致贝尔坦书信,法兰西学士院图书馆,手稿1515。
④ 参阅《中国杂纂》第3卷,第41—43页。

一代耶稣会士,其笔下又塑造出了怎样的孔子形象呢?

钱德明认为,孔子家族史可以追溯到黄帝时期,舜帝之后就开始有了确切记载,包括每代人的姓名、爵位和主要生平,谱系关系一目了然。而且这种家谱、宗族关系并非随意编造,正史和家谱中都有明确记载。钱德明赋予了孔氏家族极高评价:"毫无疑问,孔子家族是地球上最古老和最辉煌的家族,其四千多年来的传承关系可以得到证明,而且一直到现在都或多或少闪耀着光芒。"[①]在所列孔氏谱系中,从黄帝到孔子共六十四代,从孔子到1784年共七十一代,从钱德明认定的黄帝之后的信史时代共经历了一百三十五代,前后跨度四千余年,这是中国最显赫的大家族,历代均受封赏。他引经据典来证明孔氏家族延传数千年的真实性。将孔子放到宗谱关系网络中之后,思考的角度不再单纯是孔子本人,而是一个关系网络,这个网络同样反映着上文论及的钱德明构建的历史纪年体系。在历史和宗谱交织的关系中,孔子成了其中的焦点,解开家族宗谱关系则可以更好地认识孔子,认识这个并非虚构的历史人物形象。在形象塑造中,这个反应在谱系关系和历史体系交汇场中的孔子更具有真实感和可信度。

钱德明介绍了孔子严格遵守上古礼仪习俗,以及在恢复传统葬礼和祭祖方面的努力:"孔子非常严苛地遵守习俗,希望在他的国家恢复备受尊崇的古代习俗,认为遵从这些习俗是自己的义务,要和帝国之初的早期圣贤一样丝毫不差。"他沿用早期耶稣会士的看法,认同孔子在恢复中国传统道德秩序方面的贡献,还借孔子之口对祭祖问题进行言说:"应该感谢生养我们的父母,我们敬重他们以表示感谢。因此,生前结下的纽带在他们去世后不应解开。"这种祭祀活动"不仅是生人敬重逝者而表现出来的善意和正义,也是每个人应该履行的义务,同时每个人都间接地在为自己而工作,这能从某种意义上有助于——至少在记忆中——延续自己的存在。"他以父母与子女的关系、以生前的纽带关系来说明后人对先人的祭祀,突出感激怀念这种俗世感情,凸现祭祖的世俗性和伦理道德价值。孔子认为上古尧舜及其他贤明君主时期的习俗已不存在,于是他开始改革礼仪,认为向父母感恩的自然单纯的方式就是祭祀他们,同时要记得故去的亲人,在家里祭祀先祖。这样,古代的葬礼及风俗就逐渐得到了恢

---

① 《中国杂纂》第12卷,第7页。

复。①

钱德明还介绍了孔子编订五经的情况:"他开始净化经书,因为道德风尚的变异,有些内容已经没有价值;……他删繁就简编订《诗经》……,还编订了著名的治书《书经》。这本著作保存了上古时期帝王、大臣、高官、圣贤关于道德和政治的核心内容,共计一百章。孔子删除了没有实际价值的内容,其目的是进行统治和道德改革;最后只保留了五十章,他认为应该保留两帝三王时期的古老智慧。"

孔子教育兴学也是描写的重要内容,此前《名人谱》曾介绍过"孔子弟子三千,贤人七十二"的故事。《孔子传》又介绍了孔子因材施教和注重启发的教学方法,并认为"这种方法更直观,更能直达本质。……他阐发出在各种情况下保持中庸的微言大义和道德中最微妙的道理"。钱德明欣赏这种教育方法,认为这样可以理论结合实际,具有好的实际效果:"这样他们不用费力就可以学到关键知识和实践内容,懂得区分道德和伪善。"②

另外,该书还介绍了儒家伦理道德的基本内容,详细分析了仁、义、礼、智、信。钱德明说:"(孔子的)教理并不十分繁复……;简洁之中包含了社会中的人为个人和社会的幸福能够和应该做的事情。"他认为孔子的道德是"永恒的箴言、不变的箴言,自然镌刻在所有人心中",为后世建立了道德标准,两千多年来一直规范着人们的行为,是中国社会稳定的基本条件。③

三、传统形象中的突破

在阅读完所有介绍孔子的西文著作之后,钱德明的看法是:"大家对他(孔子)的理解非常片面,因为离他的出生之地如此遥远,或者准确地说,欧洲人只能通过不忠实的成见来了解他。"由此可见,他认为此前的作品大都具有或多或少的片面性,并不能准确地介绍孔子形象。为什么孔子形象具有片面性?钱德明对传统的孔子形象有什么看法?我们结合钱德明的具体论述予以讨论。

首先是关于教会内部将祭孔视为偶像崇拜的论断,很多人据此反对耶稣会的立场。钱德明说:"中国人表露对他深深的景仰之情,欧洲人认

---

① 《中国杂纂》第 12 卷,第 29—33 页。
② 《中国杂纂》第 12 卷,第 71—84 页。
③ 《中国杂纂》第 12 卷,第 140 页。

为这已经很明确,说这已经远远超出简单的感激之情,和那些偶像崇拜占主导的地区对神的信仰毫无二致。"这样的语气表明钱德明认为这种看法是片面的。

其次是将孔子看作神启人物。钱德明说:"那些充满激情的人介绍的是一个类似于先知,或者至少说像在亚洲东部由上帝降生的人物,来教育这个人口众多的民族以道德义务,并且在合适之时让这个民族提前准备顺从地接受更加崇高的真理(基督教)。"①这段话使人联想到李明笔下的孔子形象,李明认为孔子是受上帝启示的人物,预言了"西方之人有圣者焉"的论断。钱德明并不赞同类似的看法,认为这种说法有失偏颇。

第三是对孔子的过分褒奖和颂扬。钱德明认为有些作者一味盲目歌颂孔子,夸大其德行、才学、著作,以及一切个人品质。不仅将其毫不客气地提高到苏格拉底和所有希腊、罗马哲人之上,也提高到所有古代开化和教化世人的伟人之上。这里指的是前文提及的杜哈德对孔子的歌颂以及与西方圣贤的比较。钱德明不主张过度地夸大和渲染孔子的成就,认为过分夸张也是片面之词。

另外,钱德明也反对对孔子的过分贬抑。在他看来,有些悲观的人只看孔子消极的一面,他们毫无公正可言,极端贬损孔子,认为孔子不过是普通的教育家,留下来的道德箴言也毫无高明之处。②这种否定孔子的做法与中国人的感情背道而驰,钱德明也不能接受。

钱德明对此前介绍孔子的作品作了大致总结,认为大都流于偏颇,未能客观再现孔子形象。那么从孔子西传史来看,钱德明的创新体现在何处?

首先,他强调历史学研究方法。他给自己设定的原则是论证要有依据,要让历史"说话"。他大量参考中国史籍,依据原典文献以历史主义的态度来重塑孔子形象。他在创作过程中多次谈到资料收集情况:"如果我只是写'小说',我的小说早已渡过大海(到达你们手中了);但我写的是'历史',需要的素材分散在各种体裁的众多书籍之中,很难收集汇总,需要大量时间才能完成。"③为了强调研究的严肃性,也为了表明该作品是尊重史实的历史研究,而不是异想天开的文学创作,他列出了参考文献:《论

---

① 《中国杂纂》第12卷,第1—3页。
② 参阅《中国杂纂》第12卷,第3页。
③ 钱德明1780年7月26日致贝尔坦书信,参阅《中国杂纂》第12卷,第i页。

语》《家语》《史记》《史记世家》《阙里志》《圣门礼乐统》《四书人物备考》《古史》等。他对参考史书的可靠性加以解释,以证明采信材料的权威性:"这些历史学家……在其同胞们看来相当于圣贤;这些历史学家是中国人思考和言行的导师;……他们一致认为表达的是最准确的事实。我言说的是整个国家对圣人的所思所想,以及应该怎么看待国人对他的尊崇。"①"这些书籍的可靠性几乎相同……我要告诉大家,我完全是按照它们的意思来言说,我所说的话尽量忠实于它们的话:我将做论及孔子的历史学家之历史学家,而不是这些历史学家的批评家。"他认为自己参考的历史学家绝对可信,书中讲述的是中国人对孔子的真实看法,而非自己想象或杜撰。其中一个关键是"历史学家之历史学家",也就是说其目的是尽量占有资料,按照中国历史本来面目将孔子呈现给西方读者,而不随意进行解读和添加主观评价:"我只希望按照本国人眼中的模样来介绍孔子,我必须按照他本国人的说法来谈论他;如果不这样的话,……那么我向欧洲介绍的则不是准确的孔子形象。"②

其次,他希望全方位细致刻画孔子形象,尽可能介绍完整的孔子生平事迹。在这一目的的驱使下,他搜集了几乎所有言及孔子的重要典籍,不再像以前传教士那样进行概要性的介绍,而是将孔子生平事迹几乎全部写入《孔子传》。钱德明则认为,粗略的概要性介绍不足以让读者客观真实地了解孔子,不能到位地刻画出孔子"画像",正如他在序言中所说:"他们只满足于用一两个字提及他(孔子)的生与死……他们只是笼统地谈论他的教理,他的文学作品,以及热爱他的弟子。他们只是简单提及他周游列国。他们对认为超出可以激发读者兴趣之外的东西都一笔带过。总之,他们没有给出中国哲学家的画像;只是粗略地勾勒了他的主要特征。"

第三,钱德明关注一切细节,希望从平凡的细节中去塑造孔子形象。他说:"我将汇报昔日和当今所有中国人关于其哲学家的说辞;我将指出中国过去和现在赋予他的各种荣誉;……同时将忠实地汇报他关于道德和社会生活的最普通的对话,将让读者了解真实的观点,从所有细节中去揣摩他的形象。"③

最后,钱德明突破了关于孔子的神话传说的禁忌。此前,传教士为了

---

① 《中国杂纂》第12卷,第5—6页。
② 《中国杂纂》第12卷,第12页,注4。
③ 《中国杂纂》第12卷,序言,第4—5页。

避免读者将孔子解读为神,而特意删除了种种神话传说,即使有些没有删除干净的因素,到了杜哈德笔下也被彻底清除一空。钱德明则不同,他要坚持历史学方法:"我承诺过要什么都说,……要做孔子史学家之史学家。因此我不会对……孔子生前生后的奇迹置之不理。"因此,他讲述了麒麟吐玉书于孔子之家、上写"水精之子孙,衰周而素王"的吉象,"二龙五老""天感生圣子"、钧天之乐等传说。这几个神话传说都配有插图,形象地再现了当时的情景。钱德明的目的是希望按照中国人的情感方式来向西方介绍孔子,因为中国人通常习惯于将圣人的生平事迹与各种奇迹相联系,以凸现圣人与众不同的异兆。但是,钱德明谈论这些神话故事并不意味着他对此完全赞同,相反,他特意说明自己并不相信这些神话传说,认为"其中并没有特别的可信度"。①

钱德明笔下的孔子是一位现世哲学家,不仅注重道德修养,而且恢复传统礼仪和革新习俗,构建社会道德秩序,建立个体与社会网络等级关系,关注整个社会和人类的幸福。他并不希望将孔子神化,无限地夸大或莫名地贬损,他希望从平常生活中去窥视这个东方圣人,注重平凡事迹的勾勒和复原,大量征引孔子语录及对话,从平凡中去凸现其伟大人格和道德,从细节的罗列中去塑造孔子形象。如果说从总体而言这种哲人和智者形象与耶稣会传统一脉相承,那么在形象背后还是会涉及更深层的问题,即祭天与祭孔等礼仪问题。

四、关于礼仪问题的态度

钱德明秉承耶稣会先贤的治学方法和路数,耶稣会传统的影响深深印在其作品之中。他强调儒家学说和基督教教义的契合,强调两者可以在"折中"中进行交流。虽然"礼仪之争"已经告一段落,但流波余韵却在有意无意地影响着来华传教士。作为这个特殊群体的一员,钱德明无疑关心礼仪问题,在《孔子传》字里行间也流露出自己的看法,由此也可以洞悉他的内心世界。

为孔子立传不可能回避"祭孔"礼仪和孔子是人还是神的问题。他在书中透露出的信息是,中国人虽然祭祀孔子,但并没有基督教中耶稣那样的地位,中国文人的祭孔典礼没有神圣的含义。孔子享受祭祀,其地位只

---

① 参阅《中国杂纂》第12卷,第12页。

是教育家和思想家，是"万世师表"和"至圣先师"，远非"全知全能"的神，更不像耶稣既有肉体感知又有精神超验，同时具有"圣父""圣子""圣灵"三种位格。孔子是中国人眼中的圣人，虽然有"圣"字的修饰，但他是"学而知之"的普通人，并不是"先知先觉"的人，他身上不带有"神启"的圣迹。孔子虽然享有"圣人"地位，但这种尊荣是从普通人灵魂的升华而达到的，《孔子传》中对孔子生平事迹的刻画就是向西方人展示他如何从普通人通过努力而达到"高山仰止"的地位。

在给贝尔坦的信中，钱德明也表明了在祭孔问题上的立场，我们可以结合《孔子传》来把握他的心态。他表示孔子是现世之人，而非宗教之人，对他的祭祀是民间习俗，与宗教性质无关："关于孔子，我没有什么需要补充的了，您可以看他的详细生平。①至于对他的祭祀，大家将其错误地想象成宗教祭祀；它超不出对一个人合情合理的尊敬和感谢的范畴，他生前通过言传身教，死后通过自己的著作，给同胞提供了力所能及的好处。这个祭祀仪式符合该国的习俗。在法国，大家只在上帝和圣人像前面下跪，只给他们上香；在这里（中国），人们对某些高贵者表示尊重也要下跪；……对孔子和死者也是一样，大家对他们表示感谢和尊敬的情感。在中国人的观念里，这一切都不超出民间习俗范畴，这是一个理性和出身好的人不可或缺的义务。如果不履行这些义务，那就是无知，忘恩负义，粗俗，甚至野蛮。某些欧洲人的说法是多么可怕的亵渎啊！"②此处所说"某些欧洲人的说法是多么可怕的亵渎"，指的是将这种祭孔行为视为偶像崇拜和宗教祭祀。这涉及祭孔的本质问题，也关系到是否与基督教教义兼容的问题。钱德明则表示祭孔与宗教行为无关。在《孔子传》最后谈到孔门弟子配享时，他评论说："那些致力于将圣人语录传给我们的人……应该得到我们和后世的感激。"并且说"这个简单陈述足以让人就从事（这些祭孔礼仪）的性质和目的做出无可置疑的判断：关于这一点，大家已经写了太多东西，夸张的赞同者和反对者都有。我考虑再三，觉得没必要重复此前多次说过的内容。"③他虽然没有展开讨论祭孔的性质问题，但他的言外之意已经非常明显。

钱德明对另一个重要问题"祭天"也表达了看法。他在介绍《孔子世

---

① 指《孔子传》。
② 《中国杂纂》第11卷，第567页。
③ 《中国杂纂》第12卷，第402页。

家·郊问第二十九》时刻意说明:"通过孔子回答定公的内容可见:一、天和上帝这两个词有时候是同义词,指的是这个至高无上的'存在';二、天这个词有时候也可以指纯粹自然的意思,因此可代表我们所称的天空;三、表面看来对天、日、月、地等的祭祀实际上都是献给上帝的,感谢它给人类带来的福祉,不过是通过物质的天、日、月、地等来实现而已;四、有时候,我们所称的祭祖实际上是对给予我们生命的祖先的感激和敬仰。我不多说了;聪明的读者如果没有成见,一定可以提炼出所有推论。"他在这里不仅表明了对"天"和"上帝"的态度,也表明了对"祭天"性质的看法。在他看来,中文的"天"和"上帝"两个词语是同义词,有时候具有同样的所指,即代表宇宙中唯一的真神。归根到底,他倾向于认为中国古代典籍中的上帝相当于西方的上帝。

钱德明谈到了祭天和祭祖相互关联的问题:"祭天"大典的主祀为敬拜上帝,配祀为追思祖先。《礼记》言:"王者禘其祖之所自出,以其祖配之。万物本乎天,人本乎祖,此所以配上帝也。郊之祭也,大报本反始也。"万物的根源来自上帝,人类的根源来自祖先,所以在郊外举行祭天大典敬拜上帝时要举行配祀,以追思祖先。孔子说:"郊社之礼,所以事上帝也。宗庙之礼,所以祀乎其先也。"敬拜上帝的仪礼叫做"郊社之礼",追思祖先的仪礼叫做"宗庙之礼",目的是报答上帝和祖先的恩德。在钱德明看来,祭祖是祭天礼仪的派生,是对祭天的补充:"在完成对上帝的义务之后,……他们心中想到了世代生养他们的祖先。人们确立尊重祖先的仪式,作为对郑重祭祀上帝的补充。"①他还指出:"孔子的回答毫不含糊地指明了中国人祭祖礼仪的性质。这种礼仪只是单纯的表达感激之情,而不是我们所说的祭祀。当祭上帝作为普世原则时,这种感情的表达与祭上帝相随。"他使用法语词"sacrifice"来对应"祭祀",短语"témoignage de reconnaissance"来翻译"祭祖",认为西方所称的"sacrifice aux Ancêtres"(祭祖)由于词语的误导而不能真正表达中国祭祖仪式的属性,影响了准确观念的形成。从词源上来说,"sacrifice"在法文中的意思是"使神圣"的意思,其对象属于神灵的世界。而"témoignage de reconnaissance"直译为中文则是"表达感激之情"的意思,不具有神灵的色彩。钱德明在这里传达的信息是中国祭祖仪式属于表达感激之情的追思行为,不属于西方意

---

① 《中国杂纂》第12卷,第203—204页。

义上的祭祀活动,中国人祭祀上帝的时候顺带表达对祖先的感激,其祭祀对象依旧是上帝,并不是希望得到祖先灵魂的保佑。

钱德明多次谈到"祭祖"的态度和立场,希望通过历史材料的整理,来重现这些被西方误读的礼仪活动。他说:"(祭祖)这一链条把生者和死者连接起来。它让人们明白,死者为生者造就了民间的这种秩序,提供了既有知识,创造了现有物质生活,所以应该感谢他们……偿还这一切的最自然、最单纯的方式就是敬奉他们,尊崇他们,用最相配的东西去敬奉他们。"①他透过描写孔子的事迹来言说"自我",表明自己在祭祖问题上的态度,体现了耶稣会主流派对该问题的看法,也反映了他对中国文化的理解和宽容态度。

在《孔子传》中表达自己的心态,阐明自己的观点,正是钱德明的良苦用心,由此也可以看出他在中国礼仪问题上的立场。写作该书之时,耶稣会已经解散,但他传承着前辈耶稣会士的主流观点,继续着他们的某些言说方式和风格。

五、形象塑造的方法

"一部作品不应被视为一个绝对的存在,它还应被放在各种具体情况中,并在它可能建立起的各种关系中来考察;另一方面,从比较文学的视角切入,就意味着可以展现出两种文化相遇时的某些特殊成分,倘若研究被引入了一种单一文化内,这些成分或许就表现不出来了。"②正是在孔子被传教士介绍的过程中,复杂和多元的特殊成分获得了存在的空间,在跨文化语境里解读《孔子传》,可以廓清这些成分和支持该文本建立的复杂关系,进而弄清楚他塑造孔子形象的目的和手法。

钱德明塑造孔子形象首先是对欧洲谬误的一种回应。他反感那些利用二手材料来解读和拼凑孔子形象的行为,致力于梳理第一手中文史料,按历史原样撰写孔子和孔门弟子生平事迹,希望传递给欧洲客观和准确的孔子形象。这也是一种论战和反驳,对所谓欠公正的作品进行批评和纠正是他对欧洲作者的回应。他多次提及自己的主张和意图:"《关于中

---

① 《中国杂纂》第12卷,第32页。
② 谢夫莱尔著,孟华译:《接受研究》,译自 Précis de Littérature comparée, sous la direction de Pierre Brunel et Yves Chevrel, PUF, 1991. 译文为打印稿,未正式刊印。

国人与埃及人之哲学的寻究》一文作者①疯狂地扭曲了孔子形象。他给孔子抹了黑。我将尽力地给孔子一个素描,还他以本来的光芒。"②波氏质疑孔子家族历史,不相信这是个世代相传的家族,认为"除非这是宗教性质的组织"。③面对质疑之声,钱德明希望准确反映孔子家族世系谱,用史料和家谱来说明其真实性,证明这不是宗教性质的组织,孔子也不是虚幻人物和迷信人物。他还说:"在那些希望一切由自己考察的人眼里,即使这个家谱得不到证明,……那么也不应回避整个民族所提供的证明,没有任何理由怀疑这如此详尽的证据。我敢说,如果阅读了我根据家谱和权威历史而做的陈述,他们将不再怀疑孔子之后的家谱代系。"④这种说法是对将孔子和儒学宗教化的反驳,也是对祭孔仪式的辩护,目的是为了淡化其偶像崇拜和迷信色彩。所以从形象塑造之初,他就为作品设定了这种"论战"的性质,希望在对西方的回应中塑造或者说部分重塑孔子形象。

钱德明在形象塑造中充分考虑中国人的情感。他希望按照中国人的心理来介绍孔子,谨守"小人不敢品评圣人"的信条,让历史典籍说话,通过对材料的选择来恢复孔子的本来面目和真实形象。"对我来说,按照其同胞的看法来把他呈现给欧洲已经足够,应该由欧洲根据自己的了解来给他定位,看他是哲人,还是普普通通或差强人意之辈。"⑤他在书信中也谈到"希望按照中国人的方式来介绍他(孔子)"⑥。

为了使孔子形象更加真实和具有说服力,他经常直接翻译(不是翻译学上所说的直译)原文,宣称不加入自己的观点,不做任何主观评论。如在《孔子传》第5—6页中,他说自己将做"孔子的历史学家之历史学家,而不是这些历史学家的批评家",以及"言说的是整个国家对圣人的所思所想",这都表明他在某种程度上只满足于原样翻译和呈现材料,重点不在于阐发自己的观点,进行论述和批评。在该书结尾部分(402页),他再次提到这种置身文外的方法:"我只是翻译该国礼仪的这篇原文,而不加入任何自己的思考。"既然如此,使用这种直接翻译方法是否能够传达意图? 他在翻译中又怎样表达自己的立场和观点?

---

① 这里指的是波氏。
② 钱德明1777年9月28日致贝尔坦书信,法兰西学士院图书馆,手稿1515。
③ 参阅《中国杂纂》第11卷,第516页。
④ 《中国杂纂》第12卷,第454页。
⑤ 钱德明1788年9月1日致贝尔坦书信,法兰西学士院图书馆,手稿1517。
⑥ 钱德明1777年9月28日致贝尔坦书信,法兰西学士院图书馆,手稿1515。

实际上,他在写作过程中进行了有意识和有倾向性的翻译和阐释。《孔子传》中有一段关于孔子和鲁定公谈论祭祀之礼的文字,此处以《孔子家语·郊问第二十九》为本①,从原文和译文中选择几个片断来进行比照:

(定公问于孔子曰:"古之帝王必郊祀其祖以配天,何也?")孔子对曰:"万物本乎天,人本乎祖,郊之祭也,大报本反始也,故以配上帝,天垂象,圣人则之,郊所以明天道也。"

«Le Ciel, lui répondit *Koung-tsée*, est le principe universel; il est la source féconde de laquelle toutes choses ont découlé. Les Ancêtres, sortis de cette source féconde, sont eux-mêmes la source des générations qui les suivent. Donner au Ciel des témoignages de sa reconnaissance, est le premier des devoirs de l'homme; se montrer reconnaissant envers les Ancêtres, en est le second. Pour s'acquitter de ce double devoir, et en inculquer l'obligation aux générations futures, le saint homme *Fou-hi* établit des cérémonies en l'honneur du Ciel et des Ancêtres; il détermina qu'immédiatement après avoir offert au *Chang-ty*, on rendrait hommage aux Ancêtres: mais comme le *Chang-ty* et les Ancêtres ne sont pas visibles aux yeux du corps, il imagina de chercher dans le ciel, qui se voit, des emblèmes, pour les désigner et les représenter.»②

译文:孔子回答说:"天是普世性的原则,它是万物产生的源泉。源自于此的祖先则是后世子孙的源头。感谢天是人的第一要务;其次是感谢祖先。为了完成这两个义务,同时昭示后世,圣人伏羲制定了祭天和祭祖的仪式;他决定在祭上帝之后立即祭祖:但因为上帝和

---

① 亦参阅《礼记·郊特牲第十一》。"天子适四方,先柴。郊之祭也,迎长日之至也,大报天而主日也。兆于南郊,就阳位也。扫地而祭,于其质也。器用陶匏,以象天地之性也。于郊,故谓之郊。牲用骍,尚赤也;用犊,贵诚也。郊之用辛也,周之始郊日以至。卜郊,受命于祖庙,作龟于祢宫,尊祖亲考之义也。卜之日,王立于泽,亲听誓命,受教谏之义也。献命库门之内,戒百官也。大庙之命,戒百姓也。祭之日,王皮弁以听祭报,示民严上也。丧者不哭,不敢凶服,氾扫反道,乡为田烛。弗命而民听上。祭之日,王被衮以象天,戴冕,璪十有二旒,则天数也。乘素车,贵其质也。旗十有二旒,龙章而设日月,以象天也。天垂象,圣人则之。郊所以明天道也。帝牛不吉,以为稷牛。帝牛必在涤三月,稷牛唯具。所以别事天神与人鬼也。万物本乎天,人本乎祖,此所以配上帝也。郊之祭也,大报本反始也。"

② 《中国杂纂》第12卷,第202页。

祖先都是肉眼看不见的,所以他设想从人们看得到的天中去寻找象征物来指代上帝和祖先。"

译文中天(ciel)字共出现四次,前三次大写,最后一次小写。法文中大写的Ciel指称的是意志之天,小写的则为自然之天。"天"在中国思想中始终都有至高无上的蕴涵,但到了后世其意志和主宰色彩逐渐淡化,义理之天与物质之天则相应强化。关于意志之天,钱德明的译文则是:"天是普世性的原则,它是万物产生的源泉",这里刻意突出了天的至高无上的人格意志和天主教的神学内涵。阅读译文可见,在突出意志之"天"创造万物的同时,他实际上把人格神的天和上帝两个概念等同。真正的上帝和意志之天都是看不见的,所以只能从物质之天和自然之天去寻求意志之天的象征。在这段文字中,钱德明用 avoir offert au Chang-ty 来翻译"祭上帝",用 rendrait hommage aux Ancêtres 来翻译"祭祖宗",通过词语的选择来区分两个概念的不同本质,前者突出真正祭祀的宗教意味,因为在法文里 offrir 一词具有宗教含义和色彩,译者希图将其与天主教神学礼仪相呼应;后者突出世俗色彩,hommage 一词表现的是敬意和敬仰之意,没有特别的宗教内涵,译者强调的是子孙对祖先的感怀。

(公曰:"寡人郊而莫同,何也?")孔子曰:"郊之祭也,迎长日之至也,大报天而主日配以月,故周之始郊,其月以日至,其日用上辛,至于启蛰之月,则又祈谷于上帝,此二者天子之礼也。鲁无冬至,大郊之事降杀于天子,是以不同也。"

«Par la raison, répondit Koung-tsée, qu'il faut que, dans le cérémonial qui s'observe, il y ait une différence marquée entre le fils du Ciel et les autres souverains. Le fils du Ciel, en offrant au Chang-ty, représente le corps entier de la nation; il lui adresse ses prières au nom et pour les besoins de toute la nation. Les autres souverains, ne représentant chacun que cette portion particulière de la nation qui a été confiée à leurs soins, ne prient le Chang-ty qu'au nom et pour les besoins de ceux qu'ils représentent. Je reviens à ce que je vous disais. Le Chang-ty est représenté sous l'emblème général du ciel visible : on le représente aussi sous les emblèmes particuliers du soleil, de la lune et de la terre, parce que c'est par leur moyen que les hommes jouissent des bienfaits du Chang-ty, pour l'entretien, l'utilité et les agréments de la vie.

Par sa chaleur bienfaisante, le soleil donne l'âme à tout, vivifie tout. Il est, à nos yeux, ce qu'il y a de plus brillant dans le ciel; il nous éclaire pendant le jour; et comme s'il ne voulait pas cesser un instant de nous éclairer, il semble avoir substitué la lune pour suppléer à son absence, et tenir sa place pendant la nuit. En observant leurs cours, et en les combinant l'un avec l'autre, les hommes sont parvenus à distinguer les temps pour les différentes opérations de la vie civile, et à fixer les saisons, pour ne pas confondre l'ordre des cultures qu'ils doivent à la terre, afin d'en tirer avec plus de profit la subsistance dont elle les gratifie si libéralement.

Dans l'intention de témoigner leur sensibilité et leur reconnaissance d'une manière qui eût quelque analogie aux bienfaits, et qui fût propre à en rappeler le souvenir, les Anciens, en établissant l'usage d'offrir solennellement au Chang-ty, déterminèrent le jour du solstice d'hiver, parce que c'est alors que le soleil, après avoir parcouru les douze palais que le Chang-ty semble lui avoir assignés pour sa demeure annuelle, recommence de nouveau sa carrière, pour recommencer à distribuer ses bienfaits.

Après avoir satisfait, en quelque sorte, à leurs obligations envers le Chang-ty, auquel, comme au principe universel de tout ce qui existe, ils étaient redevables de leur propre existence et de ce qui sert à l'entretenir, leurs cœurs se tournèrent comme d'eux-mêmes vers ceux qui, par voie de génération, leur avaient transmis successivement la vie. Ils fixèrent en leur honneur des cérémonies respectueuses, pour être comme le complément du sacrifice offert solennellement au Chang-ty; et c'est par là que se terminait cet acte auguste de la religion de nos premiers pères. Les Tcheou jugèrent à propos d'ajouter quelque chose à ce cérémonial; ils instituèrent un second sacrifice, qui devait être offert solennellement au Chang-ty dans la saison du printemps, pour le remercier en particulier des dons qu'il fait aux hommes par le moyen de la terre, et pour le prier d'empêcher que les insectes, qui commencent alors à se mouvoir et à chercher leur nourriture, ne nuisissent à la fécondité de la mère commune. Ces deux sacrifices ne peuvent être offerts dans le Kiao avec solennité, que par le Fils du Ciel; le roi de Lou ne doit ni ne peut les offrir. C'est par cette prérogative attachée à sa dignité, que le Fils du Ciel diffère des autres souverains.»①

译文:孔子回答说:"从理性上来说,天子从事的祭祀和国君从事的祭祀必须有所区别。天子代表整个国家祭祀上帝;他以整个国家的名义祈求福祉。国君只代表他治理的那个王国,以其治下子民的名义祈求福祉。我之前已经说过,上帝是由可见的天的象征物来代表;因此,我们从太阳、月亮、大地等特殊的象征物中看到其影子,因为人们是通过它们来享受到上帝的福泽,以维持生命的存在、功效和愉悦。"

"太阳通过充满惠泽的阳光赋予一切以生命、以活力。在我们眼里,它是天空中最明亮的星体;它白天给我们光明;它想不间断地照亮我们,所以在自己缺席时让月亮在夜间取代自己。观察太阳的轨迹,参照其他星体的运动,人们为民间生活的各项活动确定了时间,同时为了不混淆耕种的顺序而确立了季节,以更多地享受大地无偿提供给人类的食粮。"

"为了表达对提供此类恩泽的好感和谢意,为了让人能够记得这一切,古人建立了冬至祭祀上帝的习俗,因为在这时候,太阳在每年经过上帝为之规定的黄道十二宫之后,又要开始新的轮回,重新开始播撒惠泽。"

"上帝是一切存在的普世性原则,他们(古人)感激它赋予了自己生命及维持生命的东西,在完成了对上帝的义务之后,他们想到了让生命得以传承的祖先。他们决定确立尊敬祖先的礼仪,作为对郑重祭祀上帝的补充;这样,我们先民的庄严宗教行为就完成了。周朝认为应该为这个祭祀活动增加点内容,于是建立了在春季祭祀上帝的活动,专门感谢它通过大地赋予人类的恩惠,也为了祈求它不要让

---

① 《中国杂纂》第12卷,第203—205页。

开始繁殖觅食的害虫破坏共同母亲(大地)的丰产。这二者都是由天子之郊祭;鲁国的国君不能行此礼。正因为这一特殊权利,天子与其他国君相区别。"

我们可以发现,钱德明以原文为参照,在解释的基础上添加了很多阐释内容,以达到彰显自己观点的目的。关于天子与国君在祭祀上帝方面的区别,钱德明的解释是"天子代表整个国家祭祀上帝;他以整个国家的名义祈求福祉。国君只代表他治理的那个王国,以其治下子民的名义祈求福祉。"根据中国传统中唯有天子祭天的说法,他在这里强调"天子代表整个国家",即天子与子民如同一家,天子对上帝的祭祀代表天下子民。他有意阐释和突出天子代子民而祭上帝的概念,而中文原文中并没有明确提及这一点,其目的是希望从中找到与天主教中天下皆兄弟观念的契合之处。

这段译文中多次出现"上帝"一词,有两个地方值得特别注意。"太阳在每年经过上帝为之规定的黄道十二宫之后,又要开始新的轮回,重新开始播撒惠泽。"从译文中可以看出上帝对物的主宰,日月经天乃上帝之所为也。"……上帝是一切存在的普世性原则,他们(古人)感激它赋予自己生命及维持生命的东西……"这段译文强调这一至高无上的存在同样创造了人的生命,并使生命得以延续。将上帝解释为这种对人与物的绝对主宰的普世性原则,便很容易使人读出上帝(天)创造万物和主宰万物的观念。这同样是在寻求和天主教中天主的等同价值。

钱德明同时参照《礼记·郊特牲第十一》而论及祭祀祖先的问题:"他们决定确立尊敬祖先的礼仪,作为对郑重祭祀上帝的补充;这样,我们先民的庄严宗教行为就完成了。"按照中国传统,"祭天"大典主祀为祭祀上帝,配祀为追思祖先。钱德明的意思很明确,一是对上帝的郑重祭祀,一是对祖先表达哀思的追怀方式;一是主祀,一是配祀,二者绝非等同,性质不同,程度也相异。

孔子曰:"上帝之牛角茧栗,必在涤三月,后稷之牛唯具,所以别事天神与人鬼也。牲用骍,尚赤也,用犊,贵诚也,扫地而祭于其质也,器用陶匏,以象天地之性也,万物无可称者,故因其自然之体也。"

«Pour le grand sacrifice, que le Fils du Ciel offre le jour du solstice d'hiver, un jeune taureau, dont les cornes commencent seulement à pousser, qui soit sans aucun défaut extérieur, et d'une couleur tirant sur le rouge, est la seule victime qu'on doit immoler, après qu'elle aura été nourrie pendant l'espace de trois mois dans l'enceinte du *Kiao*. Un boeuf, quel qu'il soit, suffit pour le sacrifice moins solennel que, depuis les *Tcheou* seulement, le Fils du Ciel offre au *Chang-ty* dans la saison du printemps, en reconnaissance des bienfaits dont il nous comble en particulier par le moyen de la terre.

Par tout ce que je viens de rappeler à votre Majesté, elle comprend sans doute que, sous quelque dénomination qu'on rende le culte, quel qu'en soit l'objet apparent, et de quelque nature qu'en soient les cérémonies extérieures, c'est toujours au Chang-ty qu'on le rend; c'est le *Chang-ty* qui est l'objet direct et principal de la vénération».①

译文:"为了天子在冬至日的祭祀,只需要一头刚刚长角的小牛,要没有任何缺陷,颜色要赤红,在郊内饲养三个月之后才能宰杀。周朝以来,天子在春季举行祭祀上帝仪式,以表达上帝通过大地对我们的恩惠,其隆重程度稍逊,只要是一头牛则足以。"

"我所说的一切,国君大概会明白,不管祭祀的名字如何,不管表面上的对象是什么,不管外在仪式的性质如何,人们始终是在祭祀上帝;上帝是祭祀的直接和主要对象。"

钱德明在翻译中特意略去"天神"和"人鬼",只在译文中提及"其隆重程度稍逊"而一笔带过。随后话题一转,说"不管祭祀的名称如何,不管表面上的对象是什么,不管外在仪式的性质如何,人们都始终是在祭祀上帝;上帝是祭祀的直接和主要对象。"可以看出他在翻译中的巧妙安排,他将其他祭祀轻描淡写,只特别指出祭祀上帝,而隐去其他可能存在的被欧洲人视为"迷信"的行为。涉及天神祭祀如日月星辰等,他刻意强调这是祭祀上帝的直接象征物,只是祭祀上帝能看到的中介物而已。

臣闻之诵诗三百,不足以一献,一献之礼,不足以大飨,大飨之礼,不足以大旅,大旅具矣,不足以飨帝。

---

① 《中国杂纂》第12卷,第205—206页。

> La récitation de toutes les pièces du *Ché-king* ensemble, n'équivaut pas à une seule offrande. L'offrande est bien au-dessous de l'acceptation; l'acceptation est inférieure au culte rendu sur les montagnes; et tout cela réuni, est fort au-dessous du sacrifice offert solennellement au *Chang-ty* par le Fils du Ciel.①

译文:"吟诵《诗经》所有诗篇抵不上一次献祭,献祭低于大飨,大飨不如大旅,所有这一切远远不及天子隆重祭祀的上帝。"

在此段文字中,一献乃"祭群小祀",大飨乃"祫祭天王",大旅乃"祭五帝也",飨帝乃"飨帝祭天",实际上是罗列了不同层次的祭祀之礼。此处与上文同,钱德明将其他祭祀活动省略处理,只在最后强调祭祀上帝(飨帝祭天),目的是希望按照天主教义理结构来解释和整合,突出祭天活动的崇高性和排他性。他在随后的解释文字里得出结论:"由天子郑重祭祀上帝是整个国家接受的唯一祭祀(献祭)活动。"同样表明了他在祭天和祭上帝问题上的立场。

此外,他还通过增加脚注的方式直接阐述或间接暗示读者,以表达本人观点。前文已述,他宣称不做评论,不让"自我"作为批评者介入文本之内。但在一些关键地方,他除了用添加或者删除方式通过"译文"来表达自己的立场外,还不时地让"我"这个评论者出现在脚注里直接发表意见。如在该书第 203、204 和 209 页,他都加注说明关于祭天、祭上帝和祭祖的看法,让读者可以清楚领悟到他在本质问题上的观点。

第六,他在翻译中对某些词语处理别具匠心。前文已述,李明在谈及孔庙时为了淡化宗教的色彩而没有选用法文单词 temple,选用了 maison 一词,可谓用尽心思。钱德明在谈及孔庙时没有运用任何法文单词,直接使用拉丁注音方式 Miao 来表示庙,这样的处理策略既可以保全原词的所有价值,又可避免在目的语中的任何歪曲和误读,同时也避免了翻译这种关键词的麻烦。另外,这种留白方式给读者留下了更多自由发挥的空间。

---

① 《中国杂纂》第 12 卷,第 209 页,注 1。

六、关于孔子形象的接受

孔子在西传过程中经过了多种不同的解读,宗教人士、文人和哲学家纷纷从中吸取有用的元素,塑造出不同的孔子形象。钱德明认为这些接受者大都缺少公正态度,这样的解读背离了中国文化语境、孔子的本真形象和儒家学说的本质内容。他曾经对贝尔坦说:"(你们法国)那些所谓的哲学家和文人,目前他们的话语不幸地影响着整个国家,他们与中国哲学家的原则相去甚远,不敢期望孔子能让他们喜欢。"[①]对孔子西传史做一回顾便可发现,孔子的确被很多人出于不同目的而加以利用,最后读解出来的内容也千差万别。"……在十七、十八世纪的欧洲,孔子被冠以唯灵论者、自然神论者、多神论者和唯物论者的头衔。孔子思想也具有了丰富的含义。这些对孔子真实面目的扭曲对我们来说成了文学神话。……'每一个接受者都将自己和这位主人公进行比附。'"[②]钱德明认为,欧洲哲学家对孔子的了解不过是一点皮毛,却顺手拿来胡乱利用,或攻击宗教,或攻击君主制度,"各类敌人不遗余力地剥夺他(孔子)的(崇高)地位"[③]。他对此充满愤恨之情,想通过自己的作品让读者全面地接受和认识孔子,还孔子以真实面目,对此前的误读"拨乱反正"。

钱德明曾谈及创作初衷:"你们那边(法国)和我们这边的看法不一样。我们这里(中国)不会把哲学家的称谓加在他的头上,因为在他的言行中,所有的一切都和今天侈谈这种称谓的哲学家们大相径庭。他的淳朴、他的简单、他的谦逊、他对老人和贤者的尊敬,还有对各种合法权利的尊敬,都与你们那些现代哲学家在作品中竭尽所能表现出的高傲、狂妄、叛逆精神截然相反。"[④]他在这里表达了对欧洲哲学界的不满,他心目中的"圣贤"楷模应该是孔子这样的,而不是欧洲那些"自命不凡"的同时代哲学家。他还写道:"你们那里有多少各式各样的判断啊,这些判断一个比一个没道理,谈起中国人如此,谈起为中国人传授思想的孔圣人更是如此。没关系,这些判断要不是因为无知,就是因为仇恨,最后都会被遗忘

---

① 钱德明1787年1月25日致贝尔坦书信,法兰西学士院图书馆,手稿1516。
② 译自孟华,《他者的镜像:中国与法兰西——孟华海外讲演录》,北京大学出版社,2004年,第71—72页。
③ 钱德明1788年9月1日致贝尔坦书信,法兰西学士院图书馆,手稿1517。
④ 钱德明1784年11月15日致贝尔坦书信,法兰西学士院图书馆,手稿1516。

的。"①

怎么才能尽量准确地传达孔子形象,怎么才能选择客观的材料,让接受者更加公正地认识孔子?钱德明认为需要在全面获取信息的同时从日常小事中去了解人物:"……一切材料都值得搜集,一切都非常珍贵,一切都可以帮助了解他们(历史人物)。根据这些材料深入到他们的生活中去,听取他们平日的谈话,才可以公正地评价他们。"如果要关注一个人平常的生活,那就需要脱去其神圣的外衣,把他还原到普通人的地位:"他们的日常行为……显得更细致,可以展现其真实面目。"基于这种考虑,从材料选择到写作的风格,他都有明确的策略,设定了写作的自由度和规矩:"按照这个原则,我不害怕讲述细节,其中混杂着大大小小的事情,有高尚的箴言,也有普通的文献,有细腻的思想,也有通俗的想法,有愉悦的谈话,也有恼人的说教。……如果抱着寻找真实的目的,(读者/接受者)可能会多少感激我给他们提供材料,让他们能够评价东方大地上最伟大的哲学家及其弟子们。"②

面对孔子这一特殊文化人物,钱德明选择了相应的翻译和叙述策略,从整个作品的切入点到材料的选择都做了别具匠心的安排,从而达到凸显和暗示自己立场的目的。他的文化心理在作品中清晰地折射出来,涉及主流耶稣会士的价值取向和对中国文化的心态。他的立足点更多的是中国文化,这种文化身份不再是孤立的"自我"的反应,而是经过长时间被他者所感染和同化之后的体现,这种变化源自于他对中国和中国人的长时间心理反应。如果说包括他在内的耶稣会士在来华之后文化身份都有了相应的变化,那么这在很大程度上是由中国文化这个他者的作用和影响所致,使其在接受过程中自觉不自觉地以他者的角度来审视和塑造孔子形象。

这种对孔子形象的重塑是对欧洲公众期待视野的挑战,也是对欧洲关于孔子的传统阅读经验的一次考验。显然,这部《孔子传》与那种所谓"解释性的,先存于作品的框架,由阅读作品者以往的美学经验所构成"的公众期待视野(如李明和杜哈德的作品,还有哲学家以孔子借题发挥的作品)有一定的差距。③正如他在序言中指出的那样,实际上这种公众的期

---

① 钱德明1787年1月25日给贝尔坦书信,法兰西学士院图书馆,手稿1516。
② 《中国杂纂》第13卷,第37页。
③ 参阅谢夫莱尔著,孟华译:《接受研究》。

待视野是形成于"离孔子出生地遥遥万里的地方,人们不完全了解孔子,或者更直白地说,这里对孔子的了解完全是建立在不忠实的既有成见关系之上的"。①既有的阅读经验是偏颇的,不完全的,充满了有意无意的误读,因此钱德明撰写《孔子传》就是要在一定程度上重塑孔子形象。

　　作者是作品期待视野的制定者,有时还会明确规定其读者对象或阅读方式,或同时规定这两者。但文本出版后就脱离了作者原有的意图,尽管文学批评不断解释怎么才能阅读一个文本,有时是讲应该如何去读,但文本的期待视野永远不会被最终破译。②虽然如此,我们仍旧可以通过文本去窥见作者期盼的理想读者模样。对于《孔子传》来说,作者曾在一封书信中明确表示:"我相信只有具备才智的人和真正的哲学家才会钦佩孔子。我将会承受来自文学家的虚假的叙述、荒谬的嘲讽,还有各种各样的挖苦,这些人自以为可以用母语随意表达自己的观点,就有权利审判那些圣贤和产生圣贤的民族。"③显然,他的理想读者绝不是这些文学家,因为在所谓时髦的幌子下,他们利用孔子大做特做文章,不顾事实凭空想象,导致了孔子形象的千头万面,甚至"牛头不对马嘴"。他的作品在一定程度上是对传统期待视野进行的整合,甚至解构了某些既有的套话。不仅仅在孔圣人的问题上如此,同样他在中国音乐方面也不断推动着西方人期待视野的变化。

第三节　钱德明与中国音乐

　　钱德明到中国之后,最早接触的领域就是音乐,而且其研究时间前后跨度很长,成果在当时也多被论及,并产生了较广泛的影响。近年来,他在音乐领域的翻译著述成为西方学者关注的重点,一批原始手稿、音乐学

---

① 《中国杂纂》第12卷,第3页。
② 参阅谢夫莱尔著,孟华译,《接受研究》。
③ 钱德明1787年1月25日致贝尔坦书信,法兰西学士院图书馆,手稿1516。

研究著作及音乐作品相继出版。①《华乐西传法兰西》系统研究了钱德明有关中国音乐的著译及其在法国的接受状况。还有一些论文重新发掘了他的未刊手稿,将研究导向民族音乐学研究。②近作《钱德明之中国宗教舞》重点考察其参照的中文文献,力求廓清创作时期的历史文化背景。这些相继发表的著作或论文从全新的角度挖掘了他在音乐方面的研究工作,从单纯利用西文文本转向中西文材料并重的比较研究。

本节将关注钱德明的文化媒介身份,注意考察文化传播过程中其自身身份的变化,探究他在中西文化交流中的地位和作用;将通过历时研究来梳理其文化身份和接受心态的转变,进而分析导致这种心态转变的内外原因。以下分三个时段来进行梳理:钱德明来华之前法国对中国音乐的接受情况,来华之初与中国音乐的初次接触,来华二十多年后对中国音乐的再度研究。

一、18世纪上半期法国关于中国音乐的认知

在京耶稣会士以科学技艺为宫廷服务,为传教争取生存空间和发展契机,法国传教士是其中的代表,他们通过研究中国文化不断地推进这一传统。作为早期来华法国耶稣会士中晚辈的钱德明,原本就具音乐方面的才能,这也是他被派来华传教的原因之一,他清楚地意识到"尤其是在我受上级之命而来的(中国)首都和宫廷,科学和艺术是最有效的手段"③。

---

① 参阅 François Picard, Pierre Marsone, «Le cahier de musique sacrée du Père Amiot; Un recueil de prières chantées en chinois du XVIIIe siècle», 载 *Sanjiao wenxian : Matériaux pour l'étude de la religion chinoise*, vol. 3, 1999, pp.13-72. 另请参阅 Béatrice Didier, *La musique des Lumières*, Paris, PUF (coll. Ecriture), 1985, pp. 61-87; François Picard, *La musique chinoise*, Paris, Minerve, 1991; François Picard, «La musique catholique en Chine du XVIe au XVIIIe siècle», livret d'accompagnement du CD, *Messe des Jésuites de Pékin*, pp. 9-15; François Picard, «Music», 载 N. Standaert, *Handbook of christianity in China*, t. 1 : 635-1800, Brill, Leidon-Boston-Cologne (coll. Handbook of Oriental Studies. Handbook der Orientalistik, section 4 : China, numéro 15-1), 2001, pp. 855-860.

② Michel Brix, Yves Lenoir, «Une lettre inédite du Père Amiot à l'abbé Roussier (1781)», 载 *RAHAL*, 28, 1995, pp. 63-74; Michel Brix, Yves Lenoir, «Le Supplément au Mémoire sur la musique des Chinois du Père Amiot. Édition commentée», 载 *RAHAL*, 30, 1997, pp. 79-111. 以上资料参阅 Michel Hermans, «Joseph-Marie Amiot, une figure de la rencontre de l'autre au temps des Lumière», pp.11-12.

③ 《中国杂纂》第6卷,第1—2页。

第二章 钱德明著述研究

费赖之称钱德明为"非常好的音乐家"。①钱德明本人在谈及音乐素养时则谦虚地说:"我马马虎虎懂音乐,会吹横笛和演奏羽管键琴,我运用这些小才能让自己被(中国人)接纳。"②这是他对自己音乐才能的评价,并没有更多谈及在法国学习音乐的情况。那时候,他的故乡土伦并没有音乐家,但很多耶稣会学校都开有戏剧音乐课,进行音乐方面的基础教育,比如他曾经就读的里昂三一学院。③

钱德明来华之前,中国音乐在法国的介绍和传播几乎是空白,因此他缺少了解中国音乐的媒介。欧洲提到远东音乐是很晚的事情,直到1681年,法国耶稣会士梅纳斯特里埃(Claude-François Ménestrier, 1631—1705)才在《古今音乐演奏》(*Des représentations en musique anciennes et modernes*)中谈到中国音乐。该书认为,中国自古以来就有通行于欧洲的大部分东西,中国人把法律及政府的政治准则称为"乐",只有统治世家才掌握音乐的奥妙和演唱方法。④在备受关注的《中华帝国全志》中有关于中国音乐的少量内容,编者缺乏切身了解,对中国音乐作了比较负面的评价:"按照他们(中国人)的说法,是他们自己创造了音乐,他们吹嘘过去曾经把音乐发展到完美的极致。即使他们所说不假,需要说的是它还处于原始状态,因为现在有那么多缺陷,只勉强够得上音乐这一称谓而已。"⑤有研究者指出,该书中给出的中国曲谱"错误百出","中国音乐被一种最怪异的方式横加扭曲,如果说这让欧洲人大为震惊的话,那可能会让中国人更加目瞪口呆"。⑥18世纪前半期,通过《中华帝国全志》传递给西方的中国音乐形象是滑稽而浅薄的,与西方人对音乐的理解和认知存在较大差距,这也是当时一般法国人对中国音乐的认识。直到钱德明离开法国

---

① Louis Pfister, *Notices biographiques et bibliographiques sur les jésuites de l'ancienne mission de Chine*, p. 851.
② 《中国杂纂》第6卷,第2页。
③ 参阅 Michel Hermans, «Joseph-Marie Amiot, une figure de la rencontre de l'autre au temps des Lumière», p. 26. Guillot, *Les jésuites et la musique. Le collège de la Trinité à Lyon 1565-1762*, Liège, Editions Mardaga, 1991 (sur l'éducation musicale dans la pédagogie jésuite, pp. 147-159); T. Fr. Kenndy, «Les jésuites et la musique», dans G. Sale (éd.), *l'Art des Jésuites*, Paris, Editions Mengès, 2003, pp. 297-308.
④ 参阅 Tchen Yen Hia, *La musique chinoise en France au XVIII° siècle* 第一章内容。
⑤ Du Halde, *Description géographique, histoire, chronologique, politique et physique de l'Empire de la Chine et de la Tartarie chinoise*, t. 3, La Haye, Henri Scheurleer, 1736, p. 328.
⑥ Tchen Yen Hia, *La musique chinoise en France au XVIII° siècle*, p. 34.

的前一年(1748),法国人对中国音乐的了解还大致停留在杜哈德的只言片语之上:"谈到中国音乐,我们发现几乎还是对……《中华帝国全志》中关于音乐的文章的原版复制。"①

从形象学角度来看,"形象因为是他者的形象,故而是一种文化事实;此外,我们说的也是文化的集体形象。它应被当作一个客体、一个人类学实践来研究。它在象征世界中占有一席之地,且具有功能,我们在这里把这一象征世界称之为'集体想象物'。它与一切社会、文化组织都无法分开,因为一个社会正是通过它来反思自我、书写自我、反思和想象的。"② 在18世纪前半期的法国,由于没有更多介绍中国音乐的专业著作,杜哈德那些简略而贬低中国音乐的文字几乎成了独家材料,加之这部作品在当时影响较大,所以法国人建构中国音乐形象的素材大都出自这部作品。这种相对负面的中国音乐形象逐步进入到社会集体想象物之中,并且开始发挥它的功能。在社会集体想象物"这个张扬互文性的场所"中,保存或传递着《中华帝国全志》中关于中国音乐的"只言片语、序列、整段文章",成为一个将这种形象不断"现实化的场所"。脱胎于这个注视者文化语境的钱德明受社会集体想象物的作用,从杜哈德作品中分离出来的话语渐次融入他个人的想象空间。这时候,相对于中国音乐这个"相异性"元素来说,他只是一个简单的注视者,还不具备进行自我反省、思考、对比、修正的客观条件。

如果说钱德明来华之前对中国音乐有一鳞半爪的了解,那不过是对杜哈德作品的匆匆一读,获得的只是从这位神父笔下经过多重接受效果之后生发的观念,认为中国音乐原始而低级,与西方音乐相比几乎不能称为音乐。来华之前,他对中国音乐的了解是间接的,他只是多重接受链中靠近尾部的一环,中国音乐被"误读"和"变形"的程度相对较高。18世纪上半期法国人对中国音乐的集体想象,为钱德明提供了原始的依托和框架,为他与他者进行直接接触准备了比较素材(杜哈德书中刊印的中国曲谱及其论及的中国音乐史),他将带着充满"套话"的中国音乐观前往中国,开始历时数十年的中国音乐之旅。

---

① Tchen Yen Hia, *La musique chinoise en France au XVIIIe siècle*, p.41.
② 巴柔著,孟华译:《从文化形象到集体想象物》,载《比较文学形象学》,第124页。

二、初逢中国音乐

钱德明到达北京之后即开始学习语言文化:"我来到中国后的头等大事就是学习语言风俗,以便成功地宣讲圣教真谛。"音乐也是寻求传教突破口的手段,他开始用西方音乐去吸引和感染中国文人,从而达到让其皈依天主的目的。为此,他不遗余力地介绍西方音乐,不错过任何机会:"在刚来北京的初年,一切可以利用的机会,我都不会忘记去征服听我演奏的中国人,希望让他们相信西方音乐比当地音乐高出一等。这都是有教养和判断力的人,往往是朝中大员,经常来法国传教会谈论中国科学艺术,他们能够做出相应的比较。"但用西方音乐去打动中国人的初衷并未实现,其努力也未能取得预期效果:"拉莫的名曲、最动听的奏鸣曲、最婉转的长笛曲、布拉韦的长笛奏鸣曲,这些都丝毫不能影响中国人,他们脸上只有冷漠的表情,显得漫不经心,说明我根本没有打动他们。"

中国人对西方音乐的无动于衷促使他改变策略,他开始研究中国音乐:"宋君荣在中国文化很多方面都有着深入研究,他鼓励我接触(中国音乐)著作,而且为我提供尽可能的帮助。"①宋君荣在给英国王家科学院的信中写道:"钱德明刚到这里,他交给我几首中国乐曲,我如您所愿将其寄给您。这位神父说想学习中国音乐。如果他继续学习,您在这方面还会收到新的东西。"②1751年11月,钱德明寄出十首中国曲子,第一首曲子便是《柳叶锦》③。

随后,他开始翻译《古乐经传》。当时,他对汉语的掌握明显不足,对中国文化和中国音乐的整体理解也很有限。二十多年后回忆起这部翻译作品时,他承认当时"……对这方面的了解远远赶不上现在,对整个国家的风俗习惯和经典著作的了解远不如目前,各方面所能得到的帮助也非常有限,我在早期作品中免不了会犯无数的错误……"④今天,这部翻译手

---

① 《中国杂纂》第6卷,第1—3页。
② 转引自 Michel Hermans, «Joseph-Marie Amiot, une figure de la rencontre de l'autre au temps des Lumière», p. 27. Gaubil, Lettre du 30 octobre 1751 adressée au secrétaire de la Royal Society de Londres, Cromwell Mortimer, *Correspondance*, p. 644.
③ 参阅 Michel Hermans, «Joseph-Marie Amiot, une figure de la rencontre de l'autre au temps des Lumière», p. 27.
④ 《中国杂纂》第6卷,第12页。

稿已经无迹可寻,不能一睹其原貌,但该手稿在18世纪却被多次引用。①虽然钱德明认为那些引用常常经过了随意的篡改——"我完全有理由认为我的手稿经过了很多人手,遭到了无数次改头换面的篡改"②,但我们仍可从某些片断来了解其早年对中国音乐的认识情况。他对中国音乐尤其是"律"等概念还不太了解,对中国上古也没有确切的概念。虽然他"希望洞穿晦涩的中国古代音乐,消除其隐晦成分,但最后都没有达到目的。……唯一的结论……是中国古代音乐……和季节、月份、五行及自然互有关联。"③可见他当时尚不具备能力系统梳理中国古代音乐体系。

来华初年,他还撰写了《中国现代音乐》(*De la musique moderne des Chinois*, 1753—1759?)。他提出的观点非常特别:"他们(中国人)的听觉器官很迟钝,或者说不灵敏。……我们最美妙的音乐,最细腻感人的曲子,……意大利和法国最好的音乐家,由最精湛的大师来演奏……,难以想象的精确、轻松、惬意、微妙,……但他们都少有反应。"④因此,他试图探究造成这种审美差异的原因,认为中国人与西方人听觉器官不同,中国人的耳朵结构与西方人相异,因此不能感受西方音乐的妙处。他还试图从气候上去探寻中国人听觉迟钝的原因,认为北京冬夏温差和湿度较大,气候条件影响了当地人听觉的敏锐。

来华初年,他已经具备对比和处理既有想象的初步条件,但他坚持以欧洲文化为中心的态度,西方人的文化身份依旧在顽强地发挥作用。他面对他者时更多地表现为一种"居高临下"的态度,想以西方音乐去征服

---

① 关于该手稿在法国的接受情况,参阅陈艳霞《华乐西传法兰西》第二章《钱德明与李光地〈古乐经传〉》。

② 《中国杂纂》第6卷,第11页。

③ 转译自 Tchen Yen Hia, *La musique chinoise en France au XVIIIe siècle*, pp. 69—70.

④ *De la musique moderne des Chinois*, 法国国家图书馆音乐部,手稿 Rés. Vmb. Ms.14。参阅 Michel Hermans, «Joseph-Marie Amiot, une figure de la rencontre de l'autre au temps des Lumière», p. 27; Kii-Ming-Lo, «New Documents on the Encounter between European and Chinese Music», dans *Revista de Musicologia*, t.16, 1993-4, p.1904; Nicolas Standaert, Yves Lenoir, *Les danses rituelles d'après Joseph-Marie Amiot : Aux sources de l'ethnochorégraphie*, p. 291. 法国国家图书馆手稿编目认为此文时间无考。埃尔芒斯推断此文写作日期为1751—1760年之间。该文被Arnaud部分刊登于 *Journal étranger* 杂志1761年7月10日号第5—49页。因此,似乎该文最晚到达法国的时间似应为1760年,从中国寄出的最晚时间应为1759年。据笔者考察法国国家图书馆音乐部手稿,钱德明在该文开端处说:"在尽可能准确的介绍古代音乐之后,很自然现在应该介绍当今的音乐。"可见该文的写作不应早于翻译《古乐经传》,而《古乐经传》推定的大致完成日期为1753年。因此,笔者推断此文的写作日期当为1753—1759年之间。

中国受众,对被注视的异质文化抱着批评心态。这时候,他与中国还只是初步接触,没有深入了解,从西方人立场看待中国音乐:"上述乐曲在中国非常受欢迎,大家可以评价看值不值得我一听再听,可以说我已经非常厌烦,希望不要对其他去了解它的人产生同样效果。我这里还有其他几首用西方记谱方式记录的曲子。我从中得出的结论是——你们也许会得出同样的结论:中国在音乐方面非常滞后,而这门艺术在法国已经达到最完美的程度。"①

当然,他在和中国音乐相遇的过程中并未故步自封,当西方音乐在中国士子面前碰壁之后,他主动改变策略去了解中国音乐。此前法国的集体想象物为他提供了形象的基本构架和比较的最初素材,来华之后他寄回欧洲的第一首曲谱就是杜哈德刊出的《柳叶锦》,并纠正此前刊印中的大量错误。虽然此前的集体话语依旧在发挥主要作用,但接受者钱德明已经变被动为主动,并且开始参与到重建形象之中。

他将《古乐经传》翻译手稿寄给了德拉杜神父,请他将手稿转交布甘维尔,并承诺每年均寄送其他音乐材料。"我又多次寄给德拉杜神父(音乐)材料,这些材料最终都到达了法国。……1763年,德拉杜神父和我们中断了联系。"他暂时作别音乐,"转向其他更值得学者关注的领域"。②十余年之后,他又重拾起中国音乐研究。

三、再谈中国音乐

1774年,比尼翁将鲁西埃的著作《古代音乐》(*Mémoire sur la Musique des Anciens*, 1770)寄给钱德明。鲁西埃认为埃及人是音乐的缔造者,这成为钱德明重新研究中国音乐的动因。他重新研究后撰成《中国古今乐记》一书。他抄录两份手稿分别寄给比尼翁和贝尔坦。比尼翁回信说:"浏览该书的内容,发现您花了很多心血,广泛的研究,大量的计算,对不懂音乐的人来说简直非常困难。"③

钱德明此书共三部分,勾勒了中国音乐的发展脉络和趋势,介绍了上古音乐的产生及特点。他认为中国古乐器是确立中国音乐体系并对其进

---

① *De la musique moderne des Chinois*,法国国家图书馆音乐部,手稿 Rés. Vmb. Ms. 14。
② 参阅《中国杂纂》第6卷,第5页。
③ 比尼翁1777年11月致钱德明书信,巴黎耶稣会档案馆,裴化行档案,JBM n° 69。转译自 Michel Hermans 书第52页。

行历史定位的基础性工作,是支持中国音乐体系独立于古代埃及音乐体系的佐证。但这还不是一部系统深入的专著,正如作者所说:"这是一篇论文,不是关于中国音乐的专著。在这世界的尽头,我不能获得必要的知识和帮助以完成一部完整的专著。我认为,能够为欧洲学者提供材料,让其受益就足够了。"①

作者在前言中明示:"我的论断是……埃及人并没有传递给中国人音乐体系,……从中国人身上,不仅是希腊人、连埃及人也吸取了很多科学和艺术养分,而后再传递给西方蛮族。"②在结尾处作者又得出如下结论:一、中国人一直拥有或者至少比其他民族都更早拥有音乐体系,其基础是三分损益法。二、这一体系由中国人自己创立,比其他任何体系都悠久。三、这一体系几乎包含希腊和埃及音乐体系的所有内容,希腊人甚至埃及人都从中国吸取了音乐元素。四、毕达哥拉斯可能到中国学习过科学和技艺,包括音乐知识,然后回到希腊改编成毕达哥拉斯体系。五、虽然乍看起来埃及和中国的某些音乐元素几乎相类,但实际差异较大,这涉及音乐体系的本质差别。六、认为中国人对三分损益法的运用很蹩脚的说法有失公允。③

在写作该文之前,钱德明已批驳过中国人起源于埃及的论断,认为中国是独立发展起来的文明,中国历史比其他民族的历史更悠久。他坚持认为中国人具有独立古老的音乐体系,是对建构起来的中国历史形象和对上古赞美态度的深化。此时,他来华已经二十余年,对中国已经有了全面的了解,看待中国的视角也发生了转变。正如前文所述,他已经建构起中国古代形象,将黄帝之后的历史列入信史时代。在此之后,他又在研究中对中国古代有了更完整的认识,其中就包括中国音乐体系,其历史沿革和传承吻合和支持着他塑造的具有悠久历史的中国形象。此时,他谈到中国音乐时已抱着欣赏的态度,与早期谈论中国音乐的情形迥然有别。

中国音乐体系同时受制于和支持着整个中国古代形象架构,他也明确指出了这一点:"在《由载籍证明中国之远古》之后的这一(关于中国音乐的)结论,将支持我(关于中国悠久历史)的观点。我觉得,在我看来已经证明过的大量有关中国的事实,对于那些带着偏见的人来说可能是异

---

① 《中国杂纂》第6卷,第20页。
② 《中国杂纂》第6卷,第16页。
③ 参阅《中国杂纂》第6卷,第173—175页。

想天开。……这种能力和审视、感觉和判断问题的方法,只能通过长时间才能获得,要经历很多痛苦,还必须生活在这个国家之内。我将给他们(带着偏见的人)介绍主要史籍,他们再运用自己的洞察力和批评方法。"

他接着写道:"要欣赏和理解作品则需要读者长期的关注。人们一般认为这类作品本身没有意思,无非是干涩的事实,没有任何愉悦想象的细节。我在本书中讲述的通常都是此类内容。有些内容需要注意力、耐心,有时还需要好心情。理解这些内容则需要接受中国人的观点,需要设身处地按他们的口吻来说话。"①他主张讨论中国问题要考虑中国人的思维和情感,从中我们可以看出其心态的演变:从一开始主张用西方音乐去征服中国人,到现在抛弃了以欧洲文化为尊的心态,主张顺应中国人的观点。这种态度的变化反映了文化身份的转变。

关于这一点,他在一封书信中直言不讳地说:"我在谈及中国古代圣人时经常操着该国作者的口吻。"他甚至担心因为对中国道德、政治、文化的崇拜,会让人觉得他对这个国家过分偏爱。②实际上,钱德明在与中国文化的接触过程中,逐渐摆脱了原来的社会集体想象和传统套话,逐渐熟悉、了解了中国人的感情、观念、思维模式,在相当程度上主动介入到了中西文化交流之中,用新形象去影响西方注视者的想象,希望建构接近于自己眼中"真实"的他者形象。这是长期汉化适应、全身心投入异质文化产生的结果。

钱德明在接触、了解和发现他者的过程之中,受到他者的影响非常明显,已经对自我进行了改造。他逐渐改变身份,吸取相异性文化因素,从某种程度上达成身份认同。钱德明不再是被动的中国文化接受者,他已成为积极的中国文化传播者。从我到他,从被动到主动,从消极到积极,从欧洲文化中心论到中国文化崇尚论,他的创作活动反映了这一发展过程。接受者的文化心理在变化过程中清晰地折射出来,来华二十多年之后,其立足点也更多是中国文化。这种文化身份不再是孤立的、外在的自我的反应,更多的是经过长时间被他者感染和同化之后的新的自我,一种倾向于他者身份的文化立场,自觉不自觉地从他者角度来塑造异国形

---

① 《中国杂纂》第6卷,第16—17页。
② 参阅钱德明1776年9月5日致贝尔坦书信(附《中国古今乐记》中),法国国家图书馆西方稿本部,Fonds français 9089。

象。如果说他刚来中国还是个完全的法国人,适应策略和氛围影响成为其身份转换的催化剂,正是自我与他者之间的互动在不断地改变着他,影响了他的研究活动。此外,钱德明的中国文人助手也通过资料的选择、梳理参与了他的研究工作,①使得他最终塑造出这样的中国音乐形象。

本章考察了钱德明在历史、孔子和音乐三方面的著译活动。在历史纪元问题上,他继承了前辈耶稣会士的研究传统、方法和成果,文献考证和天文检验并重,以中国纪年年表为依据,再运用天文学知识来反证中国历史的悠久可靠。在构建的中国纪年体系中,他对中国上古抱着赞美和欣赏态度,认为这是诺亚大洪水之后独立发展起来的民族和文化,与埃及或犹太文化没有关联。这种赞美态度传承了耶稣会士的传统做法,符合他们的传教主张。他将中国史书奉为金科玉律,在有关中国问题的争论中极力维护这个文明国家的形象。在讨论上古问题时,他有意识地涉及古代文化的核心问题,如祭天、祭祀等,并从中阐释出合乎基督教教义的元素,这无疑与其传教士身份和心态密切相关,可以读出护教性质的内容。在来华耶稣会传统的作用下,因为对中国的推崇和热爱,他尊重中国人的情感,努力地接近中国人的文化传统,维护中国文化形象。

重塑孔子形象一是出于维护传教策略,一是出于对中国儒家文化的热爱。在为孔子"拨乱反正"的过程中,他明确传达自己的信息,认为在"礼仪之争"中,西方对中国文化和当地风俗习惯的本质缺乏了解。他借助史料巧妙诠释"礼仪之争"涉及的问题:祭孔、祭祖、祭天,其著作明显带着护教及为耶稣会辩护的印痕。显然,其耶稣会士的身份一直规范着他写作的立场和态度。

在中国音乐问题上,钱德明的态度经历了一个较长时段的转变,从最初的排斥到加以研究,并且从古籍中发掘中国古代音乐体系。这中间依然可以看出其自身文化身份的变化:文化交流媒介者在与当地文化的朝夕相处、不断对话中,慢慢向当地人的感情靠拢,按照当地人的眼光和观念来介绍这种音乐体系。而对中国音乐的认同从属于他构建起来的古代中国形象,这一音乐体系符合中国古代纪元体系的具体要求。

钱德明在中西文化交流中的作用与其身处的社会文化背景有着千丝

---

① 参阅钱德明1776年9月5日致贝尔坦书信(附《中国古今乐记》中),法国国家图书馆西方稿本部,Fonds français 9089。

万缕的联系,正是在这个特定文化场中的各种因素的规约及作用下,钱德明的作品才会以这种方式存世并展现给西方受众。我们在上文中反复讨论了他的文化身份问题。如果说这一问题在早期来华传教士,特别是耶稣会传教士身上普遍存在,那么钱德明就是最具代表性的典型之一。他的著作明显打上了这种复杂身份的印痕:在华耶稣会士身份赋予他预设的传统、立场;"礼仪之争"左右着他为中国礼仪辩解的意图和趋势;对他者文化的认同造就他塑造形象的出发点和视角。此外,还不应忘记他是欧洲学术的积极参与者。在他的著作中,主题、材料、内容的选择都与欧洲学界关心与讨论的问题密切关联,如历史纪元和孔子都是欧洲大讨论的核心问题,而具体的论述也带着辩论色彩。总之,他的著述正是以上种种情景和多元文化身份的产物。

第三章 钱德明翻译研究

钱德明来华不久即开始尝试翻译实践,他的翻译活动也一直持续到他的晚年,可以说翻译伴随他走过了整个在华岁月。他在法国出版的翻译专著如《御制盛京赋》和《中国兵法》等,在当时都产生了相当大的影响,使得法国又进入新一轮的"中国热"。本章将以这两个文本为研究对象,分析译者的翻译策略,探讨译者在传递异国文化因素和塑造异国形象时的动机,另外还将从译介方法和关键词汇的翻译方面来考察意义传达的手段和效果。

第一节 钱德明与诗体翻译
——以《御制盛京赋》为中心

我们知道,诗体翻译存在较大的难度,因此早期来华耶稣会士当中很少有人涉及该类文体,但是钱德明却翻译了不少诗歌,其中的《御制盛京赋》更是产生过较为广泛的影响。这篇赋文作于乾隆九年,是年九月,乾隆奉皇太后之命赴盛京谒陵。"谕王公宗室大臣等洁蠲礼典,训导兵民,毋忘淳朴旧俗。冬十月庚戌朔,上御大政殿,赐扈从王大臣宴于凤凰楼前。谕王公宗室等革除陋习,恪守旧章。御制盛京赋。"①《御制盛京赋》分为序、赋、颂三部分,总共计约五千字左右。赋文主要讲述了满洲的源流演变,歌颂祖宗创建大清王朝的文治武功,描绘当地的殷实物产和壮丽山河。赋文后还有七百多字的颂。1770年,钱德明翻译的《御制盛京赋》法文译本寄达法国国王图书馆,德经负责校对译稿,并撰写了前言,②1770年出版了单行本。该书分八个部分,依次是:出版者前言,译者序言,原序,皇帝上谕,乾隆《盛京赋》序、赋、颂,钱德明关于中国文字的研究,译诗

---

① 赵尔巽:《清史稿·本纪十·高宗本纪一》,中华书局,1977年。
② 参阅 Amiot, «Avis», *Eloge de la ville de Moukden,* Paris, Tilliard, 1770.

注解，最后是乾隆皇帝《三清茶》①诗译文。

钱德明在谈到附录于后的御制咏茶诗的翻译工作时说：如果要准确诠释中文诗歌的意蕴则"需要精通中文，了解他们的诗，才能理解和运用我们的语言来表达皇帝诗中的细腻情感。一位才华横溢的文人告诉我，这些诗歌（《三清茶》）非常优美，其优雅远胜一般诗歌。大家可以通过解释来大致地判断其内容，而不是其价值。"②他谈到了翻译诗歌的难度及对译者的基本要求。在这里，他使用了"解释"一词，明确透露其翻译更多只是解释性的方法，而这样的翻译不能让读者判断诗歌的文体"价值"，而只能了解原诗言说的"内容"。他清楚地知道，解释性诗歌翻译已经让原诗的文体之美荡然无存，能够翻译的不过是诗歌中言说的具体内容，因此诗歌翻译也就牺牲了"文"，只传达出"质"。

如果说钱德明开始还试图"真正翻译"的话，那么最后却因为各种困难而只能选择别的手段。1772年，他又谈到了诗体翻译："我发现要想清楚明白地把诗歌翻译成法语真是困难重重，就是最擅长文字的中国人如果没有历史书在手，也不能理解这样的诗文。我于是放弃翻译，决定解释。"③他透露了两个信息，一是"记事"类的诗文难以理解，需要大量的相关知识；二是根本就不可能翻译这样的文字，只能选择"解释"的方法。因此，他更多地转向了介绍诗文的背景和内容。后来，即使是在遇到抒情类诗歌的时候，传达诗文艺术格调的想法也逐渐淡化，而他也渐渐接受了诗歌难以翻译的事实，一般也仅仅限于解释诗歌的基本内容。

1776年，他翻译了一组六首咏牡丹花的五言绝句，据他所言诗歌作者不详，根据诗歌风格推测当为宋人作品。④他明确指出："我只是传达中国诗歌的意思而已。对我来说，根本不可能表现其全部的优雅和美感。"

---

① 该五言诗本刻于"三清茶"碗之上，落款为"乾隆丙寅小春御题"。"三清茶"碗以乾隆赞咏"三清茶"诗文为装饰，为专门饮用"三清茶"之茶具。原诗为："梅花色不妖，佛手香且洁。松实味芳腴，三品殊清绝。烹以折脚铛，沃之承筐雪。火候辨鱼蟹，鼎烟迭声灭。越瓯泼仙乳，毡庐适禅悦。五蕴净大半，可悟不可说。馥馥兜罗递，活活云浆澈。据佉遗可餐，林逋赏时别。懒举赵州案，颇笑玉川谲。寒宵听行漏，古月看悬玦，软饱趁几余，敲吟兴无竭。"

② 参阅 *Eloge de la ville de Moukden*, p. 330.

③ 钱德明1772年10月4日致比尼翁书信，法国国家图书馆西方稿本部，布雷基尼档案。随信寄出《御制平定厄鲁特诗之说明》译文，钱德明谈及翻译问题。

④ 法国国家图书馆西文稿本部，布雷基尼档案114。该手稿注明法国收到时间为1777年，因此从中国寄出时间应为1776年。

在每首诗的拼音下,他标注"解释"(explication)二字,随后用法文介绍诗歌内容。此诗的翻译是在《盛京赋》数年之后,可见随着对中国诗歌的认识加深,理解加深,他越来越感觉到翻译的艰难。对诗歌只能进行解释,不能进行所谓的"翻译"了。

1786年,钱德明对诗人乾隆进行过全方位的评价,并翻译了乾隆御制诗。①首先,从诗人身份来说,他认为在伏尔泰去世之后,东西方已经没有比乾隆更年长的知名诗人了,只有普鲁士国王能够与其相比,可见他对乾隆作为诗人的认可。其次,对诗歌格调的评价非常高,说乾隆的诗歌受到帝国所有文人的好评,其诗严格尊重章法,只表现严肃的主题,以传后世。再次,关于诗歌的"载道"作用,称乾隆"如同家长对孩子们讲话一样,督促他们成器",是"一位教化子民的君主"等等。在翻译乾隆诗时,他再次使用"解释"一词,可见解释一直是他翻译诗歌的方法,并且也明显意识到诗歌之美可能会因为翻译而丧失,解释性的法语译文甚至可能与诗歌的主题"不配",而且会失去汉字的活力和色彩。②

上面是钱德明在不同阶段对诗体翻译的尝试和论述,可见他基本是采用解释的手段,对诗歌的形式之美往往无能为力。在钱德明翻译的诗文中,《盛京赋》引起的反响最大,本节将以此文为例,具体讨论钱德明诗歌翻译的目的、方法及效果。

一、翻译目的

一般来说,在开始翻译之前,译者可能自觉不自觉地都要经历"信赖"这个步骤。换言之,译者之所以选择某个文本来进行翻译,一定是发现并相信它存在某种价值,值得翻译并且介绍给其他语种的读者。可以说"信赖"是一种选择,译者的选择总会有自己的标准,至少说被选定的文本在他眼中具有某种价值和意义。由于译者的翻译目的不同,他们对原文价值和意义的取舍和传递也都怀着各不相同的意识。

---

① 参阅钱德明1786年5月20日致贝尔坦书信,《中国杂纂》第13卷,第417—458页。中文御制诗如下:草根与树皮,穷民御灾计。敢信赈恤周,遂乃无其事。挖蕨聊糊口,得米出不意。磨粉掺以粟,煮食充饥致。得千余石多,而非村居地。县令分给民,不无少接济。并呈其米样,煮食亲尝试。嗟我民食艰,我食先堕泪。乾坤德好生,既感既滋愧。愧感感不胜,违忍称为瑞。邮寄诸皇子,令皆知此味。孙曾元永识,爱民悉予志。参阅钱德明1786年5月20日致贝尔坦书信,法兰西学士院图书馆,手稿1516。

② 参阅《中国杂纂》第13卷,第418页。

钱德明在译序中谈到了作品在两方面所具有的价值,一是诗歌方面,一是历史方面。"从诗歌方面来说是娱情的,通过丰富的情景、精彩的描写、细腻的比喻、各种相应的铺陈修饰给人带来娱乐。作为历史,其目的主要在于教化,提供了满族的重要资料,讲述满族的主要风俗和重要事件。"①这是译者钱德明设定的两个标准,从文中读出的两大价值,即诗学价值和史学价值,这两点也为理解译作提供了参照。

钱德明通过译诗来介绍诗人,客观上也就塑造了中国皇帝形象。他介绍说乾隆雅好文艺,对艺术多有涉猎,关注文艺发展,不仅组织《盛京赋》三十二体书法出版,也组织大型丛书的编撰。其笔下的乾隆是典型的中国文人,关注各项文艺事业的发展:"……一位中国皇帝治理着寰宇中最大的国家,在闲暇时著述了这部需要各种非凡知识的作品。"②他希望通过这首诗歌传递给西方一个正面的乾隆形象,并且对其充满了钦佩和赞赏。在这个时期,钱德明塑造的乾隆形象正在慢慢形成之中。通过序言和评语,读者可以看出乾隆是一位勤政风雅的皇帝,这与钱德明晚年对他的极度赞美一脉相承。乾隆是一位谨守传统礼法的皇帝,到满洲祭祖则反映了他坚守中国古代礼仪。钱德明说:"所有诗歌中的这些想象成分都和上古习俗相关,尤其是和周朝的早期帝王相关。"③乾隆阐述了谒陵目的和教化习俗的宗旨,强调要继承祖宗礼仪。"尝闻以父母之心为心者,天下莫不友之兄弟。以祖宗之心为心者,天下莫不睦之族人。以天地之心为心者,天下莫不爱之民物。斯言也,人尽宜勉,而所系为君者尤重,然三语之中,又惟以祖宗之心为心居其要焉。"④塑造美好的乾隆形象归根到底还是在塑造中国形象,《盛京赋》蕴含了强烈的政治信息,这也是古代帝王诗文的重要内容。选择翻译该文的目的也正是要传达这种政治信息:这个东方大国国内形势稳定,边疆安定,吏治良好,这里的人民不忘千年因循的礼仪,而且皇帝在其中起着表率作用。

另外,在钱德明看来,诗的内容本身具有教化习俗的社会功能,反映了中国崇尚礼仪的一面。他希望通过译文来反映中国人祭祖的传统和现

---

① *Eloge de la ville de Moukden*, p. a.
② Ibid., p. i.
③ Ibid., p. 3.
④ 戴逸编:《清高宗(乾隆)御制诗文全集·第十册》,中国人民大学出版社,1993年,第503页。

实,强调中国礼仪中祭祀活动的重要性,用此诗来印证中国人的礼仪,以证实耶稣会传教法的正确。《盛京赋》原文引《中庸》云:"子曰:'明乎郊社之礼,禘尝之义,治国其如示诸掌乎?'"①朱熹对此句的注释为:"郊,祀天。社,祭地。不言后土者,省文也。禘,天子宗庙之大祭,追祭太祖之所自出于太庙,而以太祖配之也。尝,秋祭也。四时皆祭,举其一耳。礼必有义,对举之,互文也。示,与视同。视诸掌,言易见也。此与论语文意大同小异,记有详略耳。"(《中庸章句集注》)朱熹所说"省文",其意本应该是"事上帝及后土",因为郊是祭天或上帝,社是祭地或后土。利玛窦在《天主实义》中批评朱熹说:"窃意仲尼明一之以不可为二,何独省文乎?"认为人们祭祀的对象只能是唯一真神,"事上帝"已经说明问题,而不涉及所谓"省文"现象。利玛窦未引朱熹关于"郊""社"的注解,如果把"后土"加上则是属于自然崇拜或者多神崇拜现象,由此可以看出他在将上帝与天主对应时解读中国经书的文化策略,即运用天主教神学体系来阐释至高无上的中国古代上帝观念。钱德明的译文是怎样的呢?

原文:子曰:"明乎郊社之礼,禘尝之义,治国其如示诸掌乎?"

译文:Confucius dit : Celui qui sait faire à propos les Cérémonies déterminées pour honorer le Ciel et la Terre dans les Sacrifices qui se font au solstice d'été et à l'équinoxe d'automne, et qui pénètre le sens de tout ce qu'elles renferment, peut gouverner un Royaume avec autant de facilité qu'il peut en avoir à regarder dans sa main.②

回译文:孔子曰:懂得在夏至和秋分恰当地按照礼仪祭祀天地并且了解其奥义的人,治理一个国家如同看自己的手掌一样容易。

这句简短引语的处理可以窥见译者的文化和传教心态。所谓"郊社",冬至祭天称为郊,夏至祭地称为社,钱德明在翻译中明确引出了"天"和"地"的概念,③并没有像利玛窦那样回避"后土"这个祭祀对象,只不过他所写的时间为夏至和秋分,与冬夏二至的时间不符。利玛窦当初出于传教的需要,故意淡化了后土这种祭祀现象,而钱德明却明确提及,虽然

---

① 此语出自《中庸》十八章:"郊社之礼,所以事上帝也。宗庙之礼,所以祀乎其先也。明乎郊社之礼,禘尝之义,治国其如示诸掌乎。"
② *Eloge de la ville de Moukden*, p. xxix.
③ 钱德明分别使用大写的 Ciel 和 Terre 两个词,来翻译郊社所涉及的祭祀对象天和地。

如此却并不违背耶稣会主流派对"上帝"和"天"的概念的认同。前文已经论及,钱德明认为对天、地、日、月的祭祀活动最终都是指向上帝,而这些自然物象不过是祭祀的中介而已,这样就找到了一种互为解释的依据,可以在天主教的框架内来做出对应和调和。

钱德明在处理祭天的"祭"和祭祖的"祭"时,在用词上一以贯之地采取区别对待的办法。法语尤其考究和选择用词,翻译时利用这种手段在符号转换过程中改变其中的符指关系,在"过滤"和"选择"意义之后,让读者产生出有别于源语的意义来。以下两个与祭祖相关的翻译处理。

原文:日有孜孜,敬奉神器。

译文:Chaque jour, je médite profondément sur les moyens que je dois employer, pour venir à bout de les imiter et de leur témoigner une partie de ma reconnaissance; chaque jour prosterné devant leur représentation, je leur rends les plus sincères hommages.

回译文:每天,我都深刻地思考我应该使用的手段,以便能够效仿他们,向他们表达我的感激之情;每天,我都在他们的画像前垂首以表达诚挚的敬意。

原文:不躬亲祀事,其奚以摅悃忱而示来许。

译文:Comment pourrais-je laisser à la postérité des témoignages extérieurs de la tendresse et du respect dont je suis pénétré pour ceux à qui je dois le jour?.①

回译文:我怎么向后人展示内心对赋予我生命的祖先的感情和尊敬之情的外在表现?

他强调对祖先的"感恩"之情,表达的意思是"内心对赋予我生命的祖先的感情和尊敬的外在表现"。在翻译过程中,他巧妙传达了对祭祖仪式的看法和理解,折射出他在中国礼仪问题上的立场,即倾向于将祭祖视为后人对先人的追思和感怀的民间行为,因此应该采取相对宽容的态度。

最后,钱德明的翻译动因也与满学息息相关。钱德明本人精通满语,翻译过程中也同时参考了中文版本和满文版本:"为了完善科学与艺术,希望欧洲学者对满语产生兴趣,了解这门语言将可以自由进入中国各朝

---

① *Eloge de la ville de Moukden*, pp. xxxiv-xxxv.

的文学作品中去。……我承认如果只运用中文的话,则不能做好自己的工作。满语符合欧洲语言习惯,它有自己的方法和规则,一句话,我们看得更明白。我可以给大家寄一部语法和字典,帮大家学习解惑。"①翻译时介绍满洲文化和风物习俗是一个重要特点。诚然,这样的御制之作谈不上多少文学价值,译者在选择的时候有其特别用意:"请读者们留心注解内容:也许能找到一些值得关注的条文。我尽量把与满族相关的内容纳入其中。这个民族如今这么著名,值得换一个角度去关注,而不是从各种基于民间传说的历史或者某些中国作家在描写时候的嘲讽来关注它。通过诗歌中的想象可以轻松分辨出历史中的真实;因为想象也是扎根在历史之上的。"他希望西方更多地了解满洲文化,前文曾经谈及他对贝尔坦等高层建议,让法国在满洲地区的沈阳设立主教区,以免让葡萄牙在中国一统天下。这是个战略性的建议,可见在做出此建议之前,他就开始关注这一地区了,《盛京赋》的翻译可以说也是为这样的目的而服务的。

如果两种语言文化差距太大,译者能否达到自己设定的目的,这里就涉及了翻译方法问题。

二、翻译方法

面对这种欧洲所陌生的文化,面对赋这种独特的文学体裁,钱德明采用了什么翻译方法,进而怎样影响到他的翻译作品?在前言中,钱德明曾言明自己处理译文的方法:"我主要的注意力就是要尽可能跟随原文:我一页一页地,一句一句地,一行一行地跟随;我几乎都做到了;但我不敢妄自尊大说自己的翻译就没有毛病。不管怎样,我觉得已经说得够多了,能够给读者一个如实的赋和颂的看法。"②这段告白清楚地说明,他希望遵循忠实和直接的翻译方法,希望让读者"如实"地了解中国文学中的赋和颂,这也是他设定的翻译目标。而对译者来说,某些关键词汇中所蕴含的大量语义价值、伦理价值以及在历时过程中形成的隐含的社会文化价值都很难传达,而且文学体裁、文本风格、语言格调都很难再现。因此,作者最初设定的翻译目标似乎也难以完全实现,我们下面试通过对"赋"与"颂"的介绍具体探讨钱德明的翻译方法。

---

① *Eloge de la ville de Moukden*, pp. v-vj.
② Ibid., p.iij.

钱德明在谈及传达赋和颂的概念时说:"我相信说得够清楚了,可以给读者一个如实的概念,要让他们明白什么是赋,什么是颂。"① 其目的是希望向欧洲读者介绍中国的赋和颂,让他们了解中国丰富的文学财富和多样的文类。赋通常以四言、六言为主,也有五言、七言或更长的句子,"多用铺张的手法,描写都城、宫宇、园苑和帝王奢华的生活"②,正好符合乾隆的描写对象。而颂的内容典雅美好,文字明晰清纯,运用赋文的铺陈手法,却没有华丽奢靡的文风。钱德明是如何认识这种文学体裁的呢?他显然注意到了赋文铺陈对比的特点:"选择所有可以凸现要颂扬的那个场景的特点。他们喜欢运用的形象,即对比或对称,也就是说将颂扬的地方与某个著名地方对比或对照。因此,可以比较气候、环境、建筑、田园、森林、山脉等。如果要运用赋文来歌颂的那个地方有一些影响其光彩的地方,他们会毫不犹豫地将其突出,然后进行夸张地批评,尤其是道德、政治和伦理都将介入其中,正如本文一样……"③ 钱德明在这里确实指出了赋叙事状物、为文造情、夸张铺陈的特色,他认为这是一种崇高的诗体,只包含高贵、华贵、庄重的感情,表达方式尤其注重形象,色彩强烈,充满活力。

钱德明在法文中寻找相似的文类概念译介,并与风格相似的诗人做类比,使读者通过联想效果而了解这两个中国文类。他将'颂'翻译为法语 ode 或 cantique。在古希腊文学中,颂(ode)是一种抒情诗文,通常有音乐伴奏,也可指对人物和事件的颂诗,如奥林匹亚竞技胜利者颂等,这是一种崇高的文体,可以与史诗相比。诗人龙萨(Ronsard, 1524—1585)将颂引入法国之后,其功能发生了一定的变化,古代作为颂唱的功能相对弱化,而作为一般诗歌的特色增强。因此,古代的三段式也简化为类似于歌曲的分段形式,但依旧保持了诗体的结构和韵律。从古典主义时代以来,颂歌成为一种崇高的文体,对语言和内容都有极高的要求。感恩歌(cantique)则是宗教性质的颂歌,最初的风格追求简短、简洁和通俗。钱德明将中国赋予品达(Pindare, 前518—438)的合唱歌(颂)做比。④ 的确,品达的合唱歌气势宏伟,措辞严谨有力,诗中充满生动的比喻,诗品意境

---

① 参阅 *Eloge de la ville de Moukden*, Paris, Tilliard, 1770。
② 参阅夏征农主编:《辞海》,上海辞书出版社,1999年,第2477页。
③ *Eloge de la ville de Moukden*, pp. 7-8.
④ Ibid., p. 212.

都比较高,思想深邃,品达诗歌表现出来的这些色彩也正是钱德明描写的中国赋的特色。品达诗中多有泛希腊爱国热情和道德教诲,诗格庄重,辞藻华丽,形式优美。品达的合唱歌对后世欧洲文学有很大影响,17世纪古典主义时期被认为是"崇高颂歌"的典范。钱德明认为中国赋文相对比较深奥,这与品达合唱歌扑朔迷离的神秘色彩和晦涩难懂有相同之处。但实际上赋不是用于歌唱,而是用于朗诵,赋的形式似散文,却又有诗的韵律,介于诗与文之间,近于诗而远于文,中唐之后甚至出现了散文化的文赋。应该说钱德明的类比还是相对准确的,中法文中的对应体裁的基本要求也大致相同。①

  但是,他对具体意象的处理是否也让读者同样准确地体会到了中国文类的特色呢?我们知道,对源语历史文化的深入把握,了解字里行间传达的具体意义,以及反映的社会文化状态,这是在目的语中复原原有信息和价值的基本要求。在从源语到目的语的信息传递过程中,译者解读、解释、再现这个中间环节关系到文化因素的传递。下面我们通过一个例子来对比原文、译文和回译文之间的同与异。

  原文:历吉日以建旗,驾应龙之和鸾。

  译文:Le jour fixé, comme n'ayant rien que d'heureux, étant arrivé, on déploya le grand étandard à franges rouges: on équipa mes coursiers, dont la marche fière et légère n'est point inférieure à la majestueuse vitesse du dragon qui vole. On les attela à celui de mes chars, dont les brillantes peintures qui l'embellissent au dehors, représentent avec les plus vives couleurs des phénix, des nuages, des dragons, et dont les moelleuses étoffes qui le parent en dedans, ne servent pas moins à la commodité qu'à l'élégance. Revêtu moi-même de ces habits qui inspirent à ceux qui les voient un profond respect pour celui qui les porte, je montai dans ce char.

  回译文:确定的吉日到了,展开锦绣铺陈的一面大旗:骏马披挂停当,其骄傲和轻快的步伐丝毫不比飞龙的速度慢。骏马驾到御车上,外面是美轮美奂的图饰,鲜艳的色彩表现了凤凰、云彩、龙等,里面装饰着柔软的锦绣,既舒适,又高贵。我的服饰可以让人油然而生

---

① *Eloge de la ville de Moukden*, p. iij.

敬意，我登上了御车。

首先来看几个汉语词的本义和象征意义。驾：指车乘，亦特指帝王之御车，可以转指帝王，中文中所说的御驾、车驾、法驾，皆指帝王车乘。准确地说，天子的卤簿分大驾、法驾、小驾三种，其仪卫之繁简各有不同。裴骃《史记集解》引蔡邕曰："天子有大驾、小驾、法驾。法驾上所乘，曰金根车，驾六马，有五时副车，皆驾四马，侍中参乘，属车三十六乘。"应龙：传说中有翼的龙。《文选·班固〈答宾戏〉》："应龙潜于潢污，鱼鼋媒之。"吕延济注："应龙，有翼之龙也。"《广雅》曰："有鳞曰蛟龙，有翼曰应龙，有角曰虬龙，无角曰螭龙。"和鸾：指古代车上的铃铛。挂在车前横木上称"和"，挂在轭首或车架上称"鸾"。《毛传》："在轼曰和，在镳曰鸾。"《汉书·五行志上》："故行步有佩玉之度，登车有和鸾之节。"鸣和鸾则谓车行鸾和相鸣应。①通过上面的分析，"历吉日以建旗，驾应龙之和鸾"一句则可以这样理解：吉日良辰，卤簿威严，大驾辉煌，骏马如龙，鸾和鸣应。如果考究其象征意义，应龙可理解为比喻皇帝御驾的骏马，和鸾则代表皇帝依仗中的车驾。统而观之，鉴于赋文往往多着重渲染色彩，描绘环境，点缀气氛，虚多于实，这两句不过是形容皇帝出行依仗之气派，卤簿之隆重，非一定实指皇帝本人的法驾。这姑且不论，不妨将其看作实指的描写，然后再来探讨法文中的翻译效果。

在翻译这两句赋文时，钱德明要突出的是原文中的御驾概念，法文中的关键词是 char。据罗贝尔辞典，该词的古意是由畜力牵引的乡村四轮车，没有减震装置；另一个意思指的是 16 世纪用在战争中的四轮马车。如果说中文中的"驾"有专门指帝王的御车之意，那么在法文中的 char 则没有这一层特别的意思。故 char 一词不管是用来翻译"驾"字或者整个后面一句的象征意义，都不能达到表达的效果，这个法文词的价值比起中文"驾"字来可以说小了很多。这种情况下，char 则达不到翻译传达的效果，单纯出现一个 char 时，西方读者也不可能理解中国皇帝出行会有多么隆重和盛大的场面。而在汉语中，御"驾"这样的词汇已经在人们心中形成了约定俗成的、"法定"的能指和所指关系，而一旦脱离中文语境，翻译则将打破这种稳定关系，即使能够在目的语中找到对应的词汇，但经过发送者——传递者亦即译者的"解释"之后，这些所谓对应的词汇也不可能具

---

① 以上典故参阅汉典网《汉语字典》（www.zdic.net）。

有相同的"意义"和"价值"了。① 可以看出，为了让不具备中文阅读经验的西方读者理解这种中国人再熟悉不过的形象，翻译起来就会困难重重，不可能再像中文和满文那样简单堆砌几个词了事。

　　钱德明用什么方法来传达皇帝大驾的万千气象呢？在这里，在两种语言的转化过程中，不再可能使用某一词对应原文中的一个词，两种语言中实在没有完全价值等同的词语，既然词的对应已不可能，那么就只能在翻译中用解释性话语去帮助读者领会难以理解的意象。钱德明很清楚翻译中的这个现象，所以特意加注予以说明，而预期的翻译策略也只有进行相应调整："我说（翻译）了这么多话，目的就是要给出一个车、马（驾）的概念，中文不过用了几个字，满语也只用了几个词。原因很简单：在提到这种'驾'的时候，汉人和满人马上就有概念；他们马上能联想到具体的形象，他们都见到过，或者千百次地描写过。"② 显然，由于文化语境的不同，中文读者和西方读者对于某个概念所生发出来的联想是不一样的，忠实性的直译必然行不通，而只有选择这种对原文的解释性话语。

　　上面选取的这个句子里包含了丰富的文化内涵。除了"驾"字之外，还有几个文化现象值得进一步讨论。钱德明将"应龙"翻译为"飞龙"，应该说理解比较准确。虽然在法语中找到了词语来诠释这个词，但这种具有典型异质文化色彩和丰富文化内涵的相异性却很难被纳入到接受语文化范畴中去。在汉语里，"应龙"在这句之中可以有多重的理解和含义：在这里可以如他所翻译的那样，以"应龙"来比拟骏马的仪象；"应龙"也可以指代皇帝出行队伍的气势磅礴；这里也可以看作天子的化身，天子贵为九五之尊，龙是皇帝特有的象征。在法文中，钱德明选择了dragon一词来对应翻译龙。从形象上来说，西方人想象中的dragon是长有双翼的动物，因此从外形上和"应龙"有类似之处。从象征意义上来说，西方的dragon大都口吐烈火，通常代表邪恶的势力，它们制造麻烦，是传说中英雄和神灵斗争的对象。从词根上来说，西方的dragon很多时候也专门充当守卫或者看护的角色，其希腊语的词根源自于动词"看"。可见，从本义到象征意义，中国龙和西方的dragon都有一定差距，极难进行准确翻译，在当时的历史语境里，对中国文化缺少了解的西方读者看到诗中的龙（dragon）一词，受该词在西方文化中特定含义的制约，不会联想到中华民族的图腾和

---

① 意义为signification，价值为valeur。
② *Eloge de la ville de Moukden*, p. 3.

"真龙天子"的寓意。而深谙中国文化的钱德明只能对这些隐喻和暗示进行解释,试图传达云龙相随这样的帝王纹饰,帮助西方读者发挥想象去感悟这层意义。当然,在今日的西方世界,中国龙形象及其象征意义已经广为人知。查阅罗贝尔法语字典,在这个词条中增加了"中国文化的象征动物"这样一条解释。由此也可看出,在中西文化的交流互动之中,相异性的元素不断被吸收到本土文化之中,因此西文 dragon 一词的价值也比以前有了扩展,这其中应该是包括钱德明等早期西方传教士的功劳。

通过上面的例子可以看出,译者在面对精炼华丽的中文诗体语言时很快就遇到了麻烦,简单的忠实和直接的对应翻译不可能达到目的,所谓"一句一句"的翻译很难操作。如果说钱德明原本是希望能够忠实地翻译,但在实际操作中他却不得不改变自己的初衷,只能采取一种解释的手段,也可以说是一条"中间道路":通过大致忠实而又自由的重新言说来进行"翻译",译者写出来的是自己的语言。在进行原文和译文对比之后,我们发现译者对原文模糊性的诗体语言进行了大量阐释。这种解释性翻译导致的直接结果就是原文诗体付诸阙如,同时,与简练的中文相对应的译文则出现大幅度的"膨胀"。这种极度"膨胀"的现象在译文中比比皆是。汉语中的一个字在法文中经常成了好几行,汉语中的一句话则成了法语中的好几段。中文原文共五千多字,译文却长达一百二十六页。

如果说钱德明或多或少地传递了文学意象,表达了"赋"的某种语言风格,但也有阐释带来的某些错误。如在翻译过程中,因为自由的阐释而导致了几处对原文的误读。上面的译文描绘了车驾的外观,"鲜艳的色彩表现了凤凰、云彩、龙等"。而从原文中可以看出,中文有限的几个字中间并没有对这种车驾外饰进行细节性描写的文字,钱德明的翻译是自由的阐释和发挥,力图将自己理解的这种皇家气象尽可能地传达给西方读者。但是,这里的自由阐释有不够准确的地方。根据中国的传统,在皇帝车上应该出现的纹饰可能是云龙图案,不大可能同时有凤凰出现其中。之所以译文里出现了凤凰一词,可能是由于钱德明对"鸾"字进行的处理。而根据前文解释过的"和鸾"的意义,中文中使用了借代的修辞手法,以车上之物件而喻整体。译文中出现"展开锦绣铺陈的一面大旗",而原文中仅有"建旗"二字。钱德明这里使用的定冠词单数形式,给人的感觉只有一面招展的大旗,这里给出的印象是不够准确的。① 皇帝出行时,各种卤簿仪仗可谓遮天蔽日,翻译中用复数形式大概更能表现恢复气势和壮观场面。钱德明很可能对原文的理解有误,因为在这个地方,他还加注解来说明"建旗":"皇帝出行时,要展开一面大旗,以警世民众,天子将出行也。"② 注解中他依然强调是"一面大旗"。

总的说来,钱德明在实际翻译中采取的方法是放弃韵文,采用散文式方法,加入大量解释性话语。如果说对原文认识理解和阐释的过程相当于是必要的进攻,那么译者进攻的目标就是原文的精神,也就是要克服语言和文化层面的重重障碍,把原作的意义和韵味努力地抽取出来。而翻译需要考虑的是多方面因素,语言层面只是最基本的因素,更重要的是需要传递的文化因素,因此在面临两种基于不同文化传统的语言转换时,需要翻译转换出来的实际内容可能比表面上看上去的要多很多,也就需要增加很多解释性的话语,这样就会使得译文大幅度"膨胀"。

中文诗体语言含蓄、模糊,具有复义性,往往讲究用典和暗示,"言有尽而意无穷","诗无达诂",含蓄隐晦的特色使得对诗歌的理解呈现出复杂的多样性,因此原文中的一个字可以衍生出很多含义和理解,在翻译过程中也会出现译文膨胀的现象。我们之前已经谈到,钱德明在对诗体的历时性认识过程中也感觉到了只能选择用"解释"的方式,而且更多地只能让读者判断诗文的"内容",而非诗体的"价值"。这说明钱德明本身对诗体翻译可能导致的问题也有着清醒的认识。

中西方语言的差距极大,句式结构都有着根本的不同,汉语重简练,重短句,西文句式结构尚复杂,尚从句。以基督教精神为基础的西方文化与儒家文化差距极大,各自生成的文学传统也截然不同,里面很多文化现

---

① 朱敏著《清〈大驾卤簿图卷〉考释》对乾隆一次出行卤簿依仗中的旗阵部分作了如下描述:随后旗纛飞舞,遮天蔽日。首先出现的是出警、入跸两面大旗。一面上绣"警"字,一面上绣"跸"字。之后是黑、白、黄、红、青五色销金小旗各八。随后是两面以翠缯绣孔雀、朱竿金顶缀以翠羽的翠华旗;两面黄缎为之、中绣金鼓、书写满汉文的金鼓旗;八面红缎为之、中绣满汉文"门"字的门旗;一面朱缯绣日,中有金乌的日旗;一面白缯绣月,中有玉兔的月旗;五面蓝缯外缘赤火焰、五色祥云的云旗;五面五色缯制、上绣赤火焰、销金为雷纹的雷旗;八面风旗;四面雨旗;二十八面星宿旗;金木水火土五面五行旗;五面五岳旗子;四面四渎旗;朱雀、神武、青龙、白虎旗;天马、天鹿、辟邪、犀牛、赤熊、黄黑、白泽、角端、游麟、彩狮、振鹭、鸣鸢、赤乌、华虫、黄鹄、白雉、仙鹤、孔雀、仪凤、翔鸾旗各一。纛是一种大旗,共有六十面。"(《收藏》,2005年第11期)

② *Eloge de la ville de Moukden*, p. 2.

象和因素不能够简单地以词对词的方式简单处置,而只能借助于增加文字和增加解释的方式才能够传达。同时,钱德明对源语文化的谙熟和诗歌本身的复义性和模糊性反过来又给了他创造的空间,从而摆脱了翻译"度"的束缚,进入了"背叛性"的"重作"状态,虽然这有悖于他的初衷,但这也是不争的事实。

我们还应注意到再度翻译的问题。钱德明通过满语转译,从中文、满文到法文跨越了三种语言:"大家可以通过我最可能忠实于满文原文翻译过来的法文版本来加以判断,相对于中文版本来说我更偏向于满文版本,我觉得满语表达作者的思想更自然,因为作者就是满人。"[1]译文中有大量的中文和满文词汇,尤其关于满洲历史、地理、动物、植物的大量词汇在法语中没有相对应的替代词,这种诘牙聱口的外来词不但会影响到法国读者的"听觉享受",[2]而且使得译者只有求助于解释的翻译方法。

另外,译者故意增加了很多原文中没有的内容,进行个人的创造和发挥,以传递更多的异文化因素,从而导致了译文的"膨胀"。而且,这也与当时法国的翻译风气相关,自17世纪以来法国崇尚美译之风,译者往往追求诗一般的效果,钱德明虽然身在中国,但对这一传统不会完全不了解。试举一例:

原文:(故夫四蹄双羽之族,长林丰草之众,无不博产乎其中。)蹄类则虎豹熊罴……

译文:Mais quels sont nos hôtes farouches qui préfèrent un pareil séjour à nos plus riantes campagnes? Il en est de toutes les figures, de toutes les tailles, de toutes les couleurs, de toutes les espèces: nommons-en quelques-uns. Le tigre; à ce nom qui ne reconnaît le roi des quadrupèdes? Sa force, son adresse, son agilité, sa démarche fière, ses yeux étincelants, tout dénote en lui qu'il est fait pour dominer sur tous. Moins forts, moins gros, moins agile, mais plus féroce et plus cruel que le tigre, le léopard tient le second rang. Après lui viennent les deux espèces d'ours, le levou et le nasin. Le premier, après s'être caché pendant tout l'hiver, ose enfin se montrer au commencement du

---

[1] *Eloge de la ville de Moukden*, p. 212.
[2] Ibid., pp. ix-x.

printemps, pour aller chercher une nourriture dont il ne peut plus se passer, après une abstinence de plusieurs mois. Sa figure a quelque chose de celle du sanglier. Le second, quel monstre! Il fait horreur. Il a le corps épais, la tête longue, les jambes hautes; des taches blanches et rousses marquent irrégulièrement son rude poil; une force prodigieuse, une férocité sans égale, le distinguent des autres animaux. Assez fort pour abattre des arbres, il les met en pièces; et trop féroce, il ne se plaît qu'avec lui-même. Mais écartons un pareil objet; il ne saurait faire naître que de tristes idées. (pp. 26-27)

  回译文：如此宜人之地，有何猛兽焉？其形象各异，大小不同，颜色纷杂，种类繁多：试举几种。虎，谁不知乃百兽之王？其力量，其灵敏，其捷巧，其神气，其炯炯双眼，均彰显其无上威风。豹列于其次，虽于强健、雄壮、机敏稍逊，却更威猛，亦更凶残。复有熊黑。熊者，冬季蛰伏，春来活动，冬眠数月，觅食解肌。其形类于野猪。黑者，猛兽也！让人战栗。其体阔，头长，腿高；皮毛呈白棕之色；力大无穷，凶猛无双，与其他动物相异。力大足以伐树碎木；过分凶暴，故常独处。就此打住，以免心寒。

  通过对比可以发现，汉语中原本只有"虎豹熊黑"四个词，而且皆能从法语之中找到对应单词，但译者仍然增加了很多解释性话语，使得译文篇幅大大增加。客观地讲，这些增加的解释性话语并非绝对必要，简单地使用几个法语词来翻译未尝不可，这种做法或可说是钱德明有意而为之。

三、对译文的批评

  《盛京赋》译文在18、19世纪的法国乃至欧洲曾引起很大反响，但论及翻译问题时，评论者多持批评意见。

  翻译该诗时，钱德明来华已近二十年，"嗜爱研究"，且有"劳作之热心"，已经是"深通语言"、对中国文化"判断充足"的博学家。[①]他身处中国文化氛围，加诸多年的研究，翻译自然不会脱离中国文化语境，并且会有自己独到和深入的理解。在这种潜移默化中，"当长期使用这一语言时，会自觉不自觉地受到这一语言所承载着的文化的影响，生活习惯、思维方

---

① 费赖之著，冯承钧译：《在华耶稣会士列传及书目》，第875页。

式,甚至行为准则都会或多或少地发生改变。"①在中国文化滋养下生活多年,奉行"中国化"的传教策略和立场,可以说钱德明已经部分"中国化"了。这种文化氛围和他对中国文化的感情会自觉不自觉地作用于翻译文本中。源语在翻译过程中起着干扰和破坏的作用,和目的语进行着不断的冲突,影响着目的语的本来色彩,甚至在某种意义上成为其"俘虏"。外文中的文化因素随着翻译的贸然闯入构成了大量的"陌生性"、"奇异性"和"异国情调",冲击着原有的语言文化场,使得译者笔下构建的这个场域不断地进行着自身的整合。在翻译中,不管钱德明的最后翻译效果如何,他的初衷毕竟是希望尽量贴近原文和保留原诗形象,这也决定了他不会一味地为了顺应法语而牺牲源语中的形象,翻译中的异化现象也自然凸显出来。异化即在目的语中凸显源语文化的相异性,以抵御目的语文化在翻译中占主导地位的趋势,从而突出译文在语言文化方面的差异,希望让读者感受异国的独特之处。钱德明说:"我主要的注意力就是尽可能地对原文亦步亦趋。"②对源语文化的忠实和"亦步亦趋"必然在一定程度上会导致译文中的异化现象,单纯从语言层面来说,即会出现许多"陌生性"的元素,使得目的语读者不会有阅读母语的那种自如感觉,翻译的腔调和异质的元素会不断挑战读者的阅读能力。

在《盛京赋》译本中,语言层面的陌生性是非常突出的问题,出版者德经直言不讳地指出:"至于翻译的(语言)风格,不要忘记译者在中国生活了二十余年,因此大家应该原谅在文中碰到的某些疏忽。"③译者有时候为了追求忠实,而对原文中的某些成分进行直译,并没有考虑语言级别和文体的呼应,出现了一些并非高贵的词汇元素。如原文中的"予小子续承丕基",钱德明为了表达出皇帝在提及先皇时的尊重心情,直接翻译成了"ma petite personne",这一说法在法语中并不雅观,不符合法文中该文体的风格和皇帝的口吻,出版者德经在指出这个问题的同时保留了钱德明的用词,以凸现这种独特的异文化现象。④

除了语言层面之外,还有文学层面的因素,翻译异化现象衍生了很多

---

① 参阅孟华:《十八世纪一场关于中国人起源论争的启示》,《多边文化研究》第二卷,新世界出版社,2003年,第97—114页。
② 参阅 le Père Amiot, "Préface du traducteur", Eloge de la ville de Moukden.
③ Eloge de la ville de Moukden, p. viii.
④ 参阅 Eloge de la ville de Moukden, pp. ix, xxxiv.

新的元素,尤其是那些在西方语言中陌生的中国古典文学中的比喻和想象随着翻译进入目的语文本之中,常常与西方人的审美观念脱节,对西方语言文化构成一种"冲突"。《盛京赋》出版之后,狄德罗指出:"总之,在这首诗中您绝对找不到我们(法国诗歌中)所说的譬喻和想象"——尽管原作者乾隆和译者都一再说诗中深含寓意。[①]可见,钱德明并没有简单地在目的语种寻找对等的譬喻和想象来取而代之,这些文学相异性因素被纳入到了法语语境之中,异化生成的因素也多少背离了西方诗歌的传统。另外,狄德罗也指出了原文与译文可能在篇幅上存在的差距,并做出大胆猜测:"我由此估计,《盛京赋》至少得比这八开一百二十六页译文要短上七八倍,总共不到四百行诗句。"[②]

稍后的东方学家克拉普洛特(J. Klaproth, 1783—1835)和雷慕沙(Jean Pierre Abel Rémusat, 1788—1832)也曾经点评过钱德明的这一译文,指责译者使用了大量"滔滔不绝的、自以为美丽的文辞",译文中充斥着"误译",有的十分"荒谬",无异于"文学的欺骗","没有任何译本与原文如此地相差悬殊。"[③]批评家认为这是"欺骗性"的文学作品,不符合汉学家所要求的翻译质量。为什么会出现如此的指责呢?翻译是跨语言文化的信息传递活动,主要传递的是潜藏在文字背后的深层文化因素。"因为翻译不是简单地从一种代码向另一种代码的转换,它是从一个作品产生的文化语境到另一个陌生的文化语境的过渡。"[④]在文化语境的过渡中,在这种"吸收"的过程中,很容易导致译文超越翻译应遵循的"度"。试再举一例。

原文:沧溟为池,澎湃瀰溰。流汤汤,赴弥弥;撇瀁洵,回浑渼。浴日沃星,莫测其始。

译文:La mer, la vaste mer, qui, rétrécissant peu à peu ses bords s'avance dans nos terres pour y former un golfe non moins fécond en richesses qu'en agréments, est, elle seule, un des plus ravissants spectacles que la nature puisse offrir. Tantôt, comme un

---

① 参阅 Diderot, *Oeuvres complètes*, t.18, *Arts et lettres (1767-1770)*, Critique II, édition critique et annotée, présentée par J. Schlobach, avec J. Carriat, Paris, Hermann, 1984, p.177.

② Ibid., p.177.

③ Ibid., p.166.

④ Aleksander Abtamowicz, «Traduction ou interpretation», dans *La traduction dans le développement des littératures*, Leuven University Press, 1993, p. 220.

étang tranquille, elle ne laisse voir sur sa surface unie que le plus gracieux azur; tantôt, avec un léger murmure qui imite les sons encore un peu sombres d'un vent qui veut fraîchir, elle avance et retire alternativement ses eaux ; quelquefois, se courrouçant avec fureur, elle mugit, se gonfle, écume et vient avec précipitation frapper le rivage qu'elle ne peut engloutir ; souvent, par des ondulations successives, dont la forme et l'agitation sont au-dessus de l'art du pinceau, elle semble vouloir fuir et s'épancher en entier, pour se procurer un lit différent de celui qu'elle occupe. Si elle monte, c'est pour descendre ; si elle descend, c'est pour remonter, jusqu'à ce qu'après les changements les plus variés, elle redevienne encore ce qu'elle était auparavant. On dirait qu'elle ne reprend ainsi sa première tranquillité, que parce que l'astre qui nous éclaire pendant le jour, et les étoiles qui brillent pendant la nuit, sont sur le point de se plonger dans son sein, pour s'y purifier et s'y rafraîchir. Qui pourrait assigner l'origine et les causes de tant de merveilles ! Mais, sans vouloir pénétrer ce qu'il nous serait impossible de décrire, laissons les ondes amères, dans l'immense étendue qu'elle occupent, se jouer ou s'irriter à leur gré, et ramenons notre esprit et nos yeux vers des objets qui ne sont pas moins dignes de notre attention.[①]

回译文:大海无垠,渐近渐收,深入大陆,遂成海湾,物产丰富,妙趣无穷,自然佳境,赏心悦目。时而,波平如镜,波澜不惊;时而,风生水起,低吟声声,如泣如诉,潮起潮落;时而,汹涌澎湃,涛声如怒,波浪翻腾,千堆雪卷,惊涛拍岸,大浪淘沙;时而,波光潋滟,其形其势,画笔不足以描其万一,万里逐波,排山倒海。起起落落,浩浩荡荡,万千变化,周而复始。仿若复平静之态,白昼日光,夜晚星辰,皆辉映沧海,净化焉,清新焉。如此奇迹,谁解其因其源! 拙笔难述也,任沧海横流,肆意汪洋……

原文意象被肢解之后,虽在译文中进行重建,但意象已被破坏,无形中瓦解了源语文化中某些概念所包含的价值,使原来的意义因为翻译而部分丧失,而且阐释了很多原文中的未言之物。做了这样的对比,我们也

---

① *Eloge de la ville de Moukden*, pp.18-20.

就不难理解19世纪东方学家的批评了。

通过对《盛京赋》翻译的考察,我们了解了钱德明在翻译中国诗歌方面的困难,以及他面临这种困难时所做出的解释性让步。虽然诗情诗心在不同民族之间是相同的,在不同文化间存在一种永恒的可以被称之为诗的情感和文体,但在面临两种语言和文化的巨大差别时,译者的能力是非常渺小的,有些障碍终究难以突破。在考察这些译文或"释文"的时候,应该以一种宽容的态度来进行批评。早期的翻译毕竟是在突破文学体裁和语言藩篱上的尝试,其主要目的无非是进行文化交流,传达不同的文化相异性因素。如果单纯为了了解异域文化,则以简洁明了的散文文体为最佳,这也正是译者钱德明所采用的办法。

总之,钱德明翻译《盛京赋》这一特殊文类时,古典诗歌的外在美以及语言形式(音韵格律等)都很难移植,因此他采用散文体来翻译,而使文本长度有较大增加。作为来华多年的耶稣会士,由于自身对中国文化的深入研究,在译介这首蕴涵着丰富文化因素的长文时,他增加了较多的解释性文字和大量的注解,目的是尽量弥补译文中文化因素传达的不足。从当时受众对中国的了解来看,他们的"期待视野"与钱德明的创作动机之间还存在着差异,大量加注是帮助读者构建"知识场"的有效办法,也是让相异性被逐渐接受的有效策略。需要特别指出的是,该译文在中西文化交流中占有重要地位,无论是作为历史资料还是早期诗歌翻译,它在向欧洲传播中国文化方面都具有重要价值,在西方产生过巨大影响,在构建中国形象中起到了不容忽视的作用。后来的东方学家对钱德明的批评,似可使我们从一个侧面去了解钱德明的翻译观,我们将在下一节中再加以论述。

第二节 钱德明与《中国兵法》

一、翻译与出版

1766年,钱德明寄出"两位最著名的中国作者关于兵法的自由翻译,并附有详细解释……",认为"这是东亚大地上最好兵法的笔记、汇编,或者说一种类似的翻译"。随同译文寄出的还有三册军事图集:第一册是十二幅展示军队演练军刀和盾牌的队形图;第二册是六个不同兵种的十六幅操练图；第三册是三十八幅中国军队服装、武器、工具图。①这里所说的两位作者即孙子和吴子，翻译时间应在1766年之前。

1767年，钱德明说："至于中国兵法的后续论文，我进行了仔细阅读，从中找到了不少值得注意的东西，一旦有时间和必要的帮助，我就将其改编成法语。"②

1768年，他写信给贝尔坦："我斗胆给您寄上第三部中国兵书的自由翻译；这是他们卓越将领的兵法。这就是司马法。也许您从中找不到值得您注意的内容，或者说我两年前有幸寄给您的另两部著作中没有提及的内容。"③可见在与贝尔坦展开"文学通讯"的前三年，钱德明已经翻译完成了主要兵法。

1772年，德经以单行本形式出版《中国兵法》。④该书主要内容为：出版者序言、目录、译者序言、雍正军事十训、孙子兵法、吴子兵法、司马法、六韬、练兵录等。其中完整翻译孙子十三篇，吴子六篇，司马法五篇。《六韬》只选译了《主将》《阴符》和《阴书》等三篇，后两篇合而为一。练兵录包括军队操练和阵型等内容，还介绍了各种军服。本书附有多幅插图，均由钱德明让人翻录并寄送到法国。

1782年，《中国兵法》在《中国杂纂》第七卷中再版，其中一大变化是收录了关于《中国兵法》的批评内容。《中国兵法》初版后，德圣·洛（Saint Maurice de Saint Leu，生卒年不详）和德普·塞古尔侯爵（Marquis de Puységur，1751—1825）⑤完成的评论专著《中国军事科学艺术现状》（État actuel de l'art et de la science militaire à la Chine，1773）出版。前者点评雍正颁行的军事十训，后者点评具体军事内容。《中国兵法》再版时摘录了相关评论内容一并刊出，另有再版说明，其他内容和初版一致。

1782年，《中国杂纂》第八卷收录了钱德明的《中国兵法补编》，重点介绍中国古代使用火药的历史及水军十二种常用阵型，后面附插图和解

---

① 钱德明1766年9月23日致贝尔坦书信，法国国家科学院图书馆，手稿1515。
② 钱德明1767年10月9日致贝尔坦书信，法国国家科学院图书馆，手稿1515。
③ 钱德明1768年9月11日致贝尔坦书信，法国国家科学院图书馆，手稿1515。
④ *Art militaire des Chinois, ou Recueil d'anciens traités sur la guerre*, 1772.
⑤ 塞古尔侯爵曾担任炮兵上校，后被派往俄罗斯公务。1785年在斯特拉斯堡指挥炮兵。他一度热衷于革命和启蒙的观点，但是后来的事态发展超过了他的预料。1791年，他被任命炮兵将军，次年5月辞职。他的两个弟弟都流亡国外，而他拒绝出国。在恐怖时期，他与家人入狱两年，但保全了财产。在第一帝国时期，他于1800年到1805年间担任苏瓦松市市长。

释性文字。

德经在《中国兵法》序言中介绍了中国兵书情况,概括了《武经七书》[①]的大致内容。德经还介绍说,法国国王图书馆保存有康熙版和万历版的《武经七书》。钱德明应该是以《武经七书》为蓝本的,不过他并没有全部翻译。钱德明还介绍了翻译时采用的满文版本情况:有几位满洲高级军官因事犯上,抄家之后财物被公开出售。钱德明专门负责收集军事书籍的亲信看到了附有大量的注释和评论的兵法手稿,于是买了下来。这应该是《武经七书》满文译本。

钱德明很关注《中国兵法》的出版情况,并且提出了相应意见。他指出关于中国的大部分书籍里都充斥着错误,名词被篡改变形,通常难以卒读。因此,他希望由德经来负责出版工作,认为这是避免错误的唯一方法。[②]西方人在出版和编辑过程中大多断章取义,或者改头换面,最后的结果不但不能传递给读者准确和可靠的信息,反而谬误流传,让大家形成错误观念。因此,钱德明认为在编辑出版时应该做的工作"只能是对表达方式和风格上进行一些调整而已"。既然如此,德经在编辑过程中坚持什么原则呢?德经在序言中说:"我有义务要让它(该作品)按照钱德明神父寄来的模样呈现给大家。我只是添加了几个注解,还拆开了几个注解,删除了多余或重复的注解,整合了似乎类似的注解,加了个目录。其余的我都严格遵守钱德明神父的原文,他在每章末都画了押,担心手稿落到别人手里被篡改。"[③]

钱德明翻译中国兵法的原因大致有以下几点:

首先,他当时正在学习满语,满语老师是军官世家出身,对他买到的手稿大加赞赏,希望和他一起来解释自己熟悉的军事内容,并且认为这本书风格简练而高雅。

其次,乾隆时代,中国国内外进行了多次战事,对古代兵法产生了更大兴趣。同一时期,法国人也渴望了解中国军事艺术。钱德明希望将兵法介绍到西方,对西方军事有所启发。"如果有人乐意与这些外国英雄对话,乐意接受他们的教导,那我将更满意;如果有人能从中快乐地找到有

[①] 《孙子兵法》《吴子兵法》《六韬》《司马法》《三略》《尉缭子》《李卫公问对》。
[②] 钱德明1771年10月5日致贝尔坦书信,法兰西学士院图书馆,手稿1515。
[③] *Art militaire des Chinois*, pp. v-vj.

益的内容,我的辛苦也就会得到报答。主要是出于这种考虑,我才开始了这一与我的兴趣及职业相去甚远的工作。"①

第三,这得益于贝尔坦的支持。在给贝尔坦写第一封信时,钱德明就寄出了孙子兵法和吴子兵法,并且说"我真心希望其中有让您开心的内容。我以后将继续献给您作品,如果您能笑纳的话"②。其后面的翻译工作得到了贝尔坦的鼓励和肯定,所以他继续研究中国兵法。这种成果的面世得益于贝尔坦"对所有外国作品的兴趣……和对中国来的作品的偏好"。③

第四,这源于钱德明对中国人的接触和观察,他从中国人身上发现了一种"悖论",这促使他开始系统地了解中国兵法,并且产生了翻译的想法。凭着他多年的了解,他认为中华民族"是世界上最平和的民族,一个远不具备打仗才能的民族"。这个民族崇尚"和谐",讲究"和睦":"他们气质温和、诚实、灵活、柔韧,他们更适合于生活的经营,而非战争和兵器的喧嚣。"在讲求"和"的伦常关系里,中国人似乎不具备尚武的风气和好战的秉性。但审视历史却会发现相反的现象:这个民族"几乎一直都打败了敌人;当其不幸被敌人征服时,它也教给了战胜者以法律。……多么好的勇士! 多么好的英雄! 不,亚历山大和凯撒也不能出乎其右!"④由此可见钱德明对中国军事的赞美之情。

第五,也有"论战"的需要。"在阅读《关于中国人与埃及人之哲学的寻究》时,我读到了关于中国兵法的内容,于是决定对之前所写的中国兵法做点补充。这一卷有四十幅图,还有相关说明。您可以看到扎营布阵的情况,其历史可以追溯到黄帝时期。这位君主给军队起的名字也许能让人更加清楚地理解他的历史,现在缺少了解的人将其视为神话和荒唐。您还将看到制作火药的不同方法,您可以发现,中国发明这个恐怖武器比欧洲要早很多个世纪。您一定会感到吃惊,一个在发明方面被贬低的民族却发明了多种火药、硫黄和碳的合成物。"⑤由此可见,他是对前文提及的波氏等人作品的回应,希望纠正错误信息和歪曲的形象。

---

① 参阅 *Art militaire des Chinois*, pp. 6-8.
② 钱德明1766年9月23日致贝尔坦书信,法国国家科学院图书馆,手稿1515。
③ 钱德明1771年10月5日致贝尔坦书信,法国国家科学院图书馆,手稿1515。
④ *Art militaire des Chinois*, pp. 3-5.
⑤ 钱德明1778年9月15日致贝尔坦书信,法国国家科学院图书馆,手稿1516。钱德明说中国人可以造出六十四种不同的火药,各种火药效果也不一样。

最后，是为了塑造正面的中国形象。在对中国兵法的持续关注中，钱德明将兵法的历史追溯到了黄帝时代，与自己认同的中国纪年体系完全吻合。他希望运用这方面的资料来为自己的全方位体系服务，可以"让人更加清楚地理解他(黄帝)的历史"。他还希望能够为中国人的形象增加正面的材料，因为西方人认为中国人缺少发明和创新精神，他搜集的火药制作方法正可以给西方提供相反的证据，中国在这方面比西方领先很多个世纪，中国人并不缺少创新和发明精神。无疑，钱德明受到周边话语环境的影响，正如此前曾经谈及的一样，这种话语是在华耶稣会士传统观念存在的反映和结果，里面蕴含着对中国古代文化的赞美和欣赏，体现了一种耶稣会传教立场的"意识形态"。换言之，对军事艺术的欣赏，无非也是在这个美好的形象上再增加一个具体的细节，增加一个额外的层面，让这个形象更加充实和丰富。这种话语模式影响着他的心理和言说方式："这些伟大的人物，这些超凡的智慧，他们创造了如此灿烂的政治和伦理规则，他们难道不能做出同样精彩的兵法吗？"虽然他接着说不做评论，而让"我们的军事家们来发表意见"，但反问句具有明显的倾向性，已经透露出他在该问题上的价值判断。①

总之，他的意图是为了让西方获得"教益"和了解东方军事艺术，并且能够重新认识中国人性格体现出的这种二元对立性。如果说在翻译《盛京赋》的时候，他希望传递中国文学的某些特质，翻译需要表现诗文的崇高和文体的庄重，在翻译《中国兵法》时他已经没有了文学体裁的限制，翻译目的更多地是为了传递兵法知识和正面的中国形象。

二、翻译观念

每个译者都有自己的翻译观，而翻译作品都或明或暗、或多或少地折射出译者的翻译观。通过翻译作品或者译者的话语我们可以了解翻译观，这里特别需要考察译者与外语和母语的关系，对翻译所涉语言的看法，他的写作态度以及对作品本身的看法等。要廓清译者关于翻译、语言以及作品的态度，我们可以求助于与译者相关的周边文本，如前言、后记、注解等。

在谈及《中国兵法》翻译时，钱德明使用过不同的词语：如"自由翻译"

---

① *Art militaire des Chinois*, pp. 3-4.

(traduction libre),"改编"(travestir à la française),"笔记"(notice),"汇编"(compilation)和"一种类似翻译的作品"(une espèce de traduction)。①通过这些表达方式可以看出他对"翻译作品"的定位和对"翻译"工作的构想:这不是所谓的"直译"或"字对字的翻译",②这是自由翻译(意译),是"一种类似翻译的作品",译者也只认为这相似于"翻译",并不能绝对当作"翻译"作品。他在"翻译"过程中加入了整理和编辑工作,对所译内容、段落、文字进行选择和取舍,在这个基础上融入自己的理解,然后再传达到目的语,呈现给读者的是"改编"和"汇编"的结果。

这种对翻译的认识与当时的时代背景有关,在两种文化初相遇的时候,这种"改编"式"翻译"是对译者的一般要求,也是译者较普遍采用的做法。这也与耶稣会士博学家的身份相关,他们在"翻译"中更多地希望加入"研究工作",而不是单纯以简单的翻译文本出现,这也是钱德明对翻译的观念和看法。另外,这更有钱德明的特殊性,这种特殊性凸现在他的自我定位中。译者钱德明清楚认识到文化的差异,对审美、阅读经验的不同有着相应的心理准备,对读者也提出了要求:"读者们应该时时在意,想到自己阅读的是讲法语的中国人:这样就会原谅遇到的那些错误了,一切他们看来不符合他们理性、经验及品位的东西。"他还不无担忧地说:"我通过和满人与汉人的交流,通过辛苦研读其语言写成的著作,我的观点是不是也多少受到自己所处环境的影响?我的语言(法语)对身在祖国的法国人来说是不是也成了难以理解的行话?这该怎么办呢?"除了语言的陌生性之外,他想到了思想、经验和审美情趣方面的差异,知道这些因素进入西方语境之后会与理性、经验及品位发生冲突。

对于译者来说,除了思想层面的差异之外,最直接相关的可能还是语言层面的差异。这里涉及的语言差异性更加复杂,更具有代表性,因为译者同时参考了两种源语文本,而满语文本也是依据中文版本转译的。在同时参考两种版本进行法文翻译的时候,就可能出现从满文转译和从中文直接翻译两种情况。转译可能出现的问题更加复杂,出现的误读和信息丢失可能会更多。但同时,这样翻译也具有相当的优越性:"一个很大的优势就是,当掌握两种语言——满语和汉语时,不能理解中文就可以求

---

① 参阅钱德明1766年9月23日致贝尔坦书信,1767年10月9日致贝尔坦书信,1768年9月11日书信,法国国家科学院图书馆,手稿1515。

② Traduction littérale, traduction mot-à-mot.

助于满语,而很难在满语中领会真正意思时又可以打开中文书。或者,更好的情况是可以把两种文本一直都放在眼前。这就是我在翻译中的做法,多年来都是如此。"多种语言和文本的参照也会带来挑战。从原始文本使用的语言来看,钱德明认为"中文的简练、晦涩、难度非同寻常",与西方语言的距离比满语更大,中文的"简练"隐含了很多未尽之意,很多言外之辞,充斥着大量的比喻、意象和象征意义。"满语则更加清楚,没有比喻,和欧洲语言一样有条理,但也有它的困难:在解释中文晦涩的地方时,它通常借助于其他晦涩的方式,因为大部分译者(从汉语到满语翻译时)都忠实于原文,不能太摆脱原来的意思。这两个民族现在合二为一,他们的教育、思维方式、看待问题的方式、表达问题的方式都几乎一样,有时候中文里不明白的内容到满文里还是同样不清楚。"钱德明非常清楚转译带来的困难,晦涩的内容即使是追本溯源到原始文本中,问题还同样存在。在他看来,晦涩难解的情况之所以会出现在原始文本和满文译本中,那是因为太过于忠实的翻译方法没能摆脱原文的束缚。

钱德明选择了相应的翻译手法:"……不是一字一字地翻译,而是给出中国兵家解释兵法的基本概念。"正如上面所说,文章意义的等值不是机械性的等值,而在于整体意义和效果的等值,所以翻译不能以词句为单位,而是以意义作为翻译的基本单位。钱德明重视的正是这种"基本概念",而不是"一字一字"的基本单位。除了这种意义的等值外,他还希望能够"尽可能地保留他们(中国人)的风格"。在翻译传达原文的"情感效果"时,同样的话语在不同的环境中会产生不同的意义,考虑相同的意义在不同语境中的话语再现模式,考虑目的语语言层面的影响,自然不可避免地成为钱德明的一大顾虑。同时,他也希望翻译"不要破坏我们的语言",能够保持法语的风格,使其不因翻译活动而受到影响,导致在与源语的冲突中减损语言价值的后果。①

对原文的效果传达,对目的语色彩的维护,钱德明正是在这种双重顾虑之中进行翻译的。在这样的掣肘中,他的翻译也显得困难重重。当碰到外国文化因素时,在面对发送者和接受者这两个文化主体时,他采取既不想牺牲目的语也不想牺牲源语的做法,在"我"与"他"的语言文化碰撞中希望同时尊重两端的文化,在矛盾和冲突中寻求一种妥协,尽量让翻译

---

① *Art militaire des Chinois*, pp. 6–11.

活动成为文化对话的忠实工具,而不成为损害任何一方的手段。以下一例似可使我们窥见他的这种文化心理。

原文:"驰车千驷,革车千乘"。

译文:" que vous avez deux mille chariots, dont mille sont pour la course, et les autres sont uniquement pour le transport"

回译文:需要装载士卒的轻型战车千辆,运载军械的重型战车千辆。①

他随后又在注解中解释:字对字的翻译则应该是这样:" des chariots pour courir, mille; des chariots converts de peaux, mille"(战车千辆,革车千乘)。这第二种翻译方式使译文跟原文语序非常贴近,似刻意在反映中文的语言特色,从中可以看出他试图在保持中文行文的风格,希望让读者感受中文的特点。虽然注解中提供的翻译可以让读者理解原文的意义,但单纯从语言层面来说却并不太符合法语的一般表达方式,所以在译文中他采用了更加贴近法语的句式,而只在注解中反映中国语言的风格。把这二者都呈现出来的做法可以看作是在保护两种语言风格的一种尝试。贝尔曼(Antoine Berman,1942—1991)曾说:"在精神层面上,译者是心情矛盾的。他希望在两边都用力,让自己的母语能够吸收陌生性元素,让另一种语言流放到他的母语之中。"②钱德明的翻译心理恐怕正是如此。

翻译带来的对抗是无情的,媒介者的翻译态度会扮演重要的角色,也会直接影响到其翻译方法。钱德明的翻译是在三种语言间来进行的,当中文和满文文本中的真正意义难以明确的时候,就只能借助于诠释和解释。他曾明确表示:"当观点被比喻、谜团以及晦涩所笼罩时,就对他们的观点进行解释。"③如前所述,这种诠释有从汉语到法语的直接过渡,有从满语到法语的直接过渡,有时是综合满汉语言的多重解读。但他希望中文文本能够直接地跨越这重重樊篱,直接与西方读者进行对话。他曾宣称自己在译作中是"讲法文的中国人",这可算作他对自己文化身份的定位:集两种身份为一体,而且它们之间是既对立又统一、既矛盾又调和的。

---

① *Art militaire des Chinois*, p. 63.

② Antoine Berman, 转引自 Paul Ricoeur, «Défi et bonheur de la traduction», 载 *Sur la traduction*, Bayard, 2004, p.15.

③ *Art militaire des Chinois*, p. 8.

这里引发了一个非常值得讨论的问题,即目的语语言文化对译者起了什么作用?对于一个身在异国多年、研习外国语言文化的人来说,这种目的语(母语)的"决定"作用是不是已经削弱?前文已经提及,他担心自己的法语已经与法国法语脱节。他的这种独特文化身份是"我"与"他"之间互动形成的独特后果,在西方翻译史中无疑也是例外。有研究者认为:"对他者陌生性的排斥在西方翻译史中占据了主导地位,但这不仅仅是限于翻译领域的一个反应。这种排斥尤其是在跨语言的翻译中特别明显,即从文本中驱除陌生性。需要清楚的是,在这种情况下,翻译的困难不仅仅来自于他者,也来自自我,来自于他对陌生性的精神上的拒绝,且不管这种陌生性是外国的与否。"①由于自身身份的演变,由于我与他的接触和融合,当我作为译者时,钱德明在精神上对他者陌生性的这道防线恐怕早已消弭,而这种对陌生性的接纳也并非西方翻译史上的主流做法。此时,钱德明的身份已经不单纯是我了,而应该被称之为我/他的结合体,这种融合更利于文化的交流互动,"异"可以更好地跨越语言和精神的屏障进入目的语中,从而达到丰富、混合的目的。在这里,"我们不再会看到没有'你'的'我',没有'我'的'他'。译者展示出的是'我'的'你'。从他者的范畴来看,这是得益于'他'的一种'我'的丰富和完备。"②这也正是译者钱德明在语言层面表现出来的对文化交流的态度,我们似可从这个角度更好地去理解他的翻译作品。

除此之外,兵法翻译的内容本身并非钱德明的兴趣和爱好,因此译者的情感投入也是值得讨论的问题。远离祖国多年,语言的脱节势必会造成文学品位的脱节,译者对法国"文学"已经有了隔阂。18世纪,"文学"是一个意义较宽泛的词,涉及涵盖社会科学的诸多范畴,"带有美学考虑的书面作品,与之相关的知识、活动"。③可见文学的一个重要维度就是"美学"的考虑,这种"美学"概念对钱德明来说多少有些陌生了。随着语言与他者的融会,文学审美情趣也渐渐向他者靠近,使其作品在文学性上呈现出别样的异国情调。正如出版者所说:"我们只能原样地将色彩和风格呈现给读者。大家很容易想象,在北京,他们(在华传教士)的品位与我

---

① Jean Louis Cordonnier, *Traduction et culture*, les Éditions Didier, 1995, p. 34.
② Ibid., p. 144.
③ *Le nouveau petit Robert*, 2008, p.1469.

们现代文学的品位不一样。"①在语言相异性之外,这种文学品味的变异和断裂也将给读者的阅读带来冲击和障碍,影响着钱德明的翻译观,从而使他的翻译风格可能远离法国读者的文学趣味。

三、文本研究

文本可以反映出翻译立场、计划和观念的实现方式和效果,可以衡量翻译行为的实际情况和检阅翻译作品的效果。这一比较可以揭示出翻译实现过程中译者的主观性和内在主导的选择因素,因此是翻译批评的必要和有效手段。本小节将通过对具体译文文本的研究,考察译本中意义的传递,由此去分析和理解钱德明的翻译方法。

钱德明在文中加了大量注解,大致可以分为以下几类情况。一是知识性解释,这是译注中常见的做法。在知识性解释中,他注重文化间的对比,经常适时地将东西文化不同的因素进行对比,如第23页专门比较东西卫戍驻军的异同等。二是以注解形式表达对本文的理解,这是一种特别的处理手法。当出现某些比较晦涩的词、句,或者可能出现歧义时,或者他有独特的理解时,都将相应的解释放到脚注中,这对读者可以起到辅助作用,从而把自己认为正确的理解传达给读者。如63页注3对应的原文为:"宾客之用";文中对应的法文句子为: que toutes les choses qui servent pour des usages étrangers(所有为外国人使用的东西);注解:文章似乎是说: les choses qui sont pour les étrangers(为外国人的东西),而不是: les choses qui sont pour des usages étrangers(为外国人使用的东西)。三是在注解中提供其他翻译方式,以本文中翻译语句的替补方式出现。如63页注2:原文:"千里馈粮";原句译为:"que juesqu'à cent lieues de vous, il y aura partout des vivres pour l'entretien de votre armée"(直到一百法里远,始终都有维持军队所需的粮草);注解:这句话也可以按照下面的方式翻译:"que vous avez toujours des vivres pour pouvoir consumer durant le trajet de mille Li"(在一千里的行程中,您始终都有粮草)。钱德明通过这种注解形式提供了其他翻译方案,把自己多样化的理解表现了出来,以尽量传达比较准确的意思。这些自由的处理方式,从形式上给了译者极大的回旋余地和空间。

---

① 《中国杂纂》第2卷,第viii页。

下面我们再从《中国兵法》中挑选一些关键词,来考察翻译过程中意义的生成和效果的传达。

《孙子兵法·计篇第一》中有个重要的关键词,在该篇出现数次,但意义却不尽相同,此即"道"字。以下援引几例:

孙子曰:兵者,国之大事,死生之地,存亡之道,不可不察也。

Sun-tse dit : les troupes sont la grande affaire d'un État; c'est d'elles que dépendent la vie ou la mort des sujets, l'agrandissement ou la décadence de l'Empire : ne pas faire de sérieuses réflexions sur ce qui les concerne, ne pas travailler à les bien régler, c'est montrer une trop grande indifférence pour la conservation ou pour la perte de ce qu'on a de plus cher, et c'est ce qu'on ne doit pas trouver parmi nous.

故经之以五事,校之以计,而索其情:一曰道,二曰天,三曰地,四曰将,五曰法。

Si nous voulons que la gloire et les succès accompagnent nos armes, nous ne devons jamais perdre de vue la *Doctrine*, le *Ciel*, la *Terre*, le *Général et la Discipline*. La Doctrine nous fera naître tous des sentiments uniformes; elle nous inspirera une même manière de vivre et de mourir, et nous rendra également intrépides dans les malheurs et dans la mort.

曰:主孰有道?将孰有能?

Avec les connaissances que je viens d'indiquer, vous saurez quel est celui qui, parmi les Rois qui gouvernent le monde, a le plus de doctrine et de vertus; vous connaîtrez les grands généraux qui peuvent se trouver dans les différents Royaumes.

兵者,诡道也。

C'est encore avec ces connaissances qu'également instruit de ce que vous pourrez et de ce que vous ne pourrez pas, vous ne formerez aucune entreprise, sans la conduire à une fin heureuse.①

译文中,"存亡之道"基本是翻译了整句话的意思,并没有直接突出

---

① *Art militaire des Chinois*, pp. 57-61.

"道"。在"兵者，诡道也"中也没有特别翻译"道"，而笼统地翻译为"这些知识"以蔽之。在"一曰道"和"主孰有道"两句中，"道"更多指的是道义或道德，"道"可以解释为"政治"，也可解释为"人和"，意思是看臣民是否与君主同心，看君主是否得到民心。"道"就是使民与君同心，民众与国君意愿一致能使臣民为君主出生入死。"道"应该与"得道多助，失道寡助"的意思相近，孙子将此"道"列为五事之首。译者不仅没有采用回避的方法笼统翻译整句话的意思，而且还特别加注对"道"字进行补充说明。

"一曰道"的注释为："道"（Doctrine）[①]在这里可以理解为宗教，因为"道"事实上是中国人的全部宗教之所在，至少是没有被偶像崇拜荒唐的迷信色彩污染的全部宗教之所在。作者这里所说的"道"是一种由理性光芒教给人类的道德。而在翻译"主孰有道"时，译者用了两个词（doctrine，vertu），并加注说可以理解为"习惯、风尚、习俗"。此处将"道"解释为"道德"是符合原文的，但在"一曰道"处先解释为宗教，且是没有被偶像崇拜迷信色彩污染前的宗教则有过度诠释之嫌。请注意译者的两个意思：一是"全部宗教之所在"，二是"没有被偶像崇拜荒唐的迷信色彩污染的全部宗教之所在"。我们知道，"道"是中国古代哲学的重要内容，涉及世界的本原、本体、规律、原理。译者这里所说的"全部宗教之所在"显然是指对世界本原的探讨，他认为道是主宰天地万物的总能源，是精神本体，是早期原始信仰中的至高无上的力量。这个"宗教"里的"天"是唯一的真神，也就是"上帝"，具有全知全能的人格化力量。但这个"道"绝对要跟道教的"道"区别开来，在钱德明看来，道教中的"道"已经不再具有原始时期信仰中的纯洁，老子之所以谓之"道"，不过是采用了上古的这种名称而已。老子时期，"学者和文人受到当时主要潮流的影响，没少破坏该民族早期的教理，某种程度上将其（早期的教理）与道教教理结合，他们希望让这个混合体更加体面一些，既能够采用古代早期教理的原则，又不被认为违背了古人的教导。"[②]这里，钱德明的意思非常清楚，即古代的"道"本是纯洁

[①] 英文一般翻译为 Political intelligence, moral law，似乎更为贴近。按照钱德明的法文选词，似翻译成 Doctrine morale 更为贴近原文。在《论道士》一文中，钱德明对"道"字的解释为："在汉语中，道字的意义是最广泛的之一。它一般可以指我们法语中的道德、科学、理想、教理、完美、道路、等等。"《中国杂纂》第15卷，第209页）

[②] 钱德明1787年10月16日致贝尔坦书信，《论道士》，《中国杂纂》第15卷，第254页。

的信仰,[①]可以是"天"或"上帝"的代名词。但道教产生之后,早期的"道"的纯净性已经被破坏。由此可见,译者的解释暗含了对道教的批评以及关于中国早期纯洁信仰的价值判断。译者以巧妙的选词,有意识加注等方式曲折地表达了他的宗教立场和传教观。

"二曰天"中的"天"被译为 Ciel。在"礼仪之争"中,"天"是一个颇具争论的字眼。耶稣会士认为上古概念中的"天"等同于基督教中的"天主",后儒对"天"进行了物质化的解释,背离了原初的内涵。在翻译这个词的时候,法语中无疑还是得使用同一个词。但此处的"天"必须与彼处的"天"区分开来,以免出现意义混淆,所以译者专门加脚注进行说明:"作者通过天希望表达的完全是对自然界事物的了解,是我们眼睛所能看到的不同季节、不同温度下的各种气候。他也希望介绍阴、阳两个原则,所有自然物质通过阴、阳而产生,所有物质通过阴、阳而发生变化。一般来说,在中国物理系里,阴、阳受到太极的支配而行动,能够产生构成整个宇宙的东西。"[②]译者为"天"所加的注释无非是要强调这里的天完全是物质的、自然的天,以便清楚地将物质的天和精神的"天"区分开来。从某种角度来看这也是对此前耶稣会主流传统的维护、辩解和继承。翻译中这种刻意的做法,使我们可以看出钱德明在传达具体观念时的小心和谨慎。从注解中将此解释为"气候"来看,钱德明当初使用词语时显然明白该词的本来意义,也明白当时中西文化交流大背景中"天"具有的所指关系和可能引起的联想,但他还是使用法文中最简单的对应词来直译,通过注解来表达自己的深层想法,从而映射出"天"字的多重意义和价值。[③]

中文的模糊性、古文解释的多样性和汉语言的简练不仅会给译者带来麻烦,有时候连中文注释家之间也会出现不同的观点。钱德明深知注

---

① 钱德明在他处谈到中国早期原始信仰的纯洁性,也用了 Doctrine 一词,参阅《由载籍证明中国之远古》,载《中国杂纂》第 2 卷,第 27 页。

② *Art militaire des Chinois*, p. 58.

③ 在新近刊布的仍署名为钱德明的译本中,某些字眼经过了现代编者的处理,对此处"天"这个概念也做了变通,以 Temps(天气)一词替代了先前的 Ciel(天),还具体标明此处的意义为天气、天时、气候,意义与原文更加接近和准确。参阅 *L'art de la guerre, Sun Tzu*, traduit du chinois par le Père Amiot, Publié sur www.communication-crise.com par Ksiopa/Conseil en stratégie Internet, p. 4.

释可能导致的分歧,所以在翻译时首先选择自认为正确的解释,然后在注解中进行批评,提出自己的看法和理解。如下例:

原文:孙子曰:凡用兵之法,全国为上,破国次之;全军为上,破军次之;全旅为上,破旅次之;全卒为上,破卒次之;全伍为上,破伍次之。

回译文:孙子曰:想攻下城池,获得战争的胜利必须牢记下面几个原则。

保全你效忠的君主的财产和权利,这是你的第一要务:只有迫不得已的时候,才侵占敌人的财产和权利来扩大它们。

要注意要本国的城市休养生息,这是你主要要做的事情:扰乱敌城也只是万不得已之策。

要让己方村庄免受侮辱,这是你应该考虑的事情:骚扰敌方的村庄,也只是迫不得已的选择。

要让你君主的村庄和房舍不受任何损失,这同样是你应该注意的事:洗劫敌人的村庄和房舍,除非没有任何粮草的时候万不可为。

回译文二:保存敌人的财产,是你的第一要务,这是最好的选择;摧毁它应该是迫不得已的选择。要注意敌人军旅卒伍德休养生息;这值得你注意的是:打扰他们,骚扰他们,你应该觉得这是不得体的……如果一位将军这样做的话,他的行为算不上有德君子;将军的行为应该与天地和谐,其行为是生产万物,保护万物,而不是破坏它们……天不会允许人血横流;天生以人;只有天才是生命的主宰……这就是孙子的真实意义。①

钱德明在注解中给出了不同的理解(回译文二),认为"虽然这符合中国古代的道德,但我还是不采用它(这种解释),因为我觉得不能传达作者的真正意义,甚至和他的某些原则相抵触"。姑且不论钱德明的理解是否正确,但译者的主体性在这里得到了进一步体现,不仅让大家看到了他对注释版本的理解和选择,也看到他的"批评和选择"角色,这种角色直接地进入到译文中,对那些没有机会阅读原文的读者施加影响,引导他们跟随

---

① *Art militaire des Chinois*, pp. 69-70.

译者的理解去理解。①

钱德明还注意到中文数词的虚指现象。

原文:十则围之,五则攻之,倍则分之。

译文: Si vous êtes plus fort en nombre que n'est l'ennemi, environnez-le de toutes parts; ne lui laissez aucun passage libre; faites en sorte qu'il ne puisse ni s'évader pour aller camper ailleurs, ni recevoir le moindre secours. Si vous avez cinq fois plus de monde que lui, disposez réellement votre armée, qu'elle puisse l'attaquer par quatre côtés à la fois, lorsqu'il en sera temps. Si l'ennemi est une fois moins fort que vous, contentez-vous de partager votre armée en deux.②

他直接翻译了其中的数词,译文中同样使用了"十""五"和"倍"三个数词。在注解中说"十是中国人比较时最常用的词",为了表达十倍于敌的概念,同样可以说"十之于一"或"十之于五"等等。显然,钱德明认为中文中的这几个数是虚指,而非实指。法文中的相应虚指数词有 vingt(二十), quatre-vingts(八十), cent(一百), mille(一千)等,可以说不乏其词。但他在翻译的时候将中文的数词直接对应到法文之中,并没有采用法文的虚指数词,这样的做法有助于传达语言的"陌生性"。

钱德明在注解中说中国人的表达方式与看待事物的方式一样,文字模糊,语言简练,很难洞穿其中的细腻思想。"如果用一个汉字就能够表达好几件事,那他们就会毫不犹豫地用这个字,而不会考虑读者是否按照他们的思想观念去领会其中包含的全部或部分想法。"③鉴于中文的模糊性在某些抽象概念的表述中更为突出,下面选择"兵势第五"篇的"势"来进行对比。

---

① 此句中还涉及古代军队的设置问题,即"军、旅、卒、伍",译者在文中以城(ville),庄(village)、村(hameau)、舍(chaumine)来对应,在注解中对这几个概念进行了解释,这种概念的传递似未能传达军队设置的这个准确概念。他说"旅"指的是"五百户人家","伍"是"五户人家",这样将军事组织的色彩抹杀掉了,只传达了户籍组织的概念,似与原文意思有悖。

② *Art militaire des Chinois*, p. 73.

③ Ibid., p. 59.

原文：兵势第五。

译文：De l'habileté dans le gouvernement des Troupes.①

原文：治乱，数也；勇怯，势也；强弱，形也。

译文：Mais savoir garder un ordre merveilleux au milieu même du désordre, cela ne se peut, sans avoir fait auparavant de profondes réflexions sur tous les événements qui peuvent arriver, faire naître la force du sein même de la faiblesse, cela n'appartient qu'à ceux qui ont une puissance absolue et une autorité sans bornes.②

此段话原文中有两个势字，标题中的"势"的意思是态势、形势，而译文则为"统率军队的灵活性"，这未能全面表达该篇标题的含义。正文中的"势"应该是态势或态度，钱德明译为 puissance（势力，力量），注解中又说不能理解为普通的意义，"孙子的意思是一位将军应该会利用对自己有利的一切东西"。译者的理解与原文稍有出入，恐怕是因为很难找到对应的法语单词来传达此处的"势"字。

语言的模糊性本来就给翻译提出了挑战，加诸中文、满文文本出入也很大，让译者无所适从。以下试以"虚实第六"为例具体考察译者在理解上的困难。这一段主要讲"避实击虚""因敌制胜"的作战原则。

原文："夫兵形象水，水之行避高而趋下，兵之形避实而击虚；水因地而制流，兵因敌而制胜。故兵无常势，水无常形。能因敌变化而取胜者，谓之神。故五行无常胜，四时无常位，日有短长，月有死生。"

这几句话语言中充满了大量的形象和意象，用比喻来说明用兵的"虚虚实实"。生动灵活、富有形象性的模糊词拓宽了语言表达的想象空间，很好地体现了钱德明所说的中国人的思维方式和观察事物的方式，以及中文的风格和特色。本章题目所涉及的"虚实"在正文中被形象化，就使西方读者很难明白这与"虚实"的具体关系，钱德明也不例外。他将"虚"和"实"直译为 vide 和 plein。这样翻译当然可以。但是他似乎未能理解"虚实"的标题和内容之间的关系，所以在注解中说："我不明白这个标题

---

① *Art militaire des Chinois*, p. 80.新版中更易为：De la contenance。
② Ibid., p. 83.

和其中的内容有什么关联。我手头的满文手稿题为：第六篇，真正的计谋。其他注释者也解释得不太清楚。"①然而中文中"虚实"概念是非常清楚的，标题和内容也完全相符，就是满文中所说的"计谋"。法文中采用钱德明的直译毋宁采用满文的意译，这样反而更利于西方读者的理解，否则确实看不出"虚实"这个标题和内容之间的联系。通过文本对照可见，中文标题与实际内容相符，满文意译为"计谋"也反映了该篇的主题内容，法文用直译则势必会带来理解的障碍。在文化传统差异很大的两种语言之间，直译和意译可能会产生全然不同的接受效果。

"九变第八"中也出现了同样的问题。"九变"指的是在各种情况下灵活机动的作战原则，其核心就是"君命有所不受"，要求战场上的指挥官具有决断权。"凡用兵之法，将受命于君，合军聚合。泛地无舍，衢地合交，绝地无留，围地则谋，死地则战，途有所不由，军有所不击，城有所不攻，地有所不争，君命有所不受。""变"者，特别情况特殊处理之谓也，即机变行事、灵活多变。钱德明将"变"直译为法文 changement（变化，改变），但在注解中说："我依然不明白标题和文中所谈内容如何相符。"②此处的直译使得中文的内涵和外延均发生了变化，法文单词只表达了"变"的部分意义，不能准确传达随机灵活处理的变通之意，难怪他觉得标题和内容不相匹配。可见，在汉、法翻译转化过程中，看似完全对应的忠实翻译实际上与原文相去甚远，法语单词不具有中文"变"字的相应价值。

在上面几例中，字对字的直译成了某种意义上的"误读"。造成这种"误读"一是由于中文的模糊性、多义性，一是由于直译本身的片面性、局限性，另外还有钱德明自己对原文的理解问题。钱德明原拟采用自由翻译，即某种程度的阐释，但在处理标题时受到理解力的限制，却过分追求字的对应，未能很好传达出中文标题的效果。

以上几个例子都是具有多重意义的汉字，这对翻译来说无疑是很大的障碍。汉语的简练和多义可能会导致译文的多样性解读甚至误读。再看下面的例子：

原文：地者，远近、险易、广狭、死生也。③

---

① *Art militaire des Chinois*, p. 85.
② Ibid., p. 99.
③ 汉简《孙子兵法》中，此句为："地者，高下、广狭、远近、险易、死生也。"多"高下"二字。钱德明的翻译中采用"高下"之意。

译文:La Terre n'est pas moins digne de notre attention que le Ciel; étudions-la(la Terre) bien, et nous aurons la connaissance du haut et du bas, du loin comme du près, du large et de l'étroit, de ce qui demeure et de ce qui ne fait que passer.①

回译文:地和天同样值得我们注意;仔细地研究地,我们就可以了解高低,远近,广狭,生地和死地。

原文简练的话语包含丰富的意义。死生,指地形上的死地和生地。死地,泛指行动困难和没有生活资料的地区;生地,泛指便于行动和容易取得生活资料的地区。而翻译中也使用简单的形式对应,即选用一个一个字地对应。这样很难覆盖汉语中丰富的解释和内涵,意义便不能完整传达。如译文中的"高低"与原文中的"险易"可以说就有较大程度的差异。西方读者不会产生与中国读者一样的阅读效果和联想,其价值也受到相应的影响。

在《中国兵法补编》中,提到偃月阵时,钱德明称不知道应该如何用法语来表达。他将三个字拆开来解释,但却说:"偃月阵三个字放在一起是什么意思呢,这个名称没有什么意思。我们把这个阵叫做'沉睡之月'。"②偃月阵实际上是一种阵法,呈弧形排列,形如弯月,是一种非对称的阵型,大将本阵通常位于月牙内的底部。可见,因为巨大的文化差异性,译者有时候很难完全领会某些专有名词的细微含义,从而导致了译文的晦涩难懂。

文本研究揭示了从原文理解到目的语表述之间思想和意义的形成过程。思想形成是翻译过程中的关键环节,语言只是信息意义形成的因素之一,而思想的形成则必须跳出语言的束缚,不拘泥于语言本身的限制。当然这并不意味着只翻译思想,而忽视表达思想的形式,翻译的关键在于要表达与原文一致的思想,同时要采用能够表达同样效果的形式。按照钱德明对满语文本的评价,满语译者过多地追求与原文形式的对应,更多地考虑到所谓"意义"的忠实,追求这种形式上的、机械的意义"等值",却未能摆脱"原来的意思"束缚,所以思想并没有能清楚地呈现出来。在思

---

① *Art militaire des Chinois*, pp. 58-59.
② 《中国杂纂》第8卷,第344页。

想和意义的追寻中,钱德明游弋于满语和汉语文本之间,在两种版本间寻找一种更加明确的意思。

通过一些关键词的对比,我们发现译者钱德明在某些字眼上具有明显的倾向性,这种倾向性通过译者主体性的凸现(有意识的选词、注解、批评)来得以实现。中文的模糊性和多义性对翻译造成了很多困难,尤其是一些含蓄精炼的标题,使译者很难理解标题和内容之间的联系,即使采用直译的方式也很难传达出中文的内涵。有时候,钱德明由于对满语追求形式对应,而未能清楚地呈现思想的批评。值得肯定的是,钱德明在很大程度上传递了原文的思想和意义,并且有意识地传递了中国语言和思维方式的相异性元素。当然,译文中也有因为理解不确而带来的问题,从译本的接受中可以更清楚地看到这一点。

四、从译本接受反观钱德明的翻译——以《中国军事科学艺术现状》为例

《中国兵法》出版之后,《中国军事科学艺术现状》随即问世。该书的第一部分评论由德圣·洛完成,主要谈论了对雍正十训的看法。德圣·洛对中国抱着欣赏和赞美的态度,认为中国政府是最好的政府,中国人是最幸福的群体。中国的法律建立在自然法则基础之上,道德信条自古以来都简洁明了。四千年来,中国人的道德原则始终如此简洁稳定,今人和古人具有同样的人生信条及善恶观念。在中国,因为司法和仁爱是亘古不变的根基,因此没有欧洲那些所谓的道德家造就的各种畸形体系。在他看来,欧洲"卑微"的规章制度烦冗、低级、虚荣,没有连贯性,彼此缺乏协调,这是欧洲这个"半野蛮"社会会出现诸多动乱的原因。

德圣·洛还从《中国兵法》中看到了贤明的雍正形象。他认为雍正是名副其实的伟人,他的训导体现了发人深省的纯洁智慧,其目的是为了子民谋求永恒的幸福。雍正始终像一位和蔼可亲的父亲,训诫的口吻也宛如父亲同孩子讲话一般。另外,他认为钱德明因为雍正对天主教的严苛态度而不愿意刻意赞扬他。

德圣·洛认为,欧洲人此前大都认为中国人性格懦弱,对军事艺术一无所知。但是,中国史书却记载了许多爱国的防御性战争和英雄壮举,中国人几乎全都战胜了入侵之敌,即便被异族征服,他们也以文明去开化了征服的蛮族。他认为欧洲人通过《中国兵法》可以发现,自然法则所允许

的唯一战争是防御性战争,为了虚荣或镇压邻国而发动战争是非常野蛮的行径。此外,他认为中国和欧洲士兵的处境完全不同,欧洲士兵大多是穷人,道德品质低下,在社会上不受尊重,年老时贫穷潦倒;而中国士兵吃穿不愁,生活有保障,为人诚实,老有所养。①

　　德普·塞古尔则重点讨论了对中国兵法的接受,很多地方都直接关系到翻译问题。他用了较多笔墨讨论《虚实第六》一章。上文已述,钱德明曾对本章的汉、满文标题进行说明,并称标题与内容之间没有关联。评论者认为,虽然满文标题是"计谋",但内容中看不到计谋和诡计;只有将帅应该遵循的格言和警示。②可见,评论者/第二接受者因为翻译的原因,同样不能把握"避实击虚、因敌制胜"的思想。从中文到法文的转换过程没能传达文章的深刻内涵,进而使得接受者的理解错位。钱德明对原文的理解问题在第二读者/接受者这里出现了连锁反应,所以当评论者读到该章译文时,也会产生和译者本人一样的感受:"不要期待从每位中国作家的文章中找到标题的清楚解释,里面通常谈论的不是他们(标题)宣告的内容"。但是评论者对这样的晦涩做出了猜测:"这些作家的风格似乎有点像我们的作家蒙田;也许我们发现的存在于标题和内容之间的差异很大程度上是因为译者的错误造成的。"③的确,钱德明没有能传达出标题和内容之间的"契合"关系。在接受链中,这个问题自然也反映了出来,以至于读者对中国文学形成了这样的印象:"蒙田风格"。上文已经讨论过,钱德明的翻译固然不能算是错误,但简单对应的法文词不具备中文字的意义和价值,标题和内容之间含蓄的内在逻辑联系势必被破坏,最后导致西方读者产生云山雾罩的感觉。

　　评论者在阅读该章时,"更希望是在《孙子》中或其他地方找到答案,这种情况下应该怎样与敌人交锋,应该采取什么阵型开始进攻敌人;在该翻译中或其他作品中,甚至欧洲的著作中寻找答案,但我们却一无所

---

① 参阅 Saint Maurice de Saint Leu, Marquis de Puységur, *État actuel de l'art et de la science militaire à la Chine : tiré des livres militaires des Chinois avec diverses observations sur l'étendue et les bornes des connaissances militaires chez les Européens*, Diot l'aîné, 1773, *État actuel de l'art et de la science militaire à la Chine : tiré des livres militaires des Chinois*, pp. 3-35.

② 参阅 *État actuel de l'art et de la science militaire à la Chine*, p. 51.

③ *État actuel de l'art et de la science militaire à la Chine*, pp. 43-44.

获"①。读者为什么期待阵型的具体说明呢？阅读译文，笔者认为可能源于下面一句话的翻译。

原文：故兵无常势，水无常形。能因敌变化而取胜者，谓之神。

译文：L'eau dans son cours suit la situation du terrain dans lequel elle coule: de même, que votre armée soit rangée conformément au lieu qu'elle occupe. L'eau qui n'a point de pente ne saurait couler; des troupes qui ne sont pas bien conduites ne sauraient vaincre, c'est le Général qui décide de tout. S'il est habile il tirera parti des circonstances même les plus dangereuses et les plus critiques. Il faudra prendra la forme qu'il voudra, non seulement à l'armée qu'il commande, mais encore à celle des ennemis.②

回译文：水根据地势而流淌，军队应该根据地形而排兵布阵。没有坡度，水则难以流动；带领不好军队，则难以取胜，这一切是由将军来决定的。如果将军足智多谋，他甚至可以从最危险和微妙的形势中获得好处。不仅对于自己指挥的军队，而且对于敌军来说，都需要采取他所期望的阵型。

这里，钱德明将"能因敌变化而取胜者"一句译为"不仅对于自己指挥的军队，而且对于敌军来说，都需要采取他所期望的阵型"。这显然不能传达中文原文的意思。作为军事专家，德普·塞古尔所期待的当然是行兵布阵的具体内容，但原文中孙子讲述的不过是指导原则，并没有如译者翻译的那样重点谈"阵型"。法文译文理解和传达的偏差直接导致了这种印象。

这样的情况同样出现在《军争第七》中。该章强调以"诈""动""分合"为指导，论述军队在实际交战中选择战机的问题，要求指挥者创造战机和不失时机地把握战机。这一章开篇的几句话是这样的：

原文：凡用兵之法，将受命于君，合军聚众，交和而舍，莫难于军争。"

译文：Sun-tse dit: Après que le Général aura rassemblé dans un

---

① 参阅 État actuel de l'art et de la science militaire à la Chine, pp. 52-53.
② Art militaire des Chinois, p. 91.

même lieu toutes les troupes qu'il doit commander, il doit mettre son attention à leur procurer des campements avantageux; car c'est de là principalement que dépend la réussite de ses projets et de toutes ses entreprises. Cette affaire n'est pas d'une exécution aussi facile qu'on pourrait bien se l'imaginer; les difficultés s'y rencontrent souvent sans nombre, et de toutes espèces; il ne faut rien oublier pour les aplanir et pour les vaincre.①

回译文:孙子曰:当将军在同一个地方将自己指挥的军队聚合起来之后,他应该注意给他们提供有利的扎营,因为这是其计划和行动成功的关键。这要执行起来不是想象的那么简单,其中会遇到各种各样的困难;记住必须要克服和战胜这些困难。

在译文中,钱德明过分突出了扎营的重要性,而忽视了把握战机的问题。因此德普·塞古尔在这里提出疑问:"孙子这一论断阐述得很清楚,我们从道理上不能质疑,且语言也不会产生别的解释。但他没有说明什么是好的扎营方式;在什么地方,在什么情况下,为了什么目的;多远的距离,在什么情况下;我要说的是他没有指出什么是应该采取的好的扎营方式。根据他的论断,他仅仅满足于说'这(很好地扎营)要执行起来不是想象的那么简单'"。②原文非常简练,不同的注释者可以有不同的理解,钱德明进行了阐释和发挥,而让精通军事理论的评论者提出了军事技术方面的疑问。

同样的理解问题还出现在《地形第十》中。

原文:(凡兵有走者、有驰者、有陷者、有崩者、有乱者、有北者。凡此六者,非天地之灾,将之过也。)夫势均,以一击十,曰走。

译文:Si votre armée et celle de l'ennemi sont à peu près en nombre égal et d'égale force, il faut que des dix parties des avantages du terrain vous en avez neuf pour vous; mettez toute votre application, employez tous vos efforts et toute votre industrie pour vous les procurer.③

回译文:如果你的军队和敌军数量和力量都大致相当,那么在地

---

① *Art militaire des Chinois*, p. 92.
② *État actuel de l'art et de la science militaire à la Chine*, p. 53.
③ 《中国杂纂》第7卷,第120—121页。

利所具有的十分好处中,你必须占据九分;全力以赴并运用各种机智去获取它们吧。

我们可以看出,译文对原文的理解不够准确,这种理解的偏差依旧出现了连锁反应。评论者对"夫势均,以一击十,曰走"提出疑问:"我们不知道,在使用数量均等、力量均等这两个表达方式时,译者是否准确地传达了孙子的意思。有理由认为,孙子认为力量可以抵消数量的不足,或数量可以抵消力量的不足:中国著名的军事家能够运用细腻的思想、战术、判断。"① 钱德明对原文的阐释比较牵强,评论者阅读时很能准确把握原文意思,只能靠猜测来体会。

通过译本接受可以看出:首先,汉、满、法三种语言差距较大,语言本身的陌生性对文本的接受构成很大的障碍,译者的解读可能会对文本的再接受带来影响和导向,从而出现多重误读的可能。其次,从译本批评也可以看出,两种文化的思维方式差距很大,"我们从第一章开始就可以看出中国人思维的不同,他们把'法'放在第五位,而欧洲人却是放在第一位的"②。这种思维方式的不同也从评论者的疑问体现出来,评论者更关注作战的具体细节,而孙子兵法讨论的都是所谓宏观的"格言警句"。

文化接受过程是一个存在着误读、阐释、改变、变异的复杂过程,体现着译者和媒介者的文化心理,也反映着接受者的视野和心理。译者是阐释者和自我的言说者,译者的主体性在不同的场合体现出来,并且以注解方式来发表评论。译者经常以"我"这个叙述者的身份进入到译文本文之中直接和读者对话,而解读原文的中国注释家则让位于译者/叙述者的"我",成为第三人称的"他们",这种叙述的效果使得译者的主体性更加突出。③

钱德明耶稣会传教士的身份给他的翻译预设了一定限制,在某些具体细节上可以窥见传教士思维对翻译的直接影响。他已经逐步形成了独特的历史观,翻译兵法也折射了他对中国历史的赞赏和欣赏态度;而涉及与宗教相关的细节时,他也会隐喻地表明态度,从而达到捍卫耶稣会立场

---

① *État actuel de l'art et de la science militaire à la Chine*, p. 62.
② Ibid., p. 45.
③ 例如56页:"从他们(ils)讲述,也就是我(je)刚刚根据他们的意思转述的事件,我们同样可以得出结论,将军的权威的基础是严谨。"

的目的。而作为媒介人,钱德明更希望给西方受众提供中国文化素材,翻译则是最直接的手段。因此,材料和内容是他关注的重点,原作神韵气质和文学特点则退而求其次。这种选择给予了翻译活动更大的自由度。

钱德明的翻译在帮助欧洲人塑造中国形象方面发挥了重要作用。前文已述,德圣·洛认为《中国兵法》既可以从一定程度上消除欧洲人对中国人军事才能的偏见,又可以进一步强化美好的中国形象。在德圣·洛看来,《盛京赋》和《书经》的翻译已经确立了美好的中国形象,他从《中国兵法》中则进一步解读出正面的中国政府和皇帝形象。随着对中国了解的加深,到《中国兵法》出版之时,法国"文人们再也不能揶揄中国人了;现在,我们可以说中国人是世界上最幸福的民族之一,他们的政府是最优良的政府,这样说再也不用担心被人反驳了。"①钱德明关注中国兵法前后达十多年,他是将兵法核心内容介绍到欧洲的第一人,在中西文化交流史上起到了重要作用。因为他的翻译,中国兵法这门古老的学问得以在欧洲传播开来,并且产生了广泛影响。

本章主要选取《盛京赋》和《中国兵法》两个有代表性的译作来研究。通过译者文化身份的研究可以发现,钱德明的翻译作品跟其著作一样带着主流耶稣会士的印痕,虽然译作中没有著作作者那样全然的自由,但他还是给予了自己很大的空间,通过词语的选择和不失时机的评论,引导着读者对中国特有观念、思想的理解。钱德明的翻译立场和视野也体现了他作为耶稣会士/汉学家/译者的特定文化心理,他曾说:"我们那些译者的大问题是,他们以为从字典中找到几个词替代了原文中的词就忠实地翻译了原文的内容。但是在字典里不可能找到一个单词的所有意义。只有对用这门……外语写成的所有书籍的长期阅读和思考才能给我们提供足够多的启发。"②由此可见,钱德明认同的翻译并非简单的对应,而是一种长年阅读和思考的结果。

文本分析展现了语言间"同一性"和"相异性"的冲突,语言陌生性之间的对抗,展现了译者意图之外难以融合的这种"异的考验"③,而这种考

---

① *État actuel de l'art et de la science militaire à la Chine*, pp. 6-7.
② 钱德明是讨论宋君荣的《书经》翻译时说这番话的。他认为,宋君荣只翻译出了《书经》的"形",未能翻译出"神";经过德经润色之后的译文跟原文更近似,但如果有中国人的帮助,其效果可能会更好。尽管如此,钱德明觉得《书经》的这个译本比其他法文和拉丁文译本都要好。引文中所谓"我们那些译者"指的是其他传教士。参阅《中国杂纂》第2卷,第54—55页注解1。
③ 法国翻译理论家贝尔曼曾出版翻译批评名著《异的考验》(*L'épreuve de l'étranger*)。

验不断地对接受链上的读者提出挑战。媒介者只能在"异"的考验中寻找自己的空间，施加影响，去引导读者接近自己的解读模式。显然，相对于著述来说，译者凸现自己观念的余地相对有限。但译著照样可以体现出他关于异国的总体观念和想象，照样加入了异国总体形象的构建之中。

第四章 钱德明与中西文化互动

本章旨在考察钱德明在中西文化交流中的作用:与贝尔坦的"文学通讯",法国知识界的接受,参与学术大讨论,以及对法国作家的影响。从比较文学角度来说,接受问题可能涉及两个对立的点——接受/拒绝,"我"在面对异国作品时可能会出现新的美学期待,这其中包括对异国因素的欣赏和接受,也包括对它的排斥和拒绝,尤其是涉及对自我文化传统和社会总体想象物的反思和自省。①文化交流媒介者钱德明的著译和通信正要经历来自"我"的接受或者拒绝,包括各种审问和互动,也正是通过这样的互动积极参与到中西文化交流之中。本章将遵循这样的思考去调查与媒介者及其作品相关的批评话语,分析接受体系中纵横交错的复杂关系。

第一节 钱德明与贝尔坦

一、贝尔坦与"文学通讯"

贝尔坦拥有广博的文化学识,关注科学、文艺,热爱古代、传统,具有开放的心态。在18世纪的法国,"中国热"蔚然成风,其中对中国进行较深入研究的当属重农学派。贝尔坦是重农学派的朋友,和他们的领袖魁奈(Guesnay, 1694—1774)私交很好,自然会受到这个学派的影响而对中国产生兴趣。

1764年,贝尔坦在负责东印度公司事务期间接触到高类思和杨德望(Étienne Yang, 1733—1798?)。作为国家重臣,他希望通过中法之间的交流来推进科技的进步,同时研究被重农学派奉为典范的中国社会制度,以达到为法国利益服务的目的。②贝尔坦主张各民族之间平等交流:"相信

---

① 参阅 Yves Chevrel, *La littérature comparée*, Presses Universitaires de France, 1989, pp. 31-33.

② 参阅 Jacques Silvestre de Sacy, *Henri Bertin dans le sillage de la Chine (1720-1792)*, pp. 157-172.

世界上所有民族都有共同的起源,应该将他们看作分散在各地的同一家孩子,他们被遥远的空间和辽阔的海洋分割开来,但不要忘记他们都是人,是可以互助的兄弟,国王陛下希望两名中国人在法期间准确了解当地技艺,以便回国之后进行比较,如有可能则将其完善,并且通过平等的互助向法国介绍中国技艺,以完善法国工人的工作……"①1765年6月29日,高、杨二人回到广州,他们在文学通讯中的作用逐渐弱化,法国传教士的作用日益突出。②中法"文学通讯"拉开序幕,其灵魂人物便是贝尔坦本人,他身边聚集了大批致力于研究中国问题的学者,正如前文已述,其中不乏科学院或铭文与美文学院院士。③文学通讯忠实地再现了欧洲学者和在华传教士之间的学术交流关系。

贝尔坦意识到法国流传着很多中国"神话",真假混杂,偏见丛生,误导着难辨真伪的受众:"为了比较那些关于中国的内容及对中国少得可怜的了解,你们应该去革新荒谬或带着利益眼光的偏见……"④他希望传教士提供可靠的信息:"人们因为偏见常常异想天开或以偏概全,有了偏见就好比戴上了眼镜,总要放大或缩小原来的事物,往往根据观察者的成见来改变事物的色彩和形状。"⑤他非常警惕二手信息:"我明显觉得,要想写关于中华帝国的文章,就必须在那里长时间地居住,要和朝廷要员及各省

---

① 贝尔坦1765年1月16日致高类思和杨德望书信,法兰西学士院图书馆,手稿1521。贝尔坦安排两名中国人跟随法国科学家学习。后来,贝尔坦组织学者准备与中国相关的问题,希望中国人回到国内进行深入研究,再将相关信息返回法国。关于贝尔坦与高类思、杨德望之间的交往,请参阅 Joseph Dehergne, *Les deux Chinois : l'enquête industrielle de 1764 et les débuts de la collaboration technique franco-chinoise*, thèse de doctorat, non publiée, Sorbonne, 1965.

② 高、杨回国之后经历了很多"尴尬"。蒋友仁向贝尔坦汇报说:"他们在法国或者说和法国相处了十四年,已经学会了法国方式,他们回到广州之后立刻发现必须改变观念,中国的风尚、政府和法国政府非常不一样。"这种"尴尬"的地位和身份源自于下面几个原因:一、他们出国的经历;二、他们出身普通,难以跟上层文人官僚建立关系,以获得科学、文学、艺术方面的知识;三、如果利用从欧洲带回的礼物来打通关节也会引起怀疑。在华传教士的情况完全不同:他们是外国人,不需要完全遵循中国的社会组织形式;最重要的是他们掌握有文学、艺术和科学知识,在宫中谋有一席之地。当高、杨二人不能完成贝尔坦交代的任务时,其他在华传教士就介入其中了。他们和贝尔坦建立了通讯关系,定期寄给贝尔坦信件、著作、艺术品,不断丰富着他的知识和收藏。参阅蒋友仁1766年10月12日致贝尔坦书信,载《通报》,1917年,第290—301页。

③ 当时,一些重要学者都关心中国,他们与在华传教士保持通信,探讨各种问题,其中有化学家、物理学家、天文学家、音乐家、历史学家、汉学家、东方学家、医学家等。

④ 贝尔坦1764年10月2日致高类思和杨德望书信,法兰西学士院图书馆,手稿1521。

⑤ 贝尔坦1764年10月2日致高类思和杨德望书信,法兰西学士院图书馆,手稿1521。

高官来往。"①因此,他在组织出版《中国杂纂》时,一直力求原样呈现传教士书信。

贝尔坦在通讯中保持着严谨客观的科学态度。钱德明对中国多有溢美之词,多次谈到乾隆的勤政爱民和文治武功,塑造了近乎完美的君主形象。贝尔坦并不完全赞同这一观点,因为他同时还获得了其他信息。在广州的小德经身边的商人圈子里弥漫着"仇华"心态,小德经觉得中国人道德卑劣,认为"这个民族已经麻木,不得不盲目服从大小主子的任意妄为……"②贝尔坦则回复说:"这里给您(小德经)寄上《中国杂纂》第十一至十三卷,您可以读读,多少可以让您预防对中国人太极端的看法:千万不要用一个民族多少有些普遍或实实在在的——您如果想这样说的话——道德败坏来评价他的法律和宪章。"③贝尔坦的书信透露出他对中国的热爱,但这是比较客观、没有太多偏见的"中国情结",与那种狂热推崇完全不同。在面对过度赞美和批评论调时,他仍然保持着谨慎态度,力求摆脱先入为主的"成见",用清醒的批评意识去影响包括钱德明在内的通讯对象。

贝尔坦推进着文化交流、思想互动,更推动着法国知识阶层对中国的了解。他的科学求真精神催生了法国汉学:直到18世纪60年代,法国有关中国的观念都还相对肤浅,或者不太准确,但到了18世纪晚期,法国对中国的认识达到了空前高度,中国历史、科学、文学、艺术开始比较准确地被传达给法国学者。"如果说法国知识界对严肃的中国研究开始感兴趣,那得归功于贝尔坦,这属于他的荣光,正是在其鼓励和支持下,汉学'这门属于法国的辉煌学问'才得以建立。"④

贝尔坦的书信展现了远见卓识和政治眼光,他不仅将通讯作为了解和推动文化、科技交流的手段,而且从外交层面进行思考,从两国文化、历史发现共性,以找到为两国利益服务的有效方式。贝尔坦建议钱德明将法国掌握的俄国情报转达中国朝廷:"转达情报的第一条理由,无疑是因为不能向对这么优待您的宫廷隐瞒敌对朝廷针对它的措施,如果这些措

---

① 贝尔坦1787年9月22日致钱德明书信,法兰西学士院图书馆,手稿1524。
② 小德经1787年1月21日致贝尔坦书信,参阅 Henri Cordier, «Les Correspondants de Bertin», *Toung Pao*, 1913(14), p. 507.
③ 贝尔坦1787年1月21日致小德经书信,法兰西学士院图书馆,手稿1524。
④ 参阅 Jacques Silvestre de Sacy, *Henri Bertin dans le sillage de la Chine (1720-1792)*, p. 169.

施对其产生不利后果,那我们应该自责隐瞒了情况,如它能及时得到通告,它将很容易处理这些事情。……俄国东部和中国相邻,我现在利用这些消息,无疑希望看到北京朝廷对您更加青睐,如果您能让北京获得严肃有益的意见,它无疑会觉得脸上有光。正如您的爱国情感一样,这也将有利于法国,将会给予中国做生意的国王子民带来更多的尊重和便利;或能够为凡尔赛和北京准备更深入的联系。虽然两国山遥水远,但这种联系是必要的,因为两大强国之间有着共同的利益,即阻止第三方势力的增长,以防打破君主间平衡的企图。"①贝尔坦从战略的高度希望中、法建立良好外交关系,以维护政治格局的平衡,遏制第三方势力的增长,这符合两国的共同利益。中、法之间是否能建立合作关系?贝尔坦认为:"中、法之间有很多相似关系,两国君主统治着世界上最开化的民族,他们对艺术、贸易有着同样的智慧和热情,……他们懂得推行自己的原则,懂得发展对知识的好奇……。现在,共同的利益有必要拉近他们的距离,如果签订正式条约操作起来比较麻烦,那至少应该建立定期联络,这将帮助彼此了解第三方在欧洲和亚洲的动向,以便采取遏制措施。"②另外,他也考虑到从宗教层面去扩展法国影响。他赞同钱德明的观点,希望法国设立在华主教区,负责管理满洲地区,从而为法国赢得势力范围:"我和您想法一样,既然葡萄牙国王已经在中国任命了三名主教,(法国)国王也同样能够任命一名中国主教。"③

贝尔坦主张双向互动,有从异国的索取,也有自我的给予,体现了其开放心态和现代意识。他希望向中国介绍新的科技发明。④他组织文学通讯,亲自提出问题,组织学者,参与讨论,出版丛书。为了给在华传教士创造研究条件,他每年都定期寄送书籍。⑤后来还专门寄送《博学杂志》,以便传教士能够阅读到关于中国的评论文章:"这次我在报纸中增加了

---

① 贝尔坦1773年致钱德明书信,法兰西学士院图书馆,手稿1522。
② 贝尔坦1773年致钱德明书信,法兰西学士院图书馆,手稿1522。
③ 按钱德明和贝尔坦的想法,该主教负责长城之外的满洲地区,可以驻留北京。参阅贝尔坦1773年致钱德明书信,法兰西学士院图书馆,手稿1522。
④ 贝尔坦说:"北京了解这机器吗?中国人会很好地接纳这个精彩的发明吗,给您寄详细技术报告合适吗?"参阅贝尔坦1781年3月致钱德明书信,法兰西学士院图书馆,手稿1523。
⑤ 如贝尔坦在1779年10月15日的信中说:"在这本书之后,我将让人(给你们)寄已出版的或将出版的所有与中国相关的书籍。"参阅贝尔坦1779年10月15日致钱德明书信,法兰西学士院图书馆,手稿1523。

《博学杂志》,今后会一直如此,里面经常有关于中国及中国文学的文章。如果您能告诉我对所寄报纸的意见,我将非常高兴,如果您对有些报纸不感兴趣,或者我们这里还有您感兴趣的其他报纸,我将听取您的意见。我还是要求您按照我的提议去利用这些报纸……"①可见,在寄出相关书籍和报纸时,他对钱德明提出了具体要求,希望他合理科学地利用这些材料。

贝尔坦首先关注的是传教士的著译作品,其次才是艺术品,他多次向钱德明指出:"我觉得还应该再次提醒您,我已经说过不止一次。我觉得贵重的是一切可以丰富文学和艺术的东西,如您那些有趣的信件,您对中国音乐、绘画或其他与文学、善本相关的研究、乐器和解释、笙、琴、皇帝的勤政信息等。对于纯粹的礼物,如日本漆盒、竹根雕宝塔或其他艺术品,我严肃地向您建议,也会写信给晁俊秀先生,以后一定不要再寄给我。"②可以看出,他在文学通讯中真正关心的是文学艺术,是传教士的翻译、著作及研究活动,他走出了浅层面的"中国热",把中法交流推进到研究和科学层面。

他提倡传教士之间的合作,协调传教会内的派系纷争。他对钱德明说:"这种分裂及存在于你们之间的隔膜甚至影响到你们寄给我的作品。通过您和贺清泰的信,我发现你们对韩国英的文学研究和观点没有好感。得承认,这位传教士的工作、热情、专注都值得最高的尊重,虽然其作品没有您那样旁征博引——这需要渊博的学识。但你们之间如果能协同起来,文学讨论将让你们彼此都受到启发,从而进行健康的批评。……我相信,如果你们能够和谐共处,……这种变化不仅对工作有益,对传教会成员有益,也对文学艺术有益。"③

贝尔坦在文学通讯中具有多方面的兴趣:"您有幸寄给我们的,且您认为值得关注的内容,各种政治、历史、革命、艺术、宫廷新闻,我都非常感兴趣。我们非常好奇,急于读到这些细节,这可以提供比较的素材,具有真正的价值。"④贝尔坦具有比较意识,这种意识指导着文学通讯。作为中国文化的接受和再传播者,他也乐意与其他学者分享知识和材料,让更多

---

① 贝尔坦1784年12月31日致钱德明书信,法兰西学士院图书馆,手稿1524。
② 贝尔坦1777年11月30日致钱德明书信,法兰西学士院图书馆,手稿1522。
③ 贝尔坦1779年10月15日致钱德明书信,法兰西学士院图书馆,手稿1523。
④ 贝尔坦1784年12月31日致钱德明书信,法兰西学士院图书馆,手稿1524。

人参与到文化交流中来。例如在收到钱德明在音乐方面的著作之后,他决定:"我马上就把《中国古今乐记》抄件寄给比尼翁先生。……我打算让大众和学者立即使用它。我已经让人誊写了手稿,赠给具有专业学识和名望的人,尤其是鲁西埃……"①他希望让来自东方的书籍和著作发挥最大价值,让学者参与其中,可见其开阔的学术心态和视野。

总之,他积极组织和参与文学通讯工作,促进了中西文学、科技交流,促进了人类知识进步。

二、贝尔坦与钱德明

——出版工作

贝尔坦主持文学通讯的出版工作,先后委托巴多和布雷基尼负责编辑,选编出版了十五卷《中国杂纂》。他亲自选定材料,提出具体出版意见,并对出版材料进行了取舍删减。据笔者考察,钱德明手稿上留有大量贝尔坦的批注。贝尔坦听从钱德明的建议,组织审查《由载籍证明中国之远古》,以免在宗教界引起麻烦。他亲自起草出版弁言,认为潜在的麻烦不是《圣经》七十子译本或拉丁通俗本的差别,而在于作者将"三位一体"观念引入伏羲"话语"之中,赋予"天"和"上帝"以特殊意义,使这些关键词句、段落跟"礼仪之争"发生了联系。他和索邦大学博士进行长时间讨论,并将弁言与该著作一并发表。另外,他还请求索邦大学博士审阅关于中国音乐的论文,以免出现神学上的偏差:"从中国寄给我的所有要出版的手稿,不仅经过了政府审查者的审核,也经过了巴多院士之手,……某些具有好奇心的教士或主教也提前阅读过手稿,例如我担任国务顾问且获得索邦大学博士学位的弟弟;……如果某些关键原则或体系与神圣教义或观点相悖,他很容易就能发现并通知我。您以后不要有这方面的担心。"②

钱德明的很多作品属于定制之作。贝尔坦让他对"古代产生了兴趣",③因此在古代问题上多有著译。在满语方面,钱德明也受到贝尔坦的影响,从而编撰了相关著作:"如果能够有一本满汉字典和字母表,……在满文字母及单词旁边标注对应的法语字母和单词,这是件长期艰巨的工

---

① 贝尔坦1777年11月30日致钱德明书信,法兰西学士院图书馆,手稿1522。
② 贝尔坦1777年11月30日致钱德明书信,法兰西学士院图书馆,手稿1522。
③ 参阅钱德明1778年9月15日致贝尔坦书信,法兰西学士院图书馆,手稿1517。

作吗?"①如果没有贝尔坦的要求,也就没有类似满文工具书问世。钱德明的绝大部分书信和著译都寄给了贝尔坦,而贝尔坦也负责出版了许多钱德明的作品。

——学术争鸣

贝尔坦鼓励学术交锋。他认为有学术辩论和对立观点正好说明学者具有独特立场,不代表大众或某个集团的观点,亦非人云亦云。学术交锋之后当事方要认识到错误之处,并告诉公众谬误的原因,这才是真正的良性学术互动。②这种思想既反映了他对中国问题大讨论的关心,也反映了他推动学术讨论的具体思想。前文已述,钱德明和德经在中国上古史问题上针锋相对。贝尔坦将德经的作品寄给钱德明,希望呈现对立的观点,从而更好地进行学术批评:"您可以看到这位院士收集的一切支持关于埃及人和中国人体系的证据,他坚持拒绝不同意见。如果您认为可以答复,我们将在报告中予以刊发。"③可见,他不希望在学术分歧和辩论上浅尝辄止,而是希望推进健康的学术辩论,让大众更清楚地了解问题的实质,这也是他在文学通讯和学术辩论中的最终目的。为此,他还特意为传教士选择学术交流和通讯对象,关注他们的相互影响及学术观点的发展变化,如谈及鲁西埃时说:"他(鲁西埃)得出的结论是中国人乃埃及人之后;但看了您(钱德明)关于中国音乐的著作之后……他现在和您的看法趋同,认为是中国人发明了音乐体系。"④

——批评精神

贝尔坦虽然注重传教士在现场搜集的第一手资料,但并不是简单地全盘接受。他在通讯中保持着批评精神,对钱德明的某些报道进行质疑。

他的批评之一是在中国政府问题上。钱德明崇拜中国政府,认为中国政治开明,君主文治武功,国家人口众多。贝尔坦则认为中国政府具有专制色彩:"……大家不会完全同意您的观点和您在中国政府问题上得出的正面结论。……(中国政府)类似的刑法不公和野蛮让我们深感震惊,

---

① 贝尔坦1779年10月15日致钱德明书信,法兰西学士院图书馆,手稿1523。
② 参阅贝尔坦1777年11月30日致钱德明书信,法兰西学士院图书馆,手稿1522。
③ 贝尔坦1780年12月31日致钱德明书信,法兰西学士院图书馆,手稿1523。
④ 贝尔坦1778年10月20日致钱德明书信,法兰西学士院图书馆,手稿1522。

这样的法律本意是满足专制君主的虚荣,让其高高凌驾于臣民之上;……这种做法纯粹是专制的面纱……"①贝尔坦还质疑中国人口数量并进行估算:"我高兴地阅读到关于中国人口众多的证据,因为很多人都觉得不太真实,对此不大相信。……关于这个问题,我将做一些比较计算寄给您。"②

在中国古代问题上,他也不完全同意钱德明的观点。钱德明对中国古代赞美有加,贝尔坦则提出异议:"总而言之,我同意您的意见,欧洲没有重视上古和由此产生的教育意义。但中国人过于崇拜上古:这一观点是否太夸张了,他们是否认为所有现代发明都不是真正的发明,只不过是古代的再现。"钱德明认为八卦中包含着一切含义,贝尔坦也表示质疑:"在伏羲、神农八卦中的发现并不能说明什么。我要说的是,需要发挥想象力和激情才能从中窥见所有艺术的苗头和知识,几个断续的线条根本不具有任何意思,由此看来,它们可以被解释成各种含义。"③他认为对八卦的解释具有随意性,将一切真理归结其中的做法是不科学的。

在中国音乐问题上,钱德明认为中国人耳朵的生理构造不同,因此对音乐的感受相异:"……中国人的耳朵从外形上看很不一样。我所有见过的中国人,耳朵都长、宽、垂、厚、敞、软,柔软而无骨感,……他们对欧洲感人的和弦和辉煌的和声毫无感觉……"④贝尔坦回应说:"我很难相信,……在听同一首乐曲时应将中国人和欧洲人的不同感受归因于不同的器官构造。我觉得这种效果更多取决于习惯……"以今人的眼光来看,贝尔坦的解释似乎更为客观和科学。贝尔坦还关心文化因素在翻译过程中的效果,关心词语的选择是否契合意义,于是向不同的传教士寻求对某些词语的理解:"……您(钱德明)无疑知道,两年前贺清泰先生寄给我从满文到意大利文的译本,好几个地方都谈到音乐、和弦、和声,康熙似乎特别关注音乐。请告诉我,您是否了解这类著作,是否认为译文中'和弦'一词跟我们这个词意义相同。"⑤

他们彼此互动,相互影响,张扬批评意识,推动着汉学逐步走上科学

---

① 贝尔坦1784年12月31日致钱德明书信,法兰西学士院图书馆,手稿1524。
② 贝尔坦1779年10月15日致钱德明书信,法兰西学士院图书馆,手稿1523。
③ 贝尔坦1785年12月21日致钱德明书信,法兰西学士院图书馆,手稿1524。
④ *De la musique moderne des Chinois*,法国国家图书馆音乐部,手稿 Rés. Vmb. Ms. 14。
⑤ 贝尔坦1781年9月16日致钱德明书信,法兰西学士院图书馆,手稿1523。

和正规的学术道路。

贝尔坦既是中国形象的接受者,同时也是间接的中国形象塑造者,因为他亲自选定材料,删繁就简,决定了形象元素的出炉,可以说他与钱德明一起在构建着中国形象。在此构建过程中,贝尔坦强烈的批判意识体现在对异国总体想象的接受态度上。他认为在欧洲流传的关于中国的"神话"中存在谬误,且以讹传讹,因此要求客观准确的第一手现场资料。他虽然不能完全脱离集体无意识的樊笼,但他并非简单地复制先前的集体描述,而是取批判态度,自觉地进行"区别行为"。作为形象接受者,他对形象塑造主体钱德明也保持着批判态度,并非全盘接受其基于现场的言说,而是在某些方面进行了质疑和批评。特别值得一提的是,由于他的身份和地位,这种态度反过来积极地影响了形象塑造主体。由此产生了形象研究中一个比较罕见的现象,即形象接受者以一种批判意识去适度影响着形象塑造主体的迷恋意识。正是因为具有强烈的批判意识,贝尔坦塑造的中国形象就能在某种程度上既排除套话的约束,又排除过多的迷恋意识和乌托邦色彩。

如果说钱德明在形象塑造过程中多少具有"狂热"的情愫,其中国形象多少有点"幻象"色彩,以烘托被注视的异国文化的优越;那么相对的反面则是小德经对中国文化的贬抑。异国现实被视为落后,形象塑造者带着"憎恶"感情来描绘中国,其幻象也更多呈现了自我文化的形态。贝尔坦对这两种态度都进行了批判。巴柔将这种态度归于"亲善",他说:"异国现实被看成、被认为是正面的,它纳入了注视者文化,而后者也被视为是正面的,且是对被注视者文化的补充。'亲善'是唯一能真正实现双向交流的态度。""与'狂热'所要求的机械的文化适应相对应的,是通过'亲善'而发展起来的真正的'文化对话'。'憎恶'以对他者的排除和象征死亡为前提,而'亲善'则力图使人不得不采用一种困难的、要求很高的方法,它要求承认那个存在于'我'旁边,与'我'相对,既不高于'我',也不低于'我'的'他者',这个'他者'是独特的、不可替换的。"①贝尔坦正是采取了这样的中间立场,在"狂热"和"憎恶"中间寻找着合适的度,让"我"与"他者"像"同一家孩子"和"可以互助的兄弟"一样进行真正的、平等的双向文

---

① 参阅巴柔著,孟华译:《形象》,载《比较文学形象学》,第175—176页。

化交流①,推动着法国对中国的认识以及学者和钱德明之间的互动。

第二节　钱德明与《博学杂志》

一、《博学杂志》与《中国杂纂》

　　研究接受问题需要考察文化传递的媒介。文学杂志、有影响的期刊、与当地生活紧密联系的报纸,乃至一家研究外国的机构等,这些都是媒介,都应成为接受研究的内容。②本节选择18世纪在法国影响较大的文学月刊《博学杂志》,以此为依托来考察钱德明在法国的接受情况。

　　18世纪,《博学杂志》发表了不少关于中国的文章及书评,较客观地再现了法国不同时期对中国的关注热情:世纪之初,关注"礼仪之争";三四十年代,关注杜哈德的巨著和《耶稣会士书简集》;50年代,关注德经对中国人种问题的讨论;70年代,刊发26篇关于中国的报道文章;80年代,此类报道数量达到28篇。这一时期由于《中国通史》和《中国杂纂》的出版,该杂志对中国的关注也达到高潮。1792年,《博学杂志》一度停刊,此前刚好完成对《中国杂纂》的评介。③在上述这份出版记录中,自70年代以后的内容多与钱德明相关:70年代初《盛京赋》和《中国兵法》的出版,宣告了新一轮"中国热"的到来:"希望有更多与东方人不同的作品来丰富我们的文学。中国人在著作里充满了智慧,能够与埃及和罗马人比肩……"④可以说,钱德明的译作为此番"中国热"做了准备。之后,《博学杂志》又详细报道每一卷《中国杂纂》,并刊发书评,可见钱德明对此杂志贡献甚多。

　　《博学杂志》较忠实地报道了几乎所有关于中国的书籍。从题材看,这份杂志最关注的当数中国历史问题,尤其是古代经书,如宋君荣的《书经》,钱德明的《中国兵法》和《孔子传》等作品。它同时也非常关注在华传

---

① 贝尔坦1765年1月16日致高类思和杨德望书信,法兰西学士院图书馆,手稿1521。

② 参阅 Yves Chevrel, *La littérature comparée*, Presses Universitaires de France, 1989, pp. 31-33.

③ 关于18世纪法国报纸杂志对中国的接受,请参阅 Marie Françoise Milsky 博士论文 *L'intérêt pour la Chine en France au XVIIIe siècle* 中 La Chine dans les journaux 一章。

④ 《博学杂志》,1772年1月,第9页。笔者参考的《博学杂志》均为法国国家图书馆数字图书网站 Gallica 上的分年电子版本。

教士的通讯活动,给予传教士信札以较大篇幅,经常在头版头条加以报道。而传教士的通信几乎涵盖了当时所有的学科,为知识界提供了大量第一手资料。

《博学杂志》在较长的时段展现了知识阶层对中国的兴趣,再现了法国对中国的认识历程。从《中华帝国全志》到《中国杂纂》,批评界开始重视原始文献。《中国杂纂》的刊布展示了汉学的发展趋势,如《中国杂纂》第五卷书评所说:"杜哈德只做自认为合适的增删,只选择符合写作计划的内容,或者与其希望塑造的中国形象相符的内容……而该文集(《中国杂纂》)除订正少数错误之外,都完全按照从中国寄来的顺序和模样刊行。"①《博学杂志》反复宣传这样的观点:"通过简短的摘要可以判断《中国杂纂》的重要性和价值,其中大部分内容是由在现场的传教士从中文书籍中提炼出来的;除了风格上作了小小改变之外,这些文章一般都按原样出版,跟此前关于中国的出版物大不相同。"②因此,杂志认为《中国杂纂》"对了解其他国家和居民非常重要","除了风格上稍作修改之外,其余皆原样照登",这样方可如实地展现他者的风貌。③以上这些引言说明,学界希望了解的是真实,而不再是想象,所以注重以原始材料入手进行研究。《博学杂志》反映了学界的这种要求,并且客观地评价了《中国杂纂》在整个汉学发展中的定位,促进了汉学研究走向更高标准的科学性,汉学开始向科学化方向发展。作为严肃的批评杂志,《博学杂志》对书籍的出版提出更严格的学术要求,并在知识界传播这种研究旨趣。这种学术化的倾向反过来会向传教士提出更高的研究水准。

前文提及贝尔坦曾经将《博学杂志》寄给钱德明,让其研习参考关于中国文化和文学的文章,并且尽可能地利用这些杂志。④由此可见,一方面,《博学杂志》在不断刊登关于中国的文章和传教士的通讯成果;另一方面,传教士又可以阅读到这些评论文章并就此作出反馈和回应,按照贝尔坦的要求加以分析利用。在这样的交流过程中,在传教士(钱德明)/著译者——评论者/媒介杂志——贝尔坦/学者之间形成了一种良性的互动。也正是在这样的互动中,钱德明等的研究广度和深度不断发展,最终使得

---

① 《博学杂志》,1780年3月,第146页。
② 《博学杂志》,1782年,第389页。
③ 参阅《博学杂志》1783年,第659页。
④ 参阅贝尔坦1784年12月31日致钱德明书信,法兰西学士院图书馆,手稿1524。

《中国杂纂》超越了此前关于中国的各种出版物。

二、《博学杂志》与钱德明

——关于乾隆诗文

1770年4月号《博学杂志》发表介绍《盛京赋》的文章,8月发表书评,这是钱德明在《博学杂志》中的首次亮相。评论首先肯定了他的翻译工作,认为原文乃君主诗作,其中包含各种鲜为人知的文学知识,可以激发公众的兴趣。原文的"自然、辉煌和高雅的风格",庄重的题材,"各个部分的精确、华丽、风格和组织",教育意义和道德作用,都通过翻译"部分得到了证实"。换言之,译者完成了设定的翻译目的,移植了部分的史学和诗学价值。评论同时也指出了翻译作品的不足,正如前文已经分析过的一样,评论者请求读者"原谅译者在风格上的疏忽",因为他已经在中国生活了近二十年。[①]

1777年,《博学杂志》发表《御制平定厄鲁特诗之说明》和《土尔扈特全部归顺记》评论。评论者解读的重要信息是"似乎中国皇帝特别喜欢诗歌",皇帝在诗歌之中重视阐发"自己的谨慎、智慧,对子民的爱护及对被征服民族的公正;而第二篇译文则"完全是历史,没有诗歌的想象,内容主要是道德思考"。[②]

自钱德明在《盛京赋》中塑造了诗人乾隆的形象之后,这些译文的发表再次强化了这一形象。对"中国皇帝喜爱诗歌"这一主题的反复言说,使这一形象根植进了法国人对东方的想象之中,加入到钱德明塑造诗人乾隆形象的过程中去。正是在此基础上,1786年钱德明对乾隆的诗人身份和诗歌才得以进行全方位的介绍。除了诗人乾隆的形象之外,评论还继续在推进着西方关于中国诗歌的认识,明确地勾勒了中国帝王诗歌的载道功能和说教作用,指明了常常以史入诗的中国诗歌特色。

考察形象塑造者与接受者/评论者笔下所塑造的形象,可从一个侧面揭示出接受的情况。在二者之间,比较趋同的形象认识有二:一是都将乾隆描画为一个雅好诗文的皇帝,认为他的诗歌体裁庄重宏大,注重道德说教和教化子民;二是都重视历史和典故在乾隆诗歌中的作用。钱德明曾经说过翻译时"如果没有历史书在手",连中国文人也很难理解这样的诗

---

① 参阅《博学杂志》,1770年5月,第536—539页。
② 《博学杂志》,1777年3月,第162—163页。

歌①,而接受者也写下了"完全是历史"的评论。

但是,译者塑造的形象并不都能始终如一地传达到接受者一方,形象塑造者的初衷也可能被接受者做出另样的解读,诠释出新的形象因素,而与媒介者本人的意愿大相径庭。评论者指出:"……在阅读该诗文尤其读到注解时不能不让人觉得这位君王太强硬。"②然而,钱德明的注解并不是为了凸现乾隆的强硬武断,如前所述,他加注的本意是为了尽可能多地给读者提供相关信息,同时也展现乾隆的武功。

——关于中国历史

《博学杂志》对《由载籍证明中国之远古》等文进行了评介。从知识层面来说,评论者认为:"……作品包括很多有趣、有意思的细节,提供了很多新的知识。"③从学术立场来说,评论者认为:"钱德明希望反驳德经的观点,他和高类思的路数完全不同。"④但在对中国历史的认识方面,论者却怀疑钱德明的结论。

这种怀疑源自比较。首先,论者将钱德明和同时代的高类思比较,认为钱德明是从中国历史纪年出发,在方法论上采用中国人的纪元推算方法;高类思则从西方历史纪元出发来反观本国历史。其次,论者将钱德明的中国年代体系与此前耶稣会士的观点进行对比,通过传教士计算的不同结果而指出相互抵牾之处,从而对钱德明进行质疑。⑤第三,将钱德明前后不同时期的作品对比,指出《中国通史编年摘要》和《由载籍证明中国之远古》前后矛盾之处。⑥论者对不同时代作者、同时代作者和同一作者

---

① 钱德明1772年10月4日致比尼翁书信,法国国家图书馆西方稿本部,布雷基尼档案。
② 《博学杂志》,1777年3月,第163页。
③ 《博学杂志》,1778年1月,第12页。
④ 《博学杂志》,1778年1月,第4页。
⑤ 钱德明认为黄帝六十一年为公元前2637年,伏羲历史可上溯825年,即公元前3463年。冯秉正将大洪水时间定为公元前3638年,因与伏羲时代的间隔仅175年。钱德明认为中国人约在伏羲前一两个世纪从亚拉腊山出发来到东方。如采纳冯秉正的计算,中国人的历史就可能在大洪水之中或之前,抑或短时间之后。评论者将这二者对比,希望颠覆钱德明的纪年体系。
⑥ 《中国通史编年摘要》成书在前,《由载籍证明中国之远古》成书在后。评论者指出前后矛盾之处:"例如,大家可以发现,根据现在宣告的作品(《中国通史编年摘要》),五星聚合时间定于公元前2513年和2435年之间根本不值得信任,定于公元前2155年的仲康日食也是后来所加;他(钱德明)还摒弃了其他一些天文观测,可他在第二卷(《由载籍证明中国之远古》)中却认为这些观测是真实和准确的。"参阅《博学杂志》1788年6月,第397页。

前后不同时期的对比,间接反映了18世纪在中国年代问题上各家争鸣的情况。

评论者对钱德明的主要责难为:一、钱德明的年代体系很不连贯,中间留下大量的空白时期,从成汤时代很快就过渡到文王时期和孔子时代。二、既然认为《书经》并非历史书,而是箴言汇编,钱德明就过分盲从古籍了,因为他正是以此为凭据进行年代回溯的。三、钱德明过分盲从中国文人,坚持认为不需要核实从中国寄过来的材料和著作,因为已经经过了中国人的核实。由此,评论者称:"我们已经指出传教士之间的矛盾及中国史料的不足,因此中国历史只能确切追溯到公元前841年。"这一观点和德经的观点非常接近:"……德经先生完全有理由认为,中国历史纪元并非不可置疑和真实可靠,中国历史远非如此久远。"①

评论者认为钱德明不乏"草率的想象","我们不知道其依据是什么",尤其表现在对伏羲向子民讲述原始信仰和三位一体道理的陈述中。钱德明希望在中国上古历史和神圣宗教之间找到契合之处,同时主张中国是大洪水之后独立发展起来的民族,他选择有利于宗教的解释模式来想象、描述伏羲时代的历史,认为早期中国人具有单纯的原始宗教信仰。从世俗学者角度来看,这种解释没有可靠的证据,因此评论者"不赞同他这个解释以及关于中国古代宗教的论述。"但正如前文所述,如果结合钱德明的身份来讨论这个问题,其立场观点尤其是叙述方式也就完全可以理解了。

《博学杂志》还评论了钱德明的音乐著作,此评论同样围绕中国历史年代而展开。钱德明将中国古代音乐体系上溯到黄帝时期,因此与中国历史纪年体系紧密呼应。评论者认为中国上古历史本不可靠,以此建立起来的假设和推断都没有凭据。钱德明在征引材料时删除了不利的材料,还采用神话传说作为论据,因此不具备说服力。总之,评论者认为钱德明太盲从中国作者,将中国上古历史追溯得过于久远,围绕历史体系建立起来的音乐体系也就缺少了可靠依据。②

评论者指出钱德明在《孔子传》中没有说明材料出处从而影响到史实的可信度,不赞成使用没有凭据的材料。③在论及孔子生平文献时,评论

---

① 《博学杂志》,1778年1月,第8—10页。
② 参阅《博学杂志》,1781年7月,第460—475页。
③ 参阅《博学杂志》,1787年8月,第533页。

者比较赞同韩国英的态度:孔子生平的很多内容乃后人虚构,不值得相信,韩国英对中国上古历史持怀疑态度,跟评论者可谓不谋而合。①

总之,《博学杂志》在对钱德明进行介绍时,既有赞同,也有针锋相对的批评。他们一个是在场的传教士,一个是缺席的评论者。但评论者虽然相对于他者来说是缺席的,但他对中国文化还是有相当的了解,对中国历史和典籍也能够熟练征引。同时,评论者对整个传教士集体论述中国的材料也非常熟悉,能够将钱德明放到历时和共时的维度中进行比较。除了学术上的证明之外,《博学杂志》对钱德明的总体研究工作给予了充分肯定:"这个传教士在日常事务之外,完成了门类众多的文学工作,不断地丰富我们。他对这套丛书(《中国杂纂》)的贡献大过其他任何人,每一卷几乎都全刊印的是他的作品。"②

三、评论者透视

在《博学杂志》关于中国的批评文章中,对钱德明的点评占有的分量最大,而且多次占据头条位置。评论钱德明的文章大部分署名德经,这位东方学家当时担任《博学杂志》编委,是最适合写此类评论的人选。据笔者推测,没有署名的评论文章大多出自德经之手。德经关心中国历史纪年问题,只要有类似文章发表,他一般都要进行长篇大论的批评。对观点接近的高类思和韩国英时,他一般表示认同,而对钱德明的此类文章则大加质疑。

德经评论的主要是《中国杂纂》中刊印的钱德明著译,同时也参照如《中国兵法》这样的单行本。他是钱德明的通讯对象,方便利用彼此的通讯、国王图书馆及贝尔坦掌握的其他手稿。当时,国王图书馆有丰富的汉、满文藏书,德经的批评话语常常建构在文本对比之上。评论《中国兵法》时,他通过对比中文和译文,认为"铺展太开",离原文距离较大,发挥内容过多。在谈论中国古代音乐时,他指出钱德明片面引用材料,故意去掉某些观点,可见他掌握有比较全面的原始材料。③

---

① 参阅《博学杂志》对《中国杂纂》第9卷的评论,载《博学杂志》1783年10月,第663—664页。
② 《博学杂志》,1781年,第147页。
③ 德经对钱德明在谈论黄帝时期伶伦时征引材料的片面进行了责难。参阅《博学杂志》,1781年7月,第460—475页。

笔者注意到：通常，他的书评不过是照原文复述，很少加入自己的判断；但涉及关键问题时，他则一改平常风格，反复抨击钱德明的观点。从50年代以来，他就认为中国人乃埃及人之后；而钱德明把中国信史上溯至公元前2637年，这无疑是对他提出的挑战。因此，他必然会抨击钱德明的观点。评论中国上古历史时，他指出钱德明的中国上古史体系属于虚构，这段历史不应被视为信史；评论中国音乐时，他驳斥毕达哥拉斯向中国学习音乐的说法，从而间接否定中国上古历史；他质疑《孔子传》所选材料的可靠性，实际上批评钱德明盲从中国史书，也从另一个角度否定了中国上古历史。涉及学术立场分歧时，他就不再采取平铺直叙的摘要形式，而是将评论变成论战，让评论成为阐述自己思想的工具，归根结底是为了维护自己的体系。在辩论性文章后面一般都没有署名，而普通摘要后面都署有德经的名字，可见这是故意而为之，隐藏真实身份恐怕是为了更加自由地抒发观点。他在评论过程中掌握着话语权，一味按自己的意思去言说。

当然，德经的评介工作也具有积极的意义。他反对钱德明过分迷信中国文人和史书，这是一种相对求实的态度。他主张指出史料出处，以帮助读者判断史料的可信度，这是一种严谨的学术态度。他提倡欧洲学者通过自己的手段来研究中国，这是一种理性的选择。作为在法国本土的世俗学者，他虽然没有实地经验，但也避免了传教士赞美中国的传统话语的影响，在讨论中国问题时拥有更多的自由和从容。他连续多年参与《博学杂志》的编辑工作，对钱德明的著作进行长期评论和报道。他鼓励汉学向专业化发展，多次谈及《中国杂纂》作为第一手材料的重要性，顺应了当时整个科学界和汉学的发展趋势。

从比较文学形象学角度来看，接受也是形象的"社会化"过程，考察接受问题应该考虑到文学的生产和销售的各个环节。钱德明将对中国文化的看法构思成作品，最后以《中国杂纂》和《博学杂志》中节选形式推向市场；评论者通过阅读行为对这些形象或接受或拒绝，从而将自己的个性化解读叠加在那些作品之上，再继续去影响普通大众。

本节考察了钱德明与《博学杂志》的关系，以及该杂志对钱德明的重点批评领域，透过这些领域可以窥见当时社会的兴趣和趋势。乾隆诗文和中国历史纪年是两个让包括评论者在内的法国受众感兴趣的内容，这与当时整个学术界对中国的关注情况紧密相连。此外,钱德明——评论者——受众之间具有交互作用,他们在互动中推进着中国形象的建构:钱德明与评论者德经之间彼此辩论,相互作用;读者们同时受到钱德明和评论者的双重作用;这些杂志又跨越重洋返回到钱德明身边,在一定程度上影响了他的著译工作。正是在这种交互的影响和作用下,异国形象得以逐步确立。

第三节 钱德明与学术大辩论

这里的学术大辩论主要涉及人类起源问题。前文已述,来华传教士介绍的中国悠久历史对西方传统的年代学提出了挑战,使得很多欧洲学者都对中国人的起源问题倍感兴趣,他们中有些人还直接与在华耶稣会士进行通讯,并著书立说,围绕这一问题展开讨论。本节将讨论与钱德明相关的四位作者。

一、钱德明与德经:中国人与埃及人

德经曾受贝尔坦的委托负责出版钱德明的部分作品,钱德明认为"这是避免(印刷和排版)错误的唯一方法"。① 钱德明给他寄送中文书籍②,"给每本书都附上清晰的目录"③,以方便其研究工作;同时希望他集中精力介绍中国译文,不要去参加不值一驳的辩论(如与波氏的辩论)。④ 他们长期合作共同致力于向西方介绍中国文化,但某些学术观点完全对立。

——《由载籍证明中国之远古》中的反驳

德经先后出版《中国人乃埃及人之后裔论》(*Mémoire dans lequel on prouve que les Chinois sont une colonie des Égiptiens*, 1759)和《中国编年考,或中国编年史及编年史前十二个世纪之不确定性》(*Examen critique des Annales chinoise, ou Mémoire sur l'incertitude des douze premiers*

---

① 参阅钱德明1771年10月5日致贝尔坦书信,法兰西学士院图书馆,手稿1516。
② 如提到寄给德经《春秋》等书籍,参阅钱德明1772年10月4日致贝尔坦书信,法兰西学士院图书馆,手稿1515。
③ 钱德明1784年11月15日致贝尔坦书信,法兰西学士院图书馆,手稿1517。
④ 参阅钱德明1777年9月28日致贝尔坦书信,法兰西学士院图书馆,手稿1516。

siècles de ces Annales et de la Chronologie, 1774），认为中国上古三代所载大事甚少，其可信度值得怀疑，进而否定中国上古历史，认为中国人乃埃及人之后。钱德明写作《由载籍证明中国之远古》的目的之一就是为了批评德经体系。①德经是欧洲最有资格谈论中国问题的学者，如果对他的观点加以反驳，就相当于回应了批评中国历史的所有学者。②

我们在前文第二章中曾详论了钱德明的《由载籍证明中国之远古》。钱德明认为中国历史学家信守真实原则，纪年前十二个世纪的历史值得信任，虽然早期记载文字不多，但可以窥见宗教、风俗、法律、习俗、统治原则等各方面的概貌。上古时代，中国已经有历史学家、天文学家、数学家、艺术家等，《书经》历史确凿无疑。伏羲统治时间已能确立，至少确立黄帝统治时间已确定无疑。黄帝六十一年乃纪元之始，这应是欧洲人参照的不二标准。③

这样，钱德明就对德经的质疑进行了系统的回应，他最后得出的结论是：中国历史是最古老、连贯、翔实的历史。中国历史值得信任，天文记录和各种史籍可以互相验证。中国历史值得学者关注，可以回溯到公元前2637年的黄帝时代，四千多年的帝王世系非常准确。中国史书是真实的文学著作，没有哪国像中国这样一直在编撰、审核、修订历史，而且有如此多的权威学者参与其中。因此，指责中国史书只能是因为知识的欠缺，或是为了建立自己的体系，或是单纯为了贬低这个国家。④总之，钱德明与德经在中国上古三代历史是否可信、中国人是否是埃及人之后等问题上

---

① 参阅钱德明1774年10月1日致贝尔坦书信，法兰西学士院图书馆，手稿1516。
② 钱德明将批评中国历史的人分为三大类。第一类是某些传教士，虽然他们懂语言，却没有足够的知识和素养进行文学批评。第二类是懂语言、也善于思考的传教士，他们用功甚勤，但观点异想天开，他们希望运用那些想法去解释所有问题，凡是不同观点，他们都一概拒绝。钱德明认为，这两类人的作品都在他之前到达欧洲，找到了拥护者，他们把这些材料零零星星地传递给公众，却并不能得到所有人的赞同。第三类是欧洲的博学家，他们不能阅读中文书籍，其精力主要用来研究那些阅读过中国典籍的人的作品。第三类批评家当中，有些人最反对中国历史。如果要一一驳倒他们将是件非常庞大的工作，也没有实际的意义。只需要针对德经著作，加以可靠和令人满意的回应就足够了，因为他是全欧洲最有资格谈论中国问题的学者。
③ 钱德明提出，只有分量相当的作者，其作品才具有可比性，如果将《竹书》或《文献通考》与《通鉴纲目》年表进行对比，则《通鉴纲目》具有真实性和权威性；少数传教士宣传《竹书》，以建立自己的体系，其实中国人不重视这部书；马端临《文献通考》年表和正史年表不同，亦不值得关注。
④ 参阅《中国杂纂》第2卷，第121—148页。

意见完全相左,而观点的对立导致了二人持续的论战,不仅体现在钱德明的著作中,也体现在来往书信中。

——书信中的回应

钱德明在和德经的直接书信来往中进行辩论。德经认为:"中国人最初是被埃及人和腓尼基人开化的,他们有能力将一切东西变为己有,从而具备现代民族的元素,当埃及人和腓尼基人开始科学、艺术之时,中国人还处于蒙昧时期。"钱德明认为这不是"比较的产物",而是臆想的结果。德经批评钱德明在著作中多用假设,而钱德明则辩解道:"请专心致志阅读我的论文,权衡所有的证据,权衡那些值得尊重的作者的可靠性,他们是我的可靠保证,您会毫不犹豫地赞同,这些证据对正直的心灵来说就是证明……"① 钱德明认为中国经典的真实性已经得到证明,希腊罗马古书中比中国史书有更多的神话和荒谬。② 钱德明指出,德经为了维护自己的体系故意贬低冯秉正的《中国通史》,但"只要有一点批评精神就可发现,不能质疑中国早期帝王统治历史"。德经刻意赞扬高类思和韩国英的著作,钱德明认为其评价言过其实,因为该文中真正有价值的内容不过"很少几页"。在钱德明看来,德经对中国历史带有偏见,不能公正评价司马迁、司马光、朱熹等历史学家。他们针锋相对,彼此都难以说服对方,正如钱德明所说:"您对我进行了说教;我也来对您进行说教,可能同样难以成功。"③

钱德明也向贝尔坦谈及和德经的学术分歧:"他(德经)认为我阅读中国历史和寻找真理时没有进行不偏不倚的思考,说我在中国人这个问题上非常盲目,说我想让您崇拜中国历史。我相信,如果有耐心读完我论文的人一定会怀疑(德经的论断),可这位学者却不愿意花时间去阅读和研究,固执坚持此前就广为讨论但被四处否定的那个体系……"他认为德经的思想体系根本站不住脚,却连明显的事实也要"高傲地回避"。钱德明

---

① 参阅钱德明1781年6月20日致德经书信,法国国家图书馆西方稿本部,布雷基尼档案3。

② 钱德明认为德经阅读过《书经》,主持过该书的出版工作,不应该认为钱德明所依据的那些作家"不是很古老,不值得信任,里面充满了神话"。参阅钱德明1781年6月20日致德经书信,法国国家图书馆西方稿本部,布雷基尼档案3。

③ 参阅钱德明1781年6月20日致德经书信,法国国家图书馆西方稿本部,布雷基尼档案3。

进一步阐述自己采用材料的权威性:"我的研究建立在自古以来的所有书籍和版本之上,这些著作由翰林院整理分析,他们最有资格进行考察,不管是认同或反对,都能提出具体理由。"钱德明认为自己反对的不过是少数索隐派传教士,而"所有写过中国问题的早期传教士几乎都和我观点一致;在当代传教士当中,除了少数几个之外,其他也都和我想法相同"①。

在和贝尔坦的通信中,钱德明多次抨击德经的观点,希望他"少浪费时间去吹毛求疵地贬低中国早期历史",同时多研究"对真理、优良的文学、良好的批评及公众有用的"《万年书》。②他们之间如同聋子之间的对话,双方都难以说服对方:"如果德经先生继续坚持成见——虽然已经说了那么多足以摧毁其成见的内容——我最终决定系统地向他证明:他错了。"③尽管钱德明最后并没有将此话付诸实施,但这样的言辞仍向我们揭示出他们之间辩论的持久和激烈。

《博学杂志》发表了评论《中国通史》的文章,钱德明针对评论在一封致贝尔坦的信中表明了自己的立场和意见:评论者有失公允,只接受对自己思想体系有利的证据,对不利的证据视而不见。评论者虽然没有署名,但"懂得这些内容"的非德经莫属。他主张宽容地评价冯秉正的工作,虽然"有时候工作草率,有时候看得不仔细,有些地方不恰当、有省略、有错位、误解,但毕竟是少数,而且是常人看不出来的内容,不会影响历史的本质"。总之,冯秉正的工作值得肯定,而评论者带有很深的成见。④

不同的认知和解读是正常现象,背后的原因可能是学术的、宗教的、社会的,但有一点可以肯定,那就是这一问题在学术界引起了广泛讨论,这说明对中国历史、文化的接受在向纵深发展,而钱德明在此发展中起到了重要作用。

---

① 参阅钱德明1778年11月5日致贝尔坦书信,法兰西学士院图书馆,手稿1515。
② 参阅钱德明1781年8月17日致贝尔坦书信,法兰西学士院图书馆,手稿1516。
③ 参阅钱德明1783年11月22日致贝尔坦书信,法兰西学士院图书馆,手稿1516。
④ 钱德明指出德经在评论中所犯的错误:冯秉正依据的《通鉴纲目》满文版本并非康熙四十六年刊印,而是康熙三十年刊印,这是当时唯一的版本。德经认为,翻译应该更加忠实,"逐字逐句地翻译",将本文和注释区分开来,在注释下面标出所引作者和著作。钱德明认为,冯秉正很好地遵守了原文体例,如果该书的主要目的是为了传播历史知识,注释等学术规范的作用就退而次之;满文和法文差别很大,很难实现德经所谓的"忠实"翻译。冯秉正按照这种体例来翻译,保持了主要历史事件连贯的脉络,虽然存在德经所谓的省略情况,但并没有省略关键内容,中国历史的核心内容都被收入书中。参阅1778年11月5日致贝尔坦书信,法兰西学士院图书馆,手稿1515。

二、钱德明与波氏:对《关于中国人与埃及人之哲学的寻究》之批评

在钱德明参与辩论的同时,荷兰学者波氏发表了《关于中国人与埃及人之哲学的寻究》(Recherches philosophiques sur les Égiptiens et les Chinois,1773),他对德经所谓中国文明来自于埃及文明的论断也持批评态度,但却是从另一个角度。①作者开篇时写道:"有人认为在两个遥远的民族之间找到了相似性,这些相似性很容易让那些不做研究而旨在建立体系的人上当。"②在第二卷末尾,他又说:"我写作此书的目的就是为了证明,埃及人和中国人之间的相似性可以说非常少。"③

波氏在书中从妇女状况、人口、饮食、绘画雕塑、化学、建筑、宗教、政府等方面介绍中国,并与埃及进行对比。钱德明认为此书写得草率,"从头到尾都有悖于大家普遍接受的观点","学者和所有公正的人都会将其归为大胆的想象,其目的是不顾事实真相宣扬悖论"。究其原因,主要是因为作者不了解中国,"带着毫无根据的错误成见,只看到中国人的负面因素"。④此外,波氏对整个耶稣会士的著作均无好感,对传教士作品多有质疑,称传教士非常夸张⑤,著作充斥着谎言和想象。⑥钱德明针锋相对地予以回击:"他们(传教士)和当地居民来往和长时间地生活,了解他们的好和坏,学习他们的语言,阅读他们的书籍,遵从他们的风俗……"⑦因此只有传教士才能获得相对可靠的信息。当然传教士作品也可能存在问题,尤其是他们经常会讨论非其专长的问题,因此读者尤其是哲学家读者

---

① 参阅 De Pauw, *Recherches philosophiques sur les Égiptiens et les Chinois*, t. 1, Berlin, G. J. Decker, 1773, p. 165. 波氏多处参考《中国兵法》并作了相关评价:"北京法国耶稣会士时不时寄给欧洲通讯人的片段,(在火药方面)都没有任何价值,钱德明的《中国兵法》对大家此前形成的观念没有多少回答。我怀疑这位传教士对谈论内容没有做深入了解,奇怪的是,他说中国士兵自己造火药和引线。"(第339页)。德经在评论文章中也谈到了波氏对钱德明的质疑,波氏说"钱德明自己都没有明白"(军事阵型),而德经认为不应该贬低传教士的著作,应该鼓励他们在文化交流方面的工作。(参阅《博学杂志》,1782年6月,第391页)

② De Pauw, *Recherches philosophiques sur les Égiptiens et les Chinois*, t. 1, p. 1.

③ De Pauw, *Recherches philosophiques sur les Égiptiens et les Chinois*, t. 2, p. 373.

④ 参阅《中国杂纂》第6卷(钱德明1777年9月25日致贝尔坦书信),第275—276页。

⑤ 参阅 De Pauw, *Recherches philosophiques sur les Égiptiens et les Chinois*, t. 2, p. 219.

⑥ 参阅 De Pauw, *Recherches philosophiques sur les Égiptiens et les Chinois*, nouvelle édition, t. 1, Deuxième partie, Berlin, G. J. Decker, 1774, pp. 77-84.

⑦ 参阅《中国杂纂》第6卷,第276—277页。

应该具有宽容的心态。①钱德明主要从以下几个方面对波氏的作品加以回应。

人口问题:波氏认为八千二百万人口是个夸张的数目。②钱德明参考《大清一统志》③进行论证,从户籍纳税人丁数推算出实际人口总数为一亿四千二百多万,加上各种享受免税特权的人等,中国人口至少达到两亿。④其推算时间是乾隆三十二年,而乾隆二十八年中国人口总数已经达到两亿四百多万⑤,因此钱德明的估算比较合理。

国库收入:波氏怀疑国库是否有一千五百万镑白银进账。⑥钱德明认为固定收入大概为 255 002 670 斤白银,加入其他收入,国库进账超过一千五百万镑白银进账。⑦

一夫多妻:波氏引用巴多明关于中国男女出生比例相当的材料并提出疑问:一夫多妻制的中国却有如此多的女性。⑧钱德明则认为中国女性始终多于男性,证据采自《六经图》。中国九州范围内,只有雍州和冀州男

---

① 《中国杂纂》第6卷,第318页。

② 参阅 De Pauw, *Recherches philosophiques sur les Égiptiens et les Chinois*, t. 2, p. 361.

③ 法国国王图书馆藏乾隆八年《大清一统志》中文版,钱德明请求德经对比原文,以证明自己的推理论证是以原文未依据的。

④ 根据统计,钱德明得出的人丁总数为 28 006 488 人,他采用每户五口人的平均数,得出乾隆八年中国人口总数一亿四千二百多万。纳税丁口不包括官员,中国官员的数目非常大,主要官员及下属都享受免税特权。首先是总督、巡抚,然后是布政使、按察使。全国一级城市有179名知府,204名同知,173名通判;二级城市有211名知州,下面有64名州同,90名州判;三级城市有1199名知县,下面有418名县丞,1100名告谕,1580名训导。根据统计,中国外省官僚数目达到8965名。各级官僚任命的下属幕僚大概十倍于这个数目,将达到 89 650 名。因此,外省大小官僚数目达到 98 615 名,按照每家五口人计算,享受免税特权的人达到 49 3075 人,故人口总数达到了 143 075 515 人。另外是文人阶层。钱德明以户籍资料为依据,列举出各省的秀才数目,全国每年录取的秀才总数为 24 701 人。以二十倍计算,中国文人总数至少有 494 020 人,他们享受免税特权,如果每家按照五口人计算,将达到 2 470 100 人。另外,武将也享受特权。据大致估计,当时全国武官为 7417 人,其下属军官达 74 170 人,更低级的军官达到 741 700 人。按照每家五口人计算,免税人口达到 4 115 325 人。此外,据估计,还有 5000 万强盗、乞丐、和尚、流浪家庭及娼妓等。"在我看来,可以毫不夸张地说,中国的人口达到两亿。"参阅《中国杂纂》第6卷,第 277—292 页。德经专门评论钱德明的此文,并就中国人口问题提出自己的看法。参阅《博学杂志》,1780年3月,第 151—160 页。

⑤ 根据推算,总人口为 204 209 828 人,参阅《清实录·高宗实录》卷 701。

⑥ 参阅 De Pauw, *Recherches philosophiques sur les Égiptiens et les Chinois*, t. 2, p. 358.

⑦ 参阅《中国杂纂》第6卷,第 297—307 页。

⑧ 参阅 De Pauw, *Recherches philosophiques sur les Égiptiens et les Chinois*, t. 2, p. 67.

人比例大于女人,并州和青州则男女持平,其他地区男人比例均低于女人。钱德明认为这一理由就足以解释中国的一夫多妻制。①

天文知识:波氏认为中国古代不懂天文学,天文学知识是阿拉伯人和波斯人在元朝随蒙古人传入中国的。②钱德明对此反驳说,从尧的时代即公元前2357年之后,中国人已经开始天文记载,具备了天文知识。③

弃婴问题:波氏称"在美洲食人族那里也没有如此凶残"。④钱德明对此回应说:溺婴并非普遍现象,不能让整个民族背负这一罪行:"大家笼统地指责中国人是错误的,只是他们中那些最卑劣可耻的人才犯这一罪行,这些人只占很少数……"他认为传教士介绍弃婴时夸大其词:"信札出版人(杜哈德)不进行批评,只是简单地编撰……,所谓大量小孩受洗是以讹传讹,由此才得出结论说几乎全部都是弃婴。""实际上,中国并没有那么多弃婴,并不比世界上其他国家多。"⑤

政府问题:波氏认为中国"毫无疑问是宦官的政府"。⑥钱德明认为中国政府遵守自然法则,国家是个大家庭,皇帝相当于父亲。中国并非专制政府,一切均以法律为依据,皇帝的意志也必须符合法律。《书经》等经书和史籍为君主提供了参照,中国帝王是最懂得约束的君主。⑦

钱德明批评波氏使用的材料大多没有根据,主要来自旅行者的记述,而这样的材料是不可靠的:"旅行者会是什么情况呢?他们通过其通常无

---

① 参阅《中国杂纂》第6卷,第307—311页。《六经图》为宋朝杨甲撰。钱德明介绍作者时曾说姓名为"陈",似误。钱德明所引材料出自《周礼》第六卷第十四页,该书亦曾寄送法国国王图书馆。钱德明找到的性别比例是:大禹分定九州时,扬州两男五女,荆州一男两女,豫州两男三女,青州两男二女,兖州两男三女,雍州三男两女,幽州一男三女,冀州五男三女,并州两男两女。钱德明认为,大禹时期性别比例如此,周公时期、编订《六经图》的1165年,以及修订《六经图》的1615年和1616年,中国人口比例大抵如此。另外,孟德斯鸠也将中国的一夫多妻制解释为女孩的数量比男孩多。参阅许明龙:《孟德斯鸠与中国》,国际文化出版社,1989年。另请参阅米丽耶·德特利著,罗湉译,载孟华主编:《19世纪西方文学中的中国形象》,第250页。

② 参阅 De Pauw, *Recherches philosophiques sur les Égiptiens et les Chinois*, t. 2, p. 25.

③ 钱德明介绍,那时已经可以预测日、月食,计算行星、恒星位置,已经将一年确定为365天又6小时,懂得太阳月和太阴月的换算方法,即每19年增加7个太阴月。参阅《中国杂纂》第6卷,第312页。

④ De Pauw, *Recherches philosophiques sur les Égiptiens et les Chinois*, t. 1, p. 57.

⑤ 《中国杂纂》第6卷,第320—331页。

⑥ 参阅 De Pauw, *Recherches philosophiques sur les Égiptiens et les Chinois*, t. 2, p. 25.

⑦ 参阅《中国杂纂》第6卷,第331—339页。

知的翻译往往只能听得似是而非,或者说他们只能连蒙带猜。"① 钱德明在一一反驳波氏谈及的中国负面因素的同时,塑造出了不同的中国形象:政治优良,人民开化,人口众多,国家富庶,皇帝仁爱。钱德明的文章向西方提供了更加正面的信息,可以在一定程度上纠正此前的误读,促进了中国知识在西方的传播。

三、鲁西埃与钱德明:远隔重洋的音乐交流

鲁西埃是法国18世纪音乐理论家,曾受贝尔坦的委托主持出版钱德明的音乐著作,因此他与钱德明进行了长时间的通讯交流。1770年,鲁西埃出版专著《古代音乐》,论及古代中国和埃及音乐。在写作《古代音乐》时,他参考过拉莫的著作,而拉莫的某些资料来自于钱德明早期译稿《古乐经传》;同时,他还接触到钱德明的这部手稿,得以进一步了解中国音乐体系。② 后来,他与钱德明建立通讯,主持其音乐著作的出版。1775年,钱德明收到比尼翁寄来的鲁西埃的书。③ 1778年,钱德明收到鲁西埃来信。④ 1779年,钱德明寄给鲁西埃《中国音乐补编》,同时期待他做出必要的解释。⑤ 1781年,钱德明收到《中国古今乐记》,称赞鲁西埃的"准确、投入及科学态度得到了充分表现","这位学识渊博的理论家完全按照中国人的口气在讲话,宛如平生都与中国人生活在一起似的"。⑥ "我喜欢鲁西埃先生将(中国音乐)介绍给读者的方法。他的评论、解释、比较,对我此前关于该问题手稿的利用,总之一切都发挥到了极致。"⑦ 钱德明认为鲁西埃很了解中国文化,仿佛"就是名副其实的翰林"⑧;并且希望由鲁西埃来负责《中国杂纂》的再版,只有他才能进行"纠正"和"选择"。⑨

---

① 《中国杂纂》第6卷,第345—346页。
② 《中国杂纂》第6卷,第33页,注释d。
③ 参阅钱德明1775年9月15日致贝尔坦书信,法兰西科学院,手稿1515。
④ 参阅钱德明1778年11月5日致贝尔坦书信,法兰西科学院,手稿1515。
⑤ 参阅钱德明1779年9月16日致比尼翁书信,法国国家图书馆西方稿本部,布雷基尼档案3。
⑥ 参阅钱德明1781年8月17日致贝尔坦书信,法兰西科学院,手稿1516。
⑦ 参阅钱德明1781年6月20日致德经书信,法国国家图书馆西方稿本部,布雷基尼档案3。
⑧ 参阅 Michel Brix, Yves Lenoir, «Une lettre inédite du Père Amiot à l'abbé Roussier (1781)», *Revue des archéologues et historiens d'art de Louvain, Louvain-la-neuve*, XXVII, 1995, pp. 63-73.
⑨ 参阅钱德明1781年8月17日致贝尔坦书信,法兰西科学院手稿1516。

来华初年,钱德明翻译了《古乐经传》,多年之后译者也坦承翻译得不太可靠:"我再次重申,大家不应完全相信我的手稿,即使没有任何篡改……"鲁西埃当初曾接触过这一手稿,后来在负责《中国古今乐记》时,他特意指出:钱德明当时"用了和本论文(《中国古今乐记》)不同的方法来表述某些观点。但这些内容数量不大,序言中有大量好的内容。至于翻译,我觉得准确传达了李光地的原意。"

钱德明创作《中国古今乐记》的目的是为了"方便将其(中国音乐体系)与埃及和希腊体系进行对比。"钱德明对鲁西埃的《古代音乐》作了评价,谈到了自己对古中国、埃及和希腊音乐体系的问题,:"鲁西埃很好地证明了这三个体系之间的差异,就像几个不同的组成部分,分开来看都与整体不同。在我看来,他并没有很好地证明:在总体体系的树干中,希腊人和中国人的独特体系只不过是树枝,而这个大体系的根源不在希腊和中国。"为了推动鲁西埃的研究,钱德明则尽力提供资料:"如果我能给鲁西埃或其他人提供材料,即可证明中国人是本国音乐体系的创立人,这个体系始于国家建立之初,即公元前2637年。"①除此之外,钱德明还给鲁西埃寄送乐器和调音乐器。他在一封信中写道:"明年我打算给贝尔坦寄现代定声乐器。可以检核音调,您到时候可以了解;用这个乐器演奏时,您可以看是否准确协调。我也要寄给您所需的竹管乐器及最好的曲谱。如有可能,我将选择不同的类别。"②

这种交流对双方都是一种激励。从钱德明方面看,与鲁西埃的通信刺激了他的创作,引导着他的研究方向。如他写作《中国音乐补编》就是为了回应鲁西埃的工作:"在搜罗中国历史文献,以答复鲁西埃对上一部音乐著作的相关评论时,我碰到了几个值得探讨的问题。这些问题有助于解决他提出的问题,同时也可作为《中国音乐补编》的素材……"③交流给钱德明带来了新思考,让他多有收获:"我现在明白了所有中国音乐家的方法;按中国人的话说,'您让我茅塞顿开'。"④从鲁西埃的角度来看,钱德明向他提供文献资料,帮助他更好地认识中国古代音乐体系,并进行中

---

① 《中国杂纂》第6卷,第13—15页。
② 钱德明1778年11月9日致鲁西埃书信,法兰西学士院图书馆,手稿1515。
③ *Supplément au mémoire sur la musique des Chinois, pour Monsieur Bignon, bibliothécaire du roi, 1779*,法国国家图书馆西方稿本部,布雷基尼档案13-14。
④ Une lettre inédite du Père Amiot à l'abbé Roussier (le 20 juin 1781), *Revue des archéologues et historiens d'art de Louvain, Louvain-la-neuve*, XXVII, 1995, p. 71.

国、希腊和埃及音乐体系的比较研究。钱德明的努力是否有效？下面我们将历时考察鲁西埃学术立场的演变。

鲁西埃在《古代音乐》中指出中国和希腊音乐体系的相似性："这两个体系刚好构成一个整体，一个统一相同的体系。"①他认为这个统一的体系源自于一个更早的民族。基于这种假设和推理，他认定希腊人从埃及人那里学习了音乐知识，继承了他们的音乐体系，毕达哥拉斯到埃及神父处学习过。②

希腊的音乐知识来自于埃及，那么中国人的音乐知识呢？鲁西埃根据拉莫的著作分析中国音乐体系："拉莫的说法有道理……：这个分析尤其证明中国人的三分损益法那么不准，而且也不是他们的发明……"既然不是本土的发明，这些知识来自何处？他回答道："这两个独特体系（中国和希腊）都不过是一个完整体系的残片，我要将这个完整体系归于埃及人名下。"他认为"应该在埃及人中间去寻找三分损益法的根源"。因此，其结论是埃及人是音乐原则的最早建立者。③这和德经所谓中国人是埃及人后裔的论断很相似，音乐上的论断为德经提供了证据。

钱德明则认为中国音乐体系是世界上最古老的体系，这是独立发展起来的体系。1778年，钱德明致信鲁西埃："中国人是这些宝藏（音乐知识）的继承人，诺亚及其子孙在大洪水后不久将这些音乐知识传递给了他们。如果大家恰当运用的话，三分损益法原则是那么简单、光芒四射、富有内涵，在诺亚方舟中就已经为人所知，这样说有何不妥？如果果真如此，中国人的功劳至少在于没有失去当时的记忆，而近代欧洲人却把一切都弄乱了，弄晦涩了。希望他们能从错误中回来。"④钱德明通过书信对鲁西埃的观点进行点评，力证自己的学术观点。

《中国古今乐记》出版的1779年，鲁西埃的态度已然发生变化。正如钱德明在著作中所说："我毫不怀疑鲁西埃将会对古代中国充满敬意，毫不费力地把他给予埃及贤人的赞誉转给他们，不再认为是埃及人或其他

---

① M. l'abbé Roussier, *Mémoire sur la musique des anciens, ou l'on expose le principe des proportions authentiques, dites de Pythagore, et de divers systèmes de musique chez les Grecs, les Chinois et les Egyptiens. Avec un parallèle entre le système des Egyptiens et celui des modernes.* Paris, Lacombe, 1770, p. 28.
② 参阅 M. l'abbé Roussier, *Mémoire sur la musique des anciens*, p. 32.
③ 参阅 M. l'abbé Roussier, *Mémoire sur la musique des anciens*, pp. 33-34.
④ 钱德明1778年11月9日致鲁西埃书信，法兰西学士院图书馆，手稿1515。

比希腊和中国更古老的民族建立的这一体系。"鲁西埃在注解中说:"大家从我对本文作的注释和评论可以看出,我和钱德明的想法趋同:每个音的音程及相互关系,简而言之,实际上毕达哥拉斯采用的真正音阶得归功于古代中国人。"①鲁西埃改变了此前的观点,而和钱德明态度趋同,不再坚称埃及人是音乐体系的发明人。

鲁西埃对中国音乐体系的态度发生转变的过程正好与他和钱德明通信并编辑出版其著作的时期相吻合,从1770年到1779年前后共经历了九年时间。在交流过程中,鲁西埃对中国音乐的了解不断深化,从《中国古今乐记》的评注可以看出,他已经了解中国音乐,各种注释和评价也比较中肯,钱德明对他的评价也可从一个侧面证明这一点。

他们彼此分享比较研究的收获和心得:鲁西埃发现普罗旺斯三孔笛和龠有相似之处②;钱德明认为"……发现普罗旺斯三孔笛和中国古代龠具有相似性并不是没有价值"③。他们的交流达到了廓清问题的目的,符合了贝尔坦的通讯初衷。

在接受研究中,钱德明和鲁西埃的交流具有代表性,媒介人钱德明提供了充分的第一手资料和原始文献,接受者鲁西埃采取积极主动的态度,投入到放送者文化的研究中去,在深入了解的基础上接受了媒介人发掘的音乐体系。鲁西埃在音乐界的地位和他的相关论述的出版,又使关于中国音乐体系的知识得以传播给更多受众。

四、钱德明与哲布兰:《禹碑》的启示

语言学家哲布兰在写作世界语言史专著《原始世界和现代世界的分析和对比》(*Monde Primitif analysé et comparé avec le Monde Moderne*, 1773—1783)时将中文纳入其比较研究体系。他的基本观点是,虽然经历了各民族内部的不断演变,但不同语言的源头均有意义相同的元素,各种

---

① 《中国杂纂》第6卷,第9页。

② 龠:又称苇龠、幽龠。钱德明在《中国古今乐记》中辟出专章讨论龠,参阅69—75页。另外,图三十六亦是龠。鲁西埃在《中国杂纂》第6卷,第69—70页注释u中谈到普罗旺斯三孔笛:"我们普罗旺斯有和龠同类的乐器,同样只有三孔:三孔笛在马赛和埃克斯尤其有名。"鲁西埃用好几个注释来谈论他对龠的理解。另参阅 *Revue des archéologues et historiens d'art de Louvain, Louvain-la-neuve*, XXVII, 1995, p. 71.

③ Une lettre inédite du Père Amiot à l'abbé Roussier (le 20 juin 1781), *Revue des archéologues et historiens d'art de Louvain, Louvain-la-neuve*, XXVII, 1995, pp. 71-72.

文字的原始形式都是象形文字,文字代表自然的物象。

1764年,《博学杂志》刊文称中文比加勒比语族更原始,中国人是野蛮而没有思想的民族,同一个字可作名词、形容词、动词、副词,根本没有性、数、格的变化。①哲布兰则回应道:"这个民族很开化,懂得各种科学。""不懂的人觉得所有语言都很野蛮:如果哲学家希望追根溯源发现原因并做出可靠判断,那就应该放弃成见、不公正的说法,以及大而无当的修饰语。""单独的字或组合的词都没有关系,如果能产生准确效果和同样好地表达思想,就达到了快捷清楚的相同目的。这才是决定语言是否完善或野蛮的关键所在。"②他以较客观的态度进行语言比较,在一定程度上避免了对中文的主观成见。

1777年,钱德明收到哲布兰的来信和著作。哲布兰对语言起源问题很感兴趣,希望探寻不同语言在原始时期的共同因子。因此,钱德明寄给贝尔坦"福""寿"百体书法,以测试哲布兰先生的洞察力。"这位博学家迷醉在其深刻的思考之中,可能会发现常人所不能见的内容。"同时,他还寄出禹碑及释文③,"哲布兰先生可以用来追溯原始字母的根源,或寻找中国语言和外国语言的关系。"同时请贝尔坦"一定要在他(哲布兰)做出解释之后再展示释文"。钱德明认为类似材料寄到法国之后,学者可能会出于不同目的而加以利用:"德经先生可能会从中发现与埃及象形文字的类似之处,哲布兰先生可能会发现原始语言因素。"④

哲布兰从古文字拓片中做出了惊人发现。他向钱德明阐述了这一发现:"让我吃惊的是在数字数时,我发现不多不少刚好77个字……"他由

---

① 参阅《两种形式的加勒比字典》书评,载《博学杂志》,1764年2月,第112页。参阅 Court de Gébelin, *Monde Primitif analysé et comparé avec le Monde Moderne, considéré dans l'histoire naturelle de la parole ou grammaire universselle et comparative, et des figures en taille-douce*. Par M. Court de Gébelin, de la Société économique de Berbe et de l'Acad. Royale de La Rochelle, vol. 2, Paris, Maison de M. Boucher, 1774, p. 576.

② 参阅 Court de Gébelin, *Monde Primitif analysé et comparé avec le Monde Moderne*, t. 2, pp. 576-577.

③ 据钱德明称,该拓片系康熙五年毛会建西安府学翻刻本,已寄给国王图书馆两份拓片,给贝尔坦寄出的是第三份,同时附释文翻译及拉丁注音。钱德明参考明杨慎释文:"承帝曰咨,翼辅佐卿,洲渚与登,鸟兽之门,参身洪流,而明发尔兴,久旅忘家,宿岳麓庭,智营形折,心罔弗辰,往求平定,华岳泰衡,宗疏事休,劳余伸礼,嬴塞昏徒,南渎衍亨,衣制食备,万国其奠,窜舞蒸奔。"参阅法国国家图书馆东方稿本部,中文书目(Maurice Courant)1170。

④ 参阅钱德明1777年9月28日给贝尔坦书信,法兰西学士院图书馆,手稿1515。

字数出发找到惊人的发现:"图案中有4行为14个字,第5行为21个字,都是7的倍数。由此我发现这与一种欧洲流行的游戏有关联,该游戏同样有77个图案,分为4种颜色,每种14张,另一种为21张,再加上'愚者'。我们称之为塔罗牌,您至少听说过名字,我不能不注意这个游戏。三年前,有人给我展示这个从古代埃及哲学和神学知识中临摹下来的游戏,它也是以数字7而进行组合的。"哲布兰在二者之间发现了相似元素,但并没有像德经那样将两个民族简单地联系起来:"因此将禹碑和该游戏对比时,我并没有贬低它的意思,相反我为了突出它,觉得这个古迹对整个中国都是最有用的知识。""我并不想由此说明禹碑来自埃及。我已经阐述过我的证据,中国人并不依附于埃及人。但明显的是,中国这一古迹跟埃及一样是以数字7为基础的,这在古代中国也是和民间社会相联系的。也许这两个古迹都是从中国人、埃及人及人类共同的母亲那里沿袭而来。"①

1781年,钱德明在信中向贝尔坦评价哲布兰的发现:"一是从这位热情和值得尊敬的博学家那里收到了一封很好的书信,二是让我感受了他丰富的想象力。在我看来,认为在禹碑中找到塔罗牌游戏真是天才的美妙想法……,就凭这一点就可以让哲布兰先生跻身为数不多的创造天才之列。希望他构建的塔罗牌游戏的建筑根基更扎实一点。"②显然,钱德明认为哲布兰从禹碑字数中解读出塔罗牌元素缺少有说服力的证据。钱德明也向哲布兰本人表示异议:"我不同意您关于禹碑的意见。我认为很难

---

① 哲布兰向钱德明写信道:"感谢您送给我如此好的禹碑,我马上进行了装裱,以永久保存这一珍贵古迹,在征得贝尔坦先生同意之后,我打算进行制版,以免该古迹失传,这样就可以让更多博学家看到它。""这种无可置疑的关系……在炫耀自己古老知识的欧洲已经被人遗忘,这种联系证明人类对很多事物的根源都了无记忆,古代比大家想象的要更为博学和开化,包括游戏也是如此,古人巧妙地将事物与教化和实用性联系起来。""这就是塔罗牌游戏的目的,它给出了埃及政治和民间行为的区分,这是一幅能够说明从生到死的人类生活图景。"参阅哲布兰1780年1月1日给钱德明书信,法兰西学士院图书馆,手稿1518。

② 钱德明继续写道:"形象(蝌蚪文)的数量,其竖行排列方式,图像和古汉字之间少有的相似性,在你们那里已经足够。我们这里情况不一样,不仅可以从中看出数量,而且有和古代蝌蚪文的相似性和一致性。一致性并非完全的一致性,某些图像和通行蝌蚪文的笔画有所出入。您可以邀请哲布兰先生仔细辨认。他只需前往国王图书馆,让德经先生把三十二体满汉《盛京赋》取其观摩。三十二种字体中有一种跟该文字相同,即使不一样,那么区别也很小,可以忽略不计。这种差别也是成见,大家可以利用它来证明该古迹的真实性。我将有幸对哲布兰先生回复,并解决他提出的问题。"参阅钱德明1781年8月17日给贝尔坦的书信,法兰西学士院图书馆,手稿1516。

从中看出塔罗牌游戏。里面的文字肯定是汉字,每个古文字(蝌蚪文)都有相对应的现代文字……。我只是原样呈现而已,但我很肯定地认为这并不表现塔罗牌游戏。"钱德明也谈及早期语言文字问题:"原始语言因素应该是非常简单和自然的,最简单和自然的方法就是再现人们想到的事物。这首先就是中文;中文将听觉内容转化为视觉内容;它描绘事物的全部或最易识别的组成部分;表达纯精神内容时就描绘物理之物、属性及由此产生的观念。"另外,他还寄给哲布兰其他古文字材料,以提供研究素材:"第二页上是第一个朝代夏朝的建立者大禹发明的文字,大概在公元前2205年左右,即仓颉之后4个世纪。我们可以看出(这些文字)比前面的文字多了些艺术性。第3页上是公元前8世纪的文字,比前面的(文字)都要简单,但又不及第4页上秦朝宰相李斯在公元前220年左右发明的文字。……明年,如果有法国船只来广州,我会给贝尔坦寄一个小册子,里面包含了各种文字。如果得到他的许可,就可以将其放入您的不朽巨著的某一卷中。"①

哲布兰是重农学派的拥护者,他和魁奈过从甚密。他和贝尔坦及钱德明进行了饶有兴趣的中国语言文字讨论,对贬低中国语言的论断进行了抨击,试图探讨各种语言的共同源头。在和钱德明的交流中,他发挥大胆想象,从禹碑中解读出塔罗牌元素,认为中国和埃及具有相似的元素,但并不支持中国人是埃及人之后的论断。

以上,我们讨论了钱德明在欧洲学术大辩论中所起的作用。我们可以看到,辩论的核心是人类起源问题:德经直接考察人类起源;波氏从世界民族史角度加以比较,先后将中国人、埃及人与希腊人、日耳曼人、美洲人等纳入考察范围。鲁西埃探讨的是音乐源头问题。哲布兰则从世界语言史角度考察不同语言,以找到其起源的共同属性和本质。可见,他们的讨论都关乎人类的起源问题,围绕德经的体系而展开,即中国人是否为埃及人的后裔。波氏围绕这一论断展开讨论,系统否定了德经的观点,他站在德经的对立面。但是,波氏对中国以及耶稣会士关于中国的作品多有

---

① 钱德明1781年9月30日致哲布兰书信,法国国家图书馆西方稿本部,布雷基尼档案3。哲布兰在不久之后的1784年就去世了,因此也未能如钱德明所愿将这些材料纳入到他的巨著《原始世界和现代世界的分析和对比》之中。

诟病和贬损,从而招致了钱德明等在华传教士的回应。[①]鲁西埃从音乐角度来探讨二者的关系,最初认为中国和希腊音乐知识来自埃及,后来改变看法认为音乐源头在中国而非埃及。哲布兰并不认同德经体系,但他认为两种文化之间具有共性,认为人类语言的起源具有相似因素。可见,他们基本上围绕着德经体系展开辩论。辩论是反对成见和偏见的运动,德经维护自己的体系而坚持成见,波氏虽然反对德经体系,但在看待中国和传教士作品时带有成见,鲁西埃起初看待中国音乐时也带有偏见,而哲布兰则主张不带成见地来看待中国的语言文字问题。讨论始终围绕所谓成见与公正而展开,不管是在与德经、鲁西埃和哲布兰的直接对话中,还是在与波氏的间接"交锋"中,钱德明的主要目的都是为了破除成见和消除偏见,力争为欧洲学者提供更多的第一手素材,并传达他认为更为客观和准确的信息,以塑造更接近于"现实的"中国形象。

从形象研究角度而言,德经对中国历史的解读,波氏对中国信息的介绍,鲁西埃早期对中国音乐的阐释,以及哲布兰对世界语言体系的建构,都有一个共同的特点,那就是按照西方身份或自我体系的需求来描写相异性。因此,异国相异性元素就为他们言说、构建和论证自己体系而服务了。尽管如此,我们仍然可以看到钱德明为破除成见而做出的努力在形象塑造中的作用。且不论鲁西埃在与钱德明的交流中改变了观点,哲布兰从钱德明那里获得了建构世界语言体系的额外材料,德经在与钱德明的通讯中反复辩论,即便波氏读到了钱德明的回应文章,也不得不重新思考自己言说过的与中国相关的内容。在这样的交流中,钱德明将欧洲对中国的认识与研究向纵深推进,同时,中国话题也就更广泛、更深入地参与到了欧洲学术讨论中。尤其重要的是,他们的论争大都以出版物的形式面世,这就使辩论双方的证据、推论、观点直接与读者见面,引起了公众,特别是启蒙作家的极大兴趣。

第四节 钱德明与法国作家

一、钱德明与伏尔泰

伏尔泰长期关注中国问题,对中国有着浓厚兴趣,在著作中多次论及

---

① 在《中国杂纂》第二卷中刊行了高类思和韩国英对波氏的回应文章(第365—574页)。

中国。伏尔泰热爱中国,喜欢中国,去世时留下了七十部与中国或多或少相关的作品,还有两百来封信件。其主要信息来源是《耶稣会士书简集》和《中华帝国全志》,也曾阅读《中国杂纂》第一卷,他在随后的信件中多次提到高类思。①

总的来说,伏尔泰塑造了正面和美好的中国形象,对中国多有赞美。他对孔子情有独钟,孔夫子可谓是他的精神导师之一。在论及中国政府和政治时,伏尔泰多加赞赏。因为时代和历史的原因,他追求"开明君主制"这样的政治体制,他眼里的开明君主应该是一位"讲理性、讲宽容、遵守法律、热爱科学和艺术的'哲学家国王'"。他从三个角度阐述了中国政治体制和国君:一是关于中国的父权制,他认为这是"建立在最合乎自然而又最神圣的法则即后辈对长辈的尊敬之上"的;二是信仰自由和宽容政策,他认为中国"近三千年来产生了许多教派。明智而宽容的中国政府允许他们存在";三是以法治国,认为中国的六部机制很好地保证了以法治国的实施。②

钱德明翻译的《盛京赋》符合伏尔泰关于中国的观点和政治主张,他从中看到了道德和伦理。在序言中,乾隆很好地诠释了对父权制的看法,将中国社会形容为父母兄弟般的网络:"尝闻以父母之心为心者,天下无不友之兄弟,以祖宗之心为心者,天下无不睦之族人,以天地之心为心者,天下无不爱之民物。"通过父母、兄弟、祖宗和族人等一系列社会关系纽带和组织形式,乾隆勾勒出中国社会伦理道德关系的基本环节,以及由这些千年因循的关系所构建出的井然秩序,这是对父权制度的很好写照。父权制意味着父亲在社会结构中居于家长地位。狭义上讲,父权制指的是父亲作为一家之主,继嗣和家庭关系皆通过父亲来确认的社会组织;广义上讲,父权制指的是父亲居于主要权力位置的社会形式。乾隆描绘的中国社会中天下皆如兄弟,皇帝则如父亲,塑造了典型父权制度的形象,是和睦亲善的社会关系的缩影。

伏尔泰希望君主能够宽容和公正,由于他本人的作家和诗人身份,他给开明君主又添加了一层想象色彩。在他看来,重视文化艺术且能诗善文也是衡量开明君主的重要标准,他在乾隆身上发现了这个特质。如果说乾隆有幸被伏尔泰列为开明君主之楷模,被视为保护文艺的君主,那么

---

① 参阅 Meng Hua, *Voltaire et la Chine*, pp. 8, 58.
② 参阅孟华:《伏尔泰与孔子》,第131,140—142页。

这个功劳也得归功于御制《盛京赋》译文。钱德明的翻译为伏尔泰提供了形象塑造的材料,伏尔泰从中解读出了符合自己想象的开明君主形象,一位爱好文艺和保护文艺的诗人皇帝。1776年,他评价乾隆是"一位比奥古斯丁还要伟大、让人敬畏、更加操劳的皇帝,他只为教化和人类的幸福而作诗";1770年,这首诗歌出版之后,他写道:"中国皇帝万岁,他写诗歌,与众人和睦相处。"①随后,他写了题献给中国皇帝的诗歌②:

> 请接受我的赞扬,气宇轩昂的中国皇帝
> 你的宝座居于两座高峰之上
> 西方都知道,尽管我的独行特立
> 但我一直喜欢能作诗的君王
> ……
> 我欣喜地看到,在我们这个半球上
> 诗歌艺术对人类来说不可或缺
> 不喜欢诗歌的人,心智干涩笨拙
> 我不想对牛鼓簧
> 诗歌是心灵的音乐
> 上天的火光把陛下你的激情点燃
> 告诉我,我们热爱的这门伟大艺术
> 在北京和巴黎都一样艰难

伏尔泰赋予了诗歌独特的位置,认为是人类社会不可或缺的文学形式,而不喜欢诗歌的人必然才智固涩,他还形象地以心灵的音乐来比喻诗歌。他毫不掩饰自己的爱好,钦慕能作诗的君王,直接表达了对乾隆的赞扬。在他眼里,乾隆是当时能够写诗的两位哲学家君王之一,他对于这样的君主寄予了特别厚望,表达了其理想主义的追求,以及对欧洲不自由环

---

① 参阅 Meng Hua, *Voltaire et la Chine*, p.161.

② Reçoit mes compliments, charmant roi de la Chine. / Ton trône est donc placé sur la double colline! / On sait dans l'Occident que, malgré mes travers, / j'ai toujours fort aimé les rois qui font des vers. / ....../ Je vois avec plaisir que sur notre hemisphère / l'art de la poésie à l'homme est nécessaire. / Qui n'aime point les vers a l'esprit sec et lourd; / je ne veux point chanter aux oreilles d'un sourd : / les vers sont en effet la musique de l'âme. / ô toi que sur le trône un feu céleste enflamme, / dis moi si ce grand art dont nous sommes épris / est aussi difficile à Pékin qu'à Paris.

境的反抗。①

他所谓的哲学家和诗人君王指的是什么？这样一位爱好文艺的君主正好符合他心中的期待，一定和他属于同类，一定追求开明，尊重他人，讲究宽容。尤其是当他看到乾隆在序言中透露的信息，他更对此深信不疑。在他看来，诗人君主一定会保护文艺，保护文人，保护思想的发展，能够给予大家思想的自由和空间。这种美好的理想主义与伏尔泰自身的经历密切相关，多少年来伏尔泰一直都没有获得创作和言论的彻底自由，这种乌托邦式的梦想只有通过对异国的描写来实现和满足，这是对现实的批判和无奈，这是内心的渴望和想象。②从某种意义上说，这是他塑造出来的典范，远在东方的乾隆成了他笔下的工具，成为他想象和期待的文艺保护人，成为他周边的欧洲君主的"对照者"。

在读到这首诗歌的1770年之前，伏尔泰早就已经开始接触关于中国的材料，写了大量关于中国的文字。他对孔子有着较多的了解，孔子的现实主义思想不仅契合了他的宗教观，儒家的"仁"也印证了他主张的人际关系准则，同时"仁政德治"的思想也为他提供了开明君主的政治模式。当乾隆的诗歌发表之后，他更加了解中国皇帝的诗歌才华，了解了中国对文艺的崇尚和皇帝的楷模作用，以及皇帝本人描绘出来的帝国内"和谐"的人际关系和社会网络。这些都进一步推动伏尔泰深化此前塑造的中国形象和中国开明君主形象。可以说，钱德明的翻译给晚年的伏尔泰注入了新的希望和憧憬，因此他激情满怀地谱写了献给中国皇帝的颂歌。

《盛京赋》之所以能激发出伏尔泰如此大的热情，恐怕主要还是因为它更多地契合了形象塑造者的期待，能够推动形象的升华和理想化。伏尔泰塑造出来的中国形象，尤其是开明君主似的乾隆形象，实际上是对相异性的夸张想象和美化，他从自己的理想出发，在相异性的描写中塑造了一个与自身所处文化传统相悖的形象，目的是为了颠覆自身文化中被其视为负面的专制和不宽容色彩。随之而来的危险就是将中国这个他者过分理想化。

二、钱德明与狄德罗

1770年，《盛京赋》在巴黎出版，狄德罗为该译著撰写的摘要收入同

---

① 参阅 Meng Hua, *Voltaire et la Chine*, p.162.
② Ibid., p.163.

年5月1日《文学通讯》。①

狄德罗对整个译文做了忠实的摘要:第一部分是出版者前言,言及钱德明在北京已经居住二十余年,可以相信其翻译的准确度。第二部分是译者序言,译者称在法语中尽量忠实地保证思想的传递。第三部分是中方出版者献词,对诗歌的赞赏,对皇帝的尊崇。第四部分是圣旨,表达了履行该旨意和处理满文时的细致。第五部分是乾隆的序、赋、颂,狄德罗"以我的方式进行摘要",但"是皇帝在言说"。

当时,德毕内夫人(Mme d'Épinay, 1726—1783)②指出:"这不是他的想象,摘要写得那么好,在阅读诗歌时可以重新找到它。摘要都能在原诗中一字一字地找到。"③可见狄德罗对诗歌进行了忠实的报道,大部分照搬了原诗文字。由于钱德明在翻译时受语言制约,难以传达出诗歌的意境和神韵,诗歌意蕴受到了破坏。狄德罗从修辞角度对译文进行处理,使得摘要在忠实原文的基础上烘托出色彩和气氛,诗歌的语气更加悲怆感人。狄德罗在摘要中清楚地呈现了原书的各个部分,但实际上他对历史和资料性内容并不感兴趣,他关注的是乾隆的序言和诗歌,这一部分可以更多反映中国社会特质和诗歌审美情趣。一个家族式的帝国,一个父权式的君主,以伦理和孝道来治理和爱护自己的子民,祭祀祖先的礼仪行为,这些都让狄德罗很感兴趣。他关注这个国家的伦理秩序,对父权社会充满了好奇,这样的心理使得他在摘要时特别注重这方面的内容。

狄德罗关心的问题是文学与社会的密切关系,这一点似乎在乾隆诗歌中得到了验证:中国的社会模式可以生产出堪称典范的文学。④他认为:"这种孝道是诗歌的本质特征,这是风俗对诗歌和美术产生影响的证据,要么就是破坏它,要么就是优化它。"他对赋的美学特征评价说:"所有这些物品在诗歌中被描绘得那么宏大、智慧、简明、热烈、真实。没有作品能够包含如此多的知识和品味。里面有激情,丰富的内涵,深刻的情感,庄重,以及对祖先温情的回忆。""其中有世界上各个国家以及未来各个时

---

① 参阅 *Correspondance littéraire, philosophique et critique de Grimm et de Diderot depuis 1753 jusqu'en 1790,* t. 6, 1768-1770, Paris, Furne & Ladrange, 1824, pp. 405-416.
② 法国18世纪著名知识女性,曾主持文学沙龙,与当时的启蒙思想家来往甚密。
③ Diderot, *Oeuvres complètes,* t.18, p.167.
④ 参阅 Diderot, *Oeuvres complètes,* t.18, p.167.

期称之为诗的真正的诗歌"。①

这也反映了狄德罗对文学原始主义的信仰以及对莪相(Ossian,生卒年不详)②的热衷。③原始主义是一种尚古的文化心态,常常表现为怀疑文明现状,要求返璞归真,以原始和本真作为价值判断的依据。具体到诗歌方面,狄德罗认为一个民族的文明开化程度越高,其风尚也就越缺乏诗意,这和卢梭的观点很类似。狄德罗认为美学是情感、自然和个性的张扬,他的美学是对狭隘的理智的反动。他要求文艺逼近自然,文学应该具有悲怆的情感效果。在他看来,理性的发展、哲学的提高、概括化抽象语言的增多势必代替形象化语言;而诗却意味着一种异常的和尚未开化的野性之物。18世纪是理性和人性解放并行的时代,狄德罗对人类的幸福和美好的未来充满了信念,他将理性和情感有机地结合起来,成为这个时代最具有代表性的人物。从狄德罗的作品中可以发现他是浪漫主义和现实主义美学的先驱。④而通过狄德罗的摘要也可以读出其观点和倾向,即文学原始主义和浪漫主义情感。

从翻译角度来看,狄德罗注意到很多细节。一、翻译过来的诗歌没有押韵。二、《三清茶》原诗一共才125字,共25行,每行5字,钱德明却翻译了4页:由此他得出结论,占篇幅达到126页的《盛京赋》原作大概为400行诗句。在评论诗歌质量时,狄德罗说西方古代和现代诗人都写不出更有激情、更加细腻、充满感情、智慧和品位的诗作。"如果说我对中国的风尚没有你们所期望的更好看法,那对他们的文学却……少一些蔑视。"不管如何,在狄德罗看来,"不管出于什么原因,在各个国家的诗歌语言之中有一种相同的(具有诗意的)东西"。⑤

在认同普世性诗歌相同因素之后,他也注意到了诗歌层面的差异。

---

① 参阅 *Correspondance littéraire, philosophique et critique de Grimm et de Diderot depuis 1753 jusqu'en 1790*, Tome sixième, pp. 409-412.

② 莪相(Ossian),古代爱尔兰说唱诗人。1762年,苏格兰诗人麦克菲森(James Macpherson, 1736—1796)声称"发现"了莪相之诗,他假托从3世纪凯尔特语的原文翻译了《芬戈尔》和《帖木拉》两部史诗,于是所谓"莪相"的诗篇便传遍欧洲,对早期浪漫主义运动产生重要影响。

③ 参阅 Diderot, *Oeuvres complètes*, t.18, p.167.

④ 参阅罗芃、孟华:《法国文化史》,第138页。

⑤ 参阅 *Correspondance littéraire, philosophique et critique de Grimm et de Diderot depuis 1753 jusqu'en 1790*, Tome sixième, pp. 411-412.

"一般来说,您不能在诗歌中找到任何被我们称之为隐喻和虚构的东西"。①毫无疑问,乾隆的赋中有很多比喻手法,但往往以客观之物比拟客观之物,在描述山川河流、风物出产时的确可以见到比喻,但这和隐喻是有差别的。整个赋文很少谈及抽象观点,很少有内心精神分析和心理活动描写,笔墨重点在场面的万千气象。总之,赋的铺陈描写更多地着眼于实,虽然有不少想象,但更多是从具体事物出发来烘托场面,渲染气氛,缺少抽象层面的隐喻和想象。正因为在思维模式、文学体裁、修辞手法上的巨大差异,所以在论及这种修辞手法时,原作者、译者以及狄德罗之间会出现不同的认知结果。

在狄德罗的摘要后,格里姆(Grimm,1723—1807)对诗歌也作了评价:首先,他认为阅读译文不如读狄德罗的摘要那样使人得到美感,这是两国语言、风俗的差异导致的必然效果,译者在法语中很难找到对等的单词,所以只能进行解释,迂回曲折地表达中文意象。阅读美感还会被阅读过程中出现的气候、风俗、习惯、宗教、自然史、政治史等方面不同的名词和知识所破坏。其次,他认为译者和出版者对三十二体文字没有解释清楚,译文和注释中充斥着各种知识,而这对理解诗歌本身没有任何帮助。第三,虽然译者在诗文解释中多处使用法国观念和表达方式取代中国观念和表达方式,但还是可以窥见情趣盎然的诗意基调。

另外,他也赞扬了诗歌所传达的道德:"请注意,中国皇帝的诗歌中没有任何迷信痕迹,很明显的是,作者谈论到对天地的敬仰,其意思是圣人对这种整体秩序的必要的屈从和顺服:简单和崇高的哲学,这是我们行为的真正动力,这是道德的真正基础,采纳或遵守同一群体中达成的这种组织契约,这将是人类道德的唯一源泉。"他由这样的统治原则而推论:"由这样的诗人治理的人民该多幸福!尽管说与做完全不同,主要应该看君主的实际行为,而不是看其言辞,但很明显的是,这位君主在对子民父亲般的情感中教育长大,他将牢记品德高尚的祖先且将适时纪念他们视为自己的义务……"②

狄德罗和格里姆既看到了语言文化差异对诗歌美学价值的影响,尤

---

① *Correspondance littéraire, philosophique et critique de Grimm et de Diderot depuis 1753 jusqu' en 1790*, Tome sixième, pp. 410-411.

② 参阅 *Correspondance littéraire, philosophique et critique de Grimm et de Diderot depuis 1753 jusqu' en 1790*, Tome sixième, pp. 412-414.

其是译者在跨越语言障碍时受到的制约,也发现了不同语言间诗歌普遍价值的共性。从诗歌层面过渡到思想层面,他们解读出了一个符合他们理想的中国形象,他们欣赏中国社会基于自然法则的父权模式,认为国家君主具有仁爱思想,生活在这种组织形式中的中国人是幸福的民族。

伏尔泰、狄德罗及格里姆欣赏《盛京赋》塑造的乾隆形象。这三位启蒙思想家认同父权体制及诗人治国的美好形象,他们解读出的是"开明君主"和幸福的子民,而该社会的基础是自然的秩序、整体的法则、社会组织的契约形式。他们认为这种"简单而崇高的哲学"才是"人类道德的唯一源泉"。将中国形象理想化是对本社会现存体制的批判,在刻意彰显相异性的同时,他们也就宣传了自己的哲学和政治主张。中国形象作为言说工具加入到他们对自身社会制度和价值体系的拷问之中。

本章考察了钱德明在文化交流中的作用,通过梳理他与贝尔坦、《博学杂志》、学者及启蒙思想家之间的交流互动,我们力图揭示出他的不同交流对象对他的译著作的接受以及他们各自创造出来的中国形象。研究形象能够在一定程度上揭示社会的精神倾向和公众舆论,也能够说明异国神话建构的历程。[①]贝尔坦是文学通讯的灵魂人物,其接受观点和由此衍生的中国形象对身边的法国学者乃至在异国的钱德明都产生了作用,因此他在形象构建过程中具有举足轻重的作用。对《博学杂志》的研究使我们得以了解法国对中国的接受态势,这份直接面对知识阶层的杂志反映了法国当时的学术倾向和公众舆论。第三部分涉及的四位学者围绕人类、音乐和语言的起源问题著书立说,他们在当时具有较广泛影响,他们在与钱德明的交流中塑造出来的中国形象在一定程度上代表了欧洲知识界对中国的认识和兴趣。至于伏尔泰和狄德罗这些知名作家对中国的解读,基本上代表了启蒙时代精英们的看法,由于他们受众广泛,所以经他们阐释、点评过的钱德明的著译作就有了更广泛的影响。正是通过这种与欧洲学者的交流互动,钱德明在中国形象建构中起到了重要的作用。

---

① 参阅孟华:《比较文学形象学论文翻译、研究札记》,载《比较文学形象学》,第11页。

结　语

　　钱德明是18世纪后期中西文化交流最重要的参与者，无论从参与交流的时间长度，还是从所涉内容的广度和深度来说，他都是无可辩驳的第一人。

　　自1750年踏上澳门的土地始，至1793年病逝于北京止，钱德明在中国生活了四十余年，成为在华生活时间最长的法国传教士之一。在这漫长的四十余年中，钱德明将来华耶稣会士的传统研究工作推进到了新的高度。

　　钱德明是出版作品种类最多的传教士之一。在《中国杂纂》前十五卷中卷卷都有他的作品问世。他几乎报道了中国历史和现实方方面面的情况。钱德明也是手稿传世最多的耶稣会士之一。他的研究范围广，成果数量多，涉及历史、文学、哲学、宗教、音乐、美术、天文、地理、物理、医学等几乎所有的人文、自然学科。

　　他的成果以翻译、著述为主，也包括大量通信。其中《盛京赋》和《中国兵法》影响最大；《中国古今乐记》在18、19世纪西方接受中国音乐过程中起了重要作用；而他在中国历史方面的著述最丰富，也最能代表他的学术思想和中国观。

　　在同时代传教士中，钱德明的影响也最大。贝尔坦的介入使中法之间的通讯工作更加正式规范，"文学通讯"成为中西文化交流的盛事。钱德明因此而建立起一个相当广泛的通信网络，包括了欧洲重要的科学院和许多一流的学者。广泛的通讯对象保证了思想的多样性和写作的"辩论"性，这也是钱德明的学术研究能够多元发展的原因之一。通过这个通信网络，他又继续在学者间发挥作用，通过出版物向知识阶层施加影响。影响所及不仅包括东方学家，也包括像伏尔泰、狄德罗这样的启蒙大家。

　　钱德明的著译不仅量大、涉猎广泛，而且有新的突破，开辟了前人不曾研究过的领域。他是第一位系统关注中国诗歌、兵法、音乐的耶稣会士。他翻译了《盛京赋》和其他诗歌。他对文学的兴趣拓宽了研究视野，让西方开始关注起中国诗歌。他满足了西方对中国兵法的兴趣，孙子兵法后来在西方获得广泛研究,钱德明的引介作用毋庸置疑。他还将中国音乐体系介绍到欧洲,开启了民族音乐学研究之先河。

钱德明是耶稣会士之中国历史研究的集大成者。在接受乾隆时期中国史断代最新成果的基础上,在《圣经》历史和中国历史之间寻求折中,他系统论证了自己认同的中国上古纪年观。他也是第一位系统处理中文资料和详细介绍孔子事迹的传教士,通过生平细节的介绍为把孔子还原为普通人做出了贡献,他的工作是对此前传教士类似著述的总结。

钱德明在中文图书收集方面贡献最大。法国在很长时间内都是西方汉学第一重镇,涌现了大批汉学家,图书馆的中文资料富甲欧洲。钱德明将中文图书搜集当作系统工程来做,这给后来的汉学发展提供了必要手段。钱德明对艺术保持浓厚兴趣,不仅介绍中国艺术,而且大量搜集艺术品,包括乐器和绘画作品等,现在法国国家图书馆和博物馆的不少藏品都出自他的搜集。

钱德明还是法国满学研究的奠基人。他搜集满文书籍,编撰满文语言、字母表和字典,注重满文人才的培养,使得满学后来成为法国独步欧洲的显学。他关注边疆和民族问题,倾力研究这些地区的语言、历史、地理情况,使得对中国研究的视野从汉文化转向多元民族文化,这在相当程度上影响到了19世纪专业汉学的研究旨趣。

钱德明注重研究的科学性和实证性,讲究材料的真实性,翻译的准确性,在研究中引入天文考证方法,尤其是发展了宋君荣等的研究成果。这种学术要求推动汉学向专业方向发展,汉学不久就成为一门专门学科。因此也可说他是法国专业汉学的催生者。

当然,钱德明的研究离不开前辈在华耶稣会士的积累。他继承了利玛窦开辟的传教路数,来华之后采用适应策略,主动学习和研究中国文化,为传教创造有利条件。钱德明来华时"礼仪之争"虽然表面上已尘埃落定,但他实际在一定程度上延续着前辈的研究和言说方式,自觉不自觉地将耶稣会主流立场和观念带入研究和著译之中。他沿袭先辈的做法与西方学者和机构保持通讯,将中国知识传播到欧洲,并进一步影响欧洲受众。他虽然反对索隐派的理论体系,但对于其研究手段和方法也多有借鉴。他沿用传教士的书信体裁,但体现出更高的学术精神和批评态度,以及讲究信息和材料准确的学术标准。

钱德明在继承、发展和开拓中成为欧洲尤其是法国了解中国文化最重要的媒介。来华初年,他试图以西方文明去打动和感染中国人,并由此开始了对中国文化的深入学习。在与他者的相遇过程中,他介于东西文化之间的独特视野,他与"他者"的现场接触,与西方学术界的交流,这些都成为他自省、反思、审问的契机。

长期在两种文化的交汇处生活,使钱德明的文化身份变得十分复杂。他自己坦言:"法兰西人、满人、汉人、宫臣、教士/每一个身份都有着同样的价值。"身为法国人,他在耶稣会解散后的斗争中极力维护法国利益,表现出爱国情结。他用法语写作,主要交流对象是法国学者,著作均在法国刊行。法国文化是其研究的出发点和目的地。然而,在适应策略影响下,他在与中国文化天长日久的接触中又培养起了对当地文化的同情感和心理认同。很多时候,他俨然成为这个文化的一分子,而且在清朝的特定文化语境中,他还是一位兼爱、兼通满汉文化的"中国人"。他在朝中担任翻译,得以接触文人官员,这为他的研究工作提供了方便,尤其是在信息搜集方面。儒官的身份不仅是他和中国文人交往的基础,也是他得以在北京生活和工作的保障。他将工作和研究结合起来,在翻译上取得了较大成就;他工作中自编的工具书或材料也都漂洋过海,以出版物的形式面世,为欧洲服务。如果说18世纪后期传教士的贡献主要在文化交流方面,传教工作必然受到影响而相对淡化,那么这一身份并非毫不重要。相反,钱德明的写作和翻译都深深打上了传教士的烙印,从其作品中可以解读出礼仪之争中耶稣会传教士的立场和态度,这也是理解其作品的关键之一。

钱德明的著译都带着以上这些多重身份的痕迹。在认同中国文化的基础上,他塑造出了自己独特的中国形象。他将中国历史、孔子、音乐、兵法等全部纳入到一个统一的历史体系内,这是他与"他者"文化多年亲密接触而建构起来的体系,这一体系又与《圣经》传统和传教的基本需求相契合。他接受和认同了"他者"的价值观,融入"他者"的文化中。在这个过程中,他体现出对异文化的同情、理解和开放心态,体现了对"他者"历史文化和"礼仪"习俗的尊重和宽容。需要强调的是:其文化身份是一个长期渐变的过程。对中国(包括满族)文化的认同逐渐强化;对西方的了解却一方面因空间距离的遥远而弱化,另一方面又在与欧洲学者的书信交流中得以深化。钱德明的作品完美地诠释了其文化身份的复杂、渐变和反差,为我们讨论文化媒介在交流中的角色与作用提供了一个发人深思的案例。

钱德明是18世纪晚期在华耶稣会士的代表,他在华四十多年的经历,他为中法双方宫廷效劳的特殊角色,他为中法文化交流所作的大量工作,他在作品中塑造的中国形象,都使他从耶稣会群体中脱颖而出,成为18世纪晚期中西文化交流的一个缩影、一个标志,被永远地载入史册。

参考书目

一、钱德明的著作与书信

1. 手稿

A. 法兰西学士院图书馆 (Bibliothèque de l'Institut de France)

Correspondance de Bertin : 80 lettres du P. Amiot, Institut de France, ms. 1515-1517.

Fonds Henri Cordier : 2 mémoires du P. Amiot, Institut de France, ms. 5409.

B. 法国国家图书馆 (Bibliothèque Nationale de France)

a. 西方稿本部（Manuscrits occidentaux）：

—Fonds français

9089 : *Mémoire sur la musique des Chinois tant anciens que modernes*, par le P. Amiot, 1776.

—Nouvelles acquisitions françaises

4420. Amiot, *La vie de Koung-tsee, appelé vulgairement Confucius*, 1784.

4421-4431. manuscrits adressés par le P. Amiot à Bertin, tous concernant la Chine. *Portraits des chinois célèbres*.

4432. Amiot, *Habillement et coiffures dans les différents temps de la monarchie chinoise*.

—Fonds Bréquigny

1. Mélanges sur la Chine et les Chinois.

Lettre du P. Amiot à M. de Comte de Mellet, 29 septembre 1786.

2. Mélanges sur la Chine et les Chinois.

Lettre du P. Amiot à Bréquigny, 20 septembre 1786.

Lettre du P. Amiot à Bertin, 16 octobre 1787.

Lettre du P. Amiot à Bertin, 19 octobre 1788.

Lettre du P. Amiot à Bertin, 11 novembre 1788.

Lettre du P. Amiot à Bréquigny, 26 juin 1789.

Suite du mémoire envoyé l'année dernière 1788 sur les danses religieuses, politiques et civiles des anciens chinois, Petites danses, 1789.

3. Mélanges sur la Chine et les Chinois.

Lettre du P. Amiot à Bertin, 5 octobre 1771.

Lettre du P. Amiot, 28 septembre 1777.

Lettre du P. Amiot à Bertin, 19 novembre 1777.

Lettre du P. Amiot à Bertin, 15 septembre 1778.

Lettre du P. Amiot à Bertin, 5 novembre 1778.

Lettre du P. Amiot, 26 juillet 1780.

Lettre du P. Amiot à Gébelin, 30 septembre 1781.

Lettre du P. Amiot à Bertin, 17 août 1781.

Lettre du P. Amiot à De Guignes, 20 juin 1781.

Lettre du P. Amiot, 25 juillet 1779.

Lettre du P. Amiot, 5 septembre 1779.

Explication de la peinture.

Extrait d'un catalogue de Bagatelles chinoises, envoyées par le P. Amiot en 1779.

Lettre du P. Amiot, 20 novembre 1785.

5. Mélanges sur la Chine et les Chinois.

Lettre du P. Amiot à Bignon, 16 septembre 1779.

Lettre du P. Amiot à Bertin, 5 septembre 1779.

Lettre du P. Amiot à Bertin, 25 juillet 1779.

La lettre du P. Amiot à Bignon, 4 octobre 1772.

Explication du monument gravé sur la pierre en vers chinois, composés par l'empereur, pour constater à la postérité la conquête du Royaume des Éleuths faite par les Tartares Mantchoux sous le règne de Kien Long, vers 1757.

Lettre du P. Amiot à M. Attiret, 1ᵉʳ mars 1769.

Lettre du P. Amiot, novembre 1783 à ?.

Arbre généalogique de la maison de Koung tsee, depuis Hoang ty jusqu'à tcheng tang, c'est à dire depuis 2637-1783.

6. Mélanges sur la Chine et les Chinois.

Traduction libre des principaux ouvrages sur la tactique chinoise, 1766.

Traduction libre des cinq articles de See-ma-fa sur l'Art militaire, 1768.

Supplément à l'art militaire des Chinois, 1778.

7. Mélanges sur la Chine et les Chinois.

Abrégé chronologique de l'histoire universelle de l'Empire chinois, par le P. Amiot, 1770.

8. Mélanges sur la Chine et les Chinois.

Introduction à l'histoire des peuples qui ont été ou qui sont actuellement tributaires de la Chine, par le P. Amiot, 1770.

Département des hoei-hoei, c'est-à-dire les royaumes de Tou-Eul-Fan, Tien-fang, Sa-ma-eul-han, Tchan-tcheng, Ge-pen, Tchen-La et Man-la-kia.

Département des Si-fan, c'est-à-dire les hordes des Tartares connus sous le nom général de Si-Yu ou de Si-Fan.

Explication des lettres de créance, suppliques, etc., envoyées ou présentées aux tribunaux qui gouvernent les huit départements sous lesquels sont rangés tous les peuples tributaires de la Chine.

9. Mélanges sur la Chine et les Chinois.

Observations faites à Pékin du 1ᵉʳ janvier 1757 au 31 décembre 1762 par le P. Amiot.

13. La musique chinoise, par le P. Amiot.

Mémoires sur la musique des Chinois (3 cahiers), 1776.

Supplément au mémoire sur la musique des Chinois, 1779.

14. La musique chinoise, par le P. Amiot.

Divertissements chinois ou concerts de musique chinoise (3 cahiers), 1779.

107. *L'antiquité des Chinois prouvée par les monuments,* par le P. Amiot, 1775.

114. Mémoires divers sur la Chine.

Liste des objets envoyés par le P. Amiot en 1779.

Portrait du célèbre Yu Ming Tchoung et vers.

Portrait du général Akoui et vers.

Explications de vers chinois mis sur les deux tasses composés par l'empereur Kienlong.

Explication des vers qui font l'éloge de la fleur meou tan hoa, reçu en 1777.

121-122. Copie d'un livre chinois (9 cahiers) : 281 planches, avec légendes, concernant des danses en chinois et en français.

123. Mémoires concernant la Chine et les Chinois.

Peuples tributaires de la Chine.

Suppliques à l'empereur.

b. 东方稿本部（Manuscrits orientaux）

Table chronologique de tous les souverains qui ont régné en Chine rangée par ordre des cycles depuis la 61ᵉ année du règne de Hoang Ty jusqu'au règne présent, fonds chinois 9093.

c. 地图和图片部（Département des cartes et plans）:

Rés. Ge. A. 358. *Carte des côtes de la Chine avec explications manuscrites* du P. Amiot.

d. 音乐部（Département de la musique）

Rés. Vmb. Ms. 14 : *De la musique moderne des Chinois.*

C. 巴黎耶稣会档案馆（Archives jésuites de Paris）

—Fonds Vivier

Lettre d'Amiot à l'abbé Salier, 12 mars 1765.

Lettre d'Amiot à Roze, 20octobre 1784.

Lettre d'Amiot à Roze, 25 novembre 1784.

Explication des peintures chinoises en quatre tableaux.

Serment des rites chinois, 16 octobre 1751.

—Fonds Amiot

Mémoire sur les danses religieuses des anciens Chinois (copie, Real Biblioteca du Palacio Real de Madrid), 12 septembre 1788.

Hoang (copie, Bibliothèque municipale de Mantes-la-Jolie).

D. 巴黎外方传教会档案馆（Archives des Missions étrangères de Paris）

Manuscrits 446 : 2 lettres d'Amiot à Andrien Tchou (1760-1762), 10 lettres d'Amiot à M. Le Bon (1760-1765).

2. 出版物[①]

A. 单行本[②]

Eloge de la ville de Moukden et de ses environs, poème composé par K'ien-long en mandchou et en chinois, traduit avec des notes par le P. Amiot, et publié par de Guignes, Paris, Tilliard, 1770.

Art militaire des Chinois, traduit par le P. Amiot, publié par de Guignes, Paris, Didot, 1772.

Observations météorologiques, faites à Pékin, par le Père Amiot, pendant six années, depuis le 1er janvier 1757, jusqu'au 31 décembre 1762, mis en ordre par M. Messier, de l'Académie Royale des Sciences, à Paris, Imprimerie Royale, 1774.

Mémoire sur la musique des Chinois tant anciens que modernes, avec notes et observations par l'abbé Roussier, Paris, 1779.

---

① 这部分书目参考费赖之著作完成。

② 按出版时间排序。

Abrégé historique des principaux traits de la vie de Confucius, orné de 24 estampes in 4 gravées par Helman, Paris, chez l'auteur, s.d., 1788.

Dictionnaire mandchou-français, composé d'après un dictionnaire mandchou-chinois, par M. Amiot, missionnaire à Pékin, et publié avec des additions et l'alphabet de cette langue par Langlès, Paris, Didot, 1789-1790.

Hymne tartare-mandchou chanté à l'occasion de la conquête des deux Kin-tchoan, au Tibet, traduit en français et accopagné de notes pour l'intelligence du texte, par M. Amiot et publié par M. Langlès, Paris, Didot, 1792.

Rituel des Tartares-Mandchoux, publié par Langlès, Paris, 1804.

B.《中国杂纂》中的作品(*Mémoires concernant l'Histoire, les sciences, les arts, les moeurs, les usages etc. des Chinois*, Paris: Chez Nyon, 1776-1814,16 vol.)①

«Explication du monument gravé sur la pierre en vers chinois, composés par l'Empereur Kien-long sur les conquêtes qu'il fit des Eleuths en 1757», 4 octobre 1772, in *MCC*, t. 1, 1776, pp. 325-400.

«Monument de la transmigration des Tourgouths des bords de la Caspienne dans l'empire de la Chine, 8 novembre 1772», in *MCC*, t. 1, 1776, pp. 401-418.

«Extrait d'une lettre du P. Amiot, missionnaire en Chine, à M. Bertin, Ministre et secrétaire d'Etat», 15 octobre 1773, in *MCC*, t. 1, 1776, pp. 419-427.

«Quelques remarques sur un article intitulé Révolution des Calmoucks Logores en 1757», in *MCC*, t. 1, 1776, pp. 428-431.

«Antiquité des Chinois prouvée par les monuments», in *MCC*, t. 2, 1777, pp. 1-364.

«Portrait des Chinois célèbres», in *MCC*, t. 3, 1778, pp. 1-386.

«Lettre sur la réduction des Miao-tsée en 1775», 12 septembre 1776, in *MCC*, t. 3, 1778, pp. 387-411.

---

① 按出版卷次排序。

«Suite des vies ou portraits des célèbres Chinois», in *MCC*, t. 4, 1779, pp. 69-466.

«De la musique des Chinois, tant anciens que modernes», in *MCC*, t. 6, 1780, pp. 2-254.

«Observations sur le livre de M. PXX, intitulé: Recherches philosophiques sur les Egyptiens et les Chinois », 28 septembre 1777, in *MCC*, t. 6, 1780, pp. 275-345.

«Mort et funérailles de l'Impératrice Mère», in *MCC*, t. 6, 1780, pp. 346-373.

«Art militaire des Chinois», in *MCC*, t. 7, 1782, pp. 3-387.

«Suite des vies ou portraits des célèbres Chinois», in *MCC*, t. 8, 1782, pp. 1-111.

«Supplément à l'Art militaire des Chinois», 1 septembre 1778, in *MCC*, t. 8, 1782, pp. 327-375.

«Extraits de (cinq) lettres», 1780, in *MCC*, t. 9, 1783, pp. 1-64.

«Extrait d'une lettre», 17 août 1781, in *MCC*, t. 9, 1783, pp. 441-453.

«Suite des vies ou portraits des Chinois célèbres», in *MCC*, t. 10, 1784, pp. 1-131.

«Extrait d'une lettre de Péking», 20 octobre 1782, in *MCC*, t. 10, 1784, pp. 132-143.

«Extrait d'une lettre écrite de Péking», 22 novembre 1784, in *MCC*, t. 11, 1786, pp. 501-515.

«Extrait d'une autre lettre érite de Péking», 2 octobre 1784, in *MCC*, t. 11, 1786, pp. 515-568.

«Extrait d'une autre lettre écrite de Péking», 15 novembre 1784, in *MCC*, t. 11, 1786, pp. 569-576.

«Extrait d'une lettre écrite de Péking», 24 novembre 1784, in *MCC*, t. 11, 1786, pp. 580-609.

«Vie de Koung-Tsée, appellé vulgairement Confucius», in *MCC*, t. 12, 1786, pp. 1-403.

«Extrait d'une lettre écrite de Péking», 15 octobre 1785, in *MCC*, t. 12, 1786, pp. 509-530.

«Abrégé de la vie des principaux d'entre les disciples de Koung-tsée», in *MCC*, t. 13, 1788, pp. 1-38.

«Grammaire tartare-mantchou», in MCC, t. 13, 1788, pp. 39-73.

«Abrégé chronologique de l'Histoire universelle de l'Empire chinois», in *MCC*, t. 13, 1788, pp. 74-308.

«Extrait d'une lettre écrite de Péking», 20 mai 1786, in *MCC*, t. 13, 1788, pp. 417-458.

«Extrait d'une lettre écrite de Péking», 14 septembre 1786, in *MCC*, t. 13, 1788, pp. 459-506.

«Extrait d'une lettre écrite de Péking», 1e octobre 1786, in *MCC*, t. 13, 1788, pp. 511-514.

«Extrait d'une lettre écrite de Péking», 29 septembre 1786, in *MCC*, t. 13, 1788, pp. 535-543.

«Introduction à la connaissance des peuples qui ont été ou qui sont actuellement tributaires de la Chine», in *MCC*, t. 14, 1789, pp. 1-238.

«Recueil des suppliques, lettres de créance, et autres pièces adressées à l'Empereur de la Chine», in MCC, t. 14, 1789, pp. 239-308.

«Extrait d'une lettre écrite de Péking», 25 janvier 1787, in *MCC*, t. 14, 1789, pp. 523-535.

«Extrait d'une lettre écrite de Péking», 19 novembre 1787, in *MCC*, t. 14, 1789, pp. 536-581.

«Extrait d'une lettre écrite de Péking», 26 juin 1789, in *MCC*, t. 15, 1791, pp. V-XV.

«Extrait d'une lettre écrite de Péking», 16 octobre 1787, in *MCC*, t. 15, 1791, pp. 208-259.

«Extrait d'une lettre écrite de Péking», 3 novembre 1780, in *MCC*, t. 15, 1791, pp. 260-280.

«Extrait d'une lettre écrite de Péking», 13 juillet 1778, in *MCC*, t. 15, 1791, pp. 281-291.

«Extrait d'une lettre écrite de Péking», 25 juillet 1779, in *MCC*, t. 15, 1791, pp. 292-346.

«Extrait d'une lettre écrite de Péking», 5 septembre 1779, in *MCC*, t. 15,

1791, pp. 347-372.

«Extrait d'une lettre écrite de Péking», 20 novembre 1785, in *MCC*, t. 15, 1791, pp. 373-381.

«Extrait d'une lettre écrite de Péking», 19 octobre 1788, in *MCC*, t. 15, 1791, pp. 387-392.

C.《耶稣会士书简集》中的作品(*Lettres Edifiantes et Curieuses*, 1702-1776)

Lettre du 20 octobre 1752, in *LEC*, t. 28, 1758, pp. 171-215 (t. 23, 1781, pp. 154-182; t. 12, 1819, pp. 503-520; t. 3, 1838, pp. 832-839).

Lettre du 17 octobre 1754, in *LEC*, t. 23, 1781, pp. 302-369 (t. 13, 1819, pp. 35-75; t. 4, 1838, pp. 41-57).

Lettre du 4 septembre 1759, in *LEC*, t. 31, 1774, pp. 1-30 (t. 23, 1781, pp. 391-408; t. 8, 1819, pp. 90-100; t. 4, 1838, pp. 84-88).

Lettre du 2 juin 1760, in *LEC*, t. 3, 1838, pp. 519-531.

D. 其他

«De la doctrine et des livres chinois», in *Annales de philosophie chrétienne de M. Bonnetty*, 3e série, t. 9, pp. 197-211.

«2 lettres sur les poids, les balances, les mesures de la Chine», in *Mémoires de mathématiques et de physique* du P. Pézenas, Avignon, 1756.

«Table chronologique de tous les souverains qui ont régné en Chine, rangés par ordre de cycles, depuis la 61ᵉ année de Hoang Ti, 2637 avant J. C. Jusqu'à l'empereur actuel», in *Chine ou Description historique, géographique et littéraire de ce vaste empire, d'arpès des documents chinois*, t. 1, pp. 475-489.

«Observations météorologiques faites à Pékin, du 1ᵉʳ janvier 1757 au 31 décembre 1762, envoyées à l'Académie royale des Sciences», in *Mémoires des correspondants*, t. 6, 1774.

Lettre du 6 octobre à de Guignes, in *Journal des Savants*, janvier 1773, pp. 37-42.

二、研究论著及论文

1. 西文

A. 史料、传记

BCKER, Augustin et Alois de, *Bibliographie des écrivains de la Compagnie de Jésus, ou Notices bibliographiques*, Liège, Imprimerie de L. Grandmont - Donders, 1853-1861, 7 vol.

CORDIER, Henri, *Bibliotheca sinica*, 2ᵉ éd., Paris, 1904-1922, 4 vol.; suppl. 1924: Author Index to the *Bibliotheca Sinica*, compiled, issued and distributed by the East Asiatic Library. New York: Columbia universities Libraries, 1953.

COULING, Samuel, *The Encyclopaedia Sinica*, Shanghai, Kelly and Walsh, 1917.

COURANT, Maurice, *Catalogue des livres chinois de la Bibliothèque nationale*, Paris, 1902-1912, 4 vol.

DEHERGNE, Joseph, *Répertoire des Jésuites de Chine de 1552-1800*, Rome-Paris: Institutum Historicum Societatis Iesu-Letouzey & Ané, 1973.

FÉTIS, Josephe François, *Biographie Universelle des musiciens et bibliographie générale de la musique*, Bruxelles, Meline, Cans et Compagnie, 1837.

PFISTER, Louis, *Notices biographiques et bibliographiques sur les Jésuites de l'ancienne mission de Chine*, Shanghai, 1932-1934, 2 vol.

POLGAR, Laszlo, *Biographie sur l'histoire de la Compagnie de Jésus*, Rome: Institutum Historicum societatis Iesu, 1981-1990, 3 vol.

PUYRAIMOND, Jeanne-Marie, *Catalogue du fonds mandchou*, Paris, Bibliothèque nationale, 1979.

SOMMERVOGEL, Carlos & de Backer, *Bibliothèques des écrivains de la Compagnie de Jésus*, Bruxelles-Paris, 1890-1932, 11 vol.; supplément: Louvain, 1960.

Source de l'Histoire de l'Asie et de l'Océanie dans les Archives et Bibliothèques françaises, Commission française du Guide des sources de l'histoire des nations, München; New York; London; Paris: K.G. Saur, 1981, 2 vol.

STANDAERT, Nicolas, *Handbook of Christianity in China*, vol. 1: 635-1800,

Leiden-Boston-Köln : E. J. Brill («Handbook of Oriental Studies» 15-1), 2000.

VIDIER, A. & PERRIER, P, *Catalogue général des manuscrits français de la Bibliothèque nationale*, Paris, Bibliothèque nationale, 1931.

B. 早期著作 (17-18世纪)

COUPLET, Philippe, *Tabula genealogica trium familiarum imperialium monarchiae sinicae a Hoam Ti, primo gentis imperatore, per 86 successores et annos 2457 ante Christum, e sinico latine exhibita a R. P. Philippo Couplet,* Parisiis : e Bibliotheca regia, 1686.

DIDEROT, Denis, *Oeuvres complètes,* t. 18, *Arts et lettres* (1767-1770), Critique II, édition critique et annotée, présentée par J. Schlobach, avec J. Carriat, Paris : Hermann, 1991.

DU HALDE, Jean-Baptiste, *Description générale de l'Empire de la Chine et de la Tartarie*, Paris : P.G. Lemercier, 1735, 4 vol.

FOURMONT, Étienne, *Catalogue des ouvrages de M. Fourmont l'Aîné*, Amsterdam, 1731.

FOUMONT, Etienne, *Linguae Sinarum Mandarinicae hieroglyphicae grammatica duplex*, latiné, & cum characteribus sinensium. Item Sinicorum Regiae Bibliothecae librorum catalogus. Paris, Guérin, 1742.

FRÉRET, Nicolas, « De l' antiquité et de la certitude de la chronologie chinoise», in *Mémoires de l'Académie des Inscriptions et Belles-Lettres (1731-1733)*, vol. 10, Paris, Imprimerie royale, 1736, pp. 377-402.

FRÉRET, Nicolas, « Eclaircissement sur le mémoire lu au mois de novembre 1733 touchant l' antiquité et la certitude de la chronologie chinoise», in *Mémoires de l'Académie des Inscriptions et Belles-Lettres (1738-1740)*, vol. 15, Paris, Imprimerie royale, 1743, pp. 495-564.

FRÉRET, Nicolas, «Sur les principes généraux de l'art d'écrire ou particulièrement sur ceux de l'écriture chinoise», in *Mémoires de l'Académie des Inscriptions et Belles-Lettres (1718-1725)*, vol. 6, Paris, Imprimerie royale, 1729, pp. 609-634.

GAUBIL, Antoine, *Observations mathématiques, astronomiques, géographiques, chronologiques et physiques tirées des anciens livres chinois, ou faites* nouvellement aux *Indes et à la Chine par les Pères de la Compagnie de Jésus*, rédigées et publiées par le P. É. Souciet, Paris : Rollin, 1729-1732. [Le tome II contient une Histoire de l'astronomie chinoise avec des dissertations, par le P. Gaubil, et le tome III contient un Traité de l'astronomie chinoise par le P. Gaubil.]

GAUBIL, Antoine, *Le Chou-King, un des livres sacrés des Chinois*, Paris, Tilliard, 1770.

GAUBIL, Antoine, *Traité de la chronologie chinoise*, Paris, Treuttel et Würtez libraires, 1814.

GÉBELIN, Court de, *Monde Primitif analysé et comparé avec le Monde Moderne, considéré dans l'histoire naturelle de la parole ou grammaire universselle et comparative, et des figures en taille-douce*, vol. 2-3, Paris, M. Boucher, 1774-1775.

GRIMM, F. M. & Diderot, Denis, *Correspondance littéraire, philosophique et critique de Grimm et de Diderot depuis 1753 jusqu'en 1790*, t. 6, 1768-1770, Paris, Furne et Lagrange, 1829.

GUIGNES, Joseph de, *Histoire générale des Huns, des Turcs, des Mongols et des autres Tartares occidentaux etc.*, Paris, Desaint et Saillant, 1756-1758, 4 vol.

GUIGNES, Joseph de, *Mémoire dans lequel on prouve que les Chinois sont une colonie égyptienne*, Paris, Desaint et Saillant, 1759.

GUIGNES, Joseph de, *Réponse de M. de Guignes aux doutes de M. Deshauterayes*, Paris, Michel Lambert, 1759.

GUIGNES, Joseph de, «Recherches historiques sur la religion indienne, et sur les livres fondamentaux de cette religion, qui ont été traduits de l'indien en Chinois», in *Histoire de l'Académie royale des Inscriptions et Belles-lettres*, vol. 40, Paris, Imprimerie Royale, 1780, pp. 187-355.

GUIGNES, C. L. J. de, *Voyages à Péking, Manille et l'île de France faits dans l'intervalle des années 1784 à 1801*, Paris, Imprimerie Impériale, 1808.

LA MOTHE LE VOYER, François de, *De la Vertu des Payens*, 2e éd., Paris, Chez Augustin Courbe, 1667.

LECOMTE, Louis, *Un jésuite à Pékin, Nouveaux mémoires sur l'état présent de la Chine, 1687-1792*, Paris, Phébus, 1990.

LE GOBIEN, Charles, *Histoire de l'Edit de l'Empereur de la Chine, en faveur de la Religion chrétienne. Avec un Éclaircissement sur les honneurs que les Chinois rendent à Confucius et aux Morts*, 2ᵉ éd., Paris, Jean Anisson, 1700.

LEROUX Deshauterayes, Michel-Ange-André, *Doutes sur la dissertation de M. de Guigne qui a pour titre Mémoire dans lequel on prouve que les Chinois sont une colonie égyptienne*, Paris, Prault, 1759.

LONGOBARDI, Nicolas, *Traité sur quelques points de la religion des Chinois*, Paris, chez Louis Guerin, 1701.

MARTINI, Martino, *Martini Martinii E Societatis Iesu, Sinicae historiae decas prima*, Amsterdam : J.-Blaeu, 1659.

PAUW, Corneille de, *Recherches philosophiques sur les Égiptiens et les Chinois*, t. 1-2, Berlin, chez G.J. Decker, 1773.

ROUSSIER, Pierre Joseph, *Mémoire sur la musique des anciens ou l'on expose le principe des proportions authentiques, dites de Pythagore, et de divers systèmes de musique chez les Grecs, les Chinois et les Egyptiens. Avec un parallèle entre le système des Egyptiens et celui des modernes*, Paris, Lacombe, 1770.

SAINT MAURICE DE SAINT LEU, de & Puységur, François Jacques de Chastenet de, *État actuel de l'art et de la science militaire à la Chine : tiré des livres militaires des Chinois avec diverses observations sur l'étendue et les bornes des connaissances militaires chez les Européens*, Didot l'aîné, 1773.

SAINTE MARIE, Antoine de, *Traité sur quelques points importants de la mission de la Chine*, Paris, chez Louis Guerin, 1701.

C. 研究论著与论文

ABEL-RÉMUSAT, Jean Pierre, *Nouveaux mélanges asiatiques*, Paris, 1829, 2 vol.

AMYOT, Alphonse, *Les hommes utiles. Vie et testament du R. P. Amiot,* membre de la Compagnie de Jésus, missionnaire apostolique en Chine, 1718-1793, Paris, Charles de Mourgues Frères, 1881.

CHARBONNIER, Jean, *Histoire des chrétiens de Chine*, Desclée, 1992.

CHAVANNES, Edouard, *La sinologie*, Paris, Librairie Larousse, 1915.

CORDIER, Henri, *La France en Chine au dix-huitième siècle. Documents inédits publiés sur les manuscrits conservés au dépôt des Affaires étrangères avec une introduction et des notes*, Paris, Henri Laurens, 1883, 2 vol.

CORDIER, Henri, *La Chine en France au XVIIIe siècle*, Bibliothèque des Curieux et des Amateurs, 1910.

CORDIER, Henri, *La suppression de la Compagnie de Jésus et la Mission de Pékin*, Leyde, E. J. Brill, 1918.

DEHERGNE, Joseph, *Les deux Chinois : l'enquête industrielle de 1764 et les débuts de la collaboration technique franco-chinoise*, thèse de doctorat, non publiée, Sorbonne, 1965.

DEVÈZE, Michel, *L'Europe et le monde à la fin du XVIIIe siècle*, Paris, Albin Michel, 1971.

DIDIER, Béatrice, *La musique des Lumières*, Paris, PUF (coll. Ecriture), 1985.

DUMOULIN-GENESTE, Marie-Pierre, «*L'Introduction et l'Acclimatation des plantes chinoises en France au XVIIIe siècle*», thèse de doctorat (nouveau régime), Paris, EHESS, 1994, 3 vol.

DUTEIL, Jean-Pierre, *Le Mandat céleste, le rôle des Jésuites en Chine, de la mort de François-Xavier à la dissolution de la Compagnie de Jésus : 1552-1774*, Paris : Arguments, 1994.

ELISSEEFF-POISLE, Danielle, *Nicolas Fréret, Réflexions d'un humaniste du XVIIIe siècle sur la Chine*, Paris, Collège de France («Mémoires de l'Institut des Hautes études chinoises» XI), 1978.

ELISSEEFF-POISLE, Danielle, *Moi, Arcade, interprète chinois du Roi-Soleil*, Paris : Arthaud, 1985.

ETIEMBLE, René, *Les Jésuites en Chine. La Querelles des Rites, 1552-1773*, Paris : Julliard («Archives»), 1966.

ETIEMBLE, René, *L'Europe chinoise*, Paris : Gallimard («Bibliothèque des Idées»), 1988-1989, 2 vol.

GUÉRIN, Jacques, *La Chinoiserie en Europe au XVIIIe siècle*, Paris, Librairie centrale des Beaux-Arts, 1911.

GERNET, Jacques, *Chine et christianisme: La première confrontation*, Paris: Gallimard («Bibliothèques des histoires»), 1982.

GERNET, Jacques, *L'Intelligence de la Chine : le social et le mental*, Paris : Gallimard («Bibliothèques des histoires»), 1994.

GUY, Basil, *The French Image of China before and after Voltaire*, Genève : Droz («Studies on Voltaire and the Eighteenth Century», vol. XXI), 1963.

LANDRY-DERON, Isabelle, *La Preuve par la Chine*, Paris : EHESS, 2002.

LEBRUN, François, *L'Europe et le monde, XVe, XVIe, XVIIIe siècle*, Armand Colin, 1997.

MARTINO, Pierre, *L'Orient dans la littérature française au XVIIe siècle et au XVIIIe siècle*, Genève : Slatkine reprints, 1970. [1e éd., 1908]

MENG, Hua, *Voltaire et la Chine*, thèse de doctorat (Nouveau régime), Paris IV, 1988.

MILSKY, Marie-Françoise, *L'Intérêt pour la Chine en France au XVIIIe siècle*, thèse de doctorat, Paris VII-EHESS, 1977.

MINAMIKI, George, *The Chinese Rites Controversy from the Beginning to Modern Times*, Chicago : Loyola University Press, 1985.

PEYREFITTE, Alain, *L'Empire immobile, ou le Choc des mondes*, LGF, 1991.

PICARD, François, *La musique chinoise*, Paris, Minerve, 1991.

PINOT, Virgile, *La Chine et la formation de l'esprit philosophique en France (1640-1740)*, Paris, 1932; Genève : Slatkine reprints, 1971.

PINOT, Virgile, *Documents inédits relatifs à la connaissance de la Chine en France de 1685 à 1740*, Paris, 1932. [volume complémentaire de la thèse non réédité]

ROCHEMONTEIX, Camille de, *Joseph Amiot et les derniers suvivants de la Mission française à Pékin, 1750-1795*, Paris, Alphonse Picard père et fils, 1915.

SACY, Jacques Silvestre de, *Henri Bertin dans le sillage de la Chine (1720-1792)*, Paris, Les Belles Lettres, 1970.

SCHORER, Edgar, *L'influence de la Chine sur la genèse et le développement de la doctrine physiocratique*, Paris, Domat-Montchrestien, 1938.

STANDAERT, Nicolas, *L'autre dans la mission : leçon à partir de la Chine*, Bruxelles, Éditions Lessius, 2003.

STANDAERT, Nicolas & LENOIRr, Yves, *Les danses rituelles d'après Joseph-Marie Amiot : Aux sources de l'ethnochorégraphie*, Presse Universitaire de Namur, 2005.

TCHEN, Yen Hia, *La Musique chinoise en France au XVIIIe siècle*, Paris, Publications orientalistes, 1975.

TING, Tchao-Ts'ing, *Les Descriptions de la Chine par les Français (1650-1750)*, Paris : P. Geuthner, 1928.

ARMOGATHE, Jean-Robert, «Voltaire et la Chine : une mise au point», in *Actes du 1er colloque international de Sinologie, Chantilly 1974*, Paris : Les Belles Lettres, 1976, pp. 27-39.

BERNARD-MAÎTRE, Henri, «Catalogue des objets envoyés de Chine par les missionnaires de 1765 à 1786», in *Bulletin de l'Aurore*, 1948, 33-34, pp. 119-206.

BERNARD-MAÎTRE, Henri, *La science européenne au tribunal astronomique de Pékin, XVIIe-XIXe siècle*, Paris («Conférences du Palais de la découverte», série D : «Histoire des sciences»9), 1952.

BERNARD-MAÎTRE, Henri, «Les sciences et la correspondance de la mission française de Pékin au XVIIIe siècle», in *XIIe Congrès international d'histoire des sciences (Paris, 1968), Actes XI*, Paris : Blanchard, 1971, pp. 11-15.

BRIX, Michel & LENOIR, Yves, «Une lettre inédite du Père Amiot à l'abbé Roussier (1781)», in *Revue des archéologues et historiens d'art de Louvain*, Louvain-la-neuve, 28, 1995, pp. 63-74.

BRIX, Michel & LENOIR, Yves, «Supplément au mémoire sur la musique des Chinois du P. Amiot», édition commentée, in *Revue des archéologues et historiens d'art de Louvain*, Louvain-la-neuve, 30, 1997, pp. 80-111.

BROC, Muna, «voyageurs français en Chine», in *Dix-huitième siècle*, vol. 22, 1990, pp. 39-51.

BROU, Alexandre, «Les jésuites sinologiques de Pékin et leurs éditeurs de Paris», in *Revue d'histoire des Missions*, II, 1934, pp. 551-566.

CHAPOULIE, Mgr Henri, «Louis XIV et le serment imposé aux missionnaires français par Innocent XI», in *L'Union missionnaire du clergé de France*, vol.9, 1947, pp. 161-168.

CORDIER, Henri, «Notes pour servir à l'étude des études chinoises en Europe jusqu'à l'époque de Fourmont l'aîné», in *Nouveaux Mélanges orientaux*, Paris, 1886.

CORDIER, Henri, «Fragments d'une histoire des études chinoises au XVIIIe siècle», in *Centenaire de l'Ecole des Langues Orientales vivantes 1795-1895*, Paris, 1895, pp. 223-293.

CORDIER, Henri. «Les correspondants de Bertin», in *Toung Pao*, 1913, vol. XIV, pp. 227-257; 1914, vol. XV, pp. 307-338; 1915, vol. XVI, pp. 27-60, 229-235; 1917, vol. XVIII, pp. 295-379; 1922, vol. XXI, pp. 394-398.

CORDIER, Henri, «Les études chinoises sous la Révolution et l'Empire», in *Toung Pao*, vol. 19 1918-1919, pp. 59-103.

DAVIN, Emmanuel, «Un éminent sinologue toulonnais du XVIIIe siècle, le R. P. Amiot, S. J. (1718-1793)», in *Bulletin de l'Association Guillaume Budé*, 1961, pp. 380-395.

DAVY, Jacques, «La condamnation en Sorbonne des Nouveaux Mémoires sur la Chine du P. Le Comte : les débuts de l'affaire», in *Recherches de science religieuse*, vol. 37, 1950, pp. 366-397.

DEHERGNE, Joseph, «Le P. Gaubil et ses correspondants, 1689-1759», in *Bulletin de l'Université Aurore*, série 3, t. 5 (2), Shanghai, 1944.

DEHERGNE, Joseph, «La Mission de Pékin à la veille de la condamnation des Rites : Etudes d'histoire missionnaire», in *Neue Zeitschrift für Missionswissenschaft*, 9, 1953, pp. 91-108.

DEHERGNE, Joseph, «La bibliothèque des Jésuites français de Pékin au premier tiers du XVIIIe siècle», in *Bulletin de l'Ecole française d'Extrême-Orient*, LVI, 1969, pp. 125-150.

DEHERGNE, Joseph, «L'exposé des Jésuites de Pékin sur le culte des ancêtres présenté à l'Empereur K'ang hi en novembre 1700», in *Actes du IIe colloque international de Sinologie, chantilly 1977*, Paris : Les Belles Lettres(«cathasia»), 1980, pp. 186-229.

DEHERGNE, Joseph, «Un problème ardu : Le nom de Dieu en chinois», in *Actes du IIIe colloque international de Sinologie, Chantilly 1980*, Paris : Les Belles Lettres, 1983, pp. 13-46.

DEHERGNE, Joseph, «Une grande collection : Mémoires concernant les Chinois (1776-1814)», in *Bulletin de l'Ecole française de l'Extrême-Orient*, LXXII, 1983, pp. 267-298.

DEMIÉVILLE, Paul, «La sinologie», in *La Science française*, Paris : Larousse, 1934, pp.105-114.

DEMIÉVILLE, Paul, «Aperçu historique des études sinologiques en France», in *Acta asiatica*, Tokyo, vol. 11, 1966, pp. 81-100.

FRÈCHES, José, « Francois Bernier, Philosophe de Confucius au XVIIe siècle», in *Bulletin de l'Ecole Francaise d'Extrême Orient*, vol. 60, Paris, 1973, pp. 385-400.

GUENNOU, Jean, «Les arrières-plans politiques et financières de la Querelles des Rites», in *Actes du 1er colloque international de Sinologie, Chantlly 1974*, Paris : Les Belles Lettres, 1976, pp. 107-113.

HERMANSE, Michel, «Joseph-Marie Amiot, une figure de la rencontre de «l'autre» au temps des Lumières», in STANDAERT, Nicolas & LENOIR, Yves, *Les danses rituelles d'après Joseph-Marie Amiot : Aux sources de l'ethnochorégraphie*, Presse Universitaire de Namur, 2005, pp. 11-77.

HUARD, Pierre & WONG, Ming, «Les enquêtes françaises sur la science et la technologie chinoises au XVIIIe siècle», in *Bulletin de l'Ecole française d'Extrême-Orient*, 53, 1966, pp. 137-202.

HUARD, Pierre, SONOLET, Jacquline & WONG, Ming, «Mesmer en Chine, Trois lettres médicales du R. P. Amiot, rédigées à Pékin, de 1783 à 1790», in *Revue de synthèse*, t. 81, 1960, pp. 61-98.

KING, J. W., «An European pen in China: Jean Amiot S. J.», in *Catholic Choirmaster* 47, 1961, pp. 60-62.

LANDRY-DERON, Isabelle, «Les mathématiciens envoyés en Chine par Louis XIV en 1685», in *Archive for History of Exact Sciences*, 55, 2001, pp.423-463.

LANDRY-DERON, Isabelle, «L'ombre portée par l'ouvrage de Du Halde sur les premiers sinologues français non missionnaire», in Michel Cartier (éd.), *La Chine entre amour et haine*, [Actes du VIIIe colloque de Sinologie de Chantilly], Paris : Desclée de Brouwer, 1998, pp. 33-41.

LOEHR, Georges R., «L'artiste Jean-Denis Attiret et l'influence exercée par sa description des jardins impériaux», in *Actes du Colloque international de Sinologie. La Mission française de Pékin aux XVIIe et XVIIIe siècles*, Les Belles Lettres, 1976, pp. 69-83.

PICARD, François & MARSONE, Pierre, «Le cahier de musique sacrée du Père Amiot; Un recueil de prières chantées en chinois du XVIIIe siècle», in *Sanjiao wenxian : Matériaux pour l'étude de la religion chinoise*, vol. 3, 1999, pp. 13-72.

STANDAERT, Nicolas, «The Jesuit presence in China (1580-1773) : A statistical approach», *Sino-Western Cultural Relations Journal*, 13, 1991, pp. 4-17.

WITEK, John, «Jean-François Fouquet : Un controversiste jésuite en Chine et en Europe», in *Actes du 1er colloque international de Sinologie, Chantilly 1974*, Paris : Les Belles Lettres, 1976, pp. 115-135.

2. 中文
曹振镛撰:《清实录·高宗实录》,中华书局,2009
戴逸:《乾隆帝及其时代》,中国人民大学出版社,1992
戴逸:《18世纪的中国与世界》,沈阳辽海出版社,1999
方豪:《方豪六十自定稿》,台湾学生书局,1969
方豪:《中西交通史》,台湾中华文化出版事业社,1977
费赖之著,冯承钧译:《在华耶稣会士列传及书目》,中华书局,1995
韩琦:《中国科学技术的西传及其影响》,河北人民出版社,1999
罗芃、冯棠、孟华:《法国文化史》,北京大学出版社,1997
孟华:《伏尔泰与孔子》,新华出版社,1993

孟华:《他者的镜像:中国与法兰西——孟华海外讲演录》,北京大学出版社,2004
王漪:《明清之际中学之西渐》,台湾商务印书馆,1979
向达:《中西交通史》,中华书局,1934
许明龙:《孟德斯鸠与中国》,国际文化出版社,1989
许明龙:《欧洲18世纪"中国热"》,山西教育出版社,1999
许明龙:《黄嘉略与早期法国汉学》,中华书局,2004
徐宗泽:《明清间耶稣会士译著提要》,中华书局,1949
阎宗临著,阎守诚编:《传教士与法国早期汉学》,大象出版社,2003
张西平:《中国与欧洲早期宗教和哲学交流史》,东方出版社,2001
张西平:《西方人早期汉学学习调查史》,中国大百科全书出版社,2003
张西平:《传教士汉学研究》,大象出版社,2005
张西平:《欧洲早期汉学史》,中华书局,2009
张星烺:《中西交通史料汇编》,世界书局,1983
赵尔巽撰:《清史稿·高宗本纪》,中华书局,1977
朱谦之:《中国哲学对欧洲的影响》,河北人民出版社,1999

三、理论与方法论

1. 西文

Berman, Antoine, *Pour une critique des traductions : John Donne*, Gallimard, 1995

Berman, Antoine, *L'épreuve de l'étranger*, Gallimard, 1995.

Brunel, Pierre, *La critique littéraire*, PUF, 1977.

Brunel, Pierre & Chevrel, Yves, *Précis de littérature comparée*, PUF, 1989.

Brunel, P., Pichois, C. & Rousseau, A.M., *Qu'est-ce que la littérature comparée?* 2ᵉ éd., Colin, 1996.

Chevrel, Yves, *La Littérature comparée*, PUF, 1989.

Chevrel, Yves, *La Recherche en littérature*, PUF, 1994.

Chevrel, Yves, *L'Étudiant Chercheur en littérature. Guide pratique*. 4 éd., Hachette, 1997.

Cordonnier, Jean Louis, *Traduction et culture*, Éditions Didier, 1995.

Mounin, Georges, *Les belles infidèles*, Paris, Cahiers du Sud, 1955.

Pageaux, Daniel-Henri, *La littérature générale et comparée*, Colin, 1994.

Ricoeur, Paul, *Le conflit des interprétations : essais d'herméneutique*, Seuil, 1969.

Ricoeur, Paul, *Sur la traduction*, Bayard, 2004.

2. 中文

爱德华·W. 萨义德著,王宇根译:《东方学》,三联书店,1999

保罗·利科著,王建华译:《法国史学对史学理论的贡献》,上海社会科学院出版社,1992

罗贝尔·埃斯卡皮著,于沛选编:《文学社会学》,浙江人民出版社,1987

孟华主编:《比较文学形象学》,北京大学出版社,2001

沃尔夫冈·伊瑟尔著,金惠敏等译:《阅读行为》,湖南文艺出版社,1991

姚斯、霍拉勃著,周宁、金元浦译:《接受美学与接受理论》,辽宁人民出版社,1987

张寅德选编:《叙事学研究》,中国社会科学出版社,1989

孟华:《形象学研究要注重总体性与综合性》,载北京大学比较文学和比较文化研究所编《多边文化研究》,第1卷,新世界出版社,2001

孟华:《皮之不存,毛将焉附——试论国际文学关系研究的地位与作用》,载《北京大学学报》,2008年第3期

严绍璗:《"原典性的实证研究"的方法论问题》,载北京大学比较文学和比较文化研究所编《多边文化研究》,第1卷,新世界出版社,2001

严绍璗:《"文化语境"与"变异体"以及文学的发生学》,载北京大学比较文学和比较文化研究所编《多边文化研究》,第1卷,新世界出版社,2001

附录:钱德明年谱

1718年/康熙五十七年

2月8日,钱德明出生,当日在圣-玛丽教区受洗。

祖父弗洛朗·阿米奥(Florens Amiot),十七世纪末期定居于土伦;祖母吕克莱斯·费约尔(Lucrèce Fillole)。祖父母1692年结婚,共生育五个儿子。父亲路易·阿米奥(Louis Amiot,1694—1753)排行第二;母亲玛丽-安娜·塞尔(Marie-Anne Serre)。父母于1716年2月17日结婚。①

钱德明兄弟姐妹十人,他是家中长子。钱德明有一封给弟弟皮埃尔-于勒-洛克(Pierre-Jules-Roch)的书信流传至今。②钱德明之妹玛格丽特-克莱尔(Marguerite-Claire,1727—1821)入土伦修道院,称玛丽-维克多(Marie-Victoire)。她有五封写给钱德明的书信流传至今。③

钱德明在家乡完成中学教育。一说在里昂耶稣会学校完成中学教育,但目前没有可靠证据。他可能在土伦初修院学习了三年哲学,然后开始学习神学。当时,土伦地区的修士都在耶稣会开办的王家初修院和海军中学学习,那里开设有水利、天文、数学等课程。④

1737年/乾隆二年

9月27日,钱德明进入阿维尼翁(Avignon)初修院。他回忆入会时的情形:"学习结束后,我加入了耶稣会,自己完全是一穷二白,只不过献出

---

① 关于钱德明的家庭情况,请参阅 Michel Hermans, *Josephe-Marie Amiot, une figure de la rencontre de l'autre au temps des Lumières*, pp.12-17. 另请参阅 Ronald Hynderick de Ghelcke 文,巴黎耶稣会档案馆钱德明档案。

② 参阅钱德明1792年9月20日致皮埃尔家书,法兰西学士院图书馆,手稿1517。另请参阅 Ronald Hynderick de Ghelcke 文第16—23页。皮埃尔有两封书信存世,1776年10月31日(法兰西学士院图书馆,手稿1525)致巴朗(Parent)书信,1776年11月28日(法兰西学士院图书馆,手稿1525)致贝尔坦书信。

③ 参阅法兰西学士院图书馆,手稿1517,第26-30信件。

④ 参阅 Michel Hermans, *Josephe-Marie Amiot, une figure de la rencontre de l'autre au temps des Lumières*, p.18.

了自己的身体。我进会时非常贫穷,只要耶稣会存在,我就要在其中生活下去,除了基本生存所需之外,我对家里从没有任何索求,对于入教的人来说,原本就没有什么奢望。"①

入会之初,他结识了准备赴华的王致诚。②

1739—1742年/乾隆四年—七年

钱德明在贝藏松(Besançon)耶稣会中学教授语法。

1743—1744年/乾隆八年—九年

钱德明先在阿尔勒(Arles)耶稣会学校任教,担任青年艺术家修会管事。随后在埃克斯(Aix-en-Provence)耶稣会学校任教。

1743年10月18日,钱德明朗诵《拉丁诗之于法国诗歌之兴亡叹》(*La Plainte des Muses latines qui, auprès des Muses françaises, se trouvent décertes et comme abandonnées*)。

1744年3月2日,当西班牙菲利普五世(Philippe V)王子多姆·菲利普(Dom Philippe)来埃克斯之际,钱德明与学生一道吟诵自己创作的诗歌。

1744—1745年/乾隆九年—十年

1744至1745年,钱德明在尼姆(Nîmes)担任修辞教师,任学生互助会和希腊学会管事。

1745—1748年/乾隆十年—十三年

钱德明在多尔(Dôle)完成神学学习。1746年12月17日,贝藏松大主教格莱蒙(Antoine Pierre de Grammont,1685—1754)授任钱德明为副助祭。1746年12月21日,贝藏松副主教弗朗索瓦·于共(François Hugon,生卒年不详)授任钱德明为神父。③

---

① 参阅钱德明1792年9月20日致皮埃尔家书,法兰西学士院图书馆,手稿1517。
② 参阅 Michel Hermans, *Josephe-Marie Amiot, une figure de la rencontre de l'autre au temps des Lumières*, p.19.
③ Ibid., pp. 20-21.

1749年/乾隆十四年

钱德明要求到海外传教:"在欧洲履行完所有义务之后——我们修会中年轻人为上帝服务的必修内容,这也是让一个人获得特殊才能的最好办法——,我认为上帝在召唤我,要我渡海去为他服务。我请求会长批准我的请求,我终于心想事成:我对其他地区的传教会兴趣不大,也没有特别看重某个传教会,大家认为我到中国去相对来说更能发挥价值,于是就派我到中国朝廷。"①

9月,在等待出发期间,钱德明住在维埃纳(Vienne)中学。

11月17日,钱德明离开巴黎,前往洛里昂(Lorient)。

12月29日,钱德明乘维乐弗里克斯(Villeflix)号赴华,与中国传教士刘保禄(Paul Liu, 1717—1794)、康斐理(Philippe-Stanislas Kang, 1728—1750)同行。②

1750年/乾隆十五年

7月27日,钱德明抵达澳门。

10月26日,在华耶稣会士向乾隆推荐包括钱德明在内的三名新来华传教士。

1751年/乾隆十六年

3月初,广州官员受命赴澳门接洽钱德明等人赴京事宜。钱德明开始了解中国礼仪方式。

3月28日,下午三点,钱德明与高慎思(José de Espinha,1722—1788)、罗启明(Manuel de Mattos,1725—1764)在众传教士陪同下,登船赴中国官员营署。五天后抵达广州,总督免钱德明等人赴官府觐见。传教士赴京费用皆由官方支付,有一名官员专程护送,文书手续历六十四日方毕。

6月1日,官方发钱德明等人护照及盘缠。6月2日下午,上路北行。钱德明描绘大庾岭驿路见闻。从南昌至北京,一路劳顿、疾病,路况甚差,凡四十五日。8月22日中午,抵达京师。在京诸传教士出城十里相迎,赴葡萄牙传教会,旋即晋见主教。

---

① 参阅钱德明1792年9月20日致皮埃尔书信,法兰西学士院图书馆,手稿1517。

② 参阅 Michel Hermans, *Josephe-Marie Amiot, une figure de la rencontre de l' autre au temps des Lumières*, p. 22.

数日后,钱德明诸人抵海淀,候皇上之召。在宫外行大礼,献欧洲贡物,乾隆赏食物。抵京初,多人来访,观当地风物。①

来京伊始,宋君荣鼓励钱德明接触中国音乐。②宋君荣在给英国王家科学院的信中写道:"钱德明刚到这里,他交给我几首中国歌曲,我如您所愿将其寄给您。该神父说想学习中国音乐。如果他继续学习,您在这方面还会收到新的内容。"③

10月16日,钱德明签署来华传教士必须遵循的关于礼仪问题的誓言④。

11月,钱德明寄给英国王家科学院十首中国曲子,第一首为《柳叶锦》,1753年3月1日寄达目的地。⑤

1752年/乾隆十七年

10月20日,钱德明致阿拉尔神父(Allart,生卒年不详)书信,介绍澳门至京师行程,以及乾隆十六年冬皇太后六十大寿庆典。

抵京一年来,钱德明共接受一百多次忏悔,负责儿童信教会事务,热情地学习中国语言。⑥

1753年/乾隆十八年

钱德明与宋君荣等进行天文观测。⑦

钱德明完成《古乐经传》翻译,并寄给德拉杜(De la Tour,1697—

---

① 钱德明1752年10月20日致阿拉尔神父书信,载 L. Aimé-Martin, *Lettres édifiantes et curieuses concernant l'Asie, l'Afrique et l'Amérique avec quelques relations nouvelles des missions, et des notes géographiques et historiques*, t, 3, Société de Panthéon littéraire, MDCCCXLIII, pp. 832-839.

② 《中国杂纂》第6卷,第3页。

③ 转引自 Michel Hermans, *Joseph-Marie Amiot, une figure de la rencontre de l'autre au temps des Lumières*, p. 27. 另请参阅 Gaubil, Lettre du 30 octobre 1751 adressée au secrétaire de la Royal Society de Londres, Cromwell Mortimer, *Correspondance*, p. 644.

④ 该誓言原件存巴黎耶稣会档案馆,维维埃档案。参阅 Rochemonteix, *Josephe Amiot et les derniers survivants de la Mission française de Pékin*, p. 43. 另请参阅 Michel Hermans, *Josephe-Marie Amiot, une figure de la rencontre de l'autre au temps des Lumières*, p. 25.

⑤ 参阅 Michel Hermans, *Joseph-Marie Amiot, une figure de la rencontre de l'autre au temps des Lumières*, p. 27.

⑥ 参阅钱德明1752年10月20日书信。

⑦ 参阅 Michel Hermans, *Josephe-Marie Amiot, une figure de la rencontre de l'autre au temps des Lumières*, pp. 33, 37.

1766)神父。钱德明后来承认当时对中国的风俗习惯和经典著作的了解还非常有限,早期翻译中存在不少错误。①

1754年/乾隆十九年

中国文人助手杨氏开始协助钱德明工作,钱德明培养了他对古代的兴趣,教给他欧洲批评方法,他们前后一起工作三十年。②

10月17日,致信德拉杜神父。论及基督徒的迫害情况及艰难处境,王致诚在宫中的斡旋,等等。③

德拉杜神父将《古乐经传》转交铭文与美文学院秘书布甘维尔(Jean Pierre de Bougainville, 1722—1763)。

1754—1763年间,钱德明多次寄出音乐材料给德拉杜神父。钱德明可能在此期间撰写《中国现代音乐》(*De la musique moderne des Chinois*, 1753—1759?),认为中国之所以对西方音乐没有任何感受,那是因为中国的耳朵构造与西方人相异,再加诸气候条件的影响。④

1755年/乾隆二十年

4月30日,钱德明寄磁偏角和电试验结果给圣彼得堡科学院克里斯蒂安·科拉查斯坦(Christian Kratzenstein, 1723—1795)和威廉·里查曼(Wilhelm Richmann, 1711—1753)。

1756年/乾隆二十一年

1月,里昂耶稣会士天文学家佩兹纳(Esprit Pezenas, 1692—1776)请钱德明观测春分点子午高度,钱德明委托刘松龄(Hallerstein, 1703—

---

① 参阅《中国杂纂》第6卷,第12页。关于该手稿在法国的接受情况,参阅陈艳霞《华乐西传法兰西》第二章《钱德明与李光地〈古乐经传〉》。

② 参阅《中国杂纂》第11卷,第520页。

③ 钱德明1754年10月17日致德拉杜神父书信,载 L. Aimé-Martin, *Lettres édifiantes et curieuses concernant l'Asie, l'Afrique et l'Amérique avec quelques relations nouvelles des missions, et des notes géographiques et historiques*, t. 4, pp. 41-57.

④ 参阅 *De la musique moderne des Chinois*, 法国国家图书馆音乐部,手稿 Rés. Vmb. Ms. 14。

1774)和鲍友管(Anton Gogeisl, 1701—1771)完成此项工作。①

10月15日,钱德明撰写关于度量衡的书信。

11月7日,钱德明和宋君荣一起观测水星凌日,观测结果通过佩兹纳转交法国天文学家德里尔(Joseph Nicols Delisle, 1688—1768)。②

11月17日,钱德明撰写关于度量衡的书信。

12月30日,查哈(Zeiher, 1720—1784)以圣彼得堡科学院名义回信,感谢钱德明完成的试验和观察,以及其他类似工作,并请求与之保持通讯。③查哈的书信未寄达钱德明处,钱德明与圣彼得堡的通讯也因此中断。④

1757年/乾隆二十二年

1月1日开始记录北京气象资料,止于1762年12月31日,后由天文学家梅斯耶(Messier, 1730—1817)整理出版《气象观测记录》(Observations météorologiques, 1774)。

11月,钱德明制定测量大气折射计划,但最终未能完成。⑤

1758年/乾隆二十三年

钱德明寄出介绍准噶尔叛乱的详细材料。⑥

全年气象观测记录。

1759年/乾隆二十四年

9月4日致德里尔书信,告知宋君荣去世的消息。钱德明亦失去科学

---

① 参阅 Michel Hermans, *Josephe-Marie Amiot, une figure de la rencontre de l'autre au temps des Lumières*, p. 34. 佩兹纳还刊印了钱德明两封关于中国度量衡的书信:1756年10月15日和1756年11月17日书信。这两封书信刊于 *Mémoires de mathématique et de physique rédigés à l'Observatoire de Marseille*, Avignon, 1756, vol. 2, pp. 61-83.

② 参阅 Michel Hermans, *Josephe-Marie Amiot, une figure de la rencontre de l'autre au temps des Lumières*, p. 34.

③ 查哈1756年12月30日致钱德明书信,法兰西学士院图书馆,手稿1515。

④ 1784年11月15日,钱德明提及当年的通讯情况时说说:"我的信件寄出之后,一直到现在也无人回复。"(《中国杂纂》第11卷,第569—571页)

⑤ 参阅 Michel Hermans, *Josephe-Marie Amiot, une figure de la rencontre de l'autre au temps des Lumières*, p. 34. (宋君荣:《通讯》,第849页)

⑥ 参阅《中国杂纂》第1卷,第429页。

研究导师。①

全年气象观测记录。

1760年/乾隆二十五年

4月22日书信,钱德明担任法国传教会司库,并致信周神父(Tchou)。②钱德明开始与巴黎外方传教会驻澳门司库之间通讯。

6月2日,钱德明报道平定厄鲁特事,撰《关于西藏和厄鲁特之论文》。③

9月24日,给外方传教会王神父(Oung)二十二两六钱白银。

11月,开始给周神父白银,直到次年1月,共计五十七两七钱白银。

全年气象观测记录。

1761年/乾隆二十六年

1月1日致信外方传教会驻澳门总司库勒蓬(Olivier-Simon Le Bon, 1710—1780)。钱德明利用与苏大人(Sou)的关系对周神父和王神父予以帮助。

4月4日致信外方驻澳门总司库,谈及周神父和王神父情况。

8月30日致信外方驻澳门总司库,谈及周神父和王神父情况。

全年气象观测记录。

1762年/乾隆二十七年

5月10日致信外方驻澳门总司库,继续帮助外方传教士。

7月20日致信周神父。

9月20日致信外方驻澳门总司库,维护三位在澳门的法国耶稣会士的权利,请求向葡萄牙驻澳门总督递交在京法国传教士的集体请愿书。

---

① 钱德明1759年9月4日致德里尔书信,载 L. Aimé-Martin, *Lettres édifiantes et curieuses concernant l'Asie, l'Afrique et l'Amérique avec quelques relations nouvelles des missions, et des notes géographiques et historiques*, t. 4, pp. 84-89.

② 钱德明1760年4月22日致外方传教会 Andrien Tchou 信件,巴黎外方传教会档案馆,手稿446。

③ 参阅 «Mémoire sur le Thibet et le Royaume des Eleuthes», 载 L. Aimé-Martin, *Lettres édifiantes et curieuses concernant l'Asie, l'Afrique et l'Amérique avec quelques relations nouvelles des missions, et des notes géographiques et historiques*, t. 3, pp. 519-531. 另请参阅法兰西学士院图书馆高第档案。

全年气象观测记录。

1763年/乾隆二十八年
2月13日致信外方驻澳门总司库,谈及周神父和王神父事宜。

9月20日致信外方驻澳门总司库,谈及转交周神父和王神父钱物事宜。

伦敦王家学院寄来关于埃及文字与中国文字的书信,钱德明开始相关研究。

1764年/乾隆二十九年
2月28日致信外方驻澳门总司库,言及外方传教会神父及相关财务问题。另给该司库写过数封书信,似未送达。

1765年/乾隆三十年
3月8日致信外方驻澳门总司库,请求对方转交致美文与铭文学院院士克洛德·萨利耶(Claude Sallier,1685—1761)的书信。钱德明不再担任法国传教会司库。钱德明谈及保定的两次教案。①

3月12日致信克洛德·萨利耶,谈及对周边属国语言文字的研究工作。②

寄出四十六幅康熙南巡版画。③

1766年/乾隆三十一年
9月23日致信贝尔坦,这是钱德明和贝尔坦的首次通讯。钱德明希望得到贝尔坦的保护。随信寄出物品包括:手稿四册:十二幅刀、盾演练图;十六幅六军阵型图;三十八幅军服、武器、器械图;孙子兵法和吴子兵法的自由翻译,另附三册解释。此外,还寄出箫;四锭墨;十锭香;两个三

---

① 钱德明致外方传教会驻澳门司库Simon Le Bon (1710—1780)信件,巴黎外方传教会档案馆,手稿446。

② 巴黎耶稣会档案馆,Vivier档案。费赖之称该信寄给德经,且随信寄中文与埃及文字关系论文,此说误。

③ 参阅Louis Pfister, *Notices biographiques et bibliographiques sur les jésuites de l'ancienne mission de Chine 1552-1773*, Shanghai, 1932-1934. p. 853.

清茶碗(三清茶诗法文翻译)。①

7月,法国国王图书馆馆长比尼翁(Armand Jérôme Bignon, 1711—1772)寄信钱德明,称刚刚收到钱德明寄给萨利耶的书信,但萨利耶已于1761年去世。比尼翁希望钱德明尽快完成新旧属国语言文字研究,并希望与之建立通讯。同时附寄德经的书信,并请求钱德明搜集各种书籍。②

1767年/乾隆三十二年

10月9日致信贝尔坦。③钱德明撰写《中国新旧属国志绪言》(*Introduction à la connaissance des peuples qui ont été ou qui sont actuellement tributaires de la Chine*)。④另外,钱德明正在准备中国兵法补编。

1768年/乾隆三十三年

9月11日致信贝尔坦,⑤寄《司马法》和论文《皇》。⑥

11月1日,钱德明给比尼翁寄出物品(1771年5月31日收悉):乾隆诗歌八卷,鞑靼满洲旧文字一卷,经书一卷,《中国音乐与欧洲音乐的调和》(*L'accord de la musique chinoise avec la musique européenne*)一卷,乾隆御制文四卷,《明史》一卷,占星术手稿两卷。⑦

---

① 参阅钱德明1766年9月23日致贝尔坦书信,法兰西学士院图书馆,手稿1515。
② 参阅巴黎耶稣会档案馆,裴化行档案,JBM 69。
③ 法兰西学士院图书馆,手稿1515。
④ 参阅《中国杂纂》第14卷,第1—239页。费赖之认为此文成于1787年(第847页),此说有误。据笔者考证,钱德明1767年10月9日致贝尔坦说:"我已经完成一部分(《中国新旧属国志绪》);随着工作的推进,我遇到了很多意料之外的困难。因研究工作繁多,要完成此书尚需时日,且只有如此才能保证质量"。钱德明1774年10月1日致信贝尔坦说:"此前已经知会过您,本意是献给您。但您未置可否,我也认为您并不喜欢,于是就开始着手别的工作。我告诉了德经先生这个计划,他以比尼翁的名义要我抄写一份寄给国王图书馆,我于是照办。他也没有回复。"据裴化行(巴黎耶稣会档案馆,裴化行档案,JBM69),此文于1770年寄出,1771年9月24日收悉。冯承钧谓翻译馆(第885页),实为四夷馆。原件藏法国国家图书馆西方稿本部,布雷基尼档案8。
⑤ 法兰西学士院图书馆,手稿1515。
⑥ 参阅巴黎耶稣会档案馆,钱德明档案(复件);原件藏法国Mentes-la-Jolie市立图书馆。
⑦ 参阅巴黎耶稣会档案馆,裴化行档案,JBM69。

1769年/乾隆三十四年

3月1日致信阿提莱(Attiret),通报王致诚死讯,介绍其生平行状。①

10月20日,写成《中国通史编年摘要》(Abrégé chronologique de l'histoire universelle de l'empire chinois, 1770)前言。

寄出《御制盛京赋》译文。②

1770年/乾隆三十五年

10月6日致信德经,谈论中国文人读书情况,报道9月17日在海淀观测到北极光等自然现象。③

钱德明寄给比尼翁以下书籍(1771年9月24日收悉):《中国通史编年摘要》④;三卷《中国新旧属国志绪言》(Introduction à la connaissance des peuples qui ont été ou qui sont actuellement tributaires de la Chine);"两广海防图"⑤;《御纂历代三元甲子编年万年书》(Table chronologique de tous les souverains);⑥禹碑及石鼓文拓片;《中国诸属国文字》(Écritures

---

① 原件存法国国家图书馆,西方稿本部,布雷基尼档案5。另请参阅 Henri Bernard, «Le Frère Attiret au service de K'ien-long (1739-1768)», in Bulletin de l'Université l'Aurore 4, 1943, pp. 30-82; 435-474.

② 参阅 Amiot, Eloge de la ville de Moukden, Paris, chez N. M. Tilliard, 1770, pp. aij-v. 另请参阅法国国家图书馆满文书目110。

③ 钱德明1770年10月6日致德经书信,参阅 Journal des Savants, janvier 1773, pp. 37-42.

④ 1770年寄出,1771年9月24日收悉。原稿存法国国家图书馆西文稿本部布雷基尼档案,刊行于《中国杂纂》第13卷,第74—308页。

⑤ 法国国家图书馆地图部,Rés. Ge. A. 358。该图起点为悬钟港,海中有岛屿曰镇澳南,饶平县,澄海县,海丰县,然后至高州,吴川县,雷州府,徐闻县,海南,钦州等。钱德明对地名和少许地方作了解释。钱德明的意图是提供与越南相邻的广东省海岸图,且对重要港口、要塞、炮台和军营驻地进行标注,这是该图的主要意义。埃尔芒斯言及有一幅从长江口到湄公河的地图,且有670个地名云云,以为和《博学杂志》1773年1月号第47页谈及的广东海疆图是两幅不同的地图。据笔者考证,此实为同一幅地图。

⑥ 原件现存东方稿本部,中文藏书9093。冯承钧将《御纂历代三元甲子编年万年书》译为《历代帝王年表》,并认为乃齐召南之《历代帝王年表》(第886页)。笔者在法国国家图书馆东方部检索原书后证明此说有误。该《万年书》共两卷,以上元、中元、下元详细记载了上元黄帝六十一年到乾隆朝的三元甲子年表。卜卷为清朝各帝王的详细年表,逐月标示,始自后金天命九年,迄于乾隆一百年。该书并未明确标出天干地支,而以若干方格表示。钱德明采用西元进行换算。

des peuples tributaires de la Chine)八种语言词汇表手稿六卷;①帝王年表六卷;《满人礼仪》(Rituel des Tartares-Mandchous)原文及译文六卷;②藏语基础六卷;《古今图书集成·乐律典》七卷;《古今图书集成·神异典》五卷,缺第二卷。③

《御制盛京赋》翻译出版。4月,《博学杂志》预告了新书《御制盛京赋》,8月发表书评。④

1771年/乾隆三十六年

9月30日,撰《中国名人谱》(Portraits des Chinois célèbres)篇首致贝尔坦献辞。⑤

10月5日致信贝尔坦,寄五十二幅名人像,厄鲁特简史,中缅战事及地图。⑥

10月5日致信比尼翁,称未收到比尼翁之回复,寄名人像。⑦

10月5日寄给比尼翁以下中文书籍(收悉日期为1772年10月16日):平定厄鲁特诗拓片(次年寄译文);禹碑拓片;一百一十幅名人像;两套共十卷国子监刻石拓片;历代三元甲子一卷(德经);万姓总谱四套(德经);《春秋》四套(德经,当年似未寄出);《边裔典》七套七十卷;四盒茶叶(德经);一盒茶叶(中国助手杨赠比尼翁);一盒十支毛笔(德经);五块普洱茶(中国助手杨赠比尼翁);两个砚台(比尼翁);一部法文手稿(贝尔坦)。⑧

12月,《博学杂志》预告了新书《中国兵法》。

---

① 费赖之引高第之说称该书为中文书目986(第852页)。据笔者查考,现为法国国家图书馆东方稿本部中文藏书9188。
② 前言和第一章刊于《博学杂志》,1773年1月号,第42—47页。
③ 参阅巴黎耶稣会档案馆,裴化行档案,JBM69。
④ 以下有关《博学杂志》的信息,均参阅法国国家图书馆数字图书网站Gallica上的分年电子版本。
⑤ 参阅法国国家图书馆,西方稿本部,Nouvelles acquisitions françaises, 4421。
⑥ 参阅法兰西学士院图书馆,手稿1515。
⑦ 参阅巴黎耶稣会档案馆,裴化行档案,JBM69。
⑧ 参阅巴黎耶稣会档案馆,裴化行档案,JBM69。另还寄给德经两部书,未能复原书名(Lou che de Lo-mi两套, Che-fa jou men六卷)。

1772年/乾隆三十七年

4月29日致信比尼翁。钱德明报道俄国使节来华,带此函(副本)回欧洲。钱德明打算寄琉球国语言文字翻译,让比尼翁将手稿及书信转交德经。德经于1771年致钱德明书信说尚未收到此前寄出的两箱书籍,钱德明认为损失难以弥补。钱德明寄出第三箱书,并附书目。钱德明表示没有忘记关于孔子和孔门弟子的写作任务。搜集《明史》。①

8月3日,写毕《名人谱》题赠。②

8月12日,小比尼翁(Jérôme-Frédéric Bignon,1747—1784)致信东印度公司驻洛里昂港监拉维涅·布伊松(Lavigne Buisson),希望钱德明寄来的第三箱图书尽快到达巴黎。8月31日,小比尼翁再次给洛里昂海关写信交涉此事。③

10月4日致信贝尔坦。钱德明寄四幅名人像;《一七五七年石刻御制评定厄鲁特诗之说明》(Explication du monument gravé sur pierre en vers chinois, composé par l'empereur Kien-long sur les conquêtes qu'il fit des Eleuths, en 1757);④《春秋》两套(德经);宫殿行迹图(德经);北京地图,以及各种手稿(贝尔坦)。⑤

10月4日致信贝尔坦,该信置于《御制评定厄鲁特诗之说明》前。贝尔坦写信要求介绍厄鲁特地区情况,钱德明致力于搜集相关信息和地图。⑥

10月12日致信贝尔坦,嘱其抄写一份《御制评定厄鲁特诗之说明》,交国王图书馆与原件一并收藏。钱德明表示次年将寄出关于土尔扈特归顺的材料及地图,还将继续介绍中国兵法。⑦

11月8日致信贝尔坦,寄《土尔扈特全部归顺记》(*Monument de la*

---

① 参阅巴黎耶稣会档案馆,裴化行档案,JBM69。
② 参阅法国国家图书馆,西方稿本部,Nouvelles acquisitions françaises, 4423。
③ 参阅巴黎耶稣会档案馆,裴化行档案,JBM69。
④ 参阅《中国杂纂》第1卷,第325—401页。
⑤ 参阅法兰西学士院图书馆,手稿1515。
⑥ 参阅法国国家图书馆,西方稿本部,布雷基尼档案5。
⑦ 参阅法兰西学士院图书馆,手稿1515。

transmigration des Tourgouths)译文。①

《中国兵法》翻译单行本出版。1月,《博学杂志》发表书评。

1773年/乾隆三十八年

10月7日致信贝尔坦。钱德明寄出十幅名人像。潘廷璋（Panzi, 1734—1812)绘乾隆像,钱德明赋画像诗四行。钱德明为潘廷璋请求绘画材料。②

10月15日致信贝尔坦。钱德明寄《土尔扈特全部归顺记》拓片；请求比尼翁寄一本日课经；请贝尔坦转交致妹妹家书。③

1月,《博学杂志》刊登钱德明1770年10月6日致德经书信,介绍钱德明所寄书籍《满人礼仪》以及"两广海防图"。④

7月21日,教皇克莱芒十四世(Clément XIV, 1705—1774)宣布解散耶稣会。《中国兵法》出版后,德圣·洛(Saint Maurice De Saint Leu,生卒年不详)⑤和德普·塞古尔侯爵(Marquis de Puységur,1751—1825)完成评论《中国军事科学艺术现状》(État actuel de l'art et de la science militaire à la Chine, 1773)。⑥

1774年/乾隆三十九年

9月1日,撰《名人谱》题献。⑦

9月20日致信贝尔坦。钱德明寄十六幅名人像。他还提及贝尔坦赠

---

① 参阅《中国杂纂》第1卷,第401—418页。冯承钧译为《记述土尔扈特部落三十万人自里海沿岸东徙之碑文》(第887页)。钱德明翻译时间为1772年11月8日(《中国杂纂》第一卷第418页),费赖之误为1771年11月8日(第849页)。该碑四种语言为汉、满、蒙、藏(《中国杂纂》第1卷,第404页),而非汉、满、蒙、土尔扈特,费赖之亦误,冯承钧随之误(第887页)。

② 参阅法兰西学士院图书馆,手稿1515。

③ 参阅法兰西学士院图书馆,手稿1515。

④ 参阅《博学杂志》1773年1月,第37—48页。

⑤ 塞古尔侯爵曾担任炮兵上校,后被派往俄罗斯公务。1785年在斯特拉斯堡指挥炮兵。他一度热衷于革命和启蒙的观点,但是后来的事态发展超过了他的预料。1791年,他被任命炮兵将军,次年5月辞职。他的两个弟弟都流亡国外,而他拒绝出国。在恐怖时期,他与家人入狱两年,但保全了财产。在第一帝国时期,他于1800年到1805年间担任苏瓦松市市长。

⑥ Saint Maurice de Saint Leu, Marquis de Puységur, État actuel de l'art et de la science militaire à la Chine : tiré des livres militaires des Chinois avec diverses observations sur l'étendue et les bornes des connaissances militaires chez les Européens, chez Diot l'aîné, MDCCLXXIII.

⑦ 参阅法国国家图书馆,西方稿本部,Nouvelles acquisitions françaises, 4427。

肖像画,让潘廷璋在铜版画基础上进行临摹,然后再寄回法国,同时赋诗一首。耶稣会解散的消息开始盛传,有些法国传教士打算投身教廷传信部旗下。钱德明希望维护法国传教会的利益,希望巴黎外方传教会前来接替。

10月1日致信贝尔坦。钱德明尚未收到《御制盛京赋》《中国兵法》和《书经》法文版。钱德明希望贝尔坦以后定期寄送法国出版的关于中国的著作。钱德明继续研究中国历史纪年,并打算为孔子立传。另外,他还在信中与比尼翁讨论中国人的起源问题、耶稣会的解散,以及接替者所必须具备的品质、才华和技艺等问题。

10月12日致信贝尔坦,确认耶稣会解散的消息,报道教廷传信部传教士的情况,撰法国耶稣会士墓园墓志铭,给贝尔坦寄抄件一份。①

10月14日,法国传教士墓园墓志铭。②

11月1日致信贝尔坦,报道蒋友仁去世。钱德明成为传教会元老,负责处理集体信件。

11月8日,钱德明似给贝尔坦写过书信(贝尔坦在1776年1月24日的回信中称一并回复1774年9月20日、1774年10月1日和12日,以及1774年11月8日书信)。③

《气象观测记录》(Observations météorologiques)出版。④

钱德明之妹玛丽-维克多于7月24日和9月4日两次致信贝尔坦。⑤

比尼翁寄给钱德明《古代音乐》(Mémoire sur la Musique des Anciens, 1770)一书。

1775年/乾隆四十年

9月15日致信贝尔坦。钱德明经过十八个月的努力,完成了《由载籍证明中国之远古》(Antiquité des Chinois prouvée par les monuments, 1775)。寄百福图、新版《史记》、瓷器、三块石雕和书籍(国王图书馆和德经)。收到比尼翁寄来的哔叽、日课经、鲁西埃(Pierre-Joseph Roussier,

---

① 参阅法兰西学士院图书馆,手稿1515。
② 参阅 Alphonse Amyot, *Vie et testament*, p. 17.
③ 参阅贝尔坦1776年1月24日致钱德明书信,法兰西学士院图书馆,手稿1522。
④ 按照钱德明每天早上8点和下午3点测量两次的做法,1757年当年最低气温是1月19日上午8点,气温为-15度;最高气温为当年8月9日下午3点,气温为39.375摄氏度。
⑤ 参阅玛丽-维克多致贝尔坦书信,法兰西学士院图书馆,手稿1517。

1716—1790)的作品、《御制盛京赋》和法文版《书经》。尚未收到波氏（Cornélius de Pauw,1739—1799）的著作《关于中国人与埃及人之哲学的寻究》(Recherches philosophiques sur les Égyptiens et les Chinois, 1773)。谈论土尔扈特及新疆边境情况。①

高慎思于9月22日宣布解散耶稣会的教谕。11月15日，传信部传教士约瑟夫（Joseph de Sainte Thérèse）以南京主教名义下达耶稣会解散教谕，钱德明等传教士签字。另外，还让其签名同意将法国传教会的财物转到教皇名下，钱德明表示拒绝。②

晁俊秀寄出高类思和韩国英关于《关于中国人与埃及人之哲学的寻究》的回应。钱德明尚未读到波氏的著作。③

1776年/乾隆四十一年

9月5日，撰《中国古今音乐》(Mémoire sur la musique des Chinois tant anciens que modernes, 1776)题献。④

9月12日致信贝尔坦，介绍金川之役。⑤

9月15日致信贝尔坦，论及澳门主教和南京主教关于北京教区权利的冲突。北京传教会的生活一如既往，就钱德明个人来说，他将更加热情地进行研究工作，为欧洲学者提供比较素材。钱德明寄出琴、磬、"吾攵"、笙等，其他乐器均根据宫中图画翻刻而成，这些乐器和图画均赖中国助手的辛勤搜集。另外，他还寄出牡丹花绣、牡丹诗，以及康熙十六子胤禄制作的乐器。另一清单显示，所寄物品包括笔筒、竹瓶、如意、彩石杯、两个漆柜、葫芦瓶、两个漆盒、两件彩石插屏、日本漆扇、日本漆文房四宝盒、石瓶、六支白蜡、石绿（?）、小化石等。⑥

9月15日书信（收信人不详）谈及澳门主教及保护法国传教会财产等

---

① 参阅法兰西学士院图书馆，手稿1515。
② 参阅钱德明1776年9月15日致贝尔坦书信，法兰西学士院图书馆，手稿1515。
③ 参阅 Henri Bernard（裴化行）, Catalogue des objets envoyés de Chine par les missionnaires de 1765-1786（《中国物品目录》）, Bulletin de l'Aurore, 1948, 33-34, p. 147. 另请参阅《中国杂纂》第2卷，第365—574页。
④ 参阅法国国家图书馆，西方稿本部，fonds français, 9089。
⑤ 参阅法兰西学士院图书馆，手稿1515。另请参阅《中国杂纂》第3卷，第387—412页。
⑥ 参阅 Henri Bernard（裴化行）, Catalogue des objets envoyés de Chine par les missionnaires de 1765-1786（《中国物品目录》）, p. 150.

问题。

9月15日致信贝尔坦,寄乐器事宜。①

钱德明之妹玛丽-维克多于3月9日和11月1日致信贝尔坦身边高级官员巴朗(Parent)。②

钱德明之弟洛克于10月31日和11月28日致信巴朗和贝尔坦。③

9月7日,贝尔坦致信比尼翁,借《御纂历代三元甲子编年万年书》供《由载籍证明中国之远古》出版参考之用。④

11月30日,路易十六任命晁俊秀负责管理法国传教会。⑤

《中国杂纂》第一卷出版。

1777年/乾隆四十二年

6月3日,撰《名人谱》题献。⑥

9月22日致信贝尔坦,介绍钦天监情况。⑦

9月28日致信贝尔坦。收到1200斤白银、两个望远镜、十二个滤色镜、六个眼镜盒、十二个镜片、三份《气象观测记录》样书、罗马日课经、哲布兰(Court de Gébelin, 1719—1784)亲笔信及著作,以及给贺清泰(de Poirot, 1735—1813)和潘廷璋的画笔和颜料。另外,钱德明分得贝尔坦从国王处争取来的2400斤白银。寄出百寿图,让贝尔坦测试哲布兰的洞察力。钱德明感谢贝尔坦转交家书,并推荐侄子维克多(Victor Amyot, 1762—1834)和亚历山大(Alexandre Amyot, 1764—1826)。⑧钱德明请贝尔坦从法国寄黑色、蓝色、紫色、灰色呢绒、各色哔叽布料、眼镜、望远镜(钱德明曾经收到的两个望远镜,大的一副由汪达洪(de Ventavon, 1733—1787)献给了驸马;第二副准备献给四川总督富勒浑,希望他释放在押的

---

① 参阅钱德明1776年9月15日书信,法兰西学士院图书馆,手稿1515。
② 参阅法兰西学士院图书馆,手稿1517。
③ 参阅法兰西学士院图书馆,手稿1525。
④ 参阅巴黎耶稣会档案馆,裴化行档案,JBM69。
⑤ 参阅 Henri Cordier, *La suppression de la Compagnie de Jésus et la mission de Pékin*, Leyde, 1918, p. 36. 梁栋材、汪达洪和贺清泰宣称国王签署的任命书系伪造之作。
⑥ 参阅法国国家图书馆,西方稿本部,Nouvelles acquisitions françaises, 4428。
⑦ 参阅 Camille de Rochemonteix, *Joseph Amiot et les derniers suvivants de la Mission française à Pékin, 1750—1795*, Alphonse Picard père et fils, 1915, pp. 45, 46.
⑧ 参阅 Michel Hermans, *Josephe-Marie Amiot, une figure de la rencontre de l'autre au temps des Lumières*, in Les danses rituelles chinoises d'après Josephe Marie Amiot, p.14, note 13.

巴黎外方传教士)、一台珐琅盘闹钟、几个大小不等的珐琅钟表、铜版画（景物、野餐、海景、乡村婚礼、娱乐、风景等），以及未来出版的关于中国的书籍（钱德明认为，不管是赞同还是反对，不管质量好或者坏，了解这些书籍都非常有益。同时，钱德明表示愿意阅读波氏关于美洲人的思考和研究）。钱德明说法国出产的瓷器在北京很受欢迎，在进献的礼物当中，乾隆对瓷器最为青睐。钱德明声明自己不是关于埃及文字和中国文字比较一文的作者。收到罗比安骑士(Chevalier de Robien,1736—1792)①寄来的波氏著作，贝尔坦寄出的同一著作还没有到达北京。钱德明谈对波氏著作的看法，报道皇太后的葬礼，寄出十三副名人像，谈土尔扈特的情况，感谢路易十五、十六对传教会的保护。钱德明收到小比尼翁来信，将关注字典的搜集工作。钱德明表示希望与哲布兰通信，为他研究原始世界提供帮助。钱德明寄出禹碑拓片、百寿图、多种蔬菜植物种子、乐器埙、鼎、瓷盒、香、图画、碱、石膏等。②

11月11日致信贝尔坦。钱德明于11月7日收到贝尔坦1776年2月24日来信，重申一个稳定的法国传教会的重要性。③

11月19日致信贝尔坦。钱德明于11月13日收到贝尔坦1776年11月27日来信。钱德明了解到《由载籍证明中国之远古》很受贝尔坦的赞赏，所寄《史记》也在贝尔坦的工作室获得一席之地。中国文人助手对贝尔坦表示感谢。钱德明点评波氏的著作、冯秉正(de Mailla,1669—1748)的著作。在法国国王和贝尔坦等人的保护下，北京法国传教会形势稳定下来，法国传教士不用再担心外国的势力和影响。钱德明谈及晁俊秀的领导方式和其他传教士的看法。论证《圣经》中的七年荒年并非成汤时期的七年之旱。④

11月25日致贝尔坦书信，通过贝尔坦转寄致妹妹家书。⑤

---

① 根据埃尔芒斯研究，罗比安1766年到1777年在广州担任首席商务代表，他和北京的传教士有联系。钱德明曾经通过家人寄给他书信，参阅钱德明1792年9月20日致弟弟书信(法兰西学士院图书馆，手稿1517;巴黎耶稣会档案馆，钱德明档案)。
② 参阅钱德明1777年9月28日致贝尔坦书信，法兰西学士院图书馆，手稿1515。另请参阅 Henri Bernard, Catalogue des objets envoyés de Chine par les missionnaires de 1765-1786, pp. 156-161.
③ 参阅钱德明1777年11月11日致贝尔坦书信，法兰西学士院图书馆，手稿1515。
④ 参阅钱德明1777年11月19日致贝尔坦书信，法兰西学士院图书馆，手稿1515。
⑤ 参阅钱德明1777年11月25日致贝尔坦书信，法兰西学士院图书馆，手稿1515。

3月,《博学杂志》发表《御制平定厄鲁特诗之说明》和《土尔扈特全部归顺记》评论。评论者解读的重要信息是"似乎中国皇帝特别喜欢诗歌",皇帝在诗歌之中重视阐发"自己的谨慎、智慧,对子民的爱护及对被征服民族的公正;而第二篇译文则"完全是历史,没有诗歌的想象,内容主要是道德思考"。①

《中国杂纂》第二卷出版。

1778年/乾隆四十三年

5月25日在海淀正福寺致信晁俊秀,谈及法国国王提供的资金分配情况。②

7月13日书信谈及镇压白莲教、教案、王锡侯《字贯》案、乾隆组织编撰《四库全书》等。③

8月7日,《名人谱》题献。④

9月5日致信比尼翁,已搜集到《御制增订清文鉴》,打算搜集《明史》。⑤

9月15日致信贝尔坦。欧洲寄来的植物和花卉种子没有发芽。杨德望转交给钱德明1300斤白银,此前晁俊秀曾分配给他同样的数目。钱德明感谢德经为他寄来的一百埃居,同时将寄给中国书籍。钱德明寄《御制增订清文鉴》、满文字目表、纪念高皇帝的铭文拓片、弩弓和弹丸、中国兵法补编、《名人谱》。钱德明谈论南京、澳门主教事宜,⑥表示即将开始写作《孔子传》,并将研究中国古代舞蹈。此外,他还谈了对高类思之书的看法,表示将为贝尔坦收集铜挂钟。钱德明通过汪达洪将手表献给了乾隆,乾隆对法国工艺大加赞赏。⑦

11月5日,钱德明致信贝尔坦。钱德明谈与中国文人士大夫的交往,来自欧洲的礼物很受欢迎。寄名人谱、军事图谱;向皇家花园索要牡丹花种子。中国文人助手感谢贝尔坦,附感谢信。贝尔坦赞同法国传教会面

---

① 《博学杂志》,1777年3月,第162—163页。
② 参阅钱德明1778年5月25日致晁俊秀书信,法兰西学士院图书馆,手稿1515。
③ 参阅《中国杂纂》第15卷,第281—292页。
④ 参阅法国国家图书馆,西方稿本部,Nouvelles acquisitions françaises, 4430。
⑤ 参阅钱德明1778年9月5日书信,法兰西学士院图书馆,手稿1516。
⑥ 参阅 Henri Cordier, *La suppression de la Compagnie de Jésus et la mission de Pékin*, p. 64。
⑦ 参阅钱德明1778年9月15日致贝尔坦书信,法兰西学士院图书馆,手稿1515。

临南京和澳门主教冲突时的态度。钱德明谈冯秉正的《中国通史》。钱德明谈《由载籍证明中国之远古》的出版事宜,称"索邦大学过去曾经审查过类似于我提出的这些论断。""出版者太倾向于神学博士的意见了,似乎跟他们一样认为教皇曾经决定上帝、天和其他同义词不具有我赋予它们的意义。教皇只是禁止使用这些词语来指代基督徒信仰的真正上帝。这些词都得到了严格的遵守。我们只使用天主二字。"钱德明批评了德经的观点。因为冯秉正《中国通史》的出版,钱德明不打算继续写《中国通史编年摘要》大禹之后的部分。钱德明请贝尔坦寄烟丝刀和眼镜。①

11月6日致信天文学家德·拉朗德(de Lalande,1732—1807)。②

11月9日致信鲁西埃:"中国人是这些宝藏(音乐知识)的继承人,诺亚及其子孙在大洪水后不久将这些音乐知识传递给了他们。如果大家恰当运用的话,三分损益法原则是那么简单、光芒四射、富有内涵,在诺亚方舟中就已经为人所知,这样说有何不妥?如果果真如此,中国人的功劳至少在于没有失去当时的记忆,而近代欧洲人却把一切都弄乱了,弄晦涩了。希望他们能从错误中回来。"③

1月,《博学杂志》刊登《由载籍证明中国之远古》书评。7月,刊登《中国杂纂》第三卷书评,评论钱德明的《名人谱》和报道的金川之役。11月,《博学杂志》预告新书《中国杂纂》第四卷。

天文学家勒摩尼埃(Lemonnier,1715—1799)通过贝尔坦向钱德明提出有关日食的问题。④

《中国杂纂》第三卷出版。

1779年/乾隆四十四年

7月25日致贝尔坦书信:乾隆东巡盛京,金从善案,智天豹《大清天定

---

① 参阅钱德明1778年11月5日致贝尔坦书信,法兰西学士院图书馆,手稿1515。
② 钱德明在1780年11月4日致贝尔坦书信中提到德·拉朗德帮朋友瑞士地理学家萨缪尔·昂热尔了解一些中国历史方面的问题,钱德明1780年11月3日致昂热尔的书信也是通过德·拉朗德转交的。贝尔坦1781年9月16日致钱德明书信(法国科学院图书馆手稿1523)中提及已经收到钱德明1778年11月6日写给德·拉朗德的信,以及所附致昂热尔回信。
③ 钱德明1778年11月9日致鲁西埃书信,法兰西学士院图书馆,手稿1515。
④ 他是拉朗德的第一位老师,但他们后来发生矛盾。他是路易十五最信任的天文学家。1778年,他通过贝尔坦寄给钱德明关于日食的问题。参阅法兰西科学院图书馆,手稿1522,1778年2月7日贝尔坦致钱德明的书信。

运数》案等。①

9月5日致贝尔坦书信：《四库全书》，反清书籍《九十九筹》，八月五日夜十一时左右北京夜空不明飞行物等。②

9月16日致贝尔坦书信：附寄比尼翁《中国音乐补编》；《京报》摘选；两卷中国曲谱；满文《平定金川颂》（Hymne tartares-mandchou）译文。③寄给贝尔坦一尊小石雕和梅花种子。④

9月16日致信比尼翁。钱德明于4月收到两本历书，转交给中国文人助手十个路易，并承诺帮助国王图书馆搜集佛教书籍和《明史》。另外，他寄出《中国音乐补编》、一本古文字选、一份关于中国犹太人的手稿，以及给比尼翁夫人的中国礼物。⑤

12月5日致信贝尔坦。钱德明于12月4日晚收到贝尔坦1778年10月20日、1779年1月25日及27日来信。他在信中谈论了法国传教士之间的矛盾，同时表示具有科学和艺术家身份的传教士应该同时注重科技和传教两方面的工作。⑥

钱德明之妹玛丽-维克多于10月10日致信贝尔坦。⑦

《中国古今乐记》出版。

《中国杂纂》第四卷出版。

1780年/乾隆四十五年

7月26日致信贝尔坦。钱德明指出，一位法国著名作家（可能指的是狄德罗）错误地认为乾隆的《御制盛京赋》由诗句（vers）写成，而在中国人的概念中，诗文、诗歌并非严格意义上的"诗"（poésie）。钱德明重新测得的北京磁偏角为偏西二度到四度半之间。另外，他还谈到了对《孔子传》

---

① 参阅法国国家图书馆西方稿本部，fonds Bréquigny 3；《中国杂纂》第15卷，第292—346页。

② 参阅法国国家图书馆西方稿本部，fonds Bréquigny 3；《中国杂纂》第15卷，第347—373页。

③ 参阅法国国家图书馆东方稿本部，《满文书目》285。

④ 参阅钱德明1779年9月16日致贝尔坦书信，法兰西学士院图书馆，手稿1516。

⑤ 参阅钱德明1779年9月16日致比尼翁书信，法兰西学士院图书馆，手稿1516。另请参阅法国国家图书馆西方稿本部，fonds Bréquigny 5。

⑥ 参阅钱德明1779年12月5日致贝尔坦书信，法兰西学士院图书馆，手稿1516。

⑦ 参阅法兰西学士院图书馆，手稿1517。

的构想。①

8月13日致信贝尔坦：乾隆七旬万寿节。②

9月10日致信贝尔坦：阿桂治理黄河，李侍尧案。③

9月26日致信贝尔坦：于敏中去世。次日，钱德明赴海淀法国传教士墓园祭奠韩国英神父。④

11月3日致信瑞士地理学家、图书馆学家萨缪尔·昂热尔（Samuel Engel, 1702—1784），钱德明论及选择纪年推算法的原因及所推体系的正确性，进而否认所谓诺亚大洪水相当于舜时期大洪水的说法。他认为："没有其他纪年体系比《圣经七十子译本》的时间更长……我选择了这个体系，并确认了我证明的事实。"⑤

11月4日致信贝尔坦：编撰武臣列传，李侍尧案的处理。⑥钱德明寄给贝尔坦的礼物清单：普洱茶、汉代瓷碗、皇六子所赠中堂和对子、献寿图、花瓶、香粉、七幅满蒙佛像。⑦钱德明收到贝尔坦寄来的闹钟和葡萄酒。他与潘廷璋在海淀正福寺对饮，之后让潘廷璋画阿桂和于敏中像，钱德明赋画像诗。⑧请求贝尔坦寄新版日课经、眼镜、米约（Millot, 1726—1785）著《游吟诗人文学史》（Histoire littéraire des troubadours）。

12月8日致信萨尔廷（Antoine de Sartine, 1729—1801）。⑨钱德明于12月6日收到萨尔廷1779年11月18日来信，国王同意由钱德明在晁俊

---

① 参阅钱德明1780年7月26日致贝尔坦书信，载《中国杂纂》第9卷，第1—5页。
② 参阅钱德明1780年8月13日致贝尔坦书信，法兰西学士院图书馆，手稿1516。另请参阅《中国杂纂》第9卷，第6—25页。
③ 参阅钱德明1780年9月10日书信，法兰西学士院图书馆，手稿1516。另请参阅《中国杂纂》第9卷，第25—45页。
④ 参阅钱德明1780年9月26日致贝尔坦书信，法兰西学士院图书馆，手稿1516。另请参阅《中国杂纂》第9卷，第45—60页。
⑤ 参阅钱德明1780年11月3日书信，载《中国杂纂》第15卷，第260—282页。费赖之书未注收信人，据笔者考证，收信人当为萨缪尔·昂热尔，参阅钱德明1780年11月4日致贝尔坦书信，法兰西学士院图书馆，手稿1516。
⑥ 参阅钱德明1780年11月4日致贝尔坦书信，法兰西学士院图书馆，手稿1516。另请参阅《中国杂纂》第9卷，第60—65页。
⑦ 参阅法国国家图书馆西方稿本部，fonds Bréquigny 114。另请参阅 Henri Bernard, Catalogue des objets envoyés de Chine par les missionnaires de 1765-1786, p. 176. Henri Bernard 将此清单归为1779年，据笔者根据钱德明1780年11月4日致贝尔坦书信手稿考证，此说有误。
⑧ 参阅法国国家图书馆西方稿本部，fonds Bréquigny 114。
⑨ 萨尔廷，法国政治人物，1774-1780年期间担任海军国务秘书。

秀去世、生病或者其他不能履行职责的情况下代行传教会会长事宜。①

钱德明收到鲁西埃来信，并复信。②

《中国杂纂》第五、六卷出版。2月，《博学杂志》预告新书《中国杂纂》第五、六卷。3月，《博学杂志》发表书评，论及钱德明所撰《名人谱》和关于波氏文章的回应。7月，评论钱德明关于中国音乐的文章。

1781年/乾隆四十六年

5月22日致信贝尔坦。钱德明言及法国传教士之间的矛盾，汪达洪质疑国王任命晁俊秀为传教会会长的信函的真实性，理藩院的裁决，等等。钱德明随该信寄出1780年12月8日致萨尔廷的书信。③

6月20日致信德经。钱德明批评德经的观点，回应德经对《由载籍证明中国之远古》所作的评论：中国史书的可信度，五星连珠，冯秉正的《中国通史》，高类思的著作，鲁西埃的评价。④

6月20日致信鲁西埃，讨论中国音乐问题。⑤

8月17日致信贝尔坦。钱德明在1780年底收到贝尔坦1779年2月24日及1779年12月15日来信。贝尔坦赞同钱德明对教廷传信部和澳门主教采取的态度。钱德明谈及梁栋材（de Grammont, 1736—1812?）、汪达洪和贺清泰（de Poirot, 1735—1813）等的分裂行为，以及韩国英、方守义（d'Ollières, 1722—1780）、金济时（Collas, 1735—1781）等的去世。钱德明收到贝尔坦1779年11月寄来的三幅国王和王后画像、一个瓷碗、一副眼镜、一块金表、1350斤白银、四幅铜版画、两卷《中国杂纂》。钱德明对哲布兰在禹碑中发现塔罗牌游戏作了评论，还比较了中、法两国的人口，

---

① 参阅钱德明1780年12月8日致萨尔廷书信，法兰西学士院图书馆，手稿1516。
② 参阅钱德明1781年6月20日致鲁西埃书信，Bibliothèque royale Albert I, Bruxelles, ms. 19774。另请参阅 BRIX, Michel & LENOIR, Yves, «Une lettre inédite du Père Amiot à l'abbé Roussier (1781)», 载 Revue des archéologues et historiens d'art de Louvain, Louvain-la-neuve, 28, 1995, pp. 63-74.
③ 钱德明1781年5月22日致贝尔坦书信，法兰西学士院图书馆，手稿1516。
④ 参阅钱德明1781年6月20日致德经书信，法国国家图书馆西方稿本部，fonds Bréquigny 3。
⑤ 参阅钱德明1781年6月20日致鲁西埃书信，Bibliothèque royale Albert I, Bruxelles, ms. 19774。另请参阅 BRIX, Michel & LENOIR, Yves, «Une lettre inédite du Père Amiot à l'abbé Roussier (1781)», 载 Revue des archéologues et historiens d'art de Louvain, Louvain-la-neuve, 28, 1995, pp. 63-74.

对《中国杂纂》出版者（Charles Batteux, 1713—1780）作了建议，同时也评价了鲁西埃的出版工作。钱德明表示准备研究中国古代宗教舞。他寄出的物品包括乐器籥、开封府犹太教堂的希伯来文字拓片、满文字典、满文字母表。另外，他们献给皇帝的花卉种子很受喜欢。钱德明在信中还报道了阿桂治理长江和督军甘肃、班禅去世，以及乾隆致达赖喇嘛书信等内容。①

9月30日致信哲布兰：原始语言问题，仓颉造字，寄古代文字。钱德明不同意哲布兰关于禹碑与塔罗牌的观点。②

11月28日致信贝尔坦：传教会的矛盾，北京主教安德义（Jean Damascène Sallusti, ?—1781）入驻法国传教会及去世。③

1782年/乾隆四十七年

10月20日致贝尔坦书信，惩治贪官，台湾洪水，北京的磁偏角在偏西两度至两度半左右，北京一年中大气压的变化情况。④

钱德明之弟皮埃尔-于勒-洛克在申请贵族封号时说"他的品行在北京朝廷出类拔萃，赢得了整个传教会的信任和尊重。"⑤

4月，《博学杂志》预告了新书《中国杂纂》第七、八卷。

6月，《博学杂志》评论钱德明介绍的中国火药制造等。

7月，《博学杂志》评论钱德明撰写的《名人谱》等。

《中国杂纂》第七、八卷出版。《中国兵法》在《中国杂纂》第七卷中再版，收录了关于《中国兵法》的批评内容。《中国杂纂》第八卷收录了钱德明的《中国兵法补编》，重点介绍中国古代使用火药的历史及水军十二种常用阵型，后面附插图和解释性文字。

---

① 参阅钱德明1781年8月17日致贝尔坦书信，法兰西学士院图书馆，手稿1516。另请参阅《中国杂纂》第9卷，第441—454页。

② 参阅钱德明1781年9月30日致哲布兰书信，法国国家图书馆西方稿本部，fonds Bréquigny 3。

③ 参阅钱德明1781年11月28日致贝尔坦书信，法兰西学士院图书馆，手稿1516。

④ 参阅钱德明1782年10月20日书信，载《中国杂纂》第10卷，第132—144页。

⑤ 殷德里克·德·戈尔克（R. Hynderick Ghelcke）之研究（非正式出版物）第15页，巴黎耶稣会档案馆（Archives jésuites de Paris）钱德明档案（Dossier Amiot）。

1783年/乾隆四十八年

10月1日回复德勿瓦（Desvoyes）①1782年11月18日来信，讨论动物磁性疗法。

11月22日致信贝尔坦：王、贝勒、贝子、公等爵位，7月2日体仁阁大火等。②钱德明说已经连续三年都没有收到贝尔坦的来信，法国传教会内部依旧矛盾重重。在写作该信的过程中，他收到了贝尔坦1783年1月7日及1780年12月31日来信，另外还收到贝尔坦外甥梅勒（Mellet, 1727—1804)③的来信。此时，《孔子传》已经完成，明年即可寄出。他对布雷基尼的出版工作非常满意，同时感谢贝尔坦对自己家人的关照。钱德明还说，他可以系统地证明德经的观点是多么站不住脚。他感谢贝尔坦将自己推

---

① 埃尔芒斯认为德勿瓦是贝尔坦之弟路易-奥古斯丁·贝尔坦（Louis-Augustin Bertin）修道院长的笔名，钱德明侄子认为他是贝尔坦的秘书（参阅埃尔芒斯文第66页）。笔者认为，德勿瓦可能是贝尔坦的秘书，据法国国家图书馆布雷基尼档案存1786—1789年在华传教士年薪使用情况表推断，他是贝尔坦秘书的可能性更大。而且在提到贝尔坦之弟时，钱德明则称其为贝尔坦修道院长，钱德明在1788年10月1日书信中提到请贝尔坦转交他的小物件，而没有提到写信。另外，钱德明在1790年10月18日致侄子信中说德勿瓦是贝尔坦的秘书（*Vie et testament*, p. 32)，没说是贝尔坦修道院长，此为另一证据。法国学士院图书馆存有三封钱德明致德勿瓦的书信，分别为1788年8月14日，1789年11月17日，1792年11月2日。另外，埃尔芒斯提到钱德明1783年10月1日和1784年10月18日两封书信，均藏巴黎医学院图书馆。参阅Michel Hermans, *Josephe-Marie Amiot, une figure de la rencontre de l' autre au temps des Lumières*, p. 66, 72。另请参阅P. Huard, J.Sonolet, M. Wong, «Mesmer en Chine, Trois lettres médicales du R. P. Amiot, rédigées à Pékin, de 1783 à 1790», 载 *Revue de synthèse*, t. 81, 1960, pp. 61-98.

② 参阅钱德明1783年11月22日致贝尔坦书信，载《中国杂纂》第11卷，第501—505页。

③ 参阅钱德明1786年9月29日书信，国家图书馆西方稿本部，布雷基尼档案；钱德明1789年11月14日及1790年9月24日书信，法兰西学士院图书馆，手稿1517。据笔者考证，法国国家图书馆西方稿本部布雷基尼档案5有一封未署收信人的信函手稿，时间为1783年11月，此信当是给梅勒的。钱德明在该信中讨论动物磁性问题。"您给我说的关于梅斯梅先生在你们那里所取得的奇迹让我开了眼界，我仿佛透过云彩依稀看到它和中国功夫很相像。和梅斯梅医学一样，它们都有拥护者和反对者：没有什么值得大惊小怪：这是所有新事物的命运。似乎您是拥护者，但不需更多地让我也站到他们一边，我不会忘记从现在到明年季风时节一定搜集各种知识，来说服那些和我们想法不同的人。虽然乍看起来，梅斯梅医学的积极效果让人难以置信，如果将其与中国功夫——或者其他类似的医学——同样有益的效果进行对比，就会发现其实非常自然简单。我要悄悄地告诉您，我担心等下封信到您那里时，梅斯梅先生和他创造的奇迹就已经完全被人遗忘……"另外，钱德明1784年和1786年给他寄过中国物品（裴化行：《中国物品清单》，第188、193—194页）。梅勒撰写的关于塔罗牌的文章，被哲布兰收入著作第8卷（1781年）第395—411页。钱德明在1786年9月29日致梅勒的书信中也称哲布兰是梅勒"值得尊重的朋友"（布雷基尼档案1）。

荐给教廷大使;尤其是法国海军国务秘书加斯特里(de Castries,1727—1801)元帅。①他等待着哲布兰、德经和鲁西埃的来信,从而再决定对中国古籍的研究工作。他再次表示,法国寄来的花卉种子没有发芽。

11月致梅勒书信,谈论动物磁性疗法问题。

秋天,中国文人助手去世,时年52岁。

《中国杂纂》第九卷出版。6月,《博学杂志》预告了新书《中国杂纂》第九卷。10月,《博学杂志》发表《中国杂纂》第九卷书评。

1784年/乾隆四十九年

6月6日致信贝尔坦,感谢他对侄子的照顾,同时为担任普罗旺斯总督秘书的侄子皮埃尔-安德烈·阿米奥(Pierre-André Amyot)请求帮助。②

10月2日致信贝尔坦,寄给贝尔坦《孔子传》、满文字典、满汉法三语字典、《梵西番满洲蒙古汉书》③《程氏墨苑》、乐器籥、锣、喇叭、砖茶、普洱茶。钱德明点评法国自然学家、探险家皮埃尔·索纳拉(Pierre Sonnerat,1748—1814)的作品《1774年至1781年间东印度和中国之旅》(*Voyage aux Indes orientales et à la Chine, fait depuis 1774 jusqu'à 1781*,1812),并回答贝尔坦提出的相关问题:刘松龄谈论磁偏角的书信,康熙喜好音乐,康熙地图,治疗风湿,金字塔研究,莱布尼兹与八卦,祭孔问题,阿桂的战功,等等。④钱德明还给梅勒寄了官员腰带、文房四宝盒、中国墨及一本中国书籍;给贝尔坦之弟路易-奥古斯丁·贝尔坦(Louis-Augustin Bertin)寄了文房四宝盒、中国墨;给阿米奥(Amiot de Bessière)寄了文房四宝盒、中

---

① 贝尔坦对选择遣使会有保留意见,于是极力推举钱德明,希望委之重任:"如果外方传教会没有接受在华法国传教会事宜,最好是任命钱德明神父为宗座代牧主教,以重建和平,维系动荡的传教会。奇怪的是大家想到了遣使会。"参阅贝尔坦1782年10月27日给海军国务秘书加斯特里(de Castries,1727—1801)元帅的信,转译自Henri Cordier, *La suppression de la Compagnie de Jésus et la mission de Pékin*, p.111.

② 钱德明1784年6月6日致贝尔坦书信,法兰西学士院图书馆,手稿1516.

③ 此书乃汉文名,费赖之谓 *Dictionnaire polyglotte*,冯承钧未译出书名。费赖之称此书乃北京印刷,现存法国国家图书馆。笔者未找到钱德明所寄原书。东方稿本部藏雷慕沙抄本,凡两卷,"据钱德明原书抄录"。费赖之称五语辞书。笔者推断,因为梵文乃用藏语所写,故钱德明谓之四语。

④ 钱德明1784年10月2日致贝尔坦书信,法兰西学士院图书馆,手稿1516。另请参阅《中国杂纂》第11卷,第515—568页。

国墨,给贝尔坦寄普洱茶与砖茶。①

10月18日致信德勿瓦。

10月20日致信法国驻广东商务代表罗兹(Roze,生卒年不详)②:等待热气球的到来,赞扬法国和中国进行贸易的举措,推荐侄子给佩罗耐(Peronnet,1708—1794),③等等。

11月15日致信贝尔坦。钱德明收到六千两白银及1783年12月14日寄出的各种物品,夏尔(Charles)和罗伯特(Robert)热气球飞行的铜版画,葡萄酒尤其是波尔多葡萄酒。钱德明寄出《孔子传》,潘廷璋寄出和珅画像。钱德明继续搜集花卉和植物种子,谈及《四库全书》以及此前寄国王图书馆的《神异典》和《字学典》,寄翻译自用的满语字典,并希望明年完成满语语法的撰写。钱德明此前曾寄过《三皇》④一文,德经曾部分刊印于《书经》中。如果能获得乾隆四十七年庆祝发现黄河源头的御制诗文,打算将译文及地图一并寄予贝尔坦。另外,钱德明还谈及向李侍尧送礼的事宜、遣使会士来华的消息,以及搜集一锭锌白银和北京郊区的植物种子等情况。⑤同时,他还介绍了气压实验、电力和磁力实验,以及中国古代的飞行传说。⑥

11月24日致信贝尔坦:乾隆南巡,甘肃回民起义,对李侍尧的宽恕。⑦

11月25日致信罗兹。两位新来华的传教士到达北京,转交给钱德明罗兹写于9月2日的书信和葡萄酒。此前,钱德明曾回复罗兹8月20日的来信。他还在信中谈到了乾隆对待广州外贸的姿态。⑧

---

① 参阅 Henri Bernard, Catalogue des objets envoyés de Chine par les missionnaires de 1765-1786, p. 188.
② 参阅钱德明1784年10月20日致罗兹书信,巴黎耶稣会档案馆馆,Fonds Vivier(维维埃档案)1.
③ 佩罗耐是法国世纪著名的建筑工程专家,法国路桥学校创始人和校长。
④ 参阅巴黎耶稣会档案馆,钱德明档案(复件);原件藏法国 Mentes-la-Jolie 市立图书馆。
⑤ 参阅钱德明1784年11月15日致贝尔坦书信,法兰西学士院图书馆,手稿1516。
⑥ 参阅《中国杂纂》第11卷,第569—576页。
⑦ 参阅1784年11月24日致贝尔坦书信,法兰西学士院图书馆,手稿1516。另请参阅《中国杂纂》第11卷,第580—609页。据笔者查考钱德明手稿,可确定《中国杂纂》将该信写作日期误为1784年11月29日。
⑧ 参阅钱德明1784年11月25日致罗兹书信,巴黎耶稣会档案馆馆,Fonds Vivier(维维埃档案)1.

布雷基尼10月27日致信钱德明,要求建立通讯关系,并寄《中国杂纂》第十卷。他邀请钱德明继续撰写稿件。附寄法国医生关于脉搏学和预后学的小论文,为萨扬(Saillant)①请求中医方面的知识。②

《中国杂纂》第十卷出版。

1785年/乾隆五十年

2月14日,钱德明与晁俊秀等受邀参加千叟宴,列五品席位。③《钦定千叟宴诗》卷二十五录其汉诗一首:"西洋人钱德明年六十六:法罗海岛铜人像,巴必弯城公乐场,遂志七奇传国俗,虔依万寿祝天皇,筵沾尊罍寰瀛福,身傍玑衡霄汉光,龙角开杓瞻北阙,紫微天座灿中央。"④

4月30日,钱德明、晁俊秀和潘廷璋把传教会分给自己的财物交给头天到达的罗广祥。北京法国传教会的形势重归平静,晁俊秀描绘了矛盾冲突之后全新的生活状态:"现在和三四十年前的生活一样。"⑤

10月15日致信贝尔坦,报道了李侍尧和千叟宴的情况。

10月28日致信殖民总督德·维夫尔(Jean Baptiste Guillemin de Vaivre, 1736—1818)。⑥

11月20日致信贝尔坦。乾隆释放1784年被捕入狱的十二名传教

---

① 萨扬是巴黎医学院院长,王家医学院院士。他曾通过布雷基尼向钱德明了解中医的情况。1784年10月20日,布雷基尼在致钱德明的第一封信中提出了相关问题,重点是关于脉搏学的问题,并且随信寄上法国医生所撰中医脉搏学的文章。为了继续进行这方面的交流,1786年11月8日,布雷基尼再次寄给钱德明相关论文:"我斗胆给您寄去一篇小论文,这是最著名的一名医生所写,关于脉搏和预后方面的内容。希望您能给我们提供这方面的信息。"1786年9月20日,钱德明回复布雷基尼,称自己对医学没有了解,不能给出恰当回答,只能就布雷基尼的问题咨询中国医生。实地采访医生之后,共回答了四个问题。布雷基尼1787年10月15日致钱德明信后附萨扬为当年9月22日提出的脉搏学新问题,并称"能否向回答问题的医生再提问题"。档案中另一便条显示,萨扬曾向王家医学会提交相关解释和说明。
② 参阅布雷基尼1784年10月27日致钱德明书信,法国国家图书馆西方稿本部,fonds Bréquigny 1。
③ 钱德明在1785年10月15日致贝尔坦书信中详细报道了千叟宴,参阅《中国杂纂》第12卷,第509-530页。他还提及皇太子从席前经过,特意告诉他和晁俊秀不必客气,云云。
④ 《四库全书》,集部441。
⑤ 晁俊秀1785年11月20日致贝尔坦书信,转译自 Henri Cordier, *La suppression de la Compagnie de Jésus et la mission de Pékin*, p.123.
⑥ 参阅 Michel Hermans, *Josephe-Marie Amiot, une figure de la rencontre de l'autre au temps des Lumières*, p. 63.

士,钱德明等于11月11日入宫领命。11月12日,欧洲传教士在法国传教会集合知会谢恩事宜。11月13日,欧洲传教士在法国传教会附近的路边恭候乾隆圣驾,并行谢恩大礼。11月15日,欧洲传教士赴北京主教堂做弥撒。钱德明焦急地等待着欧洲的来信。①

1月,《博学杂志》发表《中国杂纂》第十卷书评,涉及钱德明的《名人谱》和关于台湾大洪水的通信。

1786年/乾隆五十一年

5月20日致信贝尔坦,介绍了乾隆的御制诗②和多份上谕。③

9月14日致信贝尔坦:《四库全书》、乾隆五十一年元旦日食等多份上谕,乾隆主持文武官员考试,等等。④

9月20日致信布雷基尼:出版中的错误,合理的出版顺序,脉搏学的问题。钱德明请求布雷基尼继续关照侄子,同时感谢他推荐自己成为铭文与美文学院通讯院士。⑤

9月29日致信梅勒。钱德明与对方谈论了太极、阴阳、动物磁性疗法、鹿血以及其他药方等问题。⑥

10月1日致信贝尔坦。钱德明表示争取明年寄出关于中国古代宗教舞蹈的著作。今年寄出的两封信中有多条上谕。他收到了比尼翁寄来的2000斤白银;要寄给布雷基尼书信及《中国新旧属国志绪言》。另外,钱德明还寄给贝尔坦韵锣、香帽架子、《古今医通》《钦定授时通考》,以及千

---

① 参阅钱德明1785年11月20日致贝尔坦书信,法兰西学士院图书馆,手稿1516。另请参阅《中国杂纂》第15卷,第373—381页。

② 御制诗:草根与树皮,穷民御灾计。敢信赈恤周,遂乃无其事。挖蕨聊糊口,得米出不意。磨粉掺以粟,煮食充饥致。得千余石多,而非村居地。县令分给民,不无少接济。并呈其米样,煮食亲尝试。嗟我民食艰,我食先堕泪。乾坤德好生,既感既滋愧。愧感感不胜,遑忍称为瑞。邮寄诸皇子,令皆知此味。孙曾元永识,爱民悉予志。

③ 参阅钱德明1786年5月20日致贝尔坦书信,法兰西学士院图书馆,手稿1516。另请参阅《中国杂纂》第13卷,第417—458页。

④ 参阅钱德明1786年9月14日致贝尔坦书信,法兰西学士院图书馆,手稿1516。另请参阅《中国杂纂》第13卷,第459—506页。

⑤ 该信末尾签署的时间为9约25日,参阅钱德明1786年9月20日致贝尔坦书信,法国国家图书馆西方稿本部,fonds Bréquigny 2。另请参阅《中国杂纂》第13卷,第507—510页。

⑥ 参阅钱德明1786年9月29日致梅勒书信,法国国家图书馆西方稿本部,fonds Bréquigny 1。另请参阅《中国杂纂》第13卷,第535—543页。

叟宴上皇帝的赐品,如手杖和寿字。钱德明为小德经学习汉语提出建议;为蒙古贝勒请求彩色玻璃。此外,他还为梅勒寄了四个碗、捕鹿诱饵、针灸用针、针灸用药、自然铜、木变石、日本漆器等。还寄出如意、荷包、茶碗、花卉种子(一包给贝尔坦,一包给王家苗圃总管诺兰(l'abbé Nolin))、绘画等。①

11月29日致信贝尔坦:关于孔子的问题以及台湾的洪水。②

布雷基尼11月8日致信钱德明,寄给他《中国杂纂》第十一卷和十二卷,并称将满语字母表和语法转交蓝歌籁(Louis Mathieu Langlès,1763—1824),让其学习。他邀请请钱德明继续为《中国杂纂》撰稿,并提供脉搏学和预后方面的知识。③

《中国杂纂》第十一、十二卷出版。12月,《博学杂志》发表《中国杂纂》第十一卷书评,同时预告《孔子传》。

1787年/乾隆五十二年

1月25日致信贝尔坦。钱德明回复贝尔坦1785年11月21日来信中提出的问题:台湾洪水、乐器锣、李侍尧的情况、大水法、中国与外国人的贸易、中俄关系,等等。④他希望按照中国人的看法来真实地介绍孔子,并谈及满文字典以及出版意见、满文字母、满文语法等问题。另外,他提及了《程氏墨苑》、中国音乐补编以及中国古代舞蹈,还讨论了八卦、古文字等问题。在物理科学方面,他介绍了气压的变化问题、机器模型以及一位亲王对热气球的反应。他期待着欧洲的礼物,以便送给中国朋友、高官和亲王,如铜版画、瓷器、眼镜、刀具、葡萄酒、钟表等。建议贝尔坦寄《得胜图》。

---

① 参阅钱德明1786年10月1日致贝尔坦书信,法兰西学士院图书馆,手稿1516。另请参阅《中国杂纂》第13卷,第511—512页;Henri Bernard, Catalogue des objets envoyés de Chine par les missionnaires de 1765-1786, pp. 190-195.

② 参阅钱德明1786年11月29日书信,载《中国杂纂》第14卷,第517—522页。

③ 参阅布雷基尼1786年11月8日致钱德明书信,法国国家图书馆西方稿本部,fonds Bréquigny 1.

④ 参阅《中国杂纂》第14卷,第523—535页。

10月16日致信贝尔坦,讨论道教问题。①

11月19日致信贝尔坦。现在,北京传教士的包裹和信件必须通过广东总督之手,因此给传教士的通讯带来了极大的不便。另外,他报道了乾隆的勤政端行和李侍尧的情况。②

11月24日致信贝尔坦:一直没有法国的消息,附请求的欧洲物品清单,与梅勒讨论伏羲八卦,等等。③

萨扬9月22日提出脉搏学的新问题。④布雷基尼10月15日致信钱德明,称收到钱德明1786年9月20日的来信,同时表示以后要改善出版的质量。此外,他还谈到了《中国新旧属国志绪言》、动物磁性疗法,以及铭文与美文学院对钱德明的感谢。⑤

自然学家米歇尔·阿当松(Michel Adanson,1727—1806)通过贝尔坦请求钱德明搜集植物种子。⑥

2月,《博学杂志》介绍《孔子传》。8月,《博学杂志》发表《中国杂纂》第十二卷书评,涉及钱德明的《孔子传》和千叟宴的报道等内容。

1788年/乾隆五十三年

7月1日致信贝尔坦,详细介绍福康安平定台湾林爽文起义的情况。⑦

8月8日致信贝尔坦,表示愿意为蓝歌籁学习满语提供帮助。⑧

8月14日致信德勿瓦。钱德明已经收到德勿瓦来信,愿与潘廷璋为他寻求毛笔。⑨

9月1日致信贝尔坦。钱德明收到贝尔坦1787年的来信、1786年12

---

① 参阅钱德明1787年10月16日致贝尔坦书信,法国国家图书馆西方稿本部,fonds Bréquigny 2。另请参阅《中国杂纂》第15卷,第208—258页。
② 参阅钱德明1787年11月19日致贝尔坦书信,法兰西学士院图书馆,手稿1516。另请参阅《中国杂纂》第14卷,第536—561页。
③ 参阅钱德明1787年11月24日致贝尔坦书信,法兰西学士院图书馆,手稿1516。
④ 参阅法国国家图书馆西方稿本部,fonds Bréquigny 2。
⑤ 参阅法国国家图书馆西方稿本部,fonds Bréquigny 2。
⑥ 阿当松于1773年入选法兰西科学院。参阅贝尔坦1787年9月22日致钱德明书信,法兰西学士院图书馆,手稿1524。
⑦ 参阅钱德明1788年7月1日致贝尔坦书信,法兰西学士院图书馆,手稿1517。
⑧ 参阅钱德明1788年8月8日致蓝歌籁书信,法兰西学士院图书馆,手稿1517。
⑨ 参阅钱德明1788年8月14日致德勿瓦书信,法兰西学士院图书馆,手稿1517。

月21日和1787年2月4日的来信,以及《孔子传》的评论。钱德明告诉贝尔坦,参加千叟宴是一种荣誉,自己平时在宫中碰到的官员对他都格外尊重。他还谈及了乾隆和路易十六、乾隆的诗歌翻译、亲王对热气球的兴趣,等等。晁俊秀正在翻译《京报》。①

10月1日致信贝尔坦。②钱德明寄《中国古代宗教舞》(*Mémoire sur les danses religieuses des anciens Chinois*)(俗称《大舞》(*Grandes danses*))及插图③、亲王所赠的两个鼻烟壶,以及两个万历年间的瓷碗。另外,他还寄给贝尔坦的弟弟中国画颜料和画笔。他预告说明年将寄出《小舞》(*Mémoire sur les danses religieuses, politiques et civiles des anciens chinois. Petites danses*)。④

10月19日致信贝尔坦:乾隆等人在热河遭遇暴雨危险,为土伦的弟弟请求《中国杂纂》。附言称:1788年10月25日,仆人从广州回来了,他收到了1784、1785、1786年法国寄来的物品。钱德明患痛风病。⑤

11月11日致信贝尔坦。1784、1786年寄来的东西都完好无损,其中的两个花瓶非常珍贵,钱德明打算在八旬万寿节时献给乾隆。他打算将热气球机送给亲王。另外,他收到的眼镜、刀剪、剃须刀都完好无损。他还收到了不少书籍。最近,没有俄罗斯商队来到北京,中俄之间仅限于边境贸易。最后,他还不忘记讯问贝尔坦的健康状况。⑥

《中国杂纂》第十三卷出版。6月,《博学杂志》发表《中国杂纂》第十三卷书评,涉及钱德明撰写的关于孔门弟子、满语语法和历史纪年等。

---

① 参阅钱德明1788年9月1日致贝尔坦书信,法兰西学士院图书馆,手稿1517。
② 参阅钱德明1788年10月1日致贝尔坦书信,法兰西学士院图书馆,手稿1517。
③ 1788年9月12日完成于北京。参阅 STANDAERT, Nicolas & LENOIR, Yves, *Les danses rituelles d'après Joseph-Marie Amiot : Aux sources de l'ethnochorégraphie*, Presse Universitaire de Namur, 2005, p. 153. 原稿存 Real Biblioteca du Palacio Real de Madrid, II/2010。
④ 1789年6月完成于北京。参阅 Yves Lenoir, Nicolas Standaert, *Les danses rituelles chinoises, d'après Joseph-Marie Amiot*, p.159. 原稿藏法国国家图书馆西方稿本部,布雷基尼档案2、121、122。
⑤ 参阅钱德明1788年10月19日致贝尔坦书信,法国国家图书馆西方稿本部,fonds Bréquigny 2。另请参阅《中国杂纂》第15卷,第387—392页。
⑥ 参阅钱德明1788年11月11日致贝尔坦书信,法国国家图书馆西方稿本部,fonds Bréquigny 2。

1789年/乾隆五十四年

6月26日致信布雷基尼。钱德明收到1787年10月19日来信,讨论《小舞》、中医和昆虫问题。①

7月1日致信贝尔坦。王后号船上的物品受到海损,而且在从广州到北京途中又两次坠河,到达北京时,各种物品都损毁严重。但是,热气球机、狮子、瓷器、玻璃和电机完好无损。他为满洲贵族请求便携式日晷。他将寄出《小舞》。

10月10日致信贝尔坦。钱德明收到贝尔坦1787年9月1、2、22日以及1788年1月1、2、5日的来信。钱德明向国王致意。另外,他讨论了"苗子"的历史、金川之役、中国人口、与中国人贸易应采取的态度等问题。钱德明完成了《小舞》,但是身体状况不佳,研究工作力不从心。②

11月14日致信梅勒。③

11月16日致信贝尔坦,报道了乾隆从热河归来等信息。他还谈起了自己与梅勒的通信。他希望罗广祥和蓝歌籁之间建立起通讯关系。④

11月17日致信德勿瓦,感谢他对自己侄子的关照。钱德明说自己多次给广州的小德经写信,但均无回信。最后,他请德勿瓦代问朋友德拉杜尔(Delatour)⑤和贝蒂埃(Bertier)好。⑥

钱德明曾写信给弟弟洛克。⑦

钱德明向马戛尔尼(Macartney, 1737—1806)建议:"鞑靼汉皇朝的政治目的仅仅是要人民安分守己,它极不重视和外国通商。只有那些被认

---

① 参阅钱德明1789年6月26日致布雷基尼书信,法兰西学士院图书馆,手稿1517。另请参阅《中国杂纂》第15卷,第V—XV页。
② 参阅钱德明1789年10月10日致贝尔坦书信,法兰西学士院图书馆,手稿1517。
③ 参阅钱德明1789年11月14日致梅勒书信,法兰西学士院图书馆,手稿1517。
④ 参阅钱德明11月16日致贝尔坦书信,法兰西学士院图书馆,手稿1517。
⑤ 德拉杜尔多次收到在华传教士寄送的物品。裴化行《中国物品清单》显示,1778年,他收到圆明园图;1785年,两卷刺绣织品;1786年,日本漆器、朝鲜墨、中国墨、竹盘等。巴黎耶稣会档案馆查理·阿米奥(Charles Amyot)说明文字:"当钱德明神父给家里寄信时附上所有通讯人的信件。邮件到达法国时正值大革命高潮,德拉杜尔先生因为与国王的关系而丢了性命;因此这封信件不能交到他手上,目前还保留在我手头的文件中。"钱德明1792年10月31日曾致信德拉杜尔,参阅巴黎耶稣会档案馆,钱德明档案,裴化行档案。另请参阅 Michel Hermans, *Josephe-Marie Amiot, une figure de la rencontre de l'autre au temps des Lumières*, p. 63.
⑥ 参阅钱德明1789年11月17日致德勿瓦书信,法兰西学士院图书馆,手稿1517。
⑦ 参阅钱德明1792年9月20日致弟弟书信,法兰西学士院图书馆,手稿1517。

为俯首归顺的外国使团才被中国接受……他们只接见属于礼仪性拜访的客人,外出拜访也只能是礼仪性的。"①

10月17日寄出潘廷璋所绘钱德明肖像。②

《中国杂纂》第十四卷出版。2月,《博学杂志》发表《中国杂纂》第十四卷书评,涉及钱德明的《中国新旧属国志绪》和《表章奏疏集》(*Reecueil de suppliques, lettres de créance et autres pièces adressées à l'empereur*)等内容。9月,《博学杂志》发表《中国杂纂》第十四卷书评,涉及钱德明的通讯。

1790年/乾隆五十五年

6月15日致信爱尔兰遣使会士罗伯特·哈纳(Robert Hanna,1762—1797)。钱德明再次表示,希望哈纳在澳门搜集法国寄给钱德明的物品,并且要和寄给罗广祥和传教会的物品区分开来。③

9月24日致信梅勒:道教追求的长生术;动物磁性疗法;蓝歌籁学习满语;愿意了解梅勒提到的法国的新发明和新技术;寄对子等中国小玩意。④

8月20日致信贝尔坦。1790年1月,钱德明收到贝尔坦1788年11月5日和30日的来信。钱德明收到了法国寄来的《得胜图》,他计划在万寿节敬献乾隆皇帝。另外,他还披露了亲王对该铜版画和仿古花瓶的看法,他本人对蓝歌籁的建议,以及皇六子永瑢去世等消息。钱德明寄给蓝歌籁蒙古语天文书籍和满文书籍。⑤

10月2日致信德勿瓦,感谢他对两个侄子的关照,同时希望他更多地提携埃克斯的侄子皮埃尔·安德烈·阿米奥。随信寄两个中国墨盒。⑥

---

① 佩雷菲特著,王国卿等译,《停滞的帝国——两个世界的撞击》,三联书店,1995年,第49页。
② 参阅 Michel Hermans, *Josephe-Marie Amiot, une figure de la rencontre de l'autre au temps des Lumières*, p. 73.
③ 参阅钱德明1790年6月15日及1790年12月13日书信,法兰西学士院图书馆,手稿1517。费赖之书只记录了第一封书信。
④ 参阅钱德明1790年9月24日致梅勒书信,法兰西学士院图书馆,手稿1517。
⑤ 参阅钱德明1790年8月20日致贝尔坦书信,法兰西学士院图书馆,手稿1517。
⑥ 参阅钱德明10月2日致德勿瓦书信,法兰西学士院图书馆,手稿1517。此信未写收信人名字,据笔者根据该信内容及钱德明1790年10月18日致侄子的书信推断,收信人当为德勿瓦。费赖之书引高第《中国书目》认为该信收信人为贝尔坦,此说误。

10月16日致信贝尔坦。钱德明讨论了如何布置贝尔坦的中国室的问题,讲述了自己与亲王(康熙之孙)的特别友谊。①

10月18日致信侄子皮埃尔·安德烈·阿米奥(Pierre-André Amyot),称收到对方1787年的来信。钱德明再次向贝尔坦举荐侄子,并感谢贝尔坦秘书德勿瓦先生的关照。②

10月20日致信贝尔坦,并寄匾、对子、绘画作品和莲花种子。另外,他还给贝尔坦之弟、梅勒、德勿瓦及自己的侄子寄了中国物品。③

《满法字典》(Dictionnaire mandchou-français)出版。

1791年/乾隆五十六年

11月15日,撰写遗嘱。遗物如衣服、家具等等归传教会所有。钱德明请会长在他死后烧毁所有的手稿及信件,将可能会收到的钱财留给杨氏仆人和杨氏文人助手的遗孤。④

《中国杂纂》第十五卷出版。5月,《博学杂志》发表《中国杂纂》第十五卷书评,涉及钱德明论道教的文章。9月,《博学杂志》再次发表书评,涉及钱德明的一些通讯。

1792年/乾隆五十七年

6月致信德勿瓦。钱德明说法国寄来的物品还在广州到北京的路上。⑤

9月20日致信弟弟洛克。1792年5月底,钱德明收到弟弟1790年9月和11月的来信。罗比安骑士(Chevalier de Robien,1736—1792)⑥一直没有回信。钱德明自感生命将尽,在心中回顾往事,与亲人作别。⑦

9月20日致信妹妹玛丽。钱德明收到妹妹1790年9月16日的来

---

① 参阅钱德明10月16日致贝尔坦书信,法兰西学士院图书馆,手稿1517。
② 参阅Alphonse Amyot, Vie et testament, pp. 31-32.
③ 参阅钱德明10月20日致贝尔坦书信,法兰西学士院图书馆,手稿1517。
④ 参阅Alphonse Amyot, Vie et testament, p. 21.
⑤ 参阅钱德明1792年11月2日致德勿瓦书信,法兰西学士院图书馆,手稿1517。
⑥ 根据埃尔芒斯研究,罗比安1766年到1777年在广州担任首席商务代表,他和北京传教士有联系。钱德明曾经通过家人寄给他书信。
⑦ 参阅钱德明1792年9月20日致弟弟书信,法兰西学士院图书馆,手稿1517。

信。他描述了自己风烛残年的身体状况。①

10月31日致信德拉杜尔书信,报告了晁俊秀去世的消息,颂扬了他的品行功绩。②

11月2日致信德勿瓦。钱德明表示,法国所寄的物品均安全到达,完好无损,但3900斤白银未到。另外,他还收到了彩纸。他告诉了对方晁俊秀的死讯。当时,法国局势混乱,钱德明不知道应该将通讯寄往何处,于是请德勿瓦提供可靠的通讯地址。③

《平定金川颂》(*Hymne tartare-mandchou*)出版。

1793年/乾隆五十八年

5月26日致信妹妹玛丽。钱德明寄中国画师为自己画的肖像。

8月27日,马戛尔尼见到在京的法国传教士,"也收到一封钱德明神父写来的'亲切的信',里面还夹了一幅他的画像……他身体十分衰弱,不能走动。这个介于欧洲和中国两个世界之间的人已是半截入土了。"④

10月3日晚,马戛尔尼收到钱德明在病榻上写来的信,这封信让他的预感得到证实:"当中国政府不再对一种新的观念感到害怕时,它是会认真加以考虑的。"⑤

10月8日夜,钱德明去世。⑥

---

① 参阅钱德明1792年9月20日致妹妹书信,法兰西学士院图书馆,手稿1517。
② 参阅钱德明1792年11月31日致德拉杜尔书信,法兰西学士院图书馆,手稿1517。
③ 参阅钱德明1792年11月2日致德勿瓦书信,法兰西学士院图书馆,手稿1517。
④ 佩雷菲特著,王国卿等译:《停滞的帝国——两个世界的撞击》,第184页。
⑤ 同上书,第337页。
⑥ 参阅罗广祥1793年11月9日致钱德明弟弟书信,载 Alphonse Amyot, *Vie et testament*, p.19。